SAINT CYPRIEN

ET

L'ÉGLISE D'AFRIQUE AU IIIᵉ SIÈCLE.

OUVRAGES DU MÊME AUTEUR :

LES PÈRES APOSTOLIQUES ET LEUR ÉPOQUE (Cours d'éloquence sacrée fait à la Sorbonne en 1857-1858). 2ᵉ édition. 1 fort vol. in 8. – 6 fr.

LES APOLOGISTES CHRÉTIENS AU IIᵉ SIÈCLE, 1ʳᵉ série : SAINT JUSTIN (Cours de la Sorbonne en 1858-1859). 2ᵉ édition. 1 fort vol. in-8. — 6 fr.

LES APOLOGISTES CHRÉTIENS AU IIᵉ SIÈCLE, 2ᵉ série : TATIEN, HERMIAS, ATHÉNAGORE, THÉOPHILE D'ANTIOCHE, MÉLITON DE SARDES, etc. (Cours de la Sorbonne en 1859-1860). 2ᵉ édition. 1 vol. in-8. — 6 fr.

SAINT IRÉNÉE ET L'ÉLOQUENCE CHRÉTIENNE DANS LA GAULE pendant les deux premiers siècles (Cours de la Sorbonne en 1860-1861). 2ᵉ édition. 1 vol. in-8. — 6 fr.

TERTULLIEN (Cours d'éloquence sacrée fait à la Sorbonne pendant l'année 1861-1862). 2ᵉ édition, 2 vol. in-8 — 12 fr.

CLÉMENT D'ALEXANDRIE (Cours de la Sorbonne en 1864-1865). 1 vol in-8. — 6 fr.

ORIGÈNE (Cours d'éloquence sacrée fait à la Sorbonne en 1866-1867). 2 vol. in-8 — 12 fr.

PREMIER ET DEUXIÈME PANÉGYRIQUES DE JEANNE D'ARC, prononcés dans la cathédrale d'Orléans. 2ᵉ édition. 2 in-8. — 1 fr. 60.

DISCOURS SUR L'HISTOIRE DE LA SORBONNE, prononcé en l'église de la Sorbonne. In-8. — 1 fr.

ORAISON FUNÈBRE DE SON ÉM. LE CARDINAL MORLOT prononcée à Notre-Dame de Paris. In-8 avec portrait. — 1 fr. 50.

EXAMEN CRITIQUE DE LA VIE DE JÉSUS DE M. RENAN, 15ᵉ édition. In-8. — 1 fr. 50.

CONFÉRENCES SUR LA DIVINITÉ DE JÉSUS-CHRIST, prêchées à l'église Sainte-Geneviève de Paris, 3ᵉ édition 1 vol in-12. 3 fr.

SERMONS PRÊCHÉS A LA CHAPELLE DES TUILERIES, pendant le carême de 1862. 1 in-8. 4 fr.

Abbeville, imp. Briez, C. Paillart et Retaux.

SAINT CYPRIEN

ET

L'ÉGLISE D'AFRIQUE AU IIIᵉ SIÈCLE

COURS D'ÉLOQUENCE SACRÉE

FAIT A LA SORBONNE

PENDANT L'ANNÉE 1863-1864

PAR MONSEIGNEUR FREPPEL
Évêque d'Angers.

DEUXIÈME ÉDITION

PARIS
BRAY ET RETAUX, LIBRAIRES-ÉDITEURS
82, RUE BONAPARTE, 82.

1873
Droits de traduction et de reproduction réservés.

SAINT CYPRIEN

ET

L'ÉGLISE D'AFRIQUE AU IIIe SIÈCLE.

PREMIÈRE LEÇON

L'École de Tertullien. — Dans quel sens on doit prendre ce mot. — Situation des esprits dans la première moitié du IIIe siècle. — Le droit romain et la conscience chrétienne. — Conquête de la foi dans les rangs des jurisconsultes. — L'*Octave* de Minucius Félix. — Idée du dialogue. — Caractère des interlocuteurs. — Date de la composition. — Comment Minucius Félix pouvait remplir à Rome l'office d'avocat ou de jurisconsulte sous Alexandre Sévère. — La mise en scène du dialogue. — Controverse religieuse dans la vie privée. — Deux amis, dont l'un chrétien, et l'autre païen. — Forme toute cicéronienne du dialogue. Modifications survenues dans la littérature chrétienne au IIIe siècle, sous l'influence de l'art classique. — L'*Octave* ressemble à une action judiciaire, qui se compose d'un réquisitoire, d'une plaidoirie et d'un jugement.

Messieurs,

Lorsqu'un homme apparaît sur la scène du monde avec ce don supérieur qui s'appelle le génie, il ne peut manquer de laisser après lui des traces profondes. Méconnu de son vivant ou apprécié par ses contemporains, il lègue à l'avenir une œuvre qui ne périt point. Car telle est la puissance d'une idée vraiment originale, qu'il suffit de la déposer dans la conscience humaine pour lui assurer la fécondité. Cet empire réservé aux esprits créateurs est l'un des grands faits de l'histoire ; la science et l'art y trouvent la source principale de leurs progrès. Or, il semblerait à première vue que cette initiative du génie ne dût pas s'étendre jusqu'à la religion. En effet, la religion est un fait divin et une doctrine reçue d'en haut ; dès lors il ne saurait être question pour l'esprit humain, ni de modifier ce fait, ni d'ajouter à cet enseignement. Devant la foi, tous les degrés de la connaissance s'effacent dans l'égalité d'une même soumission. Cela est vrai ; mais, de même qu'il y a une foi religieuse, il existe une science de la religion. Docile à la voix de Dieu qui lui manifeste sa volonté, l'esprit de l'homme peut et doit s'appliquer à l'intelligence des faits surnaturels et des dogmes révélés ; c'est ici que le talent et le génie retrouvent leur mission. Toute divine qu'elle est, la révélation se produit sous des formes humaines ; et cette enveloppe de l'idée chrétienne emprunte à l'éloquence plus ou moins d'éclat. D'autre part, il s'agit de justifier les dogmes, de les coordonner entre eux, de les étudier dans leurs rapports avec les différentes branches du savoir humain : travail d'analyse et de synthèse, où l'originalité du talent peut s'élever jusqu'à la force créatrice. Aussi, depuis Tertullien jusqu'à Bossuet, l'art et la science ont-ils su prêter de nouvelles formes à un fond immuable et résumer le mouvement théologique dans une série d'œuvres qui réfléchissent le caractère particulier d'une époque, en même temps qu'elles formulent la croyance de tous les siècles.

Donc, l'énergie créatrice n'est pas sans objet dans la théologie et dans l'éloquence sacrée qui en est l'expression oratoire. Or, comme nous venons de le dire, le propre du génie, c'est d'imprimer aux travaux de la pensée une direction nouvelle, et de s'ouvrir des voies que d'autres suivront après lui. Que la force d'attraction particulière aux esprits supérieurs ait pour résultat la naissance d'une école proprement dite, formée à l'image du maître et continuant son œuvre, ou qu'elle s'exerce dans une orbite moins déterminée et plus vaste, toujours est-il que cette influence se révèle par des imitations sensibles. C'est, Messieurs, ce que nous allons observer pour l'écrivain fécond et original dont les ouvrages ont occupé notre attention l'année dernière. Peut-être serait-ce trop élargir le sens des mots que d'appeler « école de Tertullien » ce groupe d'apologistes qui, venus immédiatement après lui, ont subi son ascendant et profité de ses œuvres. En s'éloignant de l'orthodoxie, le prêtre de Carthage a lui-même affaibli des rapports qui eussent été plus intimes sans le montanisme, bien que saint Cyprien n'hésite pas à l'appeler le *maître,* malgré cette déplorable scission. Mais, ce qui ne forme pas un doute, c'est que les ouvrages de Tertullien ont servi de modèle aux écrivains dont je parle, à tel point que l'imitation se rapproche quelquefois d'une reproduction littérale. Cette ressemblance dans le style et dans la méthode suffit pour rattacher au nom du célèbre Africain la série de compositions qui s'ouvre avec l'*Octave* de Minucius Félix.

A mesure que le christianisme se répandait dans l'empire, il attirait à lui la science et le talent. Dans le principe, les gens d'esprit, qui marquaient au premier rang de la littérature et de la philosophie païennes, n'avaient accueilli la nouvelle doctrine qu'avec un sentiment d'indifférence ou de mépris. Une religion qui imposait la même croyance à tous, révoltait leur orgueil avide de distinctions. Cependant cette hauteur de ton et d'allures ne pouvait pas subsister indéfiniment devant les progrès toujours croissants de l'Évangile. On avait vu quantité d'esprits, et des meilleurs, passer du camp de l'idolâtrie dans celui de l'Église. Des apologistes tels que

Justin, Athénagore, Tertullien, déployaient au service du culte persécuté une érudition et une éloquence qu'on aurait cherchées en vain parmi leurs adversaires. Le flot montait sans cesse, il était facile de prévoir dès le IIIe siècle que rien ne l'arrêterait. En présence d'une telle situation, les esprits vraiment sérieux se prenaient à réfléchir ; et, concluant ainsi de l'effet à la cause, ils arrivaient à la foi par un examen attentif des faits qui se passaient sous leurs yeux. De là ce phénomène fort curieux à observer : tandis que les lettres païennes déclinent de plus en plus, l'éloquence et la philosophie chrétiennes font chaque jour de nouveaux progrès. A partir de l'époque de Tertullien, ce n'est plus seulement la raison ou le droit qui se trouve du côté de l'Église, mais encore le talent. Tout avait changé de face, et le paganisme, j'entends le paganisme scientifique, se voyait réduit à la défensive, d'agresseur qu'il avait été jusqu'alors. C'est Chateaubriand, si je ne me trompe, qui a dit : « Le christianisme a « été prêché par des ignorants, et cru par des savants ; c'est « en quoi il ne ressemble à rien. » Le mot est juste, et aurait pu se dire déjà au temps où nous sommes arrivés. Tout ce qui reste de science antichrétienne va se réfugier chez les néo-platoniciens de l'école d'Alexandrie, où nous suivrons bientôt les représentants du paganisme pour voir s'ils peuvent soutenir le parallèle avec Origène et les Pères de l'Église grecque. Mais bornons-nous pour le moment à l'Occident chrétien. Il y avait une classe d'hommes qui se distinguaient tout particulièrement par leur hostilité contre la doctrine évangélique : c'étaient les légistes. Je n'en suis pas étonné. Le droit romain, tel qu'il a été élaboré sous les empereurs, est tout ce qu'il y a eu au monde de plus oppressif pour la conscience religieuse. Il doit son développement à des stoïciens panthéistes ou sceptiques qui retenaient, au nom de la raison d'État, une religion qu'ils critiquaient comme philosophes. On a beaucoup disserté sur la question de savoir jusqu'où Ulpien et Julius Paulus avaient poussé leur haine contre le christianisme. Là-dessus, nous pouvons citer un texte formel de Lactance : « Dans le VII° livre *De officio proconsulis*, dit l'auteur des Institutions divines, Domitius (Ulpien) recueillit les édits impies des princes pour enseigner de quelles peines on devait frapper ceux qui feraient profession de la vraie foi. » Des auteurs récents, comme Zimmern, professeur d'Iéna, dans son *Histoire du droit privé chez les Romains*, ont fait leurs réserves sur ce passage, mais ils n'opposent que des conjectures à un texte net et précis. D'ailleurs, abstraction faite de tout examen critique, nous pouvons affirmer qu'il devait en être ainsi. La maxime fondamentale du droit romain était celle-ci : « *Quidquid principi placuit, habet legis vigorem* ; tout ce qui plaît au prince a force de loi. » Dès lors il ne s'agissait plus d'examiner si une religion était vraie ou fausse, mais si elle déplaisait au prince ou non. Il a fallu trois siècles de luttes et le sang des martyrs pour briser cet adage du despotisme. Or, les légistes de l'ancienne Rome trouvaient tout naturel ce monstrueux axiome, que l'auteur du *Contrat social* a fait revivre avec cette seule différence qu'il transporte au peuple le pouvoir du prince touchant la religion de ses sujets. Pas plus que Rousseau, ils n'avaient la moindre idée des droits souverains et imprescriptibles de la vérité. Il ne faut donc pas être surpris que le christianisme ait trouvé dans leurs rangs ses adversaires les plus implacables. Et pourtant là aussi, Messieurs, la grâce divine opérait des prodiges. Plus d'un magistrat, étonné de la calme intrépidité de ces hommes qu'il envoyait à la mort, se sentait porté à réfléchir sur la cause d'un tel héroïsme ; et cette première impression l'amenaît à comparer entre elles deux doctrines si opposées l'une à l'autre. C'est ainsi que le rôle odieux auquel se prêtait la magistrature romaine, devenait pour elle une occasion de constater l'innocence des chrétiens et d'examiner les preuves de leur religion. L'*Octave* de Minucius Félix nous transporte précisément dans ce milieu d'avocats et de jurisconsultes convertis par une étude sérieuses du christianisme. Là est l'intérêt de ce dialogue, pris d'abord dans le vif de l'époque. Pour nous familiariser avec les interlocuteurs, lisons d'abord le début de la pièce :

« Quand je me livre à mes réflexions et que je me rappelle le souvenir d'Octave, de cet ami le plus vrai, le plus fidèle, j'éprouve un sentiment si tendre et si doux, que cette image du passé m'y transporte en quelque sorte comme s'il était présent. Je crois toujours voir mon Octave, bien qu'il ait été enlevé à mes yeux, tant sa mémoire est restée gravée dans mon cœur et pour ainsi dire dans tous mes sens. Et ce n'est pas sans raison qu'un homme si distingué, si religieux, a laissé au fond de moi-même, en me quittant, un immense regret. Il m'aima sans cesse d'un amour si ardent, que, dans nos jeux comme dans les affaires sérieuses, nos sentiments se trouvaient toujours en parfaite harmonie : il ne connaissait d'autre volonté que la mienne. Vous auriez cru qu'un même esprit animait deux corps. Il était l'unique confident de mes faiblesses, le seul témoin de mes égarements ; et lorsque, affranchi de mes ténèbres, je passai de la nuit du mensonge au grand jour de la sagesse et de la vérité, il ne refusa pas de m'accompagner. Que dis-je ? Il fit bien mieux, il me devança. En se reportant ainsi vers cette époque d'une vie passée au sein de la plus étroite amitié, ma pensée s'est surtout arrêtée au discours qu'il tint à Cécilius, alors engagé dans de vaines superstitions, à cette discussion si grave par laquelle il le convertit à la vraie religion [1]. »

Je ne sais, Messieurs, si je m'abuse, mais il me semble que cette page, où l'on sent si bien l'accent du cœur, exclut l'idée d'une simple fiction dans laquelle figureraient des personnages de fantaisie. On ne parle pas ainsi lorsqu'on imagine des interlocuteurs dans le seul but de donner au discours plus de vivacité ; et s'il est possible de trouver des exemples analogues dont la littérature profane, les habitudes sérieuses des premiers chrétiens ne permettent guère de supposer que l'auteur ait voulu encadrer une discussion religieuse dans un conte romanesque. Sans doute l'*Octave* de Minucius Félix est une imitation assez sensible des dialogues de Platon et de Cicéron ; mais encore dans ces pièces mêmes, la plupart des personnages portent-ils un nom historique, tels que Socrate, Alcibiade, Caton, Lucullus, Brutus, Lélius et tant d'autres. L'éloge d'Octave exprime trop bien le sentiment de l'amitié pour qu'on puisse y voir une pure invention ou un tableau sans objet réel. Cela posé, il serait superflu de vouloir pousser la recherche plus loin. Faut-il identifier Cécilius avec le prêtre du même nom qui convertit saint Cyprien ? Rien ne l'indique, et la ressemblance des noms n'est pas un argument plus solide que le rapprochement des dates. J'admets bien volontiers que Cécilius ait été originaire de l'Afrique, puisqu'il appelle Fronton « notre orateur de Cyrta, » ville de la Numidie [2] : ces paroles semblent en effet désigner un compatriote et non pas simplement un coreligionnaire. Mais qui ne voit que le nom de Cécilius a pu être porté par plusieurs Africains à la fois, sans qu'il soit possible de tirer de là

---

1. *Octavius*, I. Minucius Félix débute comme Cicéron dans le *De oratore* : Cogitanti mihi, etc.

Octavius, IX, XXX, Cirtensis noster. — Fronto tuus.

aucune induction sérieuse ? Quant à Octave, un détail ressort
assez clairement de ses paroles, c'est qu'il avait exercé la
profession d'avocat, peut-être même celle de juge ; car, faisant allusion à la vie qu'il menait avant sa conversion, il
dira : « Les sacrilèges, les incestueux et même les parricides
trouvaient en nous des avocats et des défenseurs. Pour ce
qui est des chrétiens, nous ne pensions pas même qu'on dût
les écouter ; dans notre barbare pitié, nous sévissions avec
plus de rigueur, nous les torturions pour les obliger à nier
ce qu'ils confessaient et pour les dérober à la mort par ce
désaveu [1]. » Si l'on doit prendre ces mots dans leur sens
propre et naturel, ils se rapportent aux fonctions que remplissait Octave. Mais, me direz-vous, qu'était-ce que l'auteur
même du dialogue où figurent ces deux interlocuteurs ?

Ici, Messieurs, les renseignements deviennent plus précis,
tout en restant incomplets. Lactance et saint Jérôme nous
apprennent que Minucius Félix occupait à Rome l'emploi d'a-
vocat[2]. Il est impossible de restreindre la signification du mot
causidicus à la défense de la religion chrétienne, car saint
Jérôme parle expressément du *forum romain,* et la suite du
dialogue montre assez qu'il s'agit de tribunaux civils. Or, ce
fait ne laisse pas que de soulever des difficultés. Comment un
chrétien pouvait-il exercer librement une telle profession ?
Faut-il entendre ici par *causidicus* un jurisconsulte donnant
des avis et des éclaircissements sur les causes qu'on lui sou-
mettait, ou un avocat plaidant devant des juges ? Et, dans ce
dernier cas, ignorait-on que Minucius Félix fût chrétien, ou
bien tolérait-on chez lui ce qu'on frappait dans les autres ?

---

1. *Octavius,* XXVIII.
2. Lactance, *divin. Inst.* V. I, Minutius Félix non ignobilis inter cau-
sidicos loci fuit. S. Jérôme, *De viris illust.* 58 : Minucius Félix Romæ
insignis causidicus ; *Ep. ad Magnum,* Minucius Felix, causidicus Romani
fori.

Cette dernière hypothèse n'est guère soutenable. A la vérité, le ministère de l'avocat n'était pas encore délimité dans le droit romain comme il le fut plus tard. En règle générale, chacun pouvait le remplir, et il n'y avait que les femmes et les hommes notés d'infamie qui en fussent exclus par l'édit du préteur [1]. D'autre part, cependant, l'autorité se réservait le droit d'en interdire l'exercice pour cause d'indignité. Dès lors, comment supposer qu'un homme accusé d'un crime de lèse-majesté ne fût point inquiété dans l'accomplissement de pareilles fonctions? Rappelons-nous bien que la loi Julia atteignait tous les chrétiens, comme coupables d'outrages envers la majesté du prince, auquel ils refusaient un hommage religieux. Ceci nous amène à chercher l'époque où fût composé le dialogue que nous étudions.

Nul doute, Messieurs, qu'on ne s'expliquerait guère la tranquillité avec laquelle Minucius Félix remplissait à Rome l'office de jurisconsulte ou d'avocat, s'il s'agissait du temps où Septime Sévère persécutait les chrétiens. Mais il est évident que son ouvrage nous reporte à des jours paisibles. On y parle bien de la cruauté du paganisme à l'égard des fidèles, mais avec tant de calme et d'une manière si générale, que le danger paraît amoindri, s'il n'est pas complétement écarté. Ou je me trompe fort, ou ce n'est pas avec ce sang-froid et cette liberté d'esprit que l'on disserte à la vue d'une scène d'horreur qui se renouvelle tous les jours. Eh bien, où trouver au troisième siècle une période relativement calme, qui réponde au ton et à la couleur particulière de la pièce? Saint Jérôme nous met sous la voie, lorsque, dans son catalogue des écrivains ecclésiastiques, il place Minucius Félix entre Tertullien et saint Cyprien. Le règne d'Alexandre Sévère

---

[1]. Walter, *Geschichte de romischen Rechts*, Bonn, 1861, II, 787.

explique en effet le caractère de l'œuvre et la situation de l'auteur. Nous savons, par le témoignage d'Eusèbe, que la mère de ce prince, Mammée, s'était fait instruire par Origène[1]. Lui-même, comme rapporte un auteur païen, Lampride, avait donné une place à Jésus-Christ dans son oratoire, ou plutôt dans son panthéon domestique ; et si les dévots du paganisme ne l'en eussent détourné par leurs cris d'alarme, il aurait érigé un temple au Sauveur. Toujours est-il que cet empereur répétait avec éloge les maximes des chrétiens, et rendoit justice à leurs institutions[2]. S'il n'alla pas jusqu'à déclarer le christianisme *religion licite*, ce qui lui aurait assuré pour l'avenir une existence légale, du moins reconnut-il implicitement les droits de l'Église en prenant fait et cause pour elle dans une occasion où les cabaretiers de Rome lui disputaient une propriété. C'était ouvrir une brèche dans la législation oppressive de l'État païen et préparer l'édit par lequel Gallien devait, trente ans plus tard, assimiler l'Église à une corporation légalement établie, en lui attribuant le droit de propriété. Donc, si nous plaçons la composition du dialogue de Minucius Félix entre les années 222 et 235, nous n'éprouverons plus de difficulté au sujet de l'ouvrage et de son auteur. L'éclectisme bienveillant d'Alexandre Sévère fait comprendre que, sous son règne, un chrétien ait pu exercer à Rome l'office d'avocat ou de jurisconsulte ; et la paix dont jouissait l'Église, grâce aux dispositions généreuses de ce prince, explique le ton et la forme de l'apologie qui va nous occuper. Après avoir fait l'éloge d'Octave, Minucius Félix met en scène les interlocuteurs :

« Octave était venu à Rome pour traiter de ses affaires et

---

1. Eusèbe, *Hist. eccles.*, VI, c. XXI.
2. Lampride, *in Alexandrum*.

pour me voir ; il avait quitté pour cela maison, femme et enfants. Sa petite famille était dans cet âge d'innocence qui donne aux enfants tant de charmes, lorsqu'ils essaient de former des sons qu'ils ne rendent qu'à demi, parole si douce par l'obstacle même que rencontre une langue novice. Je ne pourrais dire quels furent les transports de ma joie quand je le vis arriver ; elle était d'autant plus vive que j'étais loin de m'attendre au bonheur de voir cet excellent ami.

« Après avoir donné deux jours à l'assiduité des entretiens pour satisfaire les premiers besoins du cœur, et nous dire mutuellement tout ce qu'une absence réciproque nous avait laissé ignorer, nous convînmes d'aller à Ostie, ville charmante où j'espérais trouver dans les bains de mer un remède aussi agréable que sûr pour dissiper un certain fond d'humeur dont j'étais tourmenté. Les vacances avaient fait succéder au travail du barreau le plaisir des vendanges : c'était l'époque où l'automne, après les chaleurs brûlantes de l'été, vient offrir sa douce température [1]. »

Déjà, Messieurs, il vous est facile de voir ce qui fait le charme de cette pièce. C'est la description d'une scène prise dans la vie ordinaire des premiers chrétiens. On n'y trouve pas ces ardeurs et ces émotions de la lutte au milieu desquelles nous transportaient les écrits de Tertullien. Tout y respire le calme d'une époque moins tourmentée. Nous sortons de l'extraordinaire, de l'héroïque même, si vous le voulez, pour rentrer dans ce milieu plus tranquille où se produisent communément les croyances et les vertus chrétiennes. Vie de famille, commerce de l'amitié, délassements honnêtes, voilà dans quelles circonstances et sous quelles formes appa-

---

[1] *Octavius*, II.

raît ici la controverse religieuse. C'est pendant une saison de bains de mer que trois amis, dont l'un est encore païen, discourent paisiblement sur les grands problèmes de la destinée humaine : les rivages d'Ostie deviennent pour eux le *Tusculum* de Cicéron, avec cette différence qu'on sortait de Tusculum un peu moins avancé qu'auparavant, tandis que la conférence d'Ostie amènera une conversion. Certes, voilà un épisode fort intéressant pour nous, et qui nous montre comment les opinions religieuses venaient se heurter dans la vie privée, à côté des grands débats qui agitaient le public. Du reste, la couleur locale y est fidèlement observée, et les coutumes du temps décrites avec exactitude. Tout en élevant à 230 le nombre des jours de l'année pendant lesquels il était permis de rendre la justice, Marc-Aurèle en avait excepté, selon l'ancien usage, les époques de la moisson et de la vendange ; et la vacance des tribunaux durant ces deux mois fut également maintenue plus tard par les empereurs chrétiens [1]. Voici maintenant à quel propos s'engagea la discussion :

« Nous nous dirigions un matin, dès la pointe du jour, vers la mer, en suivant le rivage pour respirer cet air frais et pur qui rend au corps sa vigueur, et goûter le plaisir si doux qu'on éprouve à fouler le sable qui cède mollement sous les pieds. Cécilius était avec nous. Chemin faisant, il aperçoit une statue de Sérapis, et aussitôt, selon l'usage du vulgaire superstitieux, il porte sa main à la bouche et la baise. En vérité, mon cher Marcus, me dit Octave, ce n'est pas le fait d'un homme vertueux de laisser dans les ténèbres du vulgaire ignorant un ami qui ne vous quitte jamais, et de souffrir qu'à la lumière du grand jour de la vérité il aille se heurter contre

---

1. Capitolinus *in M. Aurelium*, 10. — Pandectes, lex prima *de feriis*. — Item Suétone, *in Cæsarem*, 40 ; — Statius Sylv. IV, 4, 39 ; — Pline, Epist. VIII, 21 ; Aulu-Gelle, IX, 15.

des pierres, qu'elles soient ou non façonnées en statues, parfumées d'essences et couronnées de fleurs : vous le savez bien, la honte de cet aveuglement rejaillit sur vous autant que sur lui-même [1]. »

Je suis presque tenté de partager l'étonnement d'Octave. Quand on voit dans les écrits de Tertullien quelle scission profonde s'était opérée entre les deux sociétés, cette intimité d'un chrétien avec un païen ne laisse pas d'apparaître comme un trait de mœurs assez curieux à étudier. Or, ce qu'il faut chercher avant tout dans l'histoire des lettres, c'est le reflet des idées et des sentiments d'un siècle ou d'un pays. Envisagé à ce point de vue, l'ouvrage de Minucius Félix nous offre le plus vif intérêt, parce qu'il nous introduit au milieu des relations de la vie privée, en nous faisant assister, non plus à des luttes publiques, mais à une discussion entre amis qui ne partagent pas les mêmes croyances religieuses. Là est le côté vraiment original de cette production. Malgré la distance qui le sépare de Cécilius encore païen, le jurisconsulte chrétien reste uni à cet homme par les liens de l'amitié la plus tendre. Et pourquoi pas ? Sous un pouvoir qui les persécutait, les chrétiens remplissaient avec fidélité leurs devoirs envers la patrie : il n'y avait pas de meilleurs citoyens qu'eux, ni de soldats plus dévoués, comme Tertullien nous le disait avec tant d'éloquence dans son *Apologétique*. Cette largeur, cette générosité de conduite, ils la portaient également au foyer domestique et dans le cercle de l'amitié : la différence de religion ne les empêchait pas de chérir ceux dont ils condamnaient les erreurs. En d'autres termes, alors comme aujourd'hui, les vrais chrétiens pratiquaient cette tolérance à l'égard des personnes, qui est tout simplement une vertu évangélique. Mais il faut bien se garder de confondre la vraie

---

1. *Octavius*, II, III.

tolérance avec la fausse. S'agit-il de l'erreur ? Nous devons la combattre dans la mesure de nos forces, sous quelque forme qu'elle se présente, comme c'est notre devoir de combattre le mal partout où nous le rencontrons. L'homme abdiquerait sa qualité d'être intelligent et moral, s'il agissait autrement. La tolérance ne peut donc porter que sur les personnes, et consiste dans les procédés pleins de douceur et de ménagements dont nous devons user envers nos semblables. Il y a plus, Messieurs ; car, après avoir déterminé l'objet de cette vertu, il importe encore d'en bien préciser le motif. Pour être vraie, la tolérance doit se baser sur le sentiment de la charité, et non pas sur l'indifférence en matière de croyances ou de religion. Beaucoup de personnes s'imaginent être tolérantes ; elles ne sont qu'indifférentes, ce qui n'est pas du tout la même chose. La tolérance ne consiste nullement à ne point s'inquiéter du sort de son prochain, sous prétexte qu'il faut laisser à chacun la liberté de croire ce qu'il veut, et ne pas s'en mêler, dût-il y trouver sa perte. Comment ! vous possédez, dites-vous, la vérité ; et vous n'useriez pas de tous les moyens légitimes pour en assurer le bénéfice à vos semblables ! Vous ne chercheriez pas à les détromper de leurs erreurs, pour ne point gêner leur liberté de penser et de faire ! Vous les laisseriez courir de gaieté de cœur au-devant d'un malheur certain, sans les éclairer sur la conséquence de leurs actes ! Et vous appelleriez cela exercer la tolérance ! Mais, Messieurs, ce serait une indifférence des plus coupables. Car, comme le dit si bien l'Écriture sainte, Dieu nous ordonne à chacun de veiller sur notre prochain, *unicuique mandavit de proximo suo* [1]. Voilà pourquoi la vraie tolérance est toujours accompagnée

---

1. Eccli. XVII, 12.

du zèle, parce qu'elle puise dans la charité les motifs qui l'inspirent. C'est ainsi que l'entendaient les trois amis. Mais avant de les suivre dans leur discussion, il nous faut voir jusqu'au bout comment Minucius Félix a su encadrer son dialogue. Cette manière toute cicéronienne d'engager un débat est chose neuve dans la littérature chrétienne ; et l'on se rappelle les promenades de Lélius et de Scipion sur les bords de la mer [1], quand on lit cette gracieuse description :

« Lorsque Octave eut parlé de la sorte, nous venions de franchir l'espace qui sépare la ville de la mer, et déjà nous étions en liberté sur le rivage. De petites vagues qui venaient mourir doucement sur le sable semblaient l'aplanir pour la promenade. La mer ne cesse pas d'être un peu agitée lors même que les vents se taisent ; elle ne poussait point alors vers ses bords des ondes blanches et écumeuses, mais le va-et-vient des flots ne laissait pas d'en rider la surface. Nous goûtions un plaisir extrême à suivre le mouvement de l'eau dont les détours capricieux atteignaient le bout de nos chaussures : tantôt le flot venait expirer à nos pieds en se jouant avec grâce ; tantôt replié et retournant sur lui-même il allait se perdre au sein de la mer. Nous avancions ainsi à pas tranquilles, effleurant le bord mollement recourbé, et trompant la longueur de la route par le charme de nos récits. Ces récits étaient des histoires d'Octave, dissertant sur la navigation. Après avoir fait un assez long chemim, nous suivîmes les mêmes sinuosités du rivage en revenant sur nos pas. Arrivés à l'endroit où de petits navires, retirés à l'écart et élevés au-dessus de la vase, reposent sur des poutres, nous vîmes de jeunes enfants qui, pleins d'ardeur, faisaient à l'envi l'un de l'autre rouler des

---

[1]. *De oratore*, l. II, c. vi.

cailloux sur la surface de la mer. Ce jeu consiste à choisir sur le rivage une de ces petites pierres que polit le mouvement des flots : on la dispose entre ses doigts toute plate ; ensuite penché vers la terre, aussi bas qu'on le peut, on la lance sur l'eau. Cette espèce de trait rase et effleure le dos de la mer, selon l'impulsion légère qui le fait glisser. Ou bien il fend les flots, reparaît à leur surface, plonge et ressort tant qu'un bond longtemps prolongé le soutient. L'enfant dont la pierre porte davantage et rebondit le plus de fois est proclamé vainqueur. Octave et moi, nous nous amusions de ce spectacle[1]. »

On ne s'attendrait guère, Messieurs, à trouver de pareilles descriptions dans un ouvrage de controverse, surtout lorsqu'on réfléchit au caractère grave et sérieux de la littérature chrétienne des trois premiers siècles. Le dialogue de saint Justin avec Tryphon nous avait déjà offert des entretiens philosophiques sur les bords de la mer ou dans le xyste d'Ephèse ; mais pas de tableau, aucune description qui pût trahir des préoccupations d'artiste ou de poëte. L'auteur est tout entier à la controverse religieuse, sans s'inquiéter ni de la beauté du site ni de ce qui se passe autour de lui. A plus forte raison n'avons-nous rien rencontré de semblable dans les écrits des Pères apostoliques. Ici le ton change, et le goût de la rhétorique modifie sensiblement la forme simple et sévère de ces productions primitives. Rien de plus naturel. A mesure que l'éloquence chrétienne entrait en contact avec le monde gréco-latin, l'art antique devait s'y réfléchir et mettre au service de la doctrine nouvelle les ressources des âges précédents. La plupart des apologistes n'arrivaient au christianisme qu'après avoir passé par

---

1. *Octavius*, III.

les écoles philosophiques ou littéraires de l'antiquité classique : en devenant les défenseurs de l'Église, ils y transportaient la méthode et les habitudes intellectuelles qu'ils devaient à leur éducation première. Pour employer une image de l'Écriture sainte, ils détournaient les vases de l'Égypte d'un usage profane, illicite même, pour les faire servir au culte du vrai Dieu ; ou, comme le dira plus tard saint Grégoire-le-Grand, ils imitaient le peuple d'Israël qui descendait dans le camp des Philistins pour y faire aiguiser le soc de ses charrues. C'est ainsi qu'en fabriquant de nouvelles armes avec ce métal antique, dépouillé de ses scories, en rajeunissant à force d'idées neuves des formes déjà vieilles, ils préparaient cette renaissance chrétienne des lettres grecques et latines, qui aura son apogée au ive siècle. Mais déjà vers le commencement du iiie siècle, on observe ce mélange de la rhétorique et de l'art anciens avec la littérature ecclésiastique. Minucius Félix est plein de la lecture des écrits de Cicéron et de Sénèque, dont il s'approprie des phrases entières pour le développement des idées qu'il veut défendre. Vous me demanderez sans doute ce qu'était devenu l'incident de la statue de Sérapis, et quelle impression avait faite sur l'esprit de Cécilius la vive attaque d'Octave. C'est là-dessus que le débat va s'engager, après la digression qui vient d'interrompre le récit de l'auteur :

« Cécilius ne prêtait aucune attention à ce spectacle et ne souriait point à la lutte ; mais rêveur, chagrin, se tenant à l'écart, il laissait voir sur son visage je ne sais quelle douleur secrète. Qu'avez-vous, lui dis-je? Je ne vous reconnais plus, Cécilius. Où donc est cette vivacité, cette gaieté qui brillait dans vos yeux, même au milieu des affaires les plus sérieuses ? Le reproche que vous a fait Octave, reprit-il, me pique et me blesse au vif. Accuser mon ami de négligence à mon égard, c'est faire retomber d'autant plus gravement sur moi, quoique d'une manière indirecte, le blâme d'ignorance. Eh bien ! je n'en resterai pas là ; je demande raison à Octave de toute cette affaire. S'il veut qu'un homme de la secte incriminée soutienne la lutte avec lui, il verra qu'il est plus facile de discourir entre amis que de combattre en vrais philosophes. Allons-nous asseoir sur le môle qui protége les bains contre les flots, sur ces rochers qui avancent dans la mer ; nous pourrons nous délasser de la fatigue et discuter plus à notre aise. On s'assied ainsi qu'il l'avait proposé, de telle manière que j'occupais le milieu : mes amis s'étaient placés à mes côtés, non par respect, par déférence, ou par cérémonie, car toujours l'amitié nous trouve ou nous rend égaux [1] ; mais, me prenant pour arbitre, ils avaient voulu que je fusse plus près d'eux pour mieux les entendre et séparer les deux antagonistes [2]. »

J'ai appelé l'ouvrage de Minucius Félix un dialogue. Le terme n'est peut-être pas bien choisi ; celui d'action judiciaire conviendrait davantage. La scène est calquée sur le modèle d'un tribunal, ce qui n'est pas étonnant de la part d'hommes de loi. Un réquisitoire, une défense, un jugement, c'est à quoi se réduit toute la pièce. Cécilius attaque le christianisme, Octave le défend, et Minucius Félix est l'arbitre du combat; ou plutôt, le juge n'a pas besoin de rendre la sentence, car l'une des deux parties se déclare vaincue par l'autre. Dans le xvie livre de son poëme des *Martyrs*, Chateaubriand a reproduit la même situation. Hiéroclès remplit le rôle de Cécilius, et Eudore celui d'Octave ; comme d'ailleurs il est facile de voir que l'illustre écrivain a transporté

---

[1]. Amicitia pares semper aut accipit.
[2]. *Octavius*, iv.

dans ces deux harangues plus d'un trait emprunté à Minucius Félix. Après avoir décrit la forme du dialogue, et indiqué les circonstances de temps, de lieu et de personnes au milieu desquelles il s'engage, nous allons discuter les doctrines qui s'y trouvent exposées.

DEUXIÈME LEÇON

Le point cardinal de la controverse avec les païens reste au IIIe siècle ce qu'il était au IIe et au Ier. — C'est autour de l'idée d'un Dieu créateur et modérateur de toutes choses que se meut la discussion entre Cécilius et Octave. — Raison de ce fait. — Cécilius plaide d'abord la cause du scepticisme en matière religieuse. — Réponse d'Octave. — Les païens reprochaient à la religion chrétienne l'un de ses plus beaux titres de gloire, celui d'avoir mis à la portée des ignorants les problèmes les plus difficiles de la destinée. — Cécilius reproduit contre le dogme de la Providence les objections ordinaires du matérialisme. — Rapports de l'*Octave* de Minucius Félix avec le traité de Cicéron sur la *Nature des dieux*. — L'argument des causes finales ; son histoire et sa valeur. — Les théories du matérialisme moderne ne diffèrent pas au fond du système d'Épicure. — La foi en la Providence est la base de l'ordre moral.

Messieurs,

S'il existe un fait certain, constaté par l'observation historique, c'est que l'homme a toujours placé l'intérêt religieux au premier rang de ses préoccupations les plus graves et les plus intimes. Le scepticisme le moins timide n'oserait pas révoquer en doute ce fait d'expérience universelle. Lorsque Aristote, voulant caractériser l'homme par un trait saillant, commun à toute l'espèce, le définissait un animal religieux, il s'appuyait sur l'étude de l'âme humaine comme sur le témoignage de tous les peuples. Placés en face de nous-mêmes et du monde, nous avons besoin de nous interroger sur notre origine, notre nature et notre destinée ; et cela, dans n'importe quelles conditions, et à tel degré de culture intellectuelle que nous soyons arrivés. C'est notre dignité d'êtres raisonnables, que ces questions viennent se poser devant chacun de nous et demandent à être résolues d'une façon ou de l'autre. Nul ne peut se soustraire à cet honneur ni à cette épreuve ; et le sceptique qui croit échapper à toute affirmation religieuse par le doute, se fait illusion à lui-même : il affirme comme tout autre, ne serait-ce qu'une chose, à savoir, qu'il faut douter. Si de l'individu vous allez à l'espèce, vous retrouvez la même loi dans son application la plus vaste. Prise à son sommet, l'histoire du genre humain est l'histoire même de la religion ; et il n'y a dans la vie d'une nation ni un acte ni un moment où elle puisse faire abstraction de ses croyances. Pas plus que les particuliers, les peuples ne parviennent à étouffer le besoin le plus impérieux de notre nature intelligente et morale, ni à supprimer un ordre d'idées qui s'impose à la conscience humaine avec une force irrésistible. Les conventionnels du siècle dernier espéraient en avoir fini avec la religion : le lendemain, ils imaginaient à leur tour un système religieux, un temple et des autels. Cela devait être. On ne supprime point la première des lois constitutives de l'humanité ; et ceux qui se figurent aujourd'hui que l'économie politique est en train d'absorber la religion, et que la théologie va faire place à la mécanique et à la chimie, ont un horizon bien borné. L'âme humaine ne s'accommode pas de tant de bassesse et de vulgarité ; elle a des besoins bien autrement profonds, des aspirations plus hautes ; et la science de Dieu, la science de la religion restera la première de toutes, tant qu'il y aura des hommes sur la terre ayant conscience de leur mission et de leur dignité.

Ce sentiment religieux, que l'indifférence et la corruption païennes avaient affaibli sans l'éteindre, le christianisme était venu le fortifier en lui assurant à jamais sa place et son influence légitimes. L'Évangile avait remué le monde et jeté dans un grand nombre d'âmes ce trouble salutaire qui provoque la réflexion. Ceux qui restaient insensibles aux beautés de la doctrine, s'arrêtaient avec étonnement devant l'héroïsme des martyrs ; et là où les idées trouvaient peu d'accès, les faits portaient avec eux leur lumière. De la vie publique, où les requêtes officielles des apologistes lui prêtaient tant d'éclat, la controverse religieuse était descendue dans la vie privée, où chaque nouveau converti devenait un apôtre pour ses proches et ses amis. C'est une scène de ce genre qui s'offre à nous dans l'*Octave* de Minucius Félix, dont le préambule nous a occupés la dernière fois. Il s'agit maintenant de pénétrer plus avant dans ces nouvelles *Tusculanes* auxquelles les rivages d'Ostie ont servi de théâtre.

Vous ne serez pas étonnés d'apprendre que la discussion entre Cécilius et Octave porte tout d'abord sur Dieu et la Providence, c'est-à-dire sur ce que nous appellerions aujourd'hui la théologie naturelle ou la philosophie. Nous avons vu, par les écrits des autres apologistes, que tel était le point cardinal de la controverse païenne. Non pas, Messieurs, que ces vérités rationnelles constituent l'objet propre et direct de la révélation ; elles n'en sont que le préliminaire indispensable, ou, si vous me permettez cette image, la philosophie est le vestibule par lequel on entre dans le majestueux édifice de la théologie chrétienne. Voilà pourquoi les Pères de l'Église commençaient par rétablir dans l'esprit des païens l'idée d'un Dieu créateur et modérateur de toutes choses, persuadés que par là ils aplaniraient les voies à la croyance au Dieu révélateur. Car, ce qui éloignait la science païenne de l'Évangile, ce sont les faux systèmes philosophiques qui régnaient dans les écoles. Une fois cet obstacle détruit, l'accord de la raison avec la foi se découvrait sans trop de difficulté. Ajoutons de suite que l'obstacle n'a pas varié depuis lors. Je ne sais si vous avez été frappés comme moi d'un fait qui se reproduit invariablement : toujours et partout, la science antichrétienne est jointe à une philosophie fausse. Ce n'est pas, croyez-le bien, sur des arguments tirés de la Bible ou de l'histoire qu'on se fonde principalement pour attaquer la révélation ; le point de départ de ces négations est ailleurs. Allez à la source de l'antichristianisme, vous y trouverez des vues erronées sur Dieu et sur la Providence. Ici, Messieurs, une étude sérieuse de la littérature depuis un siècle ne me permet pas de faire une seule exception. Tel est panthéiste à la façon de Hégel : est-il étonnant qu'il nie la divinité de Jésus-Christ ? Tel autre professe le pur matérialisme : comment voulez-vous qu'il admette un seul dogme de la religion chrétienne ? Et qu'on ne m'accuse pas de chercher mes exemples uniquement dans les religions du paradoxe et de la fantaisie. Même chez les partisans de l'école soi-disant spiritualiste, je retrouve la même coïncidence entre l'opposition à la doctrine révélée et la négation d'une vérité philosophique. L'un composera un *Essai de philosophie religieuse* pour combattre le panthéisme, et il soutiendra l'éternité du monde, ce qui est une erreur colossale aux yeux de la raison. L'autre dissertera en fort bons termes sur la *Religion naturelle* et sur le *Devoir*, mais il trouvera moyen de poser des bornes à la puissance et à la liberté de Dieu, en ne lui permettant pas de déroger à une loi physique, ni d'exaucer une seule prière. Ce qui serait pour moi l'objet d'une surprise profonde, c'est de rencontrer un philosophe correct, niant le christianisme ; mais jusqu'à présent il ne m'a pas encore été donné de découvrir ce phénomène, et, s'il existe quelque part, je voudrais bien qu'on pût me l'indiquer. Vous détruisez l'ordre surnaturel, parce que vous altérez sur des points graves l'ordre naturel lui-même, et c'est une philosophie fausse qui vous conduit à rejeter la révélation. Cessez d'être panthéistes, sceptiques, matérialistes ; revenez à la saine notion de Dieu et de l'âme, c'est-à-dire redevenez philosophes dans le sens exact du mot, et vous marcherez en droite ligne vers la foi. Aussi, n'est-ce pas nous qui dénierons à la philosophie sa haute importance : elle a pour mission d'établir les préambules de la foi ; et quand la théologie s'efforce de lui conserver ce beau rôle, elle n'ignore pas qu'elle défend une de ses bases fondamentales, que la raison est encore plus menacée par l'incrédulité que la foi, et qu'en cherchant à les coordonner entre elles par une alliance réciproque, on leur assure à toutes deux, contre les agressions de l'erreur, une même garantie.

C'est donc à juste titre que l'attaque comme la défense débutent par les vérités philosophiques dans le dialogue de Minucius Félix. Cela posé, on pourrait être tenté d'adresser un reproche à l'auteur, celui de n'avoir mis en scène que deux interlocuteurs. Il en résulte cet inconvénient, que Cécilius joue le rôle de plusieurs personnages à la fois : tantôt il parle en sceptique, tantôt en épicurien, plus loin en adorateur fervent des divinités nationales. Avec cet instinct profond de l'art qui fait distinguer les nuances, Chateaubriand a su éviter l'écueil dans son poëme des *Martyrs*, en confiant l'attaque du christianisme à Symmaque et à Hiéroclès, l'un, panégyriste zélé du culte de la patrie, l'autre, adversaire brutal de la religion chrétienne. Eh bien, faut-il donner raison à l'artiste contre le philosophe ? Je ne le pense pas. Les contradictions de Cécilius, relevées par Octave avec une ironie piquante, montrent précisément dans quel désarroi l'absence de principes jetait la science païenne. Ouvrez les écrits de Cicéron, vous y trouverez trois ou quatre hommes dans un seul : il est sceptique en théorie, platoniciem ou stoïcien en morale, politique en religion, et éclectique en tout. L'avocat du christianisme explique très-bien ces perplexités : « Comme celui qui ignore le chemin direct pour aller à un endroit, s'arrête incertain lorsqu'il en est venu au point où ce chemin se partage en plusieurs, ainsi qu'il arrive souvent, et n'ose en choisir un ni les essayer tous, de même l'homme qui n'a aucune idée arrêtée sur le vrai, promène ses hésitations çà et là, selon qu'il se laisse entraîner par de vagues soupçons. Faut-il s'étonner que Cécilius, dans ce flux et reflux d'opinions qui se contrarient et s'excluent, flotte au hasard comme un navire ballotté par les vents [1] ? » En effet, ces fluctuations sont nombreuses. Écoutons d'abord le disciple d'Arcésilas et de Carnéade : on croirait entendre Cicéron parlant par la bouche de Cotta, dans le traité sur la *Nature des dieux*.

« Si vous consentez à siéger ici comme un homme entièrement neuf, qui ne saurait rien des deux parties, il me sera facile de vous montrer que dans les choses humaines tout est incertain, douteux, problématique, vraisemblable plutôt que vrai. C'est pourquoi il y a moins lieu de s'étonner que des hommes, désespérant de trouver la vérité au bout de leurs investigations, cèdent sans examen à la première opinion qui se présente à eux. Il serait plus extraordinaire d'en rencontrer qui persévèrent dans leurs recherches avec un zèle opiniâtre. Mais ne doit-on pas gémir et s'indigner de voir des gens, sans étude, sans lettres, dans l'ignorance des arts, si ce n'est des plus abjects, prononcer avec certitude sur le principe et sur l'ensemble des choses, tandis que la philosophie, qui possède un si grand nombre d'écoles, en est encore

---

1. *Octavius*, XVI.

à délibérer, après tant de siècles, sur ces questions. Et ce n'est pas sans raison : il y a si loin de la faiblesse humaine à la connaissance de Dieu ! Aussi, ce qui demeure suspendu au-dessus de nos têtes dans les cieux, ce qui est enseveli sous nos pieds dans les abîmes de la terre, reste un secret impénétrable pour nous. Il ne nous est pas donné de le savoir, et il serait même impie de vouloir le sonder. Nous serions assez heureux, assez éclairés, si nous avions appris, selon cette maxime antique d'un sage, à nous connaître davantage nous-mêmes. Que si, nous livrant à un travail insensé et inepte, nous voulons franchir les limites imposées à notre faiblesse ; si, jetés sur la terre, nous allons, dans les transports d'une ambitieuse audace, nous élancer par delà le ciel et les astres, du moins ne nous forgeons pas de vains fantômes, ne mêlons pas à ce premier égarement des terreurs imaginaires [1]. »

Voilà, Messieurs, le programme du scepticisme en matière religieuse nettement tracé. Cécilius ne veut pas qu'on s'élève au-dessus de la terre, ni qu'on s'occupe d'un ordre d'idées supérieur à l'homme. Selon lui, il est impossible de dépasser le doute lorsqu'il s'agit des choses divines ; et, eussions-nous même le pouvoir d'atteindre l'objet d'une telle science, il serait inutile de vouloir y aspirer. Se reconnaître soi-même, c'est à quoi se réduit toute la sagesse ; le reste est indifférent. Quelle niaiserie ! Comme s'il était possible à l'homme de bien se connaître sans connaître Dieu, et de régler sa vie sans savoir d'où nous venons, où nous allons, pourquoi nous sommes sur cette terre ! Je voudrais pouvoir dire que ces désolantes doctrines des sceptiques païens ne trouvent plus d'écho parmi nous ; mais des écrits récents ne nous permettent pas de porter un jugement aussi favorable sur notre

---

1. *Octavius*, v. Cécilius reprend la même thèse au chap. XIII.

époque. N'avons-nous pas entendu, il y a quelques années, l'un des plus doctes représentants de l'école éclectique, déclarer dans le testament de sa vie « que l'objet précis de la science philosophique n'a pas encore été déterminé [1] ? » Est-ce que l'auteur paradoxal d'un ouvrage intitulé: *De la justice dans la révolution et dans l'Église*, ne proposait pas, à l'exemple du païen Cécilius, d'éliminer Dieu des sciences morales comme un hors d'œuvre ? Et dernièrement encore, l'un des coryphées de l'incrédulité contemporaine n'écrivait-il pas que la métaphysique n'est pas même une science, et qu'elle se trouve en dehors de toute réalité [2] ? Et ils osent parler de la dignité et des forces de l'intelligence humaine, eux qui lui ferment le champ de l'infini, ou la laissent flotter dans un doute perpétuel ! Certes, il faut bien en convenir, l'Église a une idée plus haute de l'homme, de sa vocation et de ses aptitudes : non-seulement elle nous met en face de l'infini, dont la connaissance est le plus précieux apanage de notre nature, mais encore elle nous croit capables de pénétrer, au flambeau de la révélation, dans les mystères de la vie intime de Dieu, et de saisir la merveilleuse économie de ce plan surnaturel qui se déroule autour de l'incarnation du Verbe. Un tel respect pour la raison humaine contraste singulièrement avec le dédain de ceux qui l'exaltent en paroles, il est vrai, mais qui la dépriment en réalité, jusqu'à lui refuser le pouvoir d'affirmer avec certitude l'existence d'un Dieu vivant et personnel. Voici maintenant l'admirable réponse d'Octave au sceptique qui voulait emprisonner la science dans les choses terrestres :

1. Écrit posthume de Jouffroy, publié par M. Damiron (*Revue indépendante*, 1ᵉʳ novembre 1842, p. 285).
2. M. Renan, *de l'Avenir des sciences naturelles* Revue des (*Deux-Mondes*) 15 octobre 1863).

« Je ne rejette pas le principe que Cécilius s'est efforcé d'établir, à savoir, que l'homme doit se connaître, s'étudier lui-même, examiner ce qu'il est, d'où il vient, pourquoi il existe; s'il est un composé d'éléments, un ingénieux mélange d'atomes, ou, plutôt, si c'est Dieu qui l'a créé, formé, animé. Mais cette question particulière ne saurait être résolue ni approfondie dans l'étude de l'ensemble : car dans l'univers tout se tient, tout se lie, tout s'enchaîne ; et l'on n'entend rien à l'humanité si l'on n'a pas cherché à se rendre compte de la Divinité, comme on ne peut réussir à poser les lois d'un État particulier si l'on ne connaît bien les lois qui régissent la grande société humaine, le monde entier. Ce qui nous distingue surtout des bêtes, c'est qu'elles sont courbées, inclinées vers la terre, n'ayant d'yeux que pour leur pâture, tandis que nous avons le front élevé, le regard dirigé vers le ciel, et de plus la raison et la parole, par lesquelles nous pouvons reconnaître, sentir et imiter Dieu. Nous serait-il permis d'ignorer les clartés divines que le ciel fait reluire à nos yeux et insinue à tous nos sens ? Ne serait-ce pas un sacrilège et un sacrilège des plus criminels que de chercher dans la boue de cette terre ce que nous devons trouver dans les sublimes régions du ciel [1] ? »

Une chose surtout révoltait l'orgueil de Cécilius, c'était de voir des gens illettrés, des hommes du peuple, sans art ni érudition, discourir avec aisance et clarté sur des questions que la philosophie païenne avait été impuissante à résoudre. Quoi ! des ignorants se flattaient d'avoir été mis en possession de la vérité par l'Evangile, tandis que les écoles philosophiques n'étaient point parvenues à la découvrir après dix siècles de recherches et de travaux ! Ce rapprochement bles-

---

1. *Octavius*, XVII.

sait au vif les beaux esprits du temps ; car, alors comme aujourd'hui, il y avait des sophistes épris d'eux-mêmes, qui établissaient une scission entre les parties simples et les parties cultivées de l'humanité, se réservant à eux seuls le monopole de la critique, et renvoyant au reste du genre humain ce qu'ils appelaient, de leur langage dédaigneux, des naïvetés et des superstitions. Ils oubliaient que le simple bon sens de l'homme du peuple est plus apte à discerner la vérité religieuse qu'un esprit faussé par des systèmes préconçus ou enflé par quelques études superficielles. « Vous ne pouvez contenir, répondait Octave à Cécilius, la peine, le dépit, l'indignation et la douleur que vous éprouvez en voyant des gens pauvres, dépourvus d'habileté et d'instruction, discourir sur les choses du ciel ; eh bien, veuillez ne pas oublier que tous les hommes, sans distinction d'âge, de sexe ni de rang, sont doués de raison et de sentiment, que ce n'est pas de la fortune, mais de la nature qu'ils tiennent ces aptitudes[1]. » Voilà, Messieurs, un côté admirable dans la religion chrétienne. Pour elle, la vérité n'est pas le privilége de quelques-uns, mais le patrimoine de tous. Ces mêmes dogmes qui émerveillent la science et le génie, elle les met à la portée des petits et des ignorants. Ce n'est pas l'Église qui dira : cet homme n'appartient pas à la grande culture intellectuelle, laissons-lui son ignorance ; il n'est point appelé à la même vie que le savant. Non, mais elle descendra vers lui pour l'élever jusqu'à elle : dès le bas âge, elle lui fera bégayer d'abord, comprendre et admirer ensuite ces hautes doctrines qui remplissaient d'admiration les Augustin et les Thomas d'Aquin. Il n'est pas d'intelligence si grossière, qu'elle n'estime assez pour la faire entrer en partage de la vérité, pour lui

---

[1]. *Octavius*, XVI.

enseigner, sous la forme qui lui convient, les dogmes de la Trinité, de l'Incarnation, de l'Eucharistie, de la vision béatifique; et le symbole de foi que professe la dernière femme du peuple n'a pas un article de moins que celui du plus grand théologien. C'est avec ce respect et cet amour qu'on traite l'humanité lorsqu'on est une institution divine. Ici du moins, je rencontre parmi nos adversaires un homme qui s'extasiait devant cette merveille d'égalité opérée par le christianisme ; et chaque fois qu'il m'arrive de toucher par le souvenir à ce brillant écrivain qui, dans une enceinte voisine de la nôtre, savait prêter tant d'éclat à son enseignement, je m'attriste à l'idée qu'une éducation vicieuse ait pu éloigner de nous un penseur capable d'écrire des pages comme celle-ci :

« Il y a un petit livre qu'on fait apprendre aux enfants, et sur lequel on les interroge à l'église ; lisez ce petit livre, qui est le catéchisme, vous y trouverez une solution de toutes les questions que j'ai posées, de toutes sans exception. Demandez au chrétien d'où vient l'espèce humaine, il le sait ; où elle va, il le sait ; comment elle y va, il le sait. Demandez à ce pauvre enfant, qui, de sa vie, n'y avait songé, pourquoi il est ici-bas, et ce qu'il deviendra après sa mort, il vous fera une réponse sublime qu'il ne comprendra pas, mais qui n'en est pas moins admirable. Demandez-lui comment le monde a été créé et à quelle fin ; pourquoi Dieu y a mis des animaux, des plantes ; comment la terre a été peuplée ; si c'est par une seule famille ou par plusieurs ; pourquoi les hommes parlent plusieurs langues ; pourquoi ils souffrent ; pourquoi ils se battent, et comment tout cela finira, il le sait. Origine du monde, origine de l'espèce, question des races, destinée de l'homme en cette vie et en l'autre, rapports de l'homme avec Dieu, devoirs de l'homme envers ses semblables, droits de l'homme sur la création, il n'ignore rien ; et quand il sera grand, il n'hésitera pas davantage sur le droit naturel, sur le droit politique, sur le droit des gens ; car tout cela sort, tout cela découle avec clarté, et comme de soi-même, du christianisme [1]. »

Ainsi, Messieurs, quand Cécilius reprochait à la religion chrétienne de placer sur les lèvres de l'ignorant et du pauvre la solution des grands problèmes de la destinée humaine, il blâmait en elle ce qui forme l'un de ses plus beaux titres de gloire et une preuve palpable de sa divinité. Il n'y avait qu'un sceptique qui pût se montrer insensible à un tel bienfait. Mais, comme nous l'avons dit, le doute absolu est une chimère ; ceux qui affectent de suspendre leur jugement sur toutes choses, ne réussissent point à se maintenir dans cet état d'équilibre forcé : on les voit pencher tantôt d'un côté, tantôt de l'autre. Il ne faut donc pas s'étonner qu'après avoir écarté comme indifférente la question de la connaissance de Dieu, l'adversaire d'Octave jette le masque du pyrrhonisme pour se montrer à découvert sous les traits d'un franc épicurien. Pressé par cette nécessité qui oblige tout être intelligent d'affirmer ou de nier quelque chose en matière religieuse, il attaque le dogme de la Providence par ce raisonnement où vous retrouverez sans peine le langage qu'a tenu le matérialisme à toutes les époques :

« Supposez qu'il y ait eu, dans le principe, des semences de toutes choses rassemblées au sein de la nature, faut-il pour cela un Dieu créateur ? Si les diverses parties de cet univers ont été formées, arrangées, réunies par un concours fortuit, qu'est-il besoin d'un Dieu architecte ? Que le feu ait allumé les astres, que le ciel se soit déployé avec la matière

---

1. Jouffroy, Mélanges philosophiques, du *Problème de la destinée humaine*, p. 424.

qui lui est propre, ou que la terre se soit affermie par son poids, que les eaux, par leur pente naturelle, aient pris leurs cours vers la mer, quelle nécessité de recourir à votre religion, à cet épouvantail, qui, après tout, n'est qu'une superstition ? L'homme, la brute, tout ce qui naît, vit et respire, est un assemblage spontané des éléments et se résout, se décompose de nouveau en ces mêmes éléments, puis finit par disparaître. Ainsi tout reflue vers sa source, tout retourne sur soi-même, sans ouvrier, sans juge, sans créateur [1]. »

Il ne vient pas même en idée à l'auteur de cette cosmogonie naïve, de se demander d'où provenaient ces germes ou ces éléments primitifs auxquels il fait jouer un si beau rôle ; et, dans l'hypothèse où ils seraient éternels et incréés, comment ce qui n'a ni origine ni fin peut être susceptible d'un changement quelconque. Non, tout cela lui paraît fort simple. Un beau matin, on ne sait ni pourquoi ni comment, tous ces éléments jusqu'alors inertes et confondus, se trouvent pris d'un besoin subit de locomotion, et après s'être décidés à se mettre en marche, se rencontrent, se heurtent, se mêlent, se combinent, pour former, qui, les plantes, qui, les animaux, qui, les hommes ; de ce pêle-mêle sort, harmonieux et bien ordonné, le monde que voici. Ce n'est pas plus difficile à expliquer. Il est vrai que depuis lors, les atomes sont devenus très-conservateurs, et ne paraissent plus se soucier de donner des représentations de ce genre ; mais l'on conçoit que de pareils coups de tête soient rares. Nous verrons tout à l'heure si le matérialisme contemporain a trouvé, pour se passer d'un Dieu créateur, quelque chose de plus sérieux que le païen Cécilius. Vous vous attendez sans doute

---

1. *Octavius*, v.

à voir reparaître dans une argumentation dirigée contre la Providence, les plaintes tant de fois répétées sur l'inégale distribution des biens et des maux, sur les épreuves des bons et la prospérité des méchants. Le disciple d'Épicure ne manque pas de relever ces contrariétés apparentes qui nous choquent parce que notre vue limitée à quelques détails ne nous permet pas d'embrasser l'ensemble des choses Ici, dit-il, c'est la foudre qui frappe l'homme pieux comme le scélérat ; là, ce sont les tempêtes qui dans leurs cours impétueux détruisent tout sans distinction ; les naufrages qui confondent la destinée des uns et des autres sans considération de mérites; les incendies qui n'épargnent pas plus la vie du juste que celle de l'homme pervers, les pestes, enfin, qui promènent la mort sur toutes les têtes :

« Si une Providence gouvernait le monde, conclut Cécilius, si quelque divinité commandait avec empire, verrait-on jamais un Denys ou un Phalaris sur le trône, un Rutilius et un Camille dans l'exil, un Socrate condamné à boire la ciguë ? Voilà les arbres chargés de fruits ; déjà la moisson jaunit ; le raisin se colore sur la vigne : tout à coup surviennent des pluies, des grêles qui gâtent et ravagent les récoltes. Ou la vérité se dérobe sous des nuages qui ne laissent percer que des lueurs incertaines, ou plutôt tout est le jouet d'un aveugle destin. Le hasard domine partout sans autres lois que ses caprices [1]. »

C'est, Messieurs, dans cette partie du dialogue que Minucius Félix se rapproche davantage du traité de Cicéron *sur la Nature des dieux*, l'un des ouvrages les plus remarquables de l'antiquité profane. Jusqu'ici Cécilius vient de jouer tour à tour le rôle de l'épicurien Velleius et de l'académicien

---

1. *Octavius*, v.

Cotta, deux des interlocuteurs que l'orateur romain avait mis en scène. L'objection que vous venez d'entendre n'est qu'un résumé du long réquisitoire de Cotta contre la Providence, où figuraient déjà les noms de Phalaris, de Denys, de Rutilius et de Socrate [1]. Mais, si l'imitation se trahit dans l'attaque, elle n'est pas moins sensible dans la défense. Octave va reprendre un à un les arguments du stoïcien Balbus en faveur de la Providence. Seulement, Cicéron a eu le grand tort de fermer la discussion par la critique de Cotta, laissant ainsi le lecteur sous l'impression d'un discours demeuré sans réplique. Il l'a si bien senti lui-même qu'il cherche à s'en défendre dans le premier livre de son traité *sur la Divination*. On voit par là combien ce grand esprit restait flottant et indécis sur des matières d'une si haute importance. Quoi qu'il en soit, il suggère à Balbus d'excellentes raisons, que l'ami de Minucius Félix répétera presque dans les mêmes termes :

« Ceux qui veulent que l'ordre si parfait de ce vaste univers provienne, non d'une intelligence divine, mais du concours de certains corps rapprochés par le hasard, me semblent privés de la raison, du sentiment et même de la vue. Quoi de plus clair, de plus manifeste, de plus éclatant, quand on élève ses regards vers le ciel, qu'on les abaisse sur la terre, qu'on les porte autour de soi, quoi de plus évident, dis-je, que l'existence d'une raison suprême et divine qui anime, meut, alimente, gouverne toute la nature ? Voyez le ciel ! qu'il est vaste dans son étendue ! qu'il est rapide dans ses révolutions ! Voyez-le parsemé d'étoiles pendant la nuit, éclairé par le soleil pendant le jour, et vous admirerez cet équilibre parfait que le souverain modérateur sait y mainte-

---

1. *De nat. deorum*, III, 32, 33.

nir. Voyez comme la course circulaire du soleil détermine l'année, comme la lune, par sa clarté progressive, décroissante, défaillante, mesure le mois. Que dirai-je du retour successif des ténèbres et de la lumière, qui nous permet alternativement le repos et le travail ? C'est aux astronomes de nous parler plus au long des étoiles qui règlent le cours de la navigation, ou qui ramènent le temps du labourage et des moissons. Non-seulement il a fallu une intelligence parfaite, un ouvrier suprême pour créer, former et disposer chacune de ces merveilles, mais rien que pour les étudier, les comprendre et les apprécier, il faut déjà une grande force de raison et d'esprit [1]. »

Des corps célestes dont l'admirable harmonie oblige de conclure à l'existence d'un ordonnateur suprême, Octave descend sur la terre. Là aussi tout lui révèle un plan que la raison divine a seule pu concevoir et exécuter, depuis le cours des saisons, si uniforme dans sa variété même, jusqu'à l'heureuse disposition de notre globe si bien approprié aux habitudes et aux besoins de ceux qui devaient l'habiter. Mais c'est aux merveilles du règne animal que l'éloquent apologiste de la Providence réserve toute son admiration :

« Parlerai-je des ressources multiples qu'ont les animaux pour se défendre ? Ceux-ci sont armés de cornes, ceux-là, munis de dents ; les uns pourvus de serres, les autres hérissés d'aiguillons ; quelques-uns échappent par l'agilité de leur course, plusieurs par l'élévation de leur vol. C'est sur-

---

[1]. *Octavius* XVII : Quid enim potest esse tam apertum, tam confessum, tamque perspicuum, quum oculos in cœlum sustuleris... quam esse aliquod numen præstantissimæ mentis quo omnis natura gubernetur ? — Cicéron (*de nat. deorum*, II, 27) : Quid enim potest esse tam apertum, tamque perspicuum, cum cœlum suspeximus... quam esse aliquod numen præstantissimæ mentis quo hæc regantur. — La reproduction est presque littérale.

tout la beauté de la forme humaine, qui atteste un Dieu pour auteur. Voyez cette stature droite, ce visage dirigé vers le ciel, ces yeux placés au sommet de la tête comme des sentinelles, et les autres sens disposés dans le reste du corps comme dans une forteresse. Le détail de chaque merveille nous mènerait trop loin. Il n'est pas dans l'homme un seul membre qui n'ait sa grâce ou son utilité ; et ce qui doit le plus nous étonner, c'est que nous ayons tous le même visage, avec des traits différents…. Or, quand vous entrez dans une maison, et que vous y voyez tout à sa place, orné et décoré avec soin, vous pensez aussitôt que là préside un maître, supérieur à tout ce qui frappe vos regards. Ainsi en est-il du palais de ce monde : vous apercevez un ciel, une terre, une providence, un ordre, une loi ; croyez donc à l'existence d'un maître, d'un créateur plus beau que les astres eux-mêmes, et que tous les objets dont se compose l'univers[1]. »

C'est ainsi que Minucius Félix développe ce célèbre argument des causes finales, qui a inspiré de si belles pages à l'éloquence et à la poésie, depuis qu'il a plu à Dieu de placer l'homme en face des merveilles de cet univers visible. En contester la valeur, c'est nier la raison humaine. Si de l'ordre admirable qui règne dans le monde, il n'est pas nécessaire de conclure à l'existence d'une cause intelligente et souveraine, la logique n'a plus de règles, ni le langage de sens. Dès lors le principe de causalité ou de raison suffisante, sans lequel nous ne pouvons faire un pas ni émettre une idée, s'écroule, et avec lui tout l'ordre intellectuel. Il n'y a pas d'effet sans cause, et toute cause doit avoir en elle de quoi produire son effet. Donc là où règne un ordre parfait il y a de l'intelligence, et l'arrangement des parties suppose

---

1. *Octavius*, XVII.

une idée d'ensemble, un plan préconçu. En appeler au hasard pour expliquer l'harmonie du monde, c'est ne rien dire, car le hasard est un mot vide de sens, qui ne sert qu'à dissimuler l'impuissance où l'on est de se rendre compte d'une chose. Les mots destin et fatalité ne signifient pas davantage, car bien loin que les réalités existantes aient un caractère de nécessité, nous pouvons supprimer par la pensée l'univers tout entier ; il n'y a de nécessaire et d'absolu que l'infini. Voilà pourquoi les plus grands esprits qui aient paru sur la terre ont trouvé dans l'aspect général de ce monde et dans l'étude de chacune de ses parties, autant de preuves de la sagesse suprême qui a présidé à sa formation. J'ai nommé Cicéron, à qui j'aurais pu joindre Aristote et Platon. Tous les Pères de l'Église ont uni leurs voix à celle de Minucius Félix pour célébrer la gloire du Créateur dans les merveilles de son œuvre. Vous avez tous lu la première partie du traité de Fénelon *sur l'Existence de Dieu*: il y a là, sur la Providence, une quinzaine de pages, des plus belles qui aient été écrites dans notre langue. Mais les savants et les naturalistes n'ont pas laissé aux philosophes, aux poëtes et aux théologiens, le mérite exclusif d'avoir exposé et défendu l'argument des causes finales. Ici, c'est Gallien qui s'interrompt au milieu de la description des organes du corps pour entonner un hymne en l'honneur du Créateur. Là, c'est Copernic qui, dans la préface de son traité *des Corps célestes*, exprime les sentiments religieux dont le spectacle de l'univers avait pénétré son âme. Tout le monde connaît l'éloquente prière par laquelle Keppler termine son grand ouvrage, et la sublime profession de foi que Newton ajoute à ses *Principes de philosophie naturelle*. Il y a plus, Messieurs : on ne nommerait guère d'organe particulier qui n'ait fourni à l'un ou à l'autre naturaliste l'objet d'une dissertation spéciale, dans le but d'y montrer un dessein admirable de la Providence. Qu'il me suffise de citer entre autres le traité de Bell *sur la main* ; celui de Sturm *sur l'œil* ; l'ouvrage de Hamberger *sur le cœur*, ceux de Schmid et de Feuerling *sur l'oreille et sur la langue* : après avoir passé leur vie à étudier telle ou telle partie de la création, tous ces savants sont arrivés à cette conclusion, qu'il faut vouloir s'aveugler soi-même pour ne pas découvrir dans les moindres détails de ce vaste ensemble les traces d'une opération divine. C'est pourquoi Clarke disait avec raison : « Plus le monde vieillit, plus on étudie la nature, plus on apporte d'exactitude dans les recherches, plus enfin on pousse loin les découvertes, et plus acquiert de force la preuve de l'existence d'un Dieu et d'une sagesse infinie, qui se tire de l'ordre admirable de l'univers; marque certaine que ce genre de preuve est fondé en vérité. »

Disons-le cependant, bien qu'à regret, à côté de ces grands esprits qui, d'âge en âge, ont confirmé par l'autorité du savoir la foi des peuples en la Providence, il s'est toujours trouvé des hommes qui n'ont pas su, ou qui n'ont pas voulu lire dans l'harmonie des mondes le nom d'un Dieu créateur. Épicure et Lucrèce marchent à leur tête. Or, ce qui me frappe dans ces protestations isolées contre la croyance universelle du genre humain, ce n'est pas la témérité ni le goût du paradoxe qu'elles révèlent. Dans son beau sermon sur la Providence, Bossuet a fort bien montré que cette opposition provient du désir « d'entretenir dans l'indépendance une liberté indocile ». Non, ce qui me frappe, c'est l'excessive crédulité avec laquelle ces fières intelligences acceptent le premier système venu. On refuse d'admettre une cause intelligente et souveraine, mais l'on s'incline, avec une docilité parfaite, devant des hypothèses puériles et qui font sourire de pitié. Les anciens s'égayaient au sujet des atomes d'Épicure, dont le païen Cécilius vient de se constituer le défenseur ; et par le fait, rien n'est plus plaisant que cette explication du monde. Nos matérialistes modernes ont-ils mieux réussi dans leurs entreprises? Vous allez en juger par deux essais tout récents, tentés, l'un en France, l'autre en Angleterre.

D'après l'auteur d'un écrit *sur les sciences de la nature et les sciences historiques*, voici comment doit s'expliquer la genèse du monde, abstraction faite de Dieu et du dogme de la Providence. D'abord, il y a eu le règne de la mécanique pure, où tout se trouvait à l'état d'atomes contenant en germe ce qui devait suivre. Puis s'ouvre le règne de la chimie pendant lequel les atomes commencent à se grouper. Viennent ensuite la période solaire, où les atomes s'agglomèrent dans l'espace en masses colossales, et la période planétaire, où ils se détachent de nouveau pour former des corps distincts autour de la masse centrale. Et enfin, après avoir passé par ces divers états, quelques-uns de ces atomes arrivent à la vie et deviennent l'humanité, inconsciente d'abord, puis prenant conscience d'elle-même au bout d'une longue série de siècles. Voilà le roman qu'on nous donne aujourd'hui pour le dernier mot de la science. Au moins quand Jonathan Swift faisait voyager Gulliver, il lui assignait la lune pour théâtre de ses exploits, afin de rendre la vérification plus difficile. Mais puisqu'on parle d'atomes et de dernier mot de la science, je demanderai d'abord s'il y a une ombre de différence entre les contes du vieil Épicure et cette fantasmagorie renouvelée au xixe siècle. Les atomes mécaniques ont fait toutes ces belles choses ! Mais répétons de suite ce que nous disions à Cécilius tout à l'heure : D'où venaient ces atomes primitifs ? Existaient-ils de toute éternité ? Alors, c'est l'absolu, et l'absolu ne change pas. Se sont-ils faits eux-mêmes ? Dans ce cas, ils auraient existé avant d'être, ce qui est absurde. Était-ce le néant ? Comment le néant a-t-il pu produire l'être ? Comment la pensée est-elle sortie de la matière ? Comment l'idée de l'infini peut-elle être le produit d'un atome de poussière ? Pourquoi les pierres ne deviennent-elles plus des plantes ? Pourquoi les plantes n'arrivent-elles plus à l'état d'hommes ? Pourquoi n'y a-t-il plus trace de ces métamorphoses, puisque les lois de la nature sont générales et constantes ? Il me semble que voilà des questions auxquelles il faudrait au moins toucher, lorsqu'on se propose d'éliminer Dieu du monde. Mais, laissons là l'école romantique, qui ne compte pas dans la science ; et, pour trouver quelque chose de plus sérieux, passons le détroit.

Un naturaliste anglais, M. Darwin, vient de remplacer la Providence par deux mots, les mots d'*élection naturelle* et de *concurrence vitale*. Vous allez voir, Messieurs, que la théorie cachée sous ces mots prétentieux ne diffère pas au fond de celle d'Épicure. L'idée du système est celle-ci : là où les défenseurs de la Providence admettent des causes finales, un dessein prémédité ou un plan préconçu, il ne faut voir que des causes accidentelles, une rencontre de circonstances purement fortuites, qui suffisent pour expliquer la formation des espèces. Ainsi, avant d'arriver à produire l'homme, tel qu'il est, la nature avait essayé mille combinaisons diverses, dont une seule devait réussir, et a réussi. Depuis lors, cette variété unique s'est propagée, sans subir dans la suite aucune modification nouvelle. Quant aux autres variétés moins heureuses que cette variété *élue*, elles ont été absorbées et détruites, en vertu de cette autre loi qui veut que dans *la lutte* entre les êtres de la nature, les faibles succombent, et les forts seuls survivent. Nous proposons à M. Darwin et à ses partisans le dilemme que voici : ou la nature agit avec choix et pour une fin déterminée, et alors vous ramenez sous un autre nom la cause intelligente que vous prétendez écarter ; ou bien elle ne poursuit aucun but précis, elle marche à l'aveugle et sans dessein, et dans ce cas vous ressuscitez le hasard d'Épicure, la moins scientifique et la plus incompréhensible de toutes les hypothèses. Quoi ! c'est à un accident heureux, à un mélange fortuit de deux êtres quelconques, à une modification survenue dans un type primitif, demeuré inconnu, que l'humanité doit d'être devenue ce qu'elle est ! Et il ne serait pas resté un souvenir, un vestige, ni dans la nature ni dans l'histoire, de ces mille variétés dont nous sommes les seuls survivants, de ces moitiés ou de ces quarts d'hommes, au nombre indéfini de doigts, n'ayant pour pieds que des pattes ou des griffes, et à la place de cet admirable appareil optique qui jette la science dans le ravissement, qu'un simple point oculaire comme les insectes ! Et c'est un monstre de cette espèce qui serait notre ancêtre, en vertu de l'élection naturelle et de la concurrence vitale ! Et tandis que l'expérience constate la permanence et la fixité de chaque espèce, il plairait à nos fantaisistes d'imaginer une période pendant laquelle toutes les espèces étaient dans un pêle-mêle indéfini et dans un va-et-vient perpétuel ! Voilà ce que le matérialisme contemporain a su trouver de plus neuf pour bannir la Providence du monde ! En vérité, c'est le cas de répéter avec Bossuet : « Pour ne vouloir pas croire des mystères incompréhensibles, ils suivent l'une après l'autre d'incompréhensibles erreurs. »

Lorsqu'on vient d'étudier ces théories si dégradantes pour l'humanité, on répète avec un nouvel accent de foi le premier article du symbole catholique : Je crois en un Dieu créateur du ciel et de la terre. Sans doute, Messieurs, le plan de la Providence est mystérieux dans l'ordre physique, comme dans l'ordre moral. Placés sur un point de la terre, nous ne saurions prétendre sans folie embrasser d'un coup d'œil l'universalité des choses. Ce qui nous paraît un désordre partiel est ordonné par rapport à l'ensemble et contribue à l'harmonie universelle. C'est la mission de la science d'élargir indéfiniment l'horizon de la pensée, d'étudier les relations qui existent entre les différents êtres et les lois qui régissent chacun d'eux. Il y a là pour les recherches de l'esprit une matière inépuisable, un champ illimité. Mais lorsqu'au lieu de remonter des effets secondaires à la cause suprême, la science s'arrête à la terre, sans s'élever plus haut, elle ne tient plus en main que les anneaux d'une chaîne brisée ; l'univers devient pour elle une énigme indéchiffrable, un dédale sans issue. Il en est de même dans l'ordre moral. A la vue du méchant qui prospère, de l'homme de bien qui souffre, la raison se trouble et s'inquiète ; mais, aux clartés de la foi, tout s'illumine, tout s'explique. Ce qui a le caractère d'un châtiment pour l'un n'est qu'une épreuve pour l'autre ; et là où le vice cherche sa perte, la vertu trouve son profit. C'est la belle réponse qu'Octave faisait à Cécilius :

« Les souffrances de la vie sont pour nous l'occasion d'un combat, et non une peine. Ces infirmités corporelles augmentent la force morale, et l'infortune est le plus souvent l'école de la vertu. La vigueur de l'âme comme celle du corps s'engourdissent si elles ne sont exercées par l'épreuve. Tous vos héros, que vous proposez comme autant de modèles, ont reçu de l'adversité leur lustre et leur éclat. Ne croyez pas que Dieu soit impuissant à nous secourir ou même qu'il nous dédaigne, lui qui est le maître de tout et qui aime les siens. Mais il explore, il visite chacun de nous par l'adversité ; il pèse la valeur de notre âme à l'heure du danger ; il interroge la volonté de l'homme jusque dans les bras de la mort, sûr comme il l'est que rien ne peut lui échapper. La tribulation est pour nous ce que le feu est pour l'or : elle nous fait connaître [1]. »

Quand l'homme, Messieurs, est pénétré de cette foi en la Providence, il y trouve sa lumière et sa force. Les souffrances l'émeuvent sans l'abattre ; les biens de la vie le trouvent reconnaissant et modeste ; et tandis que le matérialisme le laisse sans frein dans la prospérité, sans consolation dans le malheur, la foi en la Providence lui inspire la modération dans l'une, la résignation dans l'autre : elle lui apprend à user des biens comme des maux de manière à maintenir constamment son âme à la hauteur de son devoir et de sa vocation.

1. *Octavius,* XXXVI.

TROISIÈME LEÇON.

Suite de la discussion entre Cécilius et Octave. — Minucius Félix a réuni dans le type du païen Cécilius, le sceptique, l'épicurien et l'adorateur fervent des divinités nationales. — Contradictions dans la vie et les sentiments des libres penseurs païens. — Deux maximes de Cécilius : chacun doit suivre la religion de son pays ; de sa famille. — Réponse d'Octave. — Sa critique du polythéisme. — Ressemblance de l'*Octave* de Minucius Félix avec l'*Apologétique* de Tertullien. — L'habileté de la mise en œuvre, chez Minucius Félix, supplée à l'absence d'originalité et de force créatrice. — Qualités et défauts de son style. — Beau dénoûment du dialogue.

Messieurs,

Le dialogue de Minucius Félix nous a montré le matérialisme aux prises avec la vraie philosophie. Après avoir proclamé le doute universel, le païen Cécilius en était venu à formuler une théorie complète sur l'origine des choses : cette théorie n'est autre que le système d'Épicure. Un passage si brusque du doute à l'affirmation ne nous a point causé la moindre surprise. « Je mets en fait, disait Pascal, qu'il n'y a jamais eu de pyrrhonien effectif et parfait. La nature soutient la raison impuissante et l'empêche d'extravaguer jusqu'à ce point [1]. » Voilà pourquoi il n'est pas rare de voir apparaître derrière le sceptique un homme dont l'opinion est formée, soit qu'il n'ose se l'avouer à lui-même, soit qu'il cherche à

Pensées de Pascal, IIe part., art. 1.

la dissimuler aux autres. La conférence d'Ostie nous en a fourni une preuve. Mais ici va se produire un deuxième fait non moins facile à expliquer, bien qu'il paraisse encore plus étrange. Ce sceptique, qui ne veut pas qu'on s'inquiète de l'existence de Dieu, cet épicurien qui cherche à bannir la Providence du monde, se transforme tout à coup en adorateur fervent des divinités nationales ; et, ce qui vous semblera bien singulier, c'est sur ses doctrines fatalistes mêmes qu'il s'appuie pour justifier cet accès de dévotion :

« Puis donc qu'on ne trouve qu'incertitude dans la nature, ou rien de certain que le hasard, tout ce que nous pouvons faire de meilleur et de plus honorable, c'est de nous en tenir à la discipline de nos pères comme à la plus sûre garantie de la vérité ; c'est de suivre les religions établies, et d'adorer les dieux que nous avons appris à craindre dès le bas âge, avant même de les connaître plus familièrement ; c'est de ne pas émettre de jugement sur ces dieux, mais de nous en rapporter à nos ancêtres, qui, dans un siècle encore simple et voisin de la naissance du monde, méritèrent d'avoir ces mêmes dieux pour amis ou pour rois. De là vient que, chez tous les peuples, dans chaque province comme dans chaque ville, nous trouvons un culte national, des dieux indigènes [1]. »

Cela revient à dire qu'on doit se contenter des erreurs reçues, puisqu'il n'y a pas moyen d'atteindre à la vérité. Partant de là, Cécilius proteste de son profond respect pour les augures et les aruspices ; il s'élève avec indignation contre ceux qui négligent les poulets sacrés, et cherche dans les pra-

---

[1]. *Octavius*, VI.

tiques religieuses des Romains la source de leur prospérité [1]. Certes, voilà un langage extraordinaire dans la bouche d'un épicurien. Eh bien, Messieurs, faut-il reprocher à Minucius Félix d'avoir manqué aux règles de l'art en confiant à l'un de ses interlocuteurs un rôle si complexe? Tout au contraire, comme nous l'avons déjà dit, ce trait de mœurs peint à merveille le caractère essentiellement politique du paganisme romain. Cécilius n'est pas un personnage de fantaisie, mais un type conçu d'après les données de l'expérience. Il représente le libre penseur de l'époque, qui ne se fait pas illusion sur la valeur doctrinale de la religion établie, mais qui la défend comme une institution de l'État. Lorsqu'on veut bien se rendre compte d'une situation si anormale, il faut toujours en revenir à Cicéron, qui est l'expression la plus vraie de ce compromis entre le philosophe et l'homme d'État. S'agit-il de battre en brèche tout l'édifice des superstitions romaines, au nom de la raison philosophique, l'auteur du traité *de la Divination* donnera libre carrière à sa verve railleuse. Vous vous figurez d'après cela qu'il va rompre avec des pratiques qui lui paraissent absurdes, pour rester conséquent à luimême? Pas le moins du monde : il consacrera tout le deuxième livre du traité *des Lois* à la défense du culte national. D'un côté, il réduira en poussière tous les arguments qu'on faisait valoir en faveur de la divination ; de l'autre, il déclarera que le droit des augures est tout ce qu'il y a dans la république de plus grand et de plus beau [2]. Même contradiction dans le traité *sur la Nature des dieux*. L'académicien Cotta, derrière lequel Cicéron aime à se cacher, essaiera de saper les fondements mêmes de la religion ; mais il aura soin de prévenir qu'il ne songe d'aucune façon à porter atteinte au culte

---

[1]. *Octavius*, VII.
[2]. *De legibus*, II, 12.

des dieux, qu'il s'incline profondément devant les croyances et les cérémonies transmises par les ancêtres [1]. Telle était la tactique usitée en pareil cas. Trop éclairée par la critique de plusieurs siècles pour pouvoir s'y méprendre, la science païenne soutenait par des motifs politiques un système religieux dont la raison lui démontrait la fausseté.

Que faut-il penser d'une telle conduite ? Était-ce pure hypocrisie ou désir de ménager la susceptibilité du public ? Ou bien doit-on y voir le fait d'hommes qui, ne sachant où découvrir la vérité, se rattachaient à un ordre de choses établi, comme à l'unique moyen de retenir les peuples dans le respect de la loi et dans l'amour du devoir ? Je crois, Messieurs, qu'il entrait plus d'un motif dans cette manière d'agir des philosophes païens. Ce serait faire preuve d'une indulgence excessive que de vouloir excuser la faiblesse de caractère ou les calculs intéressés qui les portaient à laisser le vulgaire dans une ignorance crasse ; et c'est avec raison que saint Paul reprochait à quelques-uns d'entre eux d'avoir retenu la vérité captive sur leurs lèvres. Quant à Cicéron en particulier, ses qualités morales ne m'ont jamais paru s'élever à la hauteur de son esprit. Quoi qu'il en soit, vous voyez quels préjugés le christianisme avait à vaincre pour faire triompher dans le monde des vérités de sens commun qui auraient dû être admises sans la moindre difficulté. Cécilius vient de nous dire que chacun doit suivre la religion de son pays. Telle est, en effet, la maxime qui prévalait dans l'antiquité païenne, et Rousseau a tenté de la faire revivre au siècle dernier [2]. Or, pour en comprendre la fausseté, il suffit d'avoir une idée

---

1. *De nat. deorum*, III, 2.
2. *Émile*, tome III, p. 184, 195.

exacte de la religion. Est-il raisonnable d'y voir une affaire de race ou de climat? Nullement, car la religion est l'ensemble des rapports qui unissent à Dieu, non pas l'habitant de telle ou telle zone, le citoyen de tel ou tel pays, mais l'homme pris dans la généralité de sa nature, et abstraction faite des conditions accidentelles où il peut se trouver. Or, la vraie notion de l'homme manquait au paganisme, aussi bien que l'idée véritable de Dieu : dans les sociétés antiques, l'homme s'effaçait derrière le citoyen, et l'État absorbait l'individu. De là ces cultes nationaux et ces dieux indigènes, qui substituaient un particularisme étroit à une religion universelle. Je ne sache rien qui révolte davantage le bon sens ; et quand les sectes protestantes ont repris au XVIe siècle la théorie païenne des cultes nationaux, elles attestaient que l'idée même de la religion s'était altérée chez elles. Est-ce qu'une limite géographique peut changer nos devoirs envers Dieu, devoirs fondés sur notre nature d'homme ou sur la volonté positive du divin législateur ? Peut-il y avoir une religion prussienne ou une religion anglaise ? Oui, si l'on me prouve que Dieu a conclu un pacte spécial avec les Anglais et les Prussiens. Hors de là, je dirai qu'il y a une religion de l'humanité ou qu'il n'y en a pas du tout. Vous voyez, Messieurs, que le catholicisme est logique sur ce point comme en toutes choses : il n'admet pas qu'il puisse y avoir pour les Français un autre culte que pour les Italiens, sous prétexte que ceux-ci sont séparés de ceux-là par les Alpes ; mais partant de l'idée de Dieu, qui est un, de la notion de l'homme qui est le même partout, il en conclut que la religion doit être une comme Dieu, et universelle comme l'humanité. Combattez-le si vous voulez, mais convenez-en au nom du bon sens et de la logique, son principe est le vrai : s'il n'y a qu'un Dieu, il ne peut y avoir qu'une religion ; et si tous les hommes sont frères, la véritable religion doit embrasser tous les temps et tous les lieux.

Passons maintenant à une seconde maxime énoncée par Cécilius. Nous devons, disait-il à Octave, nous en tenir aux leçons de nos pères et ne pas nous écarter de la religion où nous sommes nés. Ici encore, l'auteur d'*Émile* s'est fait l'écho de la philosophie païenne. Et ne vous étonnez pas, Messieurs, de ces rapprochements que notre sujet nous amène à établir : on ne comprend bien le présent qu'à la lumière du passé. Assurément rien n'est respectable comme les croyances et les coutumes de nos ancêtres ; et il ne faut pas rompre avec elles, encore moins les blâmer sans motif légitime. Mais ne nous laissons pas égarer par une fausse sentimentalité. Ce respect a des limites, et ces limites sont celles de la vérité. Je ne comprends pas des écrivains qui exaltent sans cesse la raison individuelle, et qui veulent l'asservir tantôt à l'État, tantôt à la famille. Le christianisme n'admet pas cette abdication du droit personnel. A l'époque où il parut sur la terre, la puissance paternelle était exagérée, et le despotisme civil ne connaissait plus de bornes : il agit sur ce point comme ailleurs, assignant à chaque pouvoir sa vraie limite. Tout en respectant la hiérarchie, et en la fortifiant même, dans la famille et dans l'État, l'Église n'eut garde de lui sacrifier le droit et le devoir qu'a tout homme de s'attacher à la vérité malgré les résistances contraires. Son divin fondateur savait fort bien que, dans la société domestique comme dans la société civile, les uns embrasseraient la vraie foi, tandis que les autres persisteraient dans leur infidélité ; et c'est en prévision des luttes de la conscience avec les affections humaines qu'il disait ces paroles qui sont la plus haute affirmation de sa divinité : « Je suis venu séparer l'homme de son père, la fille de sa mère, la bru de sa belle-mère, et l'homme aura pour ennemis les gens de sa propre maison. Celui qui aime son père ou sa mère plus que moi n'est pas digne de moi[1]. » Or, quoi de plus rationnel que ce droit de résister aux hommes pour obéir à Dieu ? La question du salut est une affaire personnelle, et non pas un intérêt de famille : chacun est responsable devant Dieu de l'usage qu'il aura fait de son intelligence et de sa volonté ; or, toute responsabilité suppose la liberté d'action. Comment ! parce que le père était engagé dans l'erreur, il faudra que le fils y persévère ! Et le respect des ancêtres irait jusqu'à l'obligation d'imiter leurs égarements ! Autant vaudrait dire qu'on est tenu de voler et d'assassiner, parce que des crimes de ce genre figurent dans les annales d'une famille. En fait d'héritage moral, il ne faut accepter que la vérité et la vertu. La théorie dont Rousseau s'est constitué le défenseur ne supporte pas la réflexion. C'est donc avec raison qu'Octave répondait à Cécilius :

« Si le monde est régi par une Providence et gouverné par la volonté d'un seul Dieu, il ne faut pas qu'une antiquité ignorante, émerveillée de ses fables et séduite par elles, nous entraîne dans ses égarements, puisqu'elle est réfutée par ses propres philosophes, qui, outre la sanction du temps, ont encore l'avantage de la raison. Nos pères ont été si faciles à recevoir toutes sortes de mensonges, qu'ils ont admis, avec une inconcevable crédulité, les prodiges les plus absurdes, tels qu'une Scylla à plusieurs corps, une chimère à différentes formes, une hydre qui renaît sans cesse de ses fécondes blessures, des centaures, hommes et chevaux tout ensemble. Ils accueillaient avec avidité toutes les fictions de la renommée, jusqu'à ce radotage de vieillards, à ces méta-

---

[1]. Matth. x, 35, 36, 37.

morphoses d'hommes en oiseaux, en bêtes, en arbres, en fleurs. Certes, si de pareilles choses s'étaient jamais faites, elles se feraient encore ; et dès lors qu'elles ne peuvent plus se faire, c'est une preuve qu'elles ne se sont jamais faites. Nos ancêtres ont été tout aussi imprudents, tout aussi crédules dans leur grossière simplicité, lorsqu'ils ont adopté leurs dieux. Ils ont rendu un culte religieux aux princes qui avaient régné sur eux ; ils ont voulu les contempler dans des images après leur mort, conserver leur mémoire par des statues ; et c'est ainsi que des objets qui servaient à les consoler sont devenus pour eux autant d'êtres sacrés...... Voilà les fables et les erreurs que nous a transmises l'ignorance de nos pères ; et ce qui est plus grave, c'est qu'elles sont devenues le fond même de nos études et de notre éducation. Par le charme séduisant de ces mensonges et de ces fictions, on corrompt l'esprit des enfants, où se conserve et se fortifie jusque dans un âge avancé l'impression profonde que laissent de pareilles fables. Ces infortunés vieillissent dans leurs préjugés, et négligent la vérité qui est à la portée de tous, pourvu toutefois qu'on la cherche [1]. »

Pour donner à sa réponse plus de force, Octave se livre à une critique approfondie du polythéisme. Mon intention n'est pas de m'étendre beaucoup sur cette partie du dialogue, parce qu'elle reproduit à peu près ce que nous avons trouvé chez les autres apologistes. C'était un thème commun à tous ceux qui, dans les premiers siècles de l'Église, se proposaient de combattre les superstitions païennes ; et après les travaux de saint Justin, de Tatien, d'Athénagore, de Théophile d'Antioche, de Tertullien, il n'était guère possible de rien ajouter à une réfutation si complète. Essayons, ce-

---

[1]. *Octavius*, xx, xxii.

pendant, de mettre en relief ce qu'il peut y avoir de caractéristique dans l'argumentation de Minucius Félix. Le jurisconsulte romain envisage le polythéisme sous trois faces : comme culte des esprits mauvais ou des démons, comme apothéose des rois, des héros, et en tant que pur fétichisme ou idolâtrie proprement dite [1]. Sans nul doute, tout cela est fort juste. Oui, comme nous l'avons démontré à propos des écrits de saint Justin, on retrouve dans cette prodigieuse aberration des peuples païens le triple caractère que signale l'auteur [2]; mais il ne faut pas perdre de vue la déification des éléments qui occupe une si grande place dans les religions anciennes. En négligeant de mentionner le naturalisme panthéistique, Minucius Félix a laissé une grave lacune dans son ouvrage. Par contre, aucun apologiste n'a combattu plus vivement l'anthropolâtrie, que les poëtes grecs avaient tant contribué à répandre et à développer : quand Octave s'attaque à l'adoration des statues, c'est-à-dire à la forme la plus grossière de l'idolâtrie, il rappelle l'esprit satirique de Tertullien dans cette description des origines d'un fétiche :

« Si vous voulez bien considérer à l'aide de quelles machines on tourmente ces simulacres, vous rougirez d'avoir eu peur d'une matière que l'artisan a travaillée pour en faire un dieu. Ce dieu de bois, reste peut-être d'un bûcher ou d'un gibet, est dressé, taillé, raboté, scié ; ce dieu d'or ou d'argent n'est souvent, comme celui que fit fabriquer un roi d'Égypte, qu'un vase immonde fondu, forgé à coups de marteau, et qui a reçu sa figure sur l'enclume. Pierre, il est taillé, sculpté, poli par un homme impur : il ne sent ni l'injure de sa naissance, ni l'honneur qui lui revient de votre piété.

---

1. *Octavius*, XX-XXII ; XXII-XXVI ; XXVI-XXVIII.
2. *Les Apologistes chrétiens au IIe siècle, saint Justin*, leçons VI, VII, VIII

Mais peut-être que bloc de pierre, morceau de bois, lingot d'argent, il n'est pas encore dieu. Quand donc va-t-il le devenir ? Voilà qu'on le fond ; on le fabrique, on le sculpte : attendez, ce n'est pas encore un dieu. On va le souder, le dresser, le mettre en place. Est-il dieu ? Non, encore un moment. Il s'agit de l'orner, de le consacrer, de le prier. Ah ! le voilà enfin dieu, puisque l'homme le veut et l'inaugure. Combien les animaux muets, par le seul instinct de la nature, sont plus justes appréciateurs de vos dieux ! Je veux parler ici des rats, des hirondelles et des milans : les sachant insensibles, ils ne se gênent pas ; ils les rongent, ils sautent dessus, ils s'y perchent, et si vous ne chassiez ces hôtes importuns, ils feraient leurs nids dans la bouche même de votre dieu. Les araignées lui couvrent le visage de leurs toiles, elles en suspendent les fils à sa tête. Vous nettoyez, vous frottez, vous grattez, et ces dieux que vous faites, vous les protégez et vous les craignez. Aucun de vous ne se dit qu'il faut connaître Dieu avant de l'adorer [1]. »

On peut parler ainsi, lorsqu'on a quelque chose de mieux à proposer. C'est par là, Messieurs, que les apologistes chrétiens se distinguaient des philosophes de l'antiquité. Ceux-ci n'avaient guère montré moins de vivacité dans leur critique des superstitions païennes ; et pour se convaincre que les écrivains de l'Église ne chargeaient pas à plaisir le tableau de ces folies, il suffit de lire ce qu'ont écrit là-dessus Cicéron, Varron, Sénèque, Juvénal, Plutarque et tant d'autres [2]. Si les auteurs chrétiens avaient été seuls à reprocher aux Grecs et aux Romains les pratiques d'un fétichisme grossier, on pourrait être tenté de voir dans leurs écrits quelques traces d'exa-

---

1. *Octavius*, XXIII.
2. Voyez *saint Justin*, leçon VIII *sur le Fétichisme*: — *Tertullien*, tome I leçons IV et V.

gération ; mais loin de là, le dialogue de Minucius ne contient pas une censure plus amère du polythéisme que l'ouvrage de Sénèque *sur la Superstition*, et le traité de Cicéron *sur la Nature des dieux*. Seulement, il y avait une grande différence entre le procédé des uns et la méthode des autres. Quand les libres penseurs de l'antiquité critiquaient avec tant d'amertume les extravagances d'une multitude ignorante, on pouvait leur répondre à bon droit : Fort bien, mais tâchez de trouver mieux ; et avant de faire la leçon à tout le monde, cherchez à vous mettre d'accord entre vous sur un seul point. Cicéron est le type de ces démolisseurs qui ne savent rien édifier. Merveilleux critique, il connaît le faible de chaque système, et se fait un malin plaisir de détruire l'un par l'autre. S'agit-il d'affirmer à son tour ? Il dira : « Quant à ceux qui voudraient savoir quel est mon sentiment à cet égard, ils poussent leur curiosité trop loin », *curiosius id faciunt quam necesse est* ; ou bien, comme à la fin du traité *sur la Nature des dieux*, il remettra la solution au lendemain, « parce qu'il se fait déjà un peu tard, *quoniam advesperascit*[1]. » Autre était la conduite des apologistes chrétiens : ils attaquaient le polythéisme avec une vigueur incomparable sans lui épargner ni objection ni reproche ; ils passaient du syllogisme à la satire, de la raillerie à l'indignation, pour détacher les âmes d'un culte immoral et absurde ; ils en appelaient tour à tour au sens commun, au témoignage de la conscience et aux documents de l'histoire, dans le but de prouver la fausseté des religions établies ; mais ils ne détruisaient que pour édifier. A des fables qui ne soutenaient pas l'examen, ils opposaient des faits avérés ; à des systèmes qui variaient à l'infini, une doctrine bien arrêtée, uniforme, cons-

---

1. *De nat. deorum*, I, 5 ; III, 40.

tante ; et quand ils avaient épuisé leur verve éloquente contre d'odieuses superstitions, comme dans la page que je viens de vous lire, ils savaient élever les intelligences jusqu'à ces hautes notions du spiritualisme chrétien :

« L'auteur de toutes choses, Dieu, n'a ni commencement ni fin. S'il donne l'être à tous, il s'est réservé à lui seul l'éternité ; avant ce monde il était un monde à lui-même ; il commande à tout par sa parole, il règle tout par sa sagesse, il accomplit tout par sa puissance. On ne peut le voir, il est trop éclatant pour notre vue ; ni le toucher, il est trop pur pour nos mains ; ni se le figurer, il est trop au-dessus de nos sens. Immense, infini, lui seul connaît tout ce qu'il est. Notre esprit est trop étroit pour le comprendre. Voilà pourquoi, le proclamer au-dessus de toute expression, c'est exprimer l'idée la plus digne de lui. Je le dirai comme je le sens : qui prétend connaître la grandeur de Dieu, la diminue, et qui ne croit pas la diminuer, ne la connaît point. Ne cherchez pas de nom pour Dieu, Dieu est son nom. Les noms sont nécessaires là où il existe une multitude d'êtres qu'il faut distinguer les uns des autres par des signes particuliers ; mais pour Dieu, qui est unique, ce mot Dieu est tout. Si je l'appelais père, vous le croiriez terrestre ; roi, vous le soupçonneriez charnel ; seigneur, vous le supposeriez mortel. Écartez de lui ces noms surajoutés, et vous verrez clairement ce qu'il est. Mais quoi ! J'ai pour moi le consentement de tous les hommes. J'entends le peuple, quand il tend les mains vers le ciel, ne dire que ce mot — Dieu est grand — Dieu est vrai — plaise à Dieu ! Est-ce le langage que la nature apprend au vulgaire, ou bien la prière du chrétien qui confesse sa foi ? Oui, ceux-là même qui veulent un Jupiter souverain ne se trompent que de nom ; ils sont d'accord avec nous sur l'unité de puissance [1]. »

---

[1]. *Octavius*, XVIII.

Ce beau passage, dont le dernier trait est emprunté à l'opuscule de Tertullien *sur le Témoignage de l'âme*, rappelle également l'admirable définition de Dieu, que Théophile d'Antioche donnait au païen Autolycus [1]. Or, Messieurs, ces imitations fréquentes nous amènent à constater un fait d'histoire littéraire, qui n'est pas sans importance. Lorsqu'on étudie l'éloquence chrétienne au IIe et au IIIe siècle, on est frappé de la rapidité avec laquelle les ouvrages se répandaient d'un point de l'Église à l'autre. Il n'y avait alors, vous le savez, qu'une seule manière de propager un livre : elle consistait à recopier les manuscrits syllabe par syllabe, ce qui devait nécessairement réduire le nombre des exemplaires. Inutile d'ajouter qu'on ne songeait pas plus à un régime postal ou à un service de bateaux à vapeur qu'à l'imprimerie. Et pourtant, malgré l'insuffisance des moyens de transport ou de communication, nous remarquons une célérité vraiment surprenante dans la transmission des œuvres littéraires. Tertullien, écrivant en Afrique contre les Valentiniens, a sous la main les traités de saint Justin, de Miltiade, de saint Irénée, composés quelques années auparavant à Rome, à Athènes et dans les Gaules [2]. Il y a surtout lieu de s'en étonner pour l'ouvrage de saint Irénée, lequel venait à peine de paraître. Quant à l'évêque de Lyon, il imite visiblement en maint endroit les livres que Théophile d'Antioche adressait à Autolycus peu de temps avant [3]. Si, comme le pensait Semler, la grande ressemblance de certains passages de Clément d'Alexandrie avec des textes parallèles de saint Irénée oblige de conclure à un emprunt de part ou d'autre, le fait que je signale devient,

---

1. Voyez *les Apologistes chrétiens au* IIe *siècle*, t. II, leçon XI.
2. Tertull. *adv. Valent*, v.
3. *Les Apologistes chrétiens au* IIe *siècle*, tome II.

encore plus frappant, car ici l'intervalle des dates est aussi faible que la distance des lieux est forte. En tout cas, ce qui ne fait pas doute, c'est que les écrits du prêtre de Carthage, immédiatement après leur apparition, se trouvaient répandus à Rome où Minucius Félix en profite pour son dialogue ; et nous verrons bientôt que, dans son traité *sur la Vanité des idoles*, saint Cyprien reproduira des passages entiers de Minucius Félix, sans presque rien y changer. Eh bien, Messieurs, que prouvent cette diffusion rapide et cet échange continuel d'idées au IIe siècle et au commencement du IIIe ? Si je ne me trompe, il faut en conclure que le mouvement théologique était puissant à cette époque, et que les parties les plus éloignées de l'Église entretenaient l'une avec l'autre des rapports suivis. Faits et doctrines, rien ne se produisait sur un point quelconque, sans trouver du retentissement et attirer l'attention universelle. Et l'on voudrait qu'au milieu de ce commerce religieux et littéraire, jusqu'alors sans exemple dans l'histoire ; qu'à une époque où le moindre opuscule composé en Orient était recueilli et discuté en Occident, et réciproquement ; l'on voudrait que dans un siècle où les Églises particulières correspondaient entre elles avec tant d'activité, quatre Évangiles soi-disant canoniques eussent pu surgir tout-à-coup dans quelque coin du globe, et s'introduire partout, sans que personne en discutât l'origine ou se récriât contre une telle innovation ! Ce qu'on peut dire là-dessus de moins sévère, c'est que les auteurs d'une pareille hypothèse n'ont aucune idée exacte de la vie intérieure de l'Église ni de la littérature chrétienne dans les trois premiers siècles.

J'ai dit, Messieurs, que Minucius Félix s'était pénétré des écrits de Tertullien. En effet, cette étude se trahit presque à chaque page du dialogue. Il est un point cependant sur lequel l'auteur s'écarte sensiblement de son modèle. Nous avons vu que, tout en reconnaissant les forces de la raison naturelle, le prêtre de Carthage s'était montré fort dur à l'égard des philosophes de l'antiquité, jusqu'à les appeler des « animaux de gloire ». Minucius Félix a bien conservé quelque chose de la rudesse de ce langage, comme nous l'apprendrons tout à l'heure. L'on est d'autant plus surpris de la largeur d'esprit avec laquelle il apprécie la part de vérité que renfermait l'enseignement des écoles. En cherchant à établir que les anciens philosophes avaient enseigné un Dieu unique sous des noms divers, et « que le langage de Platon sur ce point capital est presque le nôtre », il ne craint pas de poser ce dilemme: « Ou les chrétiens d'aujourd'hui sont des philosophes, ou les philosophes d'autrefois étaient déjà des chrétiens [1]. » C'est le mot de saint Justin, comme d'ailleurs la thèse elle-même est celle que l'illustre apologiste avait exposée dans le traité *de la Monarchie*, et que l'école d'Alexandrie va développer après lui [2]. Ou je me trompe fort, ou Tertullien n'aurait pas dit ce mot-là, très-juste dans un sens, mais qui, appliqué aux matérialistes de l'école d'Ionie, est à tout le moins risqué. Il est certain que les vérités répandues dans l'ancien monde constituaient une sorte de christianisme anticipé, comme les erreurs qui ont reparu depuis lors sont un prolongement du paganisme ; et l'on ne se tromperait pas en affirmant que maint philosophe moderne est bien plus éloigné de la doctrine chrétienne que Platon. Quoi qu'il faille penser d'un passage où l'on croit sentir le souffle de saint Justin, l'influence du grand Africain se révèle dans tout le cours du

---

1. Octavius. XIX, XX. — Eadem fere et ista quæ nostra sunt. — Aut nunc christianos philosophos esse, aut philosophos fuisse jam tunc christianos.

2. *Saint Justin*, XVIe leçon.

dialogue. Minucius Félix suit Tertullien pas à pas, soit qu'il démontre que la prospérité des Romains est due, non pas à leur piété envers les dieux, mais à l'audace avec laquelle ils ont foulé aux pieds toutes les lois divines et humaines depuis l'origine de leur cité; soit qu'il décrive le rôle des démons dans le paganisme, soit enfin qu'il réfute les calomnies répandues contre les chrétiens [1]. Cécilius n'avait pas manqué de reproduire ces contes absurdes que forgeait l'imagination d'un peuple esclave des sens. Aux yeux des idolâtres, l'absence de simulacres chez les disciples de l'Évangile équivalait à l'athéisme; les noms de frère et de sœur que les fidèles se donnaient entre eux servaient de prétexte à des imputations infâmes; le banquet eucharistique se transformait en repas sanglants, et les assemblées religieuses, en sociétés secrètes où l'on conspirait contre le salut de l'empire; la vénération du signe sacré de la Rédemption prenait le caractère d'un culte rendu au bois lui-même. Que sais-je? On poussait l'aveuglement de la haine jusqu'à accuser les chrétiens d'adorer comme Dieu une tête d'âne. L'*Octave* de Minucius Félix est, de toutes les productions littéraires des trois premiers siècles, celle qui nous fournit le plus de détails sur ces inventions monstrueuses. Vous vous rappelez peut-être la magnifique argumentation *ad hominem* par laquelle

---

1. *Octavius*, xxv; — Tert., *apolog.* xxv et xxvi. — *Octav.* xxvi et xxvii. *apolog.* xxii. — *Octav.* xxviii; *apolog.* xvi. — *Octav.* xxix; *apolog.* xvi; *ad nationes*, l. I, c. xii. — *Octav.* xxx; *apolog.* ix. — *Octav.* xxxi; *apolog.* ix.

On peut encore comparer *Octav.* viii, et Tertull., *de spectaculis*, xiii. Les expressions sont presque identiques: *Non minus templa quam monumenta despuimus.* — *Templa ut busta despiciunt.* Même analogie entre *Octav.* xviii et Tert. *apolog.* xvii; entre *Octav.* xxii et Tert. *ad nationes*, l. I, c. x. Toute la tirade sur Homère est une imitation fort sensible: *sauciavit Venerem*, etc., *Venerem sauciat*, etc. La ressemblance n'est pas moins frappante entre *Octav.* xxxv et Tert., *apolog.* xlviii; entre *Octav.* xxxviii et Tert. *apolog.* xlii, *de coronâ militis*, v, x.

le prêtre de Carthage retournait ces accusations contre ceux qui s'en faisaient l'écho. A la suite de l'auteur des *Discours aux nations*, le jurisconsulte romain s'attache à démontrer que ceux-là seuls ajoutent foi à de pareilles infamies, qui sont capable de les commettre : *Nemo hoc potest credere, nisi qui possit audere* [1]. Sans entrer dans l'explication des mystères chrétiens, ce qui eût été trahir la discipline du secret, il oppose au matérialisme des cultes polythéistes, ce vrai temple de Dieu, qui est l'âme, ces offrandes spirituelles que l'Évangile fait consister dans une conscience pure et dans une foi sincère. Comment supposer de tels désordres chez des hommes pour lesquels la pensée du mal est déjà un crime, et qui, loin de verser le sang humain, s'éloignent avec horreur de l'amphithéâtre où leurs adversaires donnent au public des leçons d'homicide ? Les chrétiens ne perdent jamais de vue la sainteté de Dieu, qui voit le fond du cœur. Voilà pourquoi la tempérance et la chasteté sont la règle de leur vie. S'ils se donnent mutuellement le nom de frères, c'est comme enfants d'un même père, comme partageant la même foi, comme héritiers d'une même espérance. Il ne savent pas ce que c'est que la haine, et cette charité irrite leurs ennemis [2]. En traçant ce tableau de la vie des premiers chrétiens, tant de fois refait depuis l'auteur de l'*Épître à Diognète*, Minucius Félix s'élève à une haute éloquence ; c'est la plus belle partie de son œuvre. Ébloui par le luxe des Romains de la décadence, Cécilius reprochait aux chrétiens leur pauvreté :

« On nous dit pauvres pour la plupart, répond Octave :

---

1. Tertullien avait dit presque dans les mêmes termes : *Qui ista credis de homine, potes et facere* (apolog. IX).
2. *Octavius*, XXX-XXXVI.

nous en faisons gloire, loin d'en rougir. L'abondance énerve, la privation fortifie. Réfléchissez cependant. Est-il pauvre celui qui n'a besoin de rien, qui n'envie pas le bien d'autrui, qui est riche de Dieu ? Il est plutôt pauvre celui qui, possédant beaucoup, désire davantage. Je dirai ce que je pense : personne ne vit aussi pauvre qu'il est né, *Nemo tam pauper potest esse quam natus est*. Les oiseaux vivent sans patrimoine, et chaque jour leur fournit leur pâture; c'est pour nous cependant qu'ils sont nés. Nous possédons tout dès lors que nous ne désirons rien. On marche d'un pas d'autant plus libre qu'on a moins de charge. Ainsi, dans le voyage de la vie, le plus heureux est l'homme dont la pauvreté allège le fardeau, et non celui qui soupire sous le poids des richesses. Certes, si nous les jugions utiles, nous les demanderions à Dieu, qui pourrait sans doute nous les accorder, puisque tout lui appartient ; mais nous préférons les mépriser que de les posséder. Nous désirons plutôt l'innocence du cœur ; nous demandons avant tout la patience ; nous aimons mieux être vertueux que prodigues[1]. »

Il y a certainement une grande élévation morale dans ce mépris des richesses comparées aux biens de l'âme. En disant que personne ne vit aussi pauvre qu'il est né, Minucius Félix reproduit une phrase de Sénèque : *Nemo tam pauper vivit quam natus est*[2]. Il est vrai que l'éloge de la pauvreté n'empêchait pas Sénèque d'amasser, en quatre années, 3 millions de sesterces, et d'arriver, s'il faut en croire Dion Cassius, à une fortune de 17 millions cinq cent mille drachmes ; mais passons sur ce détail, le mot n'en est pas moins beau. Ces souvenirs de la littérature païenne montrent à quel point

---

1. *Octavius*, XXXVI.
2. *De providentia*, VI.

les ouvrages des grands écrivains de Rome étaient familiers à l'auteur d'*Octave*. C'est encore à Sénèque qu'il va emprunter une autre pensée également riche. Vous avez tous présent à la mémoire ce célèbre passage du traité *sur la Providence* : « Le spectacle le plus digne de Dieu, c'est l'homme fort aux prises avec la mauvaise fortune. Non, je ne sache pas que Jupiter trouve rien de plus beau sur la terre, s'il daigne y abaisser ses regards, que de voir Caton, après les désastres répétés de son parti, debout et inébranlable au milieu des ruines publiques[1]. » La phrase est superbe ; et il ne resterait qu'à applaudir à ce noble sentiment si, fidèle à ses maximes, le rhéteur stoïcien avait su, dans son exil en Corse, supporter dignement sa disgrâce au lieu de solliciter son rappel auprès de Claude par les plus basses adulations. Sous la plume de Minucius Félix, la pensée de Sénèque prendra un tour encore plus énergique : « Quel beau spectacle pour Dieu, dira-t-il, que le chrétien qui se mesure avec la douleur, qui tient ferme devant les menaces, les supplices et les tortures ; qui, sans crainte en face du bourreau, se rit de l'appareil bruyant de la mort ; qui dresse sa liberté contre les rois et les princes, pour ne céder qu'à Dieu, dont il relève ; qui enfin, triomphant et victorieux, brave le tyran dont l'arrêt l'envoie à la mort ! Oui, c'est lui le vainqueur, car il a obtenu ce qu'il désire[2]. » L'imitation n'est pas au-dessous du modèle. En présence de ces emprunts, peut-être trop fréquents, il me paraît difficile d'accorder à Minucius Félix les qualités d'un esprit vraiment original. Tandis que le génie libre et indépendant de Tertullien se plie avec peine aux pensées d'autrui et sait se frayer des voies nouvelles, le jurisconsulte romain

---

1. *De providentia*, II.
2. *Octavius*, XXXVII.

se borne le plus souvent à prendre son bien là où il le trouve. C'est une nature de reflet qui reçoit plus qu'elle ne donne, un artiste qui supplée à la force créatrice par l'habileté de la mise en œuvre. Assurément il serait peu juste de méconnaître le mérite de ce travail d'imitation ; au-dessous des ouvrages de premier ordre, il y a place pour des productions d'un rang inférieur qui ne laissent pas de révéler un grand talent. Ainsi, Messieurs, ce que je vais vous lire sur la vanité des grandeurs humaines pourra vous sembler un lieu commun ; et par le fait, les écrivains du Portique en particulier avaient beaucoup insisté sur ce point ; il n'est pas moins vrai de dire que nul d'entre eux n'a surpassé cette éloquente tirade :

« Ce qui vous fait illusion peut-être, c'est de voir des hommes qui ne connaissent pas Dieu, nager dans l'opulence, briller de l'éclat des honneurs, ou jouir des prérogatives du pouvoir. Quelle erreur est la vôtre ! Ils ne sont parvenus à cette élévation que pour tomber de plus haut ; vous voyez là des victimes qu'on engraisse pour l'autel, qu'on pare de fleurs pour le sacrifice. Plusieurs ne semblent arriver au faîte des grandeurs et de la domination que pour permettre à une licence effrénée de trafiquer librement du pouvoir [1] ; car sans la connaissance de Dieu peut-il y avoir un bonheur solide, puisque la mort est toujours là ? Semblable à un songe, cette ombre de félicité s'évanouit avant qu'on ait pu la saisir. Êtes-vous roi ? Vous craignez autant que vous êtes craint ; quelque nombreuse que soit l'escorte qui vous entoure, dans le péril vous serez seul. Êtes-vous riche ? Il est dangereux de se fier à la fortune : tant de provisions

---

1. Allusion à la conduite des soldats prétoriens qui, après la mort de Pertinax, avaient mis l'empire à l'encan.

pour le court chemin de la vie sont moins un secours qu'un embarras. Vous êtes fiers de votre pourpre et de vos faisceaux ? C'est une vaine erreur de l'homme, une trompeuse illusion de briller par la pourpre et d'être vil par le cœur. Vous vous glorifiez de votre naissance, vous vantez vos aïeux ? Nous naissons tous égaux ; la vertu seule nous distingue [1]. »

Si l'idée n'est pas neuve, elle est du moins rendue avec un grand bonheur d'expression ; voilà un mérite qu'on ne saurait disputer à Minucius Félix. Il n'est aucun écrivain de l'Église latine, Lactance excepté, qui puisse lui être comparé pour la pureté et l'élégance du style. Sa langue est classique à peu de chose près, et relève de Cicéron et de Sénèque bien plus que de Tertullien. On n'y trouve aucun de ces mots barbares que le prêtre de Carthage forgeait sans scrupule ; il est vrai que le jurisconsulte romain n'avait pas à lutter contre la difficulté d'exprimer en latin les mystères du christianisme, dont l'exposition n'entrait pas dans son sujet ; dès lors il lui devenait plus facile de s'en tenir au langage reçu [2]. Je n'en apprécie pas moins le soin qu'il a pris d'exclure de son dialogue toute locution, toute tournure que l'on n'aurait pu justifier par l'exemple des maîtres de la littérature latine. Est-ce à dire, Messieurs, qu'on n'y rencontre aucune trace de recherche ni d'enflure ? Chez un écrivain du IIIe siècle, cette

---

1. *Octavius*, XXXVII.
2. C'est à cause de ces lacunes que Lactance a pu dire : « Le livre qui a pour titre l'*Octave* prouve avec quel succès son auteur aurait pu défendre la vérité, s'il avait mis tout son soin à remplir cette tâche. » (*Inst. div.* V. 1.) Lactance ne veut dire autre chose par là, si ce n'est que Minucius Félix n'a pas entrepris une défense complète des dogmes chrétiens. En effet, le but et le plan de l'*Octave* ne comportaient pas une telle étendue. Minucius Félix n'a choisi que la matière et les arguments qui allaient plus directement à son dessein de combattre le paganisme avec les armes de la raison et de la philosophie.

simplicité exempte de toute affectation serait un vrai phénomène. La décadence du goût était trop générale pour que Minucius Félix ait pu échapper entièrement au ton déclamatoire qui prévalait de son temps, surtout dans l'école africaine. A côté d'ornements ambitieux, on remarque une certaine profusion d'antithèses et de pointes. Ce qui frappe tout particulièrement, c'est une accumulation singulière d'épithètes et des ynonymes. Ici, ce sont quatre adjectifs qui se suivent et qui ne diffèrent l'un de l'autre que par de faibles nuances ; là, autant de substantifs ou de verbes dont la signification est à peu près identique [1]. Ces redoublements de la même idée au moyen d'expressions analogues reviennent si souvent, qu'on peut les regarder comme un trait distinctif. Assurément ce sont là des taches légères, qui n'empêchent pas le style de l'*Octave* d'atteindre à un rare degré de correction et de politesse. Quant au ton du dialogue, il est en général calme, mesuré, bien que la chaleur des convictions l'élève par intervalle jusqu'à faire oublier qu'on assiste à une discussion amicale ; car il ne faudrait pas exagérer le contraste que présente cette vivacité contenue avec la verve enflammée de Tertullien. Voici une péroraison qui, par sa vigueur et sa rudesse même, ne serait pas déplacée dans les œuvres du prêtre de Carthage :

« Que Socrate, ce bouffon attique, avoue hautement ne rien savoir et se glorifie d'avoir pour lui le suffrage du plus imposteur des démons ; qu'Arcésilas, Carnéade, Pyrrhon et toute la secte académique continuent à délibérer ; que Simonide éternise ses débats, pour moi, je méprise tout cet orgueil de vos philosophes. Nous savons ce qu'ils sont, des corrup-

---

1. Indoctis, impolitis, rudibus, agrestis (xii). — Raderet, enataret, emicaret, emergeret (iii).

teurs, des adultères, des tyrans, et toujours d'éloquents parleurs contre les vices qui les souillent. Nous n'affichons pas la sagesse dans notre habit, nous la portons au fond du cœur. Nous ne disons pas de grandes choses, nous laissons parler notre vie ; nous nous glorifions d'avoir trouvé ce que ces philosophes ont vainement cherché avec tant d'efforts. Pourquoi donc nous montrer ingrats ? Pourquoi nous envier notre bonheur, puisque la connaissance du vrai Dieu était un fruit mûr pour nos jours ? Jouissons de notre bien, réglons notre vie sur la sagesse ; que la superstition soit arrêtée, l'impiété confondue, que la vraie religion triomphe [1]. »

Ainsi, Messieurs, la sainteté de l'Église est le grand argument par lequel les apologistes achevaient de convaincre leurs adversaires. Et certes, nulle autre preuve n'était mieux faite pour porter la lumière dans les esprits les plus prévenus. Car enfin il ne suffit pas d'étudier les doctrines en elles-mêmes, pour voir comment elles se justifient aux yeux de l'intelligence ; la grande épreuve des doctrines, c'est leur influence sur la vie. C'est là qu'il faut les suivre pour en constater la force ou la faiblesse. C'est là aussi que l'Église trouve son triomphe. Vous avez tous lu les *Vies* de Plutarque. Dans cette galerie célèbre le biographe a réuni tout ce que le paganisme avait su produire de plus grand. On rencontre de belles choses sans nul doute dans ces annales de la sagesse antique ; mais à côté de ces traits de vertu, quel désordre moral ! quelle faiblesse de l'homme dans la lutte de l'esprit avec les sens, du devoir avec la passion ! Il y a là des pages qui font rougir pour la mémoire de ceux que l'antiquité appelait ses héros. Eh bien, Messieurs, au sortir de cette lecture, arrêtez-vous un instant devant les 58 volumes in-folio,

---

1. *Octavius*, XXXVIII.

où les Bollandistes, ces infatigables pionniers de l'érudition et de la critique, ont raconté la vie des saints depuis dix-huit siècles, et en face de cet immense poëme de la foi, du dévouement et de la charité, demandez-vous s'il existe quelque chose de comparable dans l'histoire du monde. Je ne connais qu'un seul moyen de réfuter la sainteté, c'est de la dépasser. Qu'on le tente, nous ne demandons pas mieux. Pour rendre le parallèle facile et faire juger les doctrines par leurs effets, que le rationalisme à son tour écrive la vie des saints ; qu'aux 58 volumes de nos *Acta sanctorum* il en oppose un seul, je ne dis pas un in-folio, ce serait trop exiger, mais un volume in-8°, un in-12, et après cet effort héroïque, nous pourrons discuter.

Je ne suis donc pas surpris que Cécilius, déjà ébranlé par une réfutation si vive et si ferme du polythéisme, ait senti ses derniers préjugés s'évanouir devant les merveilles de sainteté que l'Église opérait dans le monde. La littérature chrétienne n'a rien de plus beau que le dénoûment du dialogue de Minucius Félix.

« Tandis que, silencieux, je repassais en moi-même ce que je venais d'entendre, Cécilius s'écria : Je félicite de tout mon cœur notre cher Octave, mais je me félicite aussi moi-même, et je n'attends pas la décision du juge. Nous triomphons tous deux, et je ne crains pas de le dire pour ma part ; car s'il m'a vaincu, j'ai vaincu l'erreur. Pour le fond de la question, j'admets une Providence, je me rends à Dieu, et je reconnais avec vous la vérité de votre religion, désormais la mienne. Il reste bien encore, pour compléter mon instruction, quelques points à éclaircir ; mais ils n'atteignent pas le fond des choses. Comme le jour baisse, c'est demain que je veux m'en expliquer avec vous ainsi que sur tout le reste, avec plus de loisir et de liberté.

« Et moi, m'écriai-je à mon tour, dans ce triomphe de tous les nôtres, je m'applaudis plus que personne ; car Octave a aussi vaincu pour moi, puisqu'il m'épargne l'odieuse nécessité de porter un jugement. Toutefois mes éloges ne sauraient égaler son mérite. Le témoignage d'un homme, et d'un seul homme, est trop peu de chose. Sa plus belle récompense lui vient de Dieu qui a inspiré sa parole et dont le secours l'a fait vaincre.

Nous nous retirâmes ensuite, heureux et pleins de joie, Cécilius d'avoir cru, Octave d'avoir vaincu, et moi d'avoir assisté à la conversion de l'un et à la victoire de l'autre [1]. »

C'est ainsi, Messieurs, que toutes les controverses devraient se terminer, et c'est de la sorte qu'elles se termineraient toutes, si, mettant l'amour-propre de côté, on ne cherchait que la vérité. Car le grand obstacle aux conquêtes de la foi, c'est qu'on finit par s'identifier avec l'erreur, jusqu'à regarder le triomphe de la vérité comme une défaite personnelle. Cicéron a dit quelque part cette magnifique parole : « Pour pouvoir être libres, nous sommes tous les esclaves des lois : *Legum omnes servi sumus, ut liberi esse possimus.* » Je dirai comme lui : pour être affranchis de l'erreur, il faut que nous soyons tous les esclaves de la vérité. Cette obéissance est de toutes celle qui devrait le moins nous coûter, parce qu'elle nous honore le plus. Non, ce n'est point s'abaisser que d'accepter une telle souveraineté ; et chaque fois que la religion triomphe d'une âme, on peut affirmer à bon droit qu'il n'y a ni vainqueur ni vaincu ; ou, s'il y a un vaincu, c'est l'erreur ; s'il y a un vainqueur, c'est la vérité, c'est Dieu.

---

1. *Octavius*, XL, XLI.

QUATRIÈME LEÇON

Commencements de saint Cyprien. — Motifs de sa conversion au christianisme. — Il en rend compte dans l'*Épitre à Donat*. — Ton et forme de ce premier écrit. — Tableau du monde païen au iiie siècle. — Le cirque. — Le théâtre. — L'intérieur des familles. — Le prétoire. — Vices de la société romaine. — Imitation de l'*Épître à Dona* dans le sermon de Bossuet *sur la Loi de Dieu*. — Cyprien cherche à désabuser son ami des richesses et des dignités du monde, dont il démontre le néant. — Exhortation finale. — L'*Épire à Dona* est un des plus beaux morceaux de la littérature chrétienne. — Cyprien s'annonce dans son premier écrit avec cette noblesse de caractère et cette élévation du sens moral qu'on retrouve dans tout le cours de sa vie.

Messieurs,

Pendant que Tertullien achevait en Afrique une carrière traversée par tant de luttes, un jeune homme, dont le nom allait devenir inséparable du sien, enseignait avec éclat la rhétorique à Carthage, et plaidait en même temps au barreau de cette ville. Né d'une famille sénatoriale, il avait profité des ressources que lui offrait sa condition pour s'initier à toutes les connaissances de l'époque. Il ne paraît pas que l'étude des systèmes de philosophie ait eu beaucoup d'attrait pour son esprit plus pratique que spéculatif. Nous ne sommes pas en présence d'un de ces hommes qui, à l'exemple de saint Justin, arrivaient au christianisme, après avoir promené d'une école à l'autre leurs indécisions et leurs mécomptes. Ces théories métaphysiques, dont il ne se promettait sans doute aucun résultat, n'absorbaient guère l'attention du brillant rhéteur. Par contre, ce qui le préoccupait vivement, pendant qu'il cultivait avec tant de succès l'éloquence et le droit, c'est la direction qu'il convient de donner à la vie. En poursuivant sans relâche la solution de ce grand problème moral, il se trouvait à son insu sur le chemin de la vérité. A ce seul trait, on devine l'homme dont la vie entière sera consacrée au maintien et au développement de la discipline dans l'Église. Mécontent du paganisme qui le laissait sans force contre lui-même, il chercha autour de lui un secours pour son âme défaillante. Ce secours, la religion chrétienne le lui promettait. Mais une telle promesse n'était-elle pas vaine et illusoire ? Renaître dans le Christ, recevoir une seconde vie par le baptême, se dépouiller du vieil homme pour revêtir l'homme nouveau : belles paroles sans doute, mais n'était-ce pas un rêve ajouté à tant d'autres ? Comment l'homme pourrait-il déposer ce qui est devenu pour lui une seconde nature, et rompre avec des habitudes qui ont grandi avec lui ? Telles sont les questions qui se pressaient dans cette âme trop généreuse pour supporter ses vices, trop faible encore pour en secouer le joug [1]. Mais, j'ai tort, Messieurs, d'analyser un tableau qu'il vaut mieux placer sous vos yeux, en laissant le soin de décrire cette crise intérieure à celui qui l'avait subie et que nous appellerons bientôt saint Cyprien.

« Plongé dans les ténèbres d'une nuit épaisse, et flottant au hasard sur la mer orageuse du siècle, j'errais çà et là, sans savoir où diriger ma vie, étranger à la lumière comme à la vérité. La bonté divine m'assurait que pour être sauvé, il fallait naître une seconde fois, prendre une nouvelle vie dans

---

1. Saint Jérôme, *Catal. des écriv. ecclés.* 67. — Lactance, *Instit.* v. 1. — Prudence, *de Coron Hymne* XIII. — Saint Grégoire de Nazianze, *Orat.* 18. — Saint Augustin, *Sermon* 311. — *Vie de saint Cyprien*, écrite par son diacre Pontius.

les eaux salutaires du baptême, y déposer le vieil homme, et tout en gardant le même corps, se transformer quant à l'esprit et au cœur. Mystère incompréhensible pour moi et que repoussaient alors mes désordres. Comment une telle conversion est-elle possible ? me disais-je. Comment dépouiller en un instant des penchants naturels qui ont vieilli avec nous, des habitudes qui se sont fortifiées par le temps ? Non, ils ont jeté dans notre âme des racines trop profondes. L'homme accoutumé à la bonne chère et au luxe des festins apprit-il jamais la sobriété ? Celui qui aime à faire parade de ses vêtements somptueux, à briller sous l'or et la pourpre, ira-t-il déposer son faste pour prendre des habits simples et ordinaires ? Le magistrat qui se complaît dans les faisceaux et dans les honneurs pourra-t-il se résigner à l'obscurité de la vie privée ? Enfin, voyez l'homme qui traîne à sa suite une armée de clients et qui se glorifie de recevoir leurs hommages empressés : la solitude est pour lui un supplice. Oui, il faut nécessairement que l'esclave des passions, par un charme invincible, continue d'être séduit par l'ivresse, gonflé par l'orgueil, enflammé par la colère, troublé par la cupidité, aiguillonné par la vengeance, captivé par l'ambition, précipité par la luxure. Voilà ce que je me disais souvent en moi-même. Engagé dans les erreurs multiples de mon passé, sans espoir d'en sortir, je nourrissais complaisamment mes inclinations mauvaises, et n'osant me promettre un état meilleur, je caressais des vices qui s'étaient comme identifiés avec moi. Mais aussitôt que les souillures de ma vie précédente eurent été lavées dans le bain régénérateur ; qu'une lumière sereine et pure se fut répandue d'en haut sur mon âme réconciliée avec Dieu, et que les effusions de l'Esprit céleste, en faisant de moi un homme nouveau, m'eurent procuré le bienfait réparateur d'une seconde naissance, alors, ô merveille !

mes doutes s'éclaircirent, ce qui était fermé s'ouvrit pour moi, ce qu'il y avait d'obscur devint lumineux, les difficultés qui me paraissaient insurmontables s'aplanirent, et les obstacles tombèrent d'eux-mêmes. Il était facile de le reconnaître, ce qu'il y avait en moi de charnel et d'assujetti au péché tenait de la terre ; ce que l'Esprit saint commençait à ranimer venait de Dieu [1]. »

Cette page, qu'on dirait empruntée aux *Confessions* de saint Augustin, nous fait assister au travail intime qui s'était opéré dans l'âme de Cyprien avant sa conversion à l'Évangile. Rien n'est intéressant, Messieurs, comme la vie de ces hommes que le paganisme avait bien pu entraîner dans le vice, mais qui réagissaient contre lui par leurs aspirations vers une délivrance morale. Toute la lutte de l'ancien monde avec le nouveau se résume dans ce drame de la conscience, où la nature déchue sent le poids d'une chaîne qu'elle est impuissante à rompre, et où la grâce divine vient briser les liens d'un long esclavage. Emporté par le tourbillon des affaires et des plaisirs, Cyprien finit par comprendre qu'il lui manquait une chose essentielle, la science de la vie, l'art de se gouverner lui-même. Si le christianisme peut lui assurer la force de vaincre ses passions, il se donnera tout entier à une religion douée d'une telle efficacité ; mais il en doute, et cette défiance l'arrête. Noble nature qui comptait pour rien le sacrifice, pourvu que la vertu en devînt la récompense ! Au milieu de ces perplexités, la Providence vint à son aide, comme d'ailleurs elle ne fait jamais défaut à ceux qui cherchent sincèrement la vérité. Un saint prêtre, nommé Cécilius, qui avait blanchi dans le service des âmes, suivait

---

1. Epistola I, *ad Donatum*. Nous suivons pour l'ordre des épîtres de saint Cyprien l'édition de Baluze reproduite dans la Patrologie latine de Migne, tome IV.

de l'œil avec une sollicitude toute paternelle les progrès que faisait la grâce divine dans ce cœur si ouvert aux bonnes impressions. Ses entretiens, ses conseils, et plus encore son exemple, achevèrent une conversion déjà commencée. Pour convaincre son jeune ami de la vertu réformatrice de l'Évangile, Cécilius n'avait qu'à lui montrer ces hommes de tout âge et de toute condition que le christianisme transformait en saints, et dont la moralité présentait un contraste si éclatant avec les désordres de la vie païenne. Cyprien sentit ses doutes s'évanouir à la vue d'un tel spectacle. Dès lors son choix était fait. Autant il avait mis de maturité à prendre sa détermination, autant il montra de zèle à la suivre jusqu'au bout. Les voies ordinaires ne suffisaient pas à cette âme avide d'une perfection plus haute. Le néophyte avait quelques biens autour de Carthage : il les vendit et en distribua le prix aux pauvres. Affranchi des liens terrestres, il voulut s'assurer en même temps la liberté du cœur; pour se consacrer au service de Dieu sans gêne ni entrave, il fit vœu de garder la continence. C'était débuter en maître dans le noviciat de la vertu. Aussi, quand le diacre Pontius, le témoin et le confident d'une si belle vie, retraçait plus tard ces détails intimes, il laissait déborder son enthousiasme dans des lignes auxquelles l'enflure africaine n'ôte rien de leur touchante naïveté : « Il n'est pas ordinaire de moissonner aussitôt que l'on a semé ; personne ne cueille le raisin sur un cep nouvellement enfoui ; nul ne va chercher des fruits mûrs sur l'arbuste qui vient d'être planté. Chez lui, tout marcha rapidement à la maturité. L'épi précéda la semence ; la vendange devança le pampre ; le fruit prévint la racine [1]. »

Ce fut un heureux événement pour l'Église d'Afrique que

---

1. *Vie de saint Cyprien*, par le diacre Pontius, II.

la conversion d'un homme dont le paganisme lui-même admirait le talent. Je ne sais, Messieurs, si vous êtes frappés comme moi du rôle que la Providence réservait à cette partie de l'empire romain dans l'histoire du christianisme naissant. Aucune gloire religieuse ne lui a manqué durant cet âge héroïque de la foi. Ses martyrs lui assurent une des pages les plus brillantes dans les annales du sacrifice. Ses conciles, si actifs et si nombreux, travaillent sans relâche à l'affermissement de la discipline ecclésiastique. Ses écrivains sont les premiers qui demandent à une littérature épuisée de nouveaux chefs-d'œuvre pour la défense de l'Évangile. Et comme si ce n'était pas assez d'avoir produit des apologistes tels que Tertullien et Minucius Félix, elle va offrir à l'admiration des siècles un évêque qui suffirait à lui seul pour illustrer une Église. Mais n'anticipons pas sur le récit des travaux de ce grand homme, et attachons-nous d'abord à ses premiers pas dans la carrière de l'éloquence chrétienne.

Après avoir passé par les épreuves préparatoires du catéchuménat, Cyprien reçut le baptême vers l'année 245. A partir de ce moment là, il tourna son activité littéraire du côté de la religion qui venait d'opérer en lui un changement qu'il avait cru impossible. Son premier écrit est comme l'effusion de sa reconnaissance pour le don divin, en même temps qu'une vue rétrospective sur la société païenne au sein de laquelle s'était écoulée une grande partie de sa vie. L'un de ses collègues au barreau, Donat, avait embrassé comme lui la foi chrétienne. Avant leur conversion, les deux amis échangeaient fréquemment leurs idées en se promenant dans les jardins que Cyprien possédait aux portes de Carthage. Tout en imprimant une autre direction à leur esprit, la religion n'avait fait que fortifier ce commerce de l'amitié. Donat était avide de recueillir les instructions de celui dont il se plaisait à reconnaître la supériorité. Pour répondre à ce désir, Cyprien résuma sous forme de lettre l'un de ces entretiens où les deux néophytes se communiquaient leurs pensées. Cette *Épître à Donat*, qu'on peut appeler un véritable traité sur la vie chrétienne comparée à la vie païenne, est l'un des plus beaux morceaux de la littérature ecclésiastique. On y sent l'enthousiasme d'une âme qui vient d'éprouver les merveilleux effets de la régénération chrétienne, comme aussi les habitudes du rhéteur païen se prolongent dans ce coup d'essai du nouveau converti. Voici le début qui vous rappellera sans doute l'*Octave* de Minucius Félix :

« Tu as raison de m'avertir, mon cher Donat. Moi, de mon côté, je n'ai pas oublié ma promesse, et le temps est venu de la remplir, aujourd'hui que la saison des vendanges et le déclin de l'année, en rendant à l'esprit ses loisirs, amènent l'interruption habituelle de nos travaux. Le lieu lui-même semble nous y inviter autant que le jour, et l'aspect riant de ces jardins contribue avec les brises caressantes de l'automne à flatter et à rafraîchir les sens. Il est doux de passer le temps à converser ici et à nourrir son âme par l'étude des divins préceptes. Mais de peur qu'un profane témoin ne trouble nos entretiens, ou que les cris désordonnés d'un bruyant domestique ne viennent nous importuner, gagnons cette retraite. Un asile secret nous offre à quelques pas d'ici une solitude. Cette vigne qui rampe le long de ses appuis, laisse retomber en festons ses pampres entrelacés et forme un portique de son feuillage touffu. Il fait bon se communiquer ici le fruit de ses réflexions : pendant que ces arbres et ces vignes réjouiront nos regards, il y aura pour l'âme une instruction, et pour les yeux un plaisir. Toutefois, ce que tu aimes, ce que tu cherches avant tout, c'est la parole. Je te vois déjà, négligeant les charmes d'une vue pleine de délices, attacher sur moi un regard avide. Grâce à la tendresse que tu me portes, te voilà tout oreilles, tout esprit pour m'écouter [1]. »

Ce prologue est charmant, et suffit déjà pour expliquer les succès qu'avait eus Cyprien dans sa chaire de rhétorique et au barreau. Sans doute, l'auteur se fait illusion, lorsqu'il annonce à Donat qu'il va parler tout simplement et sans art, parce que la vérité est assez éloquente par elle-même pour pouvoir se passer d'un ornement quelconque. Non, tel n'est pas, tant s'en faut, le caractère ni le ton de l'épître. Nous y trouvons, au contraire, une profusion d'antithèses et un luxe d'images que saint Augustin lui-même ne pouvait s'empêcher de blâmer [2]. Le néophyte sortait trop fraîchement des écoles de Carthage pour avoir atteint de sitôt à cette éloquence simple et grave que nous admirerons plus tard dans les écrits de l'évêque. Un style excessivement fleuri témoigne de la fidélité de ses souvenirs et des études de sa jeunesse. Toujours est-il que la belle âme de Cyprien se révèle tout entière dans le tableau de sa conversion par lequel s'ouvre l'*Épître à Donat*. S'il rappelle comment il a reconquis l'innocence et la pureté, ce n'est pas pour s'en faire un mérite; à Dieu seul revient la gloire d'un changement qui dépasse les forces de l'homme : *Dei est, inquam, Dei est omne quod possumus*. C'est montrer un cœur reconnaissant que d'attribuer à la grâce divine la vertu d'aujourd'hui, et à l'infirmité humaine la corruption d'hier. Seulement, il faut que l'œuvre divine s'achève en nous par notre correspondance au don céleste : alors la vigueur s'accroît avec notre docilité à

---

1. Epist. I, *ad Donatum*, I.
2. Saint Augustin, *de Doct. christ.*, XIV, IV.

suivre les inspirations de la grâce. Car il n'en est pas des bienfaits de Dieu comme des présents de la terre, toujours étroits et bornés. L'Esprit s'épanche largement dans nos âmes, fleuve immense qui ne connaît ni digues ni rivage. Il coule, et ne tarit point ; il déborde sans jamais s'épuiser. Pour cela, que faut-il ? Un cœur qui ait soif de la grâce et qui s'ouvre à elle : point d'autres limites à ses effusions que la mesure et la capacité de notre foi [1].

Cet accent lyrique, on le retrouve chaque fois que le néophyte raconte les opérations de la grâce dans l'âme humaine. A l'émotion avec laquelle il décrit ces divines choses, on sent qu'il vient d'en faire l'expérience. Outre les preuves générales de la religion, il en connaît une autre, intime et personnelle, le changement complet, radical, que la grâce du baptême a opéré dans sa vie. Cette action divine dont il célèbre les merveilleux effets, il l'a saisie et constatée par lui-même : elle est devenue par son esprit observateur un fait psychologique. De là ce ton de conviction profonde qui donne tant de puissance à sa parole. Permettez-moi, Messieurs, d'insister sur ces détails, parce que la vie de cet homme célèbre s'y dessine par avance ainsi que le caractère particulier de ses écrits. Cyprien n'était pas une des intelligences que le christianisme frappe et saisit de préférence par la hauteur métaphysique de ses doctrines. Nous l'avons dit, et il faut le répéter, son esprit n'inclinait guère vers la spéculation. Aussi n'est-ce pas chez lui que nous chercherons ces traités dogmatiques sur la Trinité et l'Incarnation, qui occupent une aussi grande place dans les œuvres de Tertullien. Autre était la direction de ses idées, et j'ajoute, la

---

1. Epist. I, *ad Donatum*, II-V.

trempe de son caractère. Conditions morales de la nature humaine, opérations de la grâce, vertu sanctifiante des sacrements, règles de la discipline, constitution de l'Église, voilà les sujets sur lesquels s'exercera son activité théologique. Disons-le dès maintenant, l'originalité de saint Cyprien est dans ses lettres ; car ce qui domine chez lui, c'est moins le penseur que l'homme d'action ou de gouvernement, et son éloquence sera l'expression fidèle des qualités de son âme. Le sens pratique, dont il était doué à un degré si éminent, devait le porter davantage à envisager le côté moral et social de l'Église, l'influence du christianisme sur les mœurs, le rôle de la hiérarchie dans le plan divin. De pareils hommes sont faits pour gouverner les âmes, parce que l'expérience intime précède chez eux l'action extérieure ; un coup d'œil pénétrant leur permet d'observer en eux-mêmes ce qu'ils sont appelés à diriger dans les autres. L'examen des œuvres de saint Cyprien pourra seule justifier cette appréciation anticipée ; mais en voyant quelle attention il porte dans l'étude des opérations de la grâce, et avec quelle sagacité il démêle l'état de son âme avant et après sa conversion, je n'ai pu m'empêcher de vous montrer chez le néophyte le germe des qualités qui brilleront dans l'évêque.

Pour faire mieux apprécier à Donat la grandeur du don divin qui était devenu leur partage à tous deux, Cyprien déroule devant lui la peinture du monde païen au III° siècle. Il lui montre de loin cette mer orageuse sur laquelle ils avaient fait naufrage, et d'où la bonté divine venait de les retirer en leur offrant une planche de salut. Employant à cet effet un tour des plus dramatiques, il transporte son ami sur le sommet d'une montagne, et l'invite à contempler avec lui, du haut de cet observatoire, la société qui s'agite à leurs pieds.

Comment ne pas se féliciter d'avoir échappé à de pareilles tempêtes ? Quel moyen de concevoir le moindre regret à la vue de ce qu'ils avaient quitté ?

« Regarde, dit Cyprien à son ami, vois les routes fermées par les brigands, les mers assiégées par les pirates ; la guerre promène en tous lieux la sanglante horreur des combats. La terre est humide du sang fraternel qui l'inonde. Qu'un scélérat immole son semblable, on crie à l'homicide ; l'homicide s'appelle courage quand il est commis par une nation entière. Ce qui assure l'impunité, ce n'est pas le degré d'innocence, mais la grandeur du forfait. Jette les yeux sur les villes : qu'y rencontres-tu ? Une agitation plus triste que la solitude. Un combat de gladiateurs se prépare, pour que la curiosité sanguinaire puisse se repaître d'un spectacle cruel. Les sucs d'une nourriture abondante circulent dans ces membres athlétiques, afin que la victime engraissée et chargée d'embompoint, procure en mourant des sensations plus agréables. On tue l'homme pour le plaisir de l'homme ; et le bien tuer, c'est de l'habileté, c'est un exercice, c'est de l'art. Non content de commettre le crime, on l'enseigne. Quoi de plus inhumain et de plus dur ? L'assassinat transformé en science et devenant une gloire ! Mais, je te le demande, que dire de ceux qui, sans y avoir été condamnés, dans la force de l'âge, avec une beauté remarquable et sous des vêtements de fête, descendent dans l'amphithéâtre ? Les vois-tu préparer froidement leur trépas, se glorifier de leur infamie et combattre les bêtes féroces, non pour expier leurs crimes, mais pour assouvir la fureur du public ? Les pères viennent contempler leurs fils ; le frère est dans l'arène, et la sœur est là qui regarde. Que dis-je ? quoique la magnificence des préparatifs élève le prix du spectacle, la mère achète le droit d'assister à ses douleurs ; et dans ces divertissements impies, sanglants, funestes, nul ne songe que son regard a été parricide [1]. »

De l'arène, où le sang humain coule à grands flots, Cyprien promène les regards de son ami au théâtre et dans l'intérieur des familles. L'enseignement immoral que donne la scène reçoit son application au foyer domestique, où les fictions théâtrales deviennent des réalités vivantes. Ces deux tableaux sont tracés de main de maitre, et, tout énergique qu'il est, le pinceau de l'artiste ne me semble pas avoir exagéré les couleurs. Oui, ce n'est là qu'une peinture trop fidèle d'un siècle où Caracalla et Héliogabal pouvaient s'intituler les maîtres du monde. Grâce à l'Évangile, il nous est impossible de comprendre à quel degré d'inhumanité et de corruption était arrivée la société païenne. Le mépris de la vie humaine et la perversion du sens moral y existaient à un point qui dépasse nos conceptions. Cette fièvre de sang et de débauche parait telle, qu'on serait tenté de la révoquer en doute, si les écrivains païens n'étaient pas les premiers à la décrire. Car, dans ces éloquentes invectives de saint Cyprien, il n'y a pas un trait qui ne soit confirmé par le témoignage des historiens de l'époque, depuis Suétone jusqu'aux auteurs de l'*Histoire Auguste*. Vers le temps même où paraissait l'*Épître à Donat*, Gordien avait sacrifié dans une seule représentation cinq cents couples de gladiateurs, comme le rapporte Julius Capitolinus [2]; et les amphithéâtres de Trèves, de Nîmes, de Vérone, sans parler du Colysée, sont là pour attester par leurs proportions colossales avec quelle avidité frénétique la multitude se ruait sur ces spectacles sanglants. Il n'y a donc pas moyen de nier que le paganisme romain ait cherché ses jouissances

---

1. Epist. *ad Donatum*, I, VI, VII.
2. Julius Capit. *in Gordian*, III.

dans des atrocités qui n'avaient d'égales que ses turpitudes. Et pourtant, Messieurs, cette société-là était pleine d'élégance et de politesse. Elle ne manquait ni de luxe, ni de richesse, ni de bien-être matériel, ni de toutes ces choses dans lesquelles une école d'économistes modernes fait consister les progrès de la civilisation. Il suffit, pour s'en convaincre, de voir ce qui nous reste de ses portiques, de ses thermes, de ses cirques, de ses théâtres ; et les débris de Pompéï témoignent à eux seuls d'un faste et d'une opulence qui n'ont pas encore été surpassés. Comment donc se fait-il que ce brillant vernis répandu à la surface ait pu cacher une corruption qui rongeait la société romaine jusqu'aux os ? C'est, Messieurs, qu'il n'y a de vraie civilisation que là où la vérité religieuse éclaire les âmes et fortifie les caractères. L'empire romain a donné un éternel démenti à ceux qui pensent que, pour élever le niveau intellectuel et moral des peuples, il suffit d'augmenter leur bien-être et d'améliorer les conditions de la vie matérielle. Jamais la civilisation extérieure n'avait jeté un plus vif éclat, et jamais on n'avait vu des cœurs aussi avilis ni aussi dégradés. Ce contraste s'explique de lui même. Il manquait au monde païen les trois grandes choses sans lesquelles il n'y a pas d'élévation morale, et que le christianisme venait apporter aux nations, la foi, l'espérance et la charité. Là où les fortes croyances font défaut, il n'y a ni ressort dans les âmes ni consistance. Quand les peuples n'espèrent plus rien au delà de cette vie, ils se plongent dans le sensualisme et y trouvent leur mort. Et lorsque la charité est absente des cœurs, l'homme est tenté de voir dans son semblable l'instrument de ses plaisirs. Voilà pourquoi le christianisme seul a pu établir dans le monde la vraie civilisation. En dehors de lui, vous pourrez faire une société sceptique, élégante, frivole, poussant jusqu'à l'extrême limite les raffinements du luxe et de la politesse, une société semblable à celle dont Cyprien décrivait les mœurs, une société qui vous demandera à son tour du pain et des spectacles, mais à laquelle vous ne rendrez ni dignité ni grandeur, parce que vous êtes impuissants à lui donner ce que la religion seule lui assure : des croyances et des vertus. »

On pouvait opposer à Cyprien qu'il choisissait à dessein les scènes les plus révoltantes pour dépeindre l'état de la société païenne au IIIe siècle. Afin de prévenir l'objection, il quitte le théâtre et le cirque pour pénétrer avec Donat dans le sanctuaire de la justice. Là, deux plaies nouvelles s'étalent devant lui, la vénalité et la délation. Comment le sens de l'équité aurait-il pu subsister chez une magistrature qui confondait toutes les notions du juste et de l'injuste dans la procédure qu'elle suivait à l'égard des chrétiens ? La fièvre des jouissances matérielles tue la probité, et l'on cesse de respecter les droits d'autrui, lorsqu'on sacrifie le devoir à l'intérêt et aux passions.

« C'est en vain que les lois, gravées sur l'airain des douze tables, étalent aux yeux de tous leurs prescriptions : on pèche jusque sous l'œil de la loi, on est criminel dans le temple même de la justice. L'innocence ne trouve plus d'asile dans le lieu consacré à sa défense. Au sein du repos, et sous la toge pacifique, les passions excitées par des intérêts contraires mugissent au forum comme sur un champ de bataille. J'y vois des bourreaux qui apprêtent leurs glaives et leurs haches : ce sont des ongles de fer qui déchirent, des chevalets qui étendent, des flammes qui dévorent : pour torturer un seul homme on emploie plus d'instruments de supplice qu'il n'a de membres. Pendant ce temps, qui songe à défendre l'opprimé ? L'avocat ? il est traître et prévaricateur. Le juge ? il vend la sentence. Celui qui siège pour châtier le crime, le commet ; et pour que l'innocent périsse, le juge se rend coupable. Le vice marche partout la tête haute ; il se multiplie sous toutes les formes et répand dans les âmes le poison qui les tue. L'un suppose un testament; l'autre ne recule pas devant une fraude capitale pour falsifier un acte. Ici, les enfants sont dépouillés de leur patrimoine; là, des étrangers sont substitués à l'héritier légitime. C'est un ennemi qui vous accuse, un calomniateur qui vous attaque, un faux témoin qui vous diffame ; partout des langues effrontément vénales qui se prostituent au mensonge et à la délation, tandis que le coupable ne succombera pas même avec l'innocent. Plus de respect pour la loi ; nulle crainte du magistrat qui interroge ou qui juge. Et pourquoi tremblerait-on devant celui qu'on peut acheter ? Au milieu des criminels l'innocence passe pour crime ; qui ne ressemble pas aux méchants, les offense; les lois sont de connivence avec le désordre, et le forfait se légitime dès qu'il est public. [1] »

Ici encore, Messieurs, reparaît le contraste que nous signalions tout à l'heure. Le siècle où écrivait Cyprien, est par excellence celui des jurisconsultes ; et ce serait manquer d'impartialité que de méconnaître le degré de perfection relative auquel les Romains de la décadence avaient poussé la science du droit. Et cependant, l'on peut affirmer sans crainte que jamais les droits de l'homme n'ont été moins respectés. C'est surtout à une époque où l'on avait vu mettre à l'encan jusqu'à l'empire lui-même, qu'on pouvait appliquer le mot de Jugurtha : « Ville vénale, à laquelle il ne manque qu'un acheteur ! » Il est clair que ni la vie ni la propriété n'étaient en sûreté sous un régime où tous se trouvaient à la merci d'un seul, et où le métier de délateur passait pour l'un des

1. Epist. I, ad Donatum, x.

plus fructueux. En rappelant à Donat ce qu'ils avaient vu tous deux si longtemps au forum, l'ancien avocat de Carthage n'exagérait pas les désordres d'une société où les spoliations étaient à l'ordre du jour, et où la diffamation devenait une source de richesses. Cela prouve que la vraie civilisation ne consiste pas plus dans un arsenal de lois bien fourni que dans le développement du bien-être matériel. Les lois peuvent influer sur la vie du citoyen ; il n'y a que les mœurs qui élèvent l'homme. Or, la religion seule est capable de donner des mœurs à un peuple. « Je n'entends pas, disait Rousseau, qu'on puisse être vertueux sans religion ; j'eus longtemps cette opinion trompeuse, dont je suis bien désabusé[1]. » En dépit d'une législation savamment élaborée, le peuple romain avait perdu jusqu'au sentiment de la justice, parce que le polythéisme n'exerçait aucune action sur la vie morale : il favorisait la corruption des mœurs, plutôt qu'il ne l'arrêtait. Or, si les mœurs peuvent suppléer à des lois imparfaites, le meilleur code de lois est impuissant à remplacer les mœurs.

Dans son beau sermon *sur la Loi de Dieu*, Bossuet a imité l'*Epître à Donat*. Personne n'ignore avec quel art l'évêque de Meaux savait s'approprier les écrits des Pères, et rester original tout en marchant sur leurs traces. Ce brillant tableau des désordres et des vanités du monde l'avait vivement frappé. A l'exemple de Cyprien, il embrasse d'un coup d'œil l'humanité entière avec la variété infinie de ses conditions. Il est vrai que, dans cette vue d'ensemble, l'orateur français se sépare sur plusieurs points de son modèle. Du sommet de la montagne où il se place à son tour, il promène ses regards sur une civilisation toute différente. Dans les

---

1. Lettre à d'Alembert *sur les spectacles*.

sociétés chrétiennes, le vice ne marche pas le front levé et à découvert : il se déguise ou se cache. Ce qu'elles présentent de plus triste à leur surface, c'est une préoccupation excessive des intérêts temporels qui absorbe dans beaucoup d'hommes toute l'activité de l'âme. Aussi est-ce par ce côté-là que Bossuet envisage de préférence le train des choses humaines :

« Dans cette consultation importante où il s'agit de déterminer du point capital de la vie, et de se résoudre pour jamais sur les devoirs essentiels de l'homme, chrétiens, je me représente que venu tout nouvellement d'une terre inconnue et déserte, séparé de bien loin du commerce et de la société des hommes, ignorant des choses humaines, je suis élevé tout à coup au sommet d'une haute montagne, d'où, par un effet de la puissance divine, je découvre d'une même vue la terre et les mers, tous les emplois, tous les exercices, toutes les occupations différentes qui partagent en tant de soins les enfants d'Adam durant ce laborieux pèlerinage. O Dieu éternel ! quel tracas ! quel mélange de choses ! quelle étrange confusion ! Et qui pourrait ne s'étonner pas d'une diversité si prodigieuse ? La guerre, le cabinet, le gouvernement, la judicature, les lettres, le trafic et l'agriculture, en combien d'ouvrages divers ont-ils divisé les esprits ? Cela dépasse de bien loin l'imagination. Mais si je descends au détail, si je regarde de près les secrets ressorts qui font mouvoir les inclinations, c'est là qu'il se présente à mes yeux une variété bien plus étonnante. Celui-là est possédé de folles amours, celui-ci de haines cruelles et d'inimitiés implacables, et cet autre de jalousies furieuses. L'un amasse et l'autre dépense. Quelques-uns sont ambitieux et recherchent avec ardeur les emplois publics ; et les autres, plus retenus, se plaisent dans le repos de la vie privée. L'un aime les exercices durs et violents, l'autre les secrètes intrigues. Et quand aurais-je fini ce discours, si j'entreprenais de vous raconter ces mœurs différentes et ces humeurs incompatibles ? Chacun veut être fou à sa fantaisie ; les inclinations sont plus dissemblables que les visages, et la mer n'a pas plus de vagues, quand elle est agitée par les vents, qu'il ne naît de pensées différentes de cet abîme sans fond et de ce secret impénétrable du cœur de l'homme. Dans cette infinie multiplicité de désirs et d'occupations, je reste interdit et confus ; je me regarde, je me considère. Que ferai-je[1] ? »

L'orateur part de là pour chercher la loi qui doit régir les actions humaines, c'est-à-dire une lumière pour l'entendement, une règle pour la volonté et la paix pour le cœur. Or, il n'y a que la loi de Dieu qui puisse procurer ces biens à l'âme. C'est la thèse même qu'avait développée l'auteur de l'*Épître à Donat*. Sans doute, depuis le IIIe siècle, l'éloquence chrétienne a épuisé toutes les couleurs pour tracer le portrait de l'ambitieux et de l'avare, car les passions humaines sont immortelles comme l'Évangile qui les combat ; mais Cyprien n'a pas été surpassé dans ces peintures de mœurs. Je veux bien qu'on puisse lui reprocher, comme à Massillon, un penchant excessif pour l'amplification oratoire. Il y a plus d'abondance que de fécondité dans ces développements où la même idée reparaît trop souvent, quoique sous des formes très-variées. Mais quelle finesse d'analyse dans l'étude des passions, et quelle attention minutieuse à les saisir dans leurs mouvements les plus secrets et à les peindre avec vérité ! Je me bornerai à détacher quelques lignes de ces pages qui font de l'*Épître à Donat* une des plus belles productions de l'éloquence chrétienne.

1. Sermon *sur la loi de Dieu*. (Manuscrit de la Bibliothèque nationale.)

« Vois-tu cet homme dont le costume éclatant révèle la dignité, et qui croit briller sous la pourpre ? Par combien de bassesses a-t-il acheté cette splendeur ? Combien il lui a fallu supporter d'humiliations et de dédains ? Que de fois le matin, courtisan empressé, n'a-t-il pas assiégé une porte orgueilleuse ? Que de fois, confondu dans la foule des clients, n'a-t-il pas marché devant des protecteurs superbes afin qu'un jour aussi un vil troupeau d'adulateurs marchât devant lui, et honorât non l'homme, mais la puissance. En effet, ce n'est pas son mérite, mais les faisceaux qui lui ont valu tant d'honneurs !.... Cette autre que l'on croit riche, tremble à l'idée qu'il pourrait perdre sa fortune. Jamais de sécurité : à table, le soupçon ; pendant le sommeil, le souci. Il soupire au milieu du festin, quoiqu'il boive dans une coupe ornée de pierreries ; et bien qu'une couche moelleuse ait enseveli dans ses plis profonds un corps énervé par l'intempérance, il veille étendu sur le duvet. Le malheureux ! il ne comprend pas que ce sont là de beaux supplices, qu'il est enchaîné par son or, et qu'il est possédé par ses richesses plutôt qu'il ne les possède [1]. »

Enfin, des richesses et des dignités dont il vient de démontrer le néant, Cyprien s'élève à ce qui en est le couronnement, à la puissance impériale. Ici, des faits récents proclamaient assez haut que le bonheur et la sécurité ne sont pas l'apanage du pouvoir suprême. Six empereurs venaient d'être massacrés l'un après l'autre en deux ans. Au milieu de pareilles catastrophes, on pouvait dire hardiment que les maîtres du monde en étaient réduits à craindre autant qu'ils étaient craints : *Tam ille timere cogitur quam timetur* [2].

1. Epist. I, *ad Donatum*, XI, XII.
2. Ibid. XII. Minucius Félix avait dit de même : *Rex es ? tam times quam timeris* (Octavius, XXXVII).

Après avoir ainsi désabusé son ami des vanités du monde, Cyprien conclut sa lettre par ces magnifiques paroles :

« Où donc est le repos, la paix, la sécurité complète et permanente ? Nul autre moyen que d'arracher son navire aux tourbillons de cette mer agitée pour jeter l'ancre dans le port du salut ; que de détacher ses yeux de la terre pour les élever vers le ciel, et, une fois admis aux dons du Seigneur, rapproché de Dieu par l'esprit, de regarder comme au dessous de sa dignité les grandeurs et les pompes de la terre. Que pourrait demander, que pourrait regretter dans le monde, celui qui est plus grand que le monde [1]. ?....

« Pour toi, qui t'es enrôlé dans les rangs de la milice céleste, applique-toi par tes vertus religieuses à garder la discipline dans toute son intégrité. Partage ton temps entre la prière et la lecture : tantôt converse avec Dieu, tantôt laisse-le converser avec toi ; qu'il t'instruise de ses préceptes, qu'il t'incline à la soumission. L'âme que le Seigneur enrichit ne peut être appauvrie par les hommes ; plus d'indigence à redouter pour celle que nourrit une fois le céleste aliment. Tous ces lambris dorés, tous ces murs revêtus de marbres précieux te paraîtront méprisables, quand tu sauras que c'est toi qu'il faut orner et embellir de préférence, que ta maison de prédilection doit être celle où le Seigneur est descendu comme dans un temple, et où l'Esprit-Saint a commencé de résider. Voilà le palais qu'il faut couvrir des peintures de l'innocence, qu'il faut éclairer des rayons de la justice. Jamais il ne tombera en ruines sous la main du temps ; jamais il ne sera souillé par la dégradation de son or ou de ses tableaux. Tout ce qui est fardé dure peu, et des biens

---

1. Nihil appetere jam, nihil desiderare de sæculo potest, qui sæculo major est.

sans consistance, sans réalité, ne présentent aucune garantie
à ceux qui les possèdent. Mais la maison de notre âme demeure inviolable avec la fraîcheur de ses ornements, l'intégrité de son honneur, la permanence de son éclat. Elle ne
saurait ni s'écrouler, ni être anéantie ; elle ne peut que subir
une transformation plus glorieuse à la résurrection du
corps [1]. »

Cette péroraison rappelle les plus belles pages de Tertullien.
En débutant de la sorte dans la carrière de l'éloquence chrétienne, le néophyte de Carthage annonçait l'évêque qui allait
attirer sur lui l'attention de l'Église universelle. Ce qui me
frappe dans cette première pièce, ce sont moins encore les
qualités particulières à l'écrivain que la noblesse du caractère
et l'élévation du sens moral. Nul n'a porté plus loin que Cyprien l'estime des choses de l'âme, et le sentiment de la dignité
que la grâce de l'Évangile communique à l'homme. On peut
affirmer dans un sens qu'il n'a jamais quitté le sommet de
cette montagne où il conduisait Donat pour lui faire contempler
de haut la marche des événements ; et la devise de sa vie est
tout entière dans cette phrase que nous venons de lire, et
qui exprime si bien l'idée qu'il se faisait du chrétien : « Que
pourrait, demander que pourrait regretter dans le monde,
celui qui est plus grand que le monde ? » Aussi, prenez-le à
tel moment de sa carrière que vous voudrez, et Dieu sait si
elle a été agitée, vous retrouverez toujours l'homme que rien
ne trouble que rien n'effraie, et qui, à la lecture de son arrêt
de mort, répondra au proconsul : Dieu soit loué ! C'est en
parlant des Pères de l'Église que nous pouvons dire en
toute vérité : leur éloquence n'a été que le reflet de leur

1. Epist. I, *ad Donatum*, xiv, xv.

âme ; et l'une des plus vives jouissances qu'on éprouve en parcourant leurs écrits, c'est de savoir que l'homme a été à la hauteur de l'œuvre, et que derrière l'orateur ou l'écrivain, on trouvera encore, on trouvera de plus un héros et un saint.

CINQUIÈME LEÇON

Après avoir constaté le résultat moral du polythéisme dans l'*Epître à Donat,* Cyprien en combat les croyances dans le traité *sur la Vanité des idoles.* — Cet écrit n'est à peu de chose près qu'une reproduction des œuvres analogues de Tertullien et de Minucius Félix. — Points saillants du traité. — On ne saurait sans déraison vouloir retourner contre le culte de vénération que l'Église rend à la mémoire des saints et à leurs reliques, les arguments des Pères contre l'idolâtrie. — Cyprien est admis dans les rangs du sacerdoce. — Le livre *des Témoignages* adressé à Quirinus. — Plan et but de l'ouvrage. — Études bibliques de Cyprien. — Le traité *des Témoignages* est une véritable concordance des livres saints, où l'auteur groupe autour de chaque point de doctrine les textes qui s'y rattachent. — Importance de ce travail d'érudition.

Messieurs,

« Ce qui distingue l'éloquence chrétienne, disait Chateaubriand, de l'éloquence des Grecs et des Romains, c'est cette tristesse évangélique qui en est l'âme, selon La Bruyère, cette majestueuse mélancolie dont elle se nourrit [1]. » Le sentiment dont parle l'auteur du *Génie du christianisme* remplit d'un bout à l'autre l'*Épître à Donat* qui nous occupait la dernière fois. Dans ce brillant tableau des vanités du monde, composé peu de temps après sa conversion, Cyprien montrait à quel point l'Évangile avait saisi et pénétré son âme. Il est évident que la différence radicale des deux doctrines devait se reproduire dans leur expression littéraire.

---

1. *Génie du christianisme,* l. IV, c. i.

Le paganisme manquait de notions précises sur la vie future :
ou il ne voyait rien au delà du tombeau, ou des images grossières défiguraient à ses yeux la grande doctrine de l'immortalité de l'âme. Dès lors il lui devenait impossible d'apprécier
à leur juste valeur les biens de la vie présente. Une telle
incertitude sur l'avenir portait les âmes à se renfermer dans
le cercle étroit des choses d'ici-bas. De là une littérature
égoïste, sensuelle, éblouie par le côté brillant des sociétés
humaines, et n'ayant d'autre souci que d'écarter l'image de
la souffrance pour ne pas troubler ses plaisirs. Ou bien, si
elle devient grave, sérieuse, si elle sent à son tour le vide
des jouissances terrestres, c'est le plus souvent pour courber
la tête sous une fatalité inexorable, ou pour fouler aux pieds
le faste de Platon avec l'orgueil de Diogène. Tant il est vrai
que la vie présente ne s'illumine qu'aux clartés de la vie
future ! Toute la révolution morale que le christianisme a
opérée dans le monde s'explique par ce mot de l'apôtre :
« Nous n'avons point ici-bas de cité permanente, mais nous
« cherchons la cité de l'avenir [1]. » Faire triompher ce principe dans l'esprit des hommes, c'était renouveler la face de
la terre ; car tout change d'aspect selon que nous plaçons la
fin de notre existence dans ce monde ou dans l'autre. En
rappelant à l'homme qu'il est le candidat de l'éternité, suivant la belle expression de Tertullien, l'Évangile ne venait
pas détruire son activité terrestre, mais lui tracer une règle
sûre et lui assigner un but au delà du temps. La richesse
le pouvoir, tous ces biens extérieurs dont le paganisme avait
perverti l'usage, conserveront leur place dans le plan divin ;
mais en les appréciant de plus haut, l'on comprendra mieux
les devoirs qui y sont attachés. Dans l'esprit du christianisme,

---

S Paul, *Épître aux Hébreux*, XIII, 14.

le pouvoir, au lieu d'être une vaine satisfaction de l'orgueil, a le caractère d'un service public ; la fortune, bien loin de donner libre carrière aux passions, est une coopération au ministère de la Providence ; les divertissements, une relâche qui doit procurer à l'esprit et au corps une plus grande facilité pour accomplir le devoir ; l'art et la science, autant de moyens d'élever les âmes vers Dieu et de développer en elles l'amour du bien avec la connaissance du vrai. Bref, là où le paganisme plaçait la fin, le christianisme ne voit que des moyens ; et c'est en détachant le cœur de l'homme des choses du temps qu'il lui a enseigné le secret d'en profiter pour ses destinées éternelles. « Le royaume du ciel, disait le Sauveur dans l'*Évangile*, est semblable au levain qu'une femme prend et mêle dans trois mesures de farine, jusqu'à ce que le tout ait fermenté [1]. » Au contact de l'esprit chrétien, l'humanité s'est sentie soulevée de terre sous l'action divine qui la pénétrait de toutes parts. Sans doute cette transformation ne sera jamais complète, parce que les passions humaines y mettront éternellement obstacle, mais l'idéal est tracé pour toujours : y arriver, ce serait la perfection ; y tendre, c'est notre devoir.

Ainsi, Messieurs, quand le néophyte de Carthage traçait dans l'*Épître à Donat* le tableau des vanités du monde, ce n'était pas pour réprouver l'usage des biens terrestres, mais pour déplorer l'abus qu'en faisait une société sans foi ni espérance sérieuse dans une vie future. Un deuxième écrit suivit de près cette éloquente peinture des mœurs païennes. En effet, pour expliquer une dépravation si générale, il fallait remonter aux doctrines qui en étaient la source. Le traité *sur la Vanité des idoles* peut donc être envisagé

---

1. S. Matth. XIII, 33.

comme le pendant de l'*Épître à Donat*. Après avoir constaté le résultat moral du polythéisme, Cyprien en combat les croyances. Ici, l'on n'a pas de peine à saisir la trace des études qu'il avait faites après sa conversion. Au témoignage de saint Jérôme, qui tenait ce détail d'un certain Paul de Concordia, lequel avait vu à Rome le secrétaire de saint Cyprien, ce dernier ne passait pas un jour sans lire Tertullien, dont il se faisait apporter les ouvrages, en disant : « *Da magistrum*; donnez-moi le maître [1]. » Même en l'absence de toute preuve extrinsèque, la comparaison des écrits suffirait à elle seule pour démontrer un commerce si assidu. Ces rapports n'autoriseraient pas La Harpe à dire que saint Cyprien se contente d'affaiblir également les défauts et les beautés de son modèle. Le critique du xviiie siècle n'a pas su chercher l'originalité de ce Père là où elle se trouve réellement ; il se sera borné à parcourir les traités de *la Vanité des idoles*, de *la Patience* et de *l'Oraison dominicale*, où l'imitation est en effet très-sensible. On n'en est que plus surpris de voir que saint Cyprien n'a pas prononcé une seule fois dans ses écrits le nom de l'homme dont il avait tant étudié les œuvres. Il est même impossible de surprendre chez lui la moindre allusion à celui qu'il appelait son maître. Un tel silence ne s'explique que par l'impression pénible qu'avait laissée en Afrique la défection de Tertullien. A cette première influence qu'il importe de signaler, vient s'en ajouter une autre non moins manifeste. Si je disais que l'auteur du traité *sur la Vanité des idoles* imite Minucius Félix, je me servirais d'un terme beaucoup trop faible ; il le suit pas à pas et lui emprunte des phrases entières, sans presque rien y changer [2].

---

1. S. Jérôme, *de scriptor eccles.*, 53.
2. Il nous suffira de constater un parallélisme tel que celui-ci : Minucius Félix : *Quando unquam regni societas, aut cum fide cœpit, aut sine*

Ce n'est pas un faible argument pour ceux qui prétendent que le prêtre Cécilius, auquel Cyprien devait sa conversion, est l'interlocuteur du même nom qui figure dans l'*Octave* de l'avocat romain. On concevrait facilement, dans cette hypothèse, la haute estime du néophyte pour un dialogue, où celui qu'il honorait comme son père spirituel avait joué l'un des principaux rôles. Toujours est-il que le traité *sur la Vanité des idoles* se réduirait à peu de chose si l'on en retranchait ce qui n'est qu'une reproduction de Tertullien et de Minucius Félix.

Vous voyez d'après cela que la pièce dont je parle ne saurait être appelée une œuvre originale. Et même, si l'on voulait appliquer aux procédés de l'auteur nos idées modernes sur la propriété littéraire, on ne pourrait guère s'empêcher d'y voir quelque chose qui ressemble à du plagiat. Mais ce serait se méprendre complétement sur le caractère d'une époque où la perspective d'un gain matériel et le désir de la renommée n'entraient pour rien dans la composition des ouvrages consacrés à la défense de la religion. L'esprit de communauté, si puissant chez les premiers chrétiens, leur faisait envisager comme appartenant à tous ce qui était l'œuvre d'un seul : *Nemo eorum quæ possidebat aliquid suum esse dicebat* [1]. Toute considération d'amour-propre ou d'intérêt personnel disparaissait derrière la grande cause qu'il s'agis-

---

cruore discessit ? — Cypr., *Quando unquam regni societas, aut cum fide cœpit, aut sine cruore desiit?* En présence de pareilles analogies (et il y en a plus de vingt, toutes aussi frappantes), il serait superflu de vouloir prouver que l'un des deux écrivains a imité l'autre. Or, l'antériorité de Minucius Félix nous paraît démontrée par le *Catalogue des auteurs ecclésiastiques*, où saint Jérôme place sept écrivains entre lui et saint Cyprien. De plus, le traité *sur la Vanité des idoles* a tout l'air d'une compilation. C'est un assemblage de fragments réunis sans ordre ni art ; l'*Octave*, au contraire, est une composition régulière et bien suivie. Dans cet état de choses, on n'a pas de peine à distinguer l'original de la copie.

1. *Actes des Apôtres*, IV, 32.

sait de défendre par la parole et par le sang. D'ailleurs, Érasme me semble avoir suivi la vraie voie pour l'intelligence de cet opuscule de saint Cyprien : il y voit, et avec raison, un simple fragment d'un travail plus considérable et qui est resté inachevé. L'absence d'exorde, le défaut de liaison entre les différentes parties du discours, la disproportion de tel développement très ample avec telle autre proposition bien plus importante et à peine indiquée, tout porte à croire que nous sommes en présence d'un ouvrage dont l'auteur s'est borné à tracer les premiers linéaments. On sent un homme qui, vivement frappé à la lecture de l'*Apologétique* de Tertullien et de l'*Octave* de Minucius Félix, cherche à compléter l'une de ces deux pièces par l'autre, y recueille quelques passages saillants, autour desquels il groupe ses propres idées, sans y apporter beaucoup de suite ni d'enchaînement, et sauf à remanier le tout pour en faire un traité plus complet. Quoi qu'il en soit, nous pouvons ramener cette compilation, assez irrégulière, à trois pensées dominantes : les divinités païennes sont de vains simulacres; il n'y a qu'un seul Dieu; c'est par le Christ qu'on arrive au salut. A l'exemple de Minucius Félix, il passe sous silence le naturalisme panthéistique qui faisait le fond des religions anciennes, pour s'attaquer de préférence à l'anthropolâtrie ou à l'apothéose, qui était la forme principale du culte chez les Grecs et les Romains[1]. Il démontre, comme ses devanciers, que les succès des Romains s'expliquent par des causes toutes naturelles, et que le respect pour les dieux était étranger au triomphe d'un peuple qui avait constamment foulé aux pieds les droits de tous les autres[2]. A son tour, il décrit le

---

1. *De Vanitate idol.*, I, IV.
2. Ibid., V.

rôle des anges déchus dans cette monstrueuse aberration
qu'on appelle l'idolâtrie [1]. Puis il oppose à cette multitude de
divinités enfantées par le caprice des peuples, la doctrine
d'un Dieu unique, comme la seule qu'avouent une raison
saine et une conscience droite [2]. Enfin, après avoir expliqué
la mission du peuple juif et son châtiment, il montre aux
païens par quelle voie on peut arriver au salut :

« Dieu avait prédit que, vers le déclin du siècle et avant la
fin du monde, il se choisirait parmi toutes les nations un
peuple d'adorateurs, peuple plus fidèle et plus soumis pour
lequel sa miséricorde ouvrirait la source des grâces que les
Juifs s'étaient fermée par leur aveuglement. Arbitre de ces
dons et dispensateur de cette nouvelle discipline, le Verbe,
Fils de Dieu, a été envoyé pour devenir l'illuminateur et le
docteur du genre humain, selon que les prophètes l'avaient
prédit. C'est lui qui est la vertu de Dieu, sa raison, sa sagesse, sa gloire. Il descend dans le sein de la Vierge ; esprit
immortel, il se revêt de notre chair ; Dieu, il s'unit à
l'homme. Voilà notre Dieu, le Christ, médiateur entre son
Père et nous. Il prend la forme humaine, pour conduire
l'homme vers son Père ; ce qu'est l'homme, le Christ a voulu
le devenir, afin que l'homme pût devenir à son tour ce
qu'est le Christ... Voilà celui que nous accompagnons, que
nous suivons ; voilà notre guide, le prince de la lumière,
l'auteur du salut. Il promet le ciel et son Père à ceux qui
cherchent et qui croient. Ce qu'est le Christ, nous le serons,
nous chrétiens, si nous imitons le Christ [1]. »

Il eût été impossible d'affirmer avec plus de netteté et de
force la divinité de Jésus-Christ, l'union des deux natures,

---

1. Ibid., VI, VII.
2. Ibid., VIII, IX.
3. *De Vanitate idol.*, X, XV.

divine et humaine, dans le Verbe incarné. C'est en développant ces hautes doctrines que Cyprien travaillait à retirer les païens du grossier matérialisme où ils étaient plongés. Ici, Messieurs, je crois devoir répondre à une objection qui pourrait se présenter à votre esprit, car vous l'avez entendue sans nul doute plus d'une fois, et des ouvrages récents ont cherché à rajeunir ces vieilles redites. Vous admirez, me dira-t-on, les ouvrages des Pères de l'Église sur la vanité des idoles, sur la fausseté du polythéisme ; et certes, on ne peut qu'applaudir à leurs efforts pour détromper l'esprit des peuples d'une mythologie absurde et ridicule. Mais le christianisme à son tour n'a-t-il pas également sa mythologie, ses demi dieux, ses simulacres, ses amulettes? Chassée de Dieu, la mythologie s'est réfugiée dans les saints [1]. Et si l'un de ces païens auxquels s'adresse saint Cyprien revenait au milieu de nous, ne pourrait-il pas retrouver dans l'Église catholique une idolâtrie plus raffinée, voire même des restes de fétichisme? — Je tenais à reproduire l'objection dans toute sa crudité, telle qu'elle est venue se placer fréquemment sous la plume des protestants et des incrédules. Permettez-moi, avant d'aller plus loin, de répondre en peu de mots aux uns et aux autres.

Et d'abord, précisons bien la notion d'idolâtrie. Ce qui la constitue c'est de transporter à une créature quelconque l'hommage de l'adoration réservé à Dieu seul. Voilà ce que faisaient les païens. Ou il faut se résigner à ne rien comprendre aux religions de l'antiquité, ou l'on doit y voir un vaste panthéisme qui identifiait l'univers avec Dieu. Étudiez-les sous chacune de leurs formes ; vous retrouverez partout

---

1. M. Renan, *Études d'Histoire religieuse*, p. 308 et 309 ; — M. Alfred Maury, *Essais sur les légendes pieuses du moyen-âge*. Paris, 1843.

cette monstrueuse confusion. Le démonisme divinisait les génies ; le sabéisme ou le naturalisme, les éléments et les forces physiques ; l'anthropomorphisme, l'homme ; le fétichisme, les idoles ; et c'est en toute réalité aux idoles, à l'homme déifié, aux éléments de la nature, aux puissances démoniaques que s'adressait directement et immédiatement le culte de l'adoration. Le mot de Bossuet, d'ailleurs emprunté à Tertullien, est aussi profond qu'historiquement vrai : tout était Dieu, excepté Dieu même. Dans le catholicisme, au contraire, rien n'est Dieu, sinon Dieu seul. Ni la sainte Vierge, ni les anges, ni les saints ne possèdent aucune propriété divine. Affirmer la thèse opposée serait un odieux blasphème que tout catholique repousse avec horreur. Même dans l'homme-Dieu, la nature humaine reste essentiellement distincte de la nature divine ; les attributs divins n'appartiennent qu'à celle-ci. Dire par exemple que l'humanité du Christ est partout, ce serait professer l'erreur d'Eutychès que Luther et les ubiquistes ont seuls reproduite par une étourderie sans pareille. Dans les grands conciles du IV⁰ et du V⁰ siècle, l'Église n'a fait autre chose que distinguer avec un soin extrême le divin de tout ce qui n'est pas lui. Ces définitions solennelles n'ont pas laissé la moindre issue à une confusion quelconque de la créature avec le créateur. Où donc trouver une trace de cette prétendue idolâtrie ? Sommes-nous idolâtres, parce que l'Église honore dans les saints ce qu'il y a de plus honorable sur la terre, la vertu ? Parce qu'elle se refuse à supposer dans le ciel des êtres égoïstes qui, comme les dieux d'Épicure, ne s'inquiéteraient que d'eux-mêmes, et ne se soucieraient pas d'employer au profit de leurs frères militants un pouvoir devenu plus grand avec la béatitude ? Mais, Messieurs, s'il y a quelque chose de logique et de raisonnable, c'est l'honneur que l'Église rend aux saints, et la confiance qu'elle place dans leur intercession. Les protestants ne peuvent s'élever contre une telle doctrine, à moins de renier l'Écriture sainte ; et les rationalistes ne sauraient la combattre, sans abdiquer la raison.

Comment ! la vertu est le plus grand bien de l'homme, je dirai même le seul bien véritable, et l'Église serait coupable d'idolâtrie parce qu'elle vénère la mémoire et célèbre les actions de ceux qui ont pratiqué la vertu au degré de l'héroïsme ? Il faudrait être insensible à la beauté morale et à l'honneur du genre humain, pour ne pas comprendre ce qu'il y a de légitime et d'élevé dans cet hommage rendu au vrai mérite. Est-ce ravir à Dieu la louange qui lui est due, que de le glorifier dans ses dons, et d'attribuer à la vertu de sa grâce l'excellence et la grandeur des saints ? Car la doctrine catholique n'admet pas d'équivoque sur ce point : c'est par la grâce de Dieu que les saints sont tout ce qu'ils sont. Est-ce l'invocation des saints qui constituerait un acte d'idolâtrie ? Singulier reproche de la part de gens qui prétendent respecter l'Écriture sainte ! Saint Paul était donc idolâtre, quand il conjurait les Romains de l'aider par leurs prières auprès de Dieu [1] ? Car enfin, pourquoi serait-ce plutôt un acte d'idolâtrie d'implorer le suffrage des saints triomphants dans le ciel, que celui des fidèles vivants sur la terre ? C'est, dit une profession de foi calviniste, celle des Remonstrants de la Hollande, c'est que les saints n'ont pas le moindre souci de ce qui se passe sous le soleil [2]. Dieu nous préserve d'un ciel pareil, où l'égoïsme tue la charité, où le triomphe consiste à ne plus s'intéresser au sort des frères qui luttent encore, et où le

---

1. *Aux Romains*, xv, 30, ut adjuvetis me in orationibus vestris. — II⁰ *aux Corinthiens*, ɪ, 11, adjuvantibus et vobis in oratione pro nobis.
2. *Remonstrant. confess.*, c. xvi, § 3 : sancti res nostras ignorant et ea quæ sub sole fiunt, minime curant.

pouvoir se réduit à ne plus même disposer d'un secours que
le moindre d'entre nous est en état de prêter à son semblable,
le secours de la prière. Voilà les extrémités auxquelles conduisent ces bruyantes déclamations de l'esprit de secte. Ce
n'est pas à de pareilles imaginations que l'Église rabaisse
l'idée de la béatitude céleste. Si elle invoque les saints, ce
n'est pas pour obtenir d'eux-mêmes ce que Dieu seul peut
donner, ni pour placer la source des grâces ailleurs qu'en
Jésus-Christ ; mais s'appuyant sur le dogme de la communion
des saints, elle ne saurait admettre que la mort brise les
liens ni les rapports de la grande famille humaine. Voilà
pourquoi elle met sa confiance dans l'intercession de ceux qui,
parvenus au séjour du bonheur, puisent dans la lumière de
Dieu la connaissance de nos besoins, et dont le pouvoir
s'est accru avec leur charité [1]. Il n'y a rien dans cette
doctrine que la raison et la foi n'autorisent ou ne justifient.

Mais, me répondra-t-on, du moins serait-il possible de
trouver dans la vénération des reliques et des images quelque
analogie avec le culte des idoles que les Pères de l'Église
combattaient si vivement ? Non, Messieurs, pas davantage,
pour peu qu'on sache distinguer le jour de la nuit et la main
droite de la main gauche. Si les païens s'étaient bornés à
user de symboles et d'emblèmes pour s'élever vers le Dieu
unique à l'aide de ces moyens extérieurs, il n'y aurait eu
rien de répréhensible dans leur manière d'agir ; car la nature humaine est ainsi faite que les représentations sensibles
peuvent servir puissamment à fixer la pensée et à réveiller
le souvenir. Mais le fétichisme des Grecs et des Romains avait
un caractère tout différent. Par suite de cette confusion du
créé et de l'incréé, qui faisait le fond de leurs doctrines, les

---

1. *Concil. Trident. sess.* xxv.

païens identifiaient l'être divin avec le simulacre, le signe avec la chose signifiée. Pour eux l'idole était habitée par le dieu, et ne formait qu'un avec lui. Nous croyons avoir démontré ce point jusqu'à l'évidence par les témoignages mêmes de l'antiquité, dans les leçons que nous avons données sur le polythéisme à propos des œuvres de saint Justin [1]. Qu'il nous suffise de rappeler en ce moment l'histoire du philosophe Stilpon condamné par l'Aréopage pour avoir osé soutenir que la statue de Minerve, sculptée par Phidias, n'était pas une divinité : preuve évidente que les Grecs adoraient les images et les statues elles-mêmes [2]. Est-il besoin de faire observer que rien de pareil ne saurait entrer dans l'esprit d'un chrétien qui se laisse guider par les enseignements de l'Église ? En vérité, je m'en voudrais d'insister sur ce point, si ce n'était pas le thème favori des incrédules et des protestants. Déjà au VIIIe siècle, le deuxième concile général de Nicée avait déclaré, contre les iconoclastes, que les marques de respect pour les images des saints ne s'adressent qu'aux bienheureux eux-mêmes, et diffèrent essentiellement du culte d'adoration réservé à Dieu seul. Le Concile de Trente, renouvelant ces déclarations solennelles, enseigne à son tour de la manière la plus explicite, qu'il n'y a dans les images de la Vierge et des saints ni caractère divin, ni vertu intrinsèque; qu'on doit s'abstenir de leur adresser aucune demande, ou de placer en elles sa confiance, à l'exemple des païens qui mettaient leur espérance dans des idoles [3]. Il eût

---

1. *Saint Justin et les Apologistes chrétiens au* IIe *siècle,* leçon VIIIe.
2. Diogène Laërce, II, 116.
3. *Concil. Trident. sess.* XXIV : Non quod credatur inesse aliqua in iis divinitas, vel virtus, propter quam sint colendæ, vel quod ab eis sit aliquid petendum ; vel quod fiducia in imaginibus sit figenda, veluti olim fiebat a gentibus, quæ in idolis spem suam collocabant.

été impossible de mieux réfuter à l'avance des calomnies dont leurs auteurs ne sauraient être la dupe. A quoi donc se réduit cette prétendue idolâtrie? A la vénération la plus simple et la plus rationnelle que l'on puisse imaginer. La grande assemblée des fidèles a ses portraits historiques, qui lui rappellent les vertus de ses ancêtres, comme chaque famille peut avoir les siens. L'Église, elle aussi, a son musée des souverains, où elle recueille pieusement ses trophées, les débris de ses gloires, les instruments de son triomphe. Ce respect est tellement naturel que nos adversaires sont contraints de l'imiter, tout en lui donnant un autre objet. Les protestants ont lacéré les images des saints, mais pour les remplacer par les portraits de Luther et de Melanchthon, comme chacun s'en convaincra en visitant les temples de l'Allemagne luthérienne. On peut dire, sans les blesser, que le changement n'est pas heureux, et qu'après tout saint Pierre et saint Paul feraient meilleure figure. Nos frères séparés ont jeté aux vents les reliques des saints, mais pour y substituer quoi ? Les pots à bière de Luther, sa montre, sa bible, sa table, sa chaise, son lit nuptial, dont les parcelles étaient censées servir de remède contre les maux de dents [1]. Tout le monde peut voir ces précieuses collections à Erfurth, à la Wartbourg et à Wittemberg. Franchement nous préférons les reliques des martyrs : cela édifie davantage. « Quoi! écrivait Jacques Ier à ses théologiens anglicans qui se récriaient contre les statues de saints qu'il avait fait ériger dans sa chapelle, vous tolérez sans dire mot dans vos églises les figures de lion, de dragon et de griffon qui se trouvent

---

[1] Heinrich Gtz : *De reliquiis Lutheri in diversis locis asservatis singularia* Leipzig, 1703; — Fabricius, *centifol Lutheran* chap. 198, *reliquiæ*, Hambourg, 1728 ; — Arnold, *Kirchengeschichte*, 2e partie, XVI. c. 4, § 22 ; — Buchmann *Populär symbolik*, p 670, Mayence, 1843.

sur mes armoiries ; mais quant aux patriarches et aux apôtres, vous ne voulez pas leur donner une place ! » Que les iconoclastes de la prétendue Réforme renoncent donc une fois pour toutes à se servir d'une arme qui les blesserait eux-mêmes. Entourer de respect tout ce qui rappelle la mémoire des saints, c'est honorer la vertu, c'est se pénétrer de l'amour du devoir à la vue de tels exemples, c'est rendre gloire à Dieu qui a fait éclater dans ses créatures son action souveraine.

Mais enfin, me dira quelque contradicteur, tout en rapportant aux saints l'honneur que vous rendez à leurs reliques et à leurs images, vous espérez néanmoins retirer quelque profit de cette vénération. Vous supposez même que le contact d'un corps saint, une prière faite dans tel lieu consacré, ou devant telle image de la Vierge, peut être suivie d'une grâce particulière, d'une guérison miraculeuse, par exemple. Or, n'est-ce pas là du moins une superstition blâmable ? — Si c'est un protestant qui parle de la sorte, je lui dirai qu'il n'a pas lu l'Écriture sainte ou qu'il n'a pas voulu la comprendre. Ne lisons-nous pas dans le IVe livre des Rois le récit de la résurrection d'un mort, dont le cadavre avait touché les ossements du prophète Élisée ? Les Actes des Apôtres ne mentionnent-ils pas des malades guéris par le simple contact du linge qui avait touché le corps de saint Paul ? L'ombre de saint Pierre ne suffisait-elle pas pour délivrer de leurs maladies ceux qu'elle couvrait [1] ? Il faut donc que les protestants, pour être conséquents à eux-mêmes, rejettent l'Écriture sainte avant de nier que Dieu puisse opérer des miracles par les reliques des saints. Si c'est un rationaliste qui pose l'objection, nous lui répondrons que limiter la puis-

---

1. IVe *Livre des Rois*, XIII 21 ; — *Actes des Apôtres*, XIX, 12 ; v, 15.

sance de Dieu, c'est la détruire. Dieu est le maître de ses dons ; il est libre de glorifier ses serviteurs de la manière qu'il lui plaît, et de récompenser, dans telle circonstance de temps ou de lieu que bon lui semble, une foi qui se traduit par des actes extérieurs. De pareilles négations conduisent droit à l'athéisme ; car il importe peu que l'on nie Dieu directement, ou qu'on le dépouille de son activité toute-puissante et souveraine. Dieu n'est qu'un vain mot, ou son pouvoir n'est enchaîné par aucune loi physique. Ces négations dissimulées rappellent ce que Cicéron disait des Épicuriens : ils gardent le nom et suppriment la chose, *nomine tenent, re tollunt*.

C'est donc, Messieurs, en pure perte que nos adversaires ont cherché à retourner contre l'Église les arguments par lesquels ses premiers défenseurs combattaient l'idolâtrie. La religion catholique sait concilier avec l'hommage réservé à Dieu seul, l'honneur et le respect que méritent les héros de la vertu. En se servant de l'ordre sensible, pour élever notre intelligence vers les choses spirituelles, elle satisfait un besoin de la nature humaine en même temps qu'elle écarte toute fausse représentation de ce symbolisme profond. Loin d'être enveloppées dans un nuage mythologique, la vie et les œuvres des saints appartiennent à l'histoire. C'est ainsi que nous pouvons suivre pas à pas, dans sa laborieuse carrière, le saint martyr dont nous étudions les écrits, et dont le nom vénéré vient se placer tous les jours sur les lèvres du prêtre au canon de la messe. L'*Épître à Donat* et le traité *sur la Vanité des idoles* sont les seuls ouvrages qui datent de l'époque où Cyprien était encore laïque. Le zèle et le talent du néophyte abrégèrent l'intervalle qui aurait dû s'écouler entre son baptême et son ordination. Malgré la discipline du temps, qui défendait d'imposer les mains à un nouveau converti, Donat, évêque de Carthage, jugea qu'une foi si ferme pouvait suppléer à l'ancienneté. Admis dans les rangs du sacerdoce, Cyprien redoubla d'efforts pour la défense et la propagation de la foi chrétienne. Ce qui paraît l'avoir occupé de préférence pendant l'année 247 qui précéda son élévation à l'épiscopat, c'est l'étude de l'Écriture sainte. Rien n'égale l'ardeur avec laquelle il se porta vers cette source de l'éloquence sacrée. Les livres de l'Ancien et du Nouveau Testament lui devinrent tellement familiers que, dans ses écrits postérieurs, les textes de la Bible coulent sous sa plume avec une facilité et un à-propos vraiment admirables. Le premier fruit de cette application assidue fut son livre *des Témoignages* adressé à Quirinus.

Déjà, Messieurs, nous avons eu occasion de constater plus d'une fois l'impression profonde que faisait l'Écriture sainte sur ces hommes qui passaient du paganisme à la religion chrétienne. C'est en la comparant aux écrits de l'antiquité profane que saint Justin, Tatien et Théophile d'Antioche étaient arrivés à la foi ; les œuvres de Tertullien et de saint Cyprien témoignent également de l'enthousiasme où les avait jetés la lecture de ces divines pages. En présence de ce monument unique, ils sentaient toute l'absurdité des fables dont leur jeunesse était imbue, et le vide d'une philosophie qui avait laissé leur âme incertaine et découragée. Nous, Messieurs, qui éprouvons un peu la vérité de ce mot de Cicéron, *assiduitate quotidiana assuescunt animi*, nous sommes peut-être moins frappés de ce que nous avons toujours connu ; mais il me semble qu'une courte réflexion suffirait pour faire comprendre que l'existence seule de l'Écriture sainte est une démonstration de sa divine origine ? Est-ce une œuvre humaine, je vous le demande, que ce livre qui commence par la Genèse du monde, pour finir avec l'Apocalypse de l'éternité; qui renferme toutes nos destinées entre un récit et une vision ; ce livre dont le premier mot est la parole de Dieu qui évoque l'univers du néant, et dont le dernier mot est la parole de Dieu qui rappellera l'humanité dans son sein ; ce livre qui naît un jour au milieu d'une solitude de l'Égypte pour s'achever, à deux mille ans de là, dans une île de la Grèce ; ce livre, où vingt auteurs différents se passent la plume de main en main, écrivent sous l'empire d'une seule idée et se rencontrent dans l'unité d'un plan identique ; où vous retrouverez partout, malgré la différence des âges, la même empreinte, le même souffle ; où Moïse ne parle pas autrement que David, où Job tient le même langage que l'apôtre de Corinthe et d'Éphèse ; ce livre qui a vingt styles et qui n'a qu'un caractère, auquel tant d'hommes ont mis la main et qui ne peut se signer d'aucun nom ; ce livre qui se fait à mesure que le plan de Dieu se déroule, qui, resté ouvert jusqu'à la plénitude des temps, se ferme au moment où l'humanité entre en possession de la vérité ; ce livre du milieu duquel la grande figure de Jésus-Christ se détache entre les prophéties, d'un côté, l'accomplissement des choses, de l'autre ; ce livre enfin qui, après avoir opéré dans le monde la plus étonnante des révolutions, est arrivé jusqu'à nous, laissant échapper de ses flancs cette magnifique civilisation chrétienne dont il a été, dont il restera le code immortel ?

Oui, je comprends la vive impression que produisait l'Écriture sainte sur ces hommes auxquels le paganisme n'avait su offrir que des divinités dont le caractère moral était inférieur au leur. Aussi s'appliquaient-ils avec une ardeur infatigable à l'étude des saintes lettres. On peut juger de ce labeur par le traité *des Témoignages* de saint Cyprien. Pour extraire de la Bible les principaux points de doctrine qu'elle renferme, il groupe autour de 174 propositions les textes de l'Ancien et du Nouveau Testament qui s'y rattachent. Ce résumé, ou cette concordance, comme on pourrait l'appeler, supposé évidemment beaucoup de recherches et une grande patience d'analyse. C'était faciliter aux plus simples fidèles l'intelligence du divin livre, et donner un guide à ceux qui pouvaient être chargés d'instruire les autres. Du reste, l'auteur explique lui-même le plan et le but de l'ouvrage, dans cette préface adressée à l'un de ses disciples, Quirinus :

« J'ai dû, mon fils bien-aimé, céder à votre désir spirituel et me rendre aux instantes prières que vous m'avez faites pour obtenir de moi les divins enseignements puisés à la source des saintes Écritures, et par lesquels le Seigneur a daigné nous instruire, afin qu'arrachés aux ténèbres de l'erreur, et éclairés de la vive et pure lumière dont il est le foyer, nous marchions dans le chemin de la vie par le bienfait des sacrements. La forme de ce traité répond à ce que vous avez demandé : je l'ai réduit à une exposition abrégée, de manière à distribuer par chapitres les points principaux, sans entrer dans de longs développements. Il faut y voir moins un travail complet que des matériaux rassemblés d'avance pour qui voudrait l'achever. Toutefois cette brièveté ne laisse pas d'avoir des avantages pour le lecteur. Elle empêche que l'esprit ne se dissipe par un discours trop étendu; et la mémoire garde plus fidèlement ce qu'on lui présente dans un court résumé. J'ai donc composé deux livres à peu près d'égale dimension. Dans le premier je m'attache à établir que les Juifs, selon les antiques prédictions, se sont éloignés de Dieu, et ont perdu la grâce du Seigneur qui leur avait été donnée dans le passé et promise pour l'avenir ; tandis qu'à l'ancien peuple de Dieu ont été substitués les chrétiens, dont la foi a mérité la protection du Seigneur, et qui sont venus à lui de toutes les nations comme de toutes les parties du monde. Le second livre contient le sacrement du Christ et montre qu'il est venu comme les Écritures l'avaient annoncé, et que par sa vie entière il a accompli les prophéties en tout ce qui devait servir à le faire reconnaître. Cette lecture sera utile pour former dans les âmes les premiers linéaments de la foi. Quant à celui qui scrutera mieux encore les Écritures tant nouvelles qu'anciennes, et qui lira dans leur totalité les livres spirituels, sa vigueur s'accroîtra de plus en plus avec l'intelligence du cœur. En attendant, je n'ai voulu puiser qu'un peu d'eau à ces sources divines pour vous l'envoyer. Vous pourrez par la suite boire plus abondamment et vous désaltérer davantage, lorsque vous irez, à mon exemple, vous abreuver à la source même. »

En tête du IIIe livre, qui comprend une collection de textes relatifs aux devoirs de la vie chrétienne, Cyprien s'exprime dans des termes analogues. Il veut, dit-il, au moyen d'un abrégé de la Bible, épargner aux fidèles la peine de parcourir des ouvrages aussi étendus que nombreux[1]. Ce n'est pas qu'il prétende les empêcher de prendre connaissance directement des saintes Écritures ; au contraire, il les invite à se désaltérer à la source même ; c'est un fil conducteur qu'il désire leur mettre en main et à l'aide duquel ils pourront diriger leurs pas sans crainte de s'égarer. Voilà, Messieurs, la conduite pleine de sagesse et de discernement que l'Église n'a cessé de tenir. Vous n'ignorez pas que l'une des manœuvres familières au parti protestant a toujours été d'accuser les catholiques d'irrévérence envers l'Écriture sainte. Luther, Calvin et leurs adeptes n'ont pas manqué de

---

1. Ut animus Deo deditus non longis aut multis librorum voluminibus fatigetur.

dire et de répéter que l'Église interdit d'une manière absolue aux fidèles la lecture de la Bible. Jamais calomnie plus grossière n'a été articulée par une secte. On n'avait pas attendu Luther pour traduire la Bible en langue vulgaire. Aussi longtemps que le latin restait en Europe l'idiome usuel de la prédication évangélique, c'est-à-dire jusqu'au XIIIe siècle et au delà, des versions différentes de la Vulgate n'auraient pas eu grande utilité. Et cependant, dès le IVe siècle, l'évêque Ulphilas avait traduit l'Écriture sainte en langue gothique. Au commencement du VIIIe siècle déjà, les Anglais possédaient une version de la Bible en anglo-saxon. Aussitôt que la découverte de l'imprimerie eut fourni le moyen de vulgariser davantage les livres saints, des auteurs catholiques se mirent à les reproduire dans les différentes langues de l'Europe. L'Allemagne peut nous offrir des versions de la Bible qu remontent aux années 1462, 1467, 1473, 1477 ; Venise et Rome en virent paraître l'an 1471, et l'une de ces versions était arrivée à trente-trois éditions avant que l'on songeât à la prétendue Réforme. Lors donc que Luther se vantait d'avoir révélé au monde l'Écriture sainte restée inconnue avant lui, il poussait la jactance jusqu'à ce degré où elle devient niaise. Sans doute, l'Église catholique ne commet pas l'imprudence de mettre indistinctement entre les mains de tous un livre que chacun n'est pas en état de lire, moins encore de comprendre. Ici comme, ailleurs elle use d'une sage discrétion, ne permettant la lecture de la Bible entière qu'à ceux auxquels une telle lecture peut être profitable ; prémunissant contre les versions non autorisées, où les sectaires cherchent à glisser le venin de leurs erreurs ; exhortant les fidèles à se servir de notes et de commentaires qui éclaircissent les passages difficiles. En cela, elle agit comme une mère qui ne confie pas aux mains d'un enfant l'instrument avec lequel il pourrait se blesser, sans du moins lui apprendre à en faire usage. Depuis les anabaptistes jusqu'aux mormons, l'exemple des mille sectes protestantes est là pour justifier complétement ces mesures de précaution que l'expérience et le sens commun dicteraient à défaut de lumières plus hautes. Du reste, ces règles de prudence pastorale sont aussi anciennes que le christianisme. Le livre *des Témoignages* de saint Cyprien n'a pas d'autre but que d'apprendre aux personnes peu versées dans la science des Écritures, à distinguer le sens véritable de toute fausse interprétation. C'est pourquoi l'auteur rassemble autour de chaque point de doctrine les textes bibliques qui s'y rapportent. Mon intention n'est point de faire passer sous vos yeux cette nomenclature de citations ; je tiens néanmoins à vous en donner une idée en choisissant, par exemple, le 27⁰ chapitre du II⁰ livre. Cyprien veut établir qu'il est impossible d'arriver à Dieu le Père sinon par Jésus-Christ son Fils :

« Dans l'Évangile : « Je suis la voie, la vérité et la vie. Personne ne vient au Père si ce n'est par moi. » De même encore : « Je suis la porte, celui qui entrera par moi sera sauvé. » De même encore : « Beaucoup de prophètes et de justes ont désiré voir ce que vous voyez, et ils ne l'ont pas vu ; d'entendre ce que vous entendez, et ils ne l'ont pas entendu. » De même encore : « Celui qui croit au Fils, a la vie éternelle ; celui qui n'écoute pas la parole du Fils, n'a pas la vie éternelle, mais la colère de Dieu s'appesantira sur lui. » De même Paul aux Éphésiens : « Il est venu annoncer la paix, et à vous qui étiez éloignés, et à ceux qui étaient proches, car c'est par lui que nous avons, les uns et les autres, accès auprès du Père dans le même Esprit. » Et aux Romains : « Tous ont péché et ont besoin de la gloire de Dieu ; or ils sont justifiés gratuitement par un don de sa grâce, par la

Rédemption qui est en Jésus-Christ. » De même dans l'Épître de l'apôtre Pierre : « Jésus-Christ a souffert la mort une fois pour nos péchés, le juste pour les injustes, afin de nous offrir à Dieu. » Au même passage : « C'est pour cela que l'Évangile a été aussi prêché aux morts, afin qu'ils ressuscitent. » De même dans l'Épître de Jean : « Quiconque nie le Fils, ne reconnaît pas le Père ; quiconque reconnaît le Fils reconnaît aussi le Père. »

Comme vous le voyez par cet extrait, le livre *des Témoignages* n'est pas une œuvre d'éloquence, mais un travail d'érudition qui ne laisse pas d'avoir son prix et son utilité [1]. C'est ainsi, par exemple, qu'il en ressort un témoignage éclatant pour l'authenticité des Livres saints. Cyprien cite à différentes reprises tous les écrits du Nouveau Testament, à l'exception de l'une ou l'autre épître dont le contenu ne rentrait pas dans son sujet. Ici comme dans le reste de ses œuvres, il range parmi les livres inspirés ceux-là mêmes que les prétendus réformés ont exclus du canon des Écritures, tels que la Sagesse, l'Ecclésiastique, les deux livres des Machabées [2]. Nous voyons là une nouvelle preuve du soin qu'ont mis les protestants à s'écarter de l'Église primitive sur ce

---

1. Les seuls écrits du Nouveau Testament, dont on ne trouve pas d'extraits dans les œuvres de saint Cyprien, sont : la lettre de saint Paul à Philémon, les épîtres de saint Jacques et de saint Jude, la IIe de saint Pierre, la IIe et la IIIe de saint Jean.
2. La *Sagesse* est citée dans le traité *de l'Envie* (IV), avec la formule, *sicut scriptum est*. — Le livre de Tobie dans le traité *de l'Oraison dominicale* (XXXII), avec la formule, *scriptura divina instruit* — Le cantique des trois jeunes hommes et le IIe livre des Machabées, dans le traité *sur les Laps* (XXXI), et dans l'*Exhortation au martyre* (XI). — Le livre de l'Ecclésiastique, dans le traité *de la Mortalité* (IX), avec la formule, *docet scriptura divina*. — Le 1er livre des Machabées, dans la 55e *épître* au pape Cornélius, avec la formule, *monet scriptura divina*. Toutes ces parties de l'Écriture sainte sont également citées dans le livre *des Témoignages*.

point capital. Mais ce que je tenais à vous signaler avant tout, c'est le travail opiniâtre auquel Cyprien s'était livré pour s'assimiler le texte sacré et en faire passer l'esprit dans ses propres ouvrages. A la vue d'un commerce si assidu avec les saintes lettres, on est moins étonné de cette éloquence forte, substantielle, nourrie de l'Écriture, qui distinguera l'évêque de Carthage. Car il est temps, Messieurs, de suivre saint Cyprien sur ce théâtre élevé où tant de luttes l'attendent, et où, pendant dix ans, il déploiera un talent d'écrivain qui ne sera surpassé que par les qualités de l'évêque et du confesseur de la foi. C'est là seulement qu'il nous sera possible de saisir le véritable caractère de son éloquence et de marquer sa place parmi les Pères de l'Église.

SIXIÈME LEÇON

Élévation de Cyprien sur le siége épiscopal de Carthage. — Rang que tenait dans l'organisation sociale de l'Église, au IIIe siècle, la métropole de l'Afrique chrétienne. — Comment l'Église avait enveloppé le monde romain dans le réseau de sa hiérarchie. — Circonscription des diocèses et des provinces ecclésiastiques d'après les divisions territoriales de l'empire. — Le rang de l'évêque de Carthage était, dans le sens propre du mot, celui d'un primat dont la juridiction s'étendait à quatre provinces. — Cyprien succède à l'évêque Donat. — Circonstances de son élection. — Forme des élections épiscopales au IIIe siècle. — La jalousie contre le nouvel élu devient le germe d'une opposition qui se développera plus tard. — Origines de la faction de Novat — Caractère de Cyprien d'après le témoignage d'un contemporain.

Messieurs,

Trois ans s'étaient à peine écoulés depuis la conversion de Cyprien, quand la Providence l'appela sur le siége de Carthage. C'est au milieu des fonctions de cette charge élevée que nous allons le suivre. Mais, pour bien comprendre l'étendue de son activité pastorale, en même temps que la nature et le caractère de ses écrits, il faut que nous marquions d'abord le rang que tenait dans l'organisation hiérarchique de l'Église au IIIe siècle, la métropole de l'Afrique chrétienne. A ce compte-là seulement, nous pourrons nous faire une idée exacte de la sphère d'action de Cyprien, comme d'ailleurs on peut dire en général que les œuvres de l'éloquence trouvent dans l'histoire leur meilleur commentaire.

C'est chose merveilleuse à observer, que la justesse avec

laquelle l'économie de la grâce est venue s'adapter au monde naturel, et l'Église à l'humanité. Cette correspondance étroite ou cette harmonie, nous l'avons admirée maintes fois, dans l'ordre dogmatique où les mystères de la foi s'accordent avec les principes de la raison, et dans l'ordre moral où les institutions chrétiennes répondent si bien aux besoins et aux conditions de la nature humaine. Mais je n'y toucherai en ce moment que pour vous faire remarquer avec quelle sagesse l'Église a su tenir compte de l'état de choses existant à son origine, pour son développement extérieur et social. Le christianisme n'est pas entré dans l'histoire comme un fait brusque et violent. Je ne suis pas venu détruire la loi, disait le Sauveur, mais l'accomplir. Préparée par un passé de quarante siècles, l'Église devait jeter ses racines dans le présent, pour embrasser tous les âges futurs. Avant de devenir cet arbre immense qui ombrage l'humanité, le grain de sénevé allait germer dans un sol prêt à le recevoir. Or, quel était le sol destiné à porter cette plantation divine ? Si l'on étudie le milieu historique où la religion chrétienne est apparue, on y trouve les deux plus grandes choses de l'ancien monde, le peuple juif et l'empire romain, l'un, ébauche spirituelle, l'autre, ébauche matérielle de l'Église. C'est dans ce moule formé d'avance que Dieu allait jeter son œuvre. En traçant les grandes lignes de la hiérarchie ecclésiastique, le Christ montrait assez que l'Ancien Testament avait été une image du Nouveau, et que le plan divin se déroule à travers les siècles sans rien perdre de son unité. Un pasteur suprême ayant charge de paître les agneaux et les brebis, à l'exemple d'Aaron ; douze apôtres répondant au nombre des tribus d'Israël ; soixante-douze disciples rappelant par la nature de leurs fonctions le ministère confié aux lévites, tout manifeste dans l'Évangile cette corrélation de l'ancien ordre de choses avec le nouveau. C'est la transition des figures aux réalités, et l'extension à l'humanité entière d'une organisation religieuse jusqu'alors particulière à un peuple. De là les différences qui existent entre les deux hiérarchies, comme c'est par là également que s'expliquent leurs rapports. Le peuple juif est la racine de l'Église, et tout ce qui existait chez l'un se retrouve dans l'autre, mais épanoui et transformé.

Or, Messieurs, de même que le Sauveur avait eu égard au passé en organisant l'avenir, ainsi l'Église devait-elle tenir compte du présent pour assurer les progrès de l'œuvre établie par son divin fondateur. Constituée pour tous les siècles par l'institution divine de la papauté et de l'épiscopat, d'où découlent le presbytérat et le diaconat, l'Église allait envelopper le monde du réseau de sa hiérarchie. Ici commençait pour elle cette conquête spirituelle de l'humanité, qui est la mission propre aux apôtres et à leurs successeurs. Avancer pas à pas, jeter la semence de la parole dans les âmes, grouper les nouveaux convertis autour de ce noyau primitif, placer à leur tête un évêque ou un prêtre, former ainsi des Églises particulières, des centres d'unité rattachés l'un à l'autre par des liens d'origine ou de subordination, et enveloppés tous ensemble dans la vaste circonférence de l'Église universelle, voilà le travail d'organisation auquel nous assistons déjà dans les *Actes des apôtres*. Car il y aurait presque de la naïveté à vous faire observer que Notre-Seigneur n'a pas pris en main la carte du monde pour marquer d'avance les limites de chaque diocèse futur et circonscrire la juridiction de tous les chefs spirituels jusqu'à la fin des temps. Il a laissé ce soin à celui qui a reçu de lui la charge de paître son troupeau, et aux évêques établis, comme dit saint Paul, pour gouverner les âmes. L'Église est une société revêtue de tous les pouvoirs nécessaires pour remplir sa mission qui est de conduire les hommes à Dieu. C'est à elle qu'il appartient d'assigner à chaque membre de la hiérarchie sa sphère d'action. Cela posé, quelle était, à l'origine du christianisme, la marche la plus naturelle à suivre pour cette circonscription territoriale du règne de Dieu sur la terre, si je puis m'exprimer de la sorte? Ici, Messieurs, se présentait l'empire romain, avec son organisation administrative, ses provinces et ses métropoles, comme un échiquier tracé à l'avance sur la carte du globe, ou, si vous aimez mieux, comme un vaste plan dont il suffisait de suivre les lignes pour embrasser la surface du monde connu. C'est à cette disposition de l'ordre matériel, point d'arrivée de toute l'histoire ancienne, qu'est venu s'adapter l'ordre spirituel. Bref, l'Église est entrée dans l'histoire comme la grâce divine pénètre l'âme humaine, tirant parti des éléments naturels qu'elle y trouve, et profitant de ces conditions pour fortifier son œuvre.

Ces harmonies providentielles, qui fournissent à la philosophie de l'histoire un thème de méditations si fécond et si élevé, ont donné lieu de nos jours à d'étranges méprises. De ce que l'Église a tenu compte du milieu historique où elle apparaissait, on s'est hâté de conclure qu'elle a calqué sa constitution sur celle de l'empire romain. Pour avancer de pareilles propositions, il faut être complétement étranger à l'histoire des trois premiers siècles. L'Église ne s'est pas donné sa constitution ; elle l'a reçue du Christ, et il n'est pas dans son pouvoir d'y rien changer. C'est dans les écrits du Nouveau Testament, dans les monuments de la tradition chrétienne, et non pas ailleurs, que nous cherchons les formes de la hiérarchie. Saint Pierre n'est pas devenu le chef de l'Église parce qu'il a transporté son siège dans la capitale de l'empire romain : sa primauté est indépendante de ce fait et dérive de la volonté positive du Sauveur qui l'établit le fondement de l'Église en lui confiant la charge de paître les agneaux et les brebis. S'il était mort évêque de Jérusalem ou d'Antioche, la primauté eût été pour toujours attachée à l'un ou à l'autre de ces deux siéges. Loin d'emprunter son pouvoir suprême à la prééminence politique de la ville de Rome, il l'y a porté et il l'y a laissé. Voilà pourquoi l'évêque de Rome restera jusqu'à la fin des siècles le chef de l'Église, et aucune puissance humaine ne pourra changer ce droit de succession. De même, ce n'est pas de l'importance des cités où ils résident que les évêques tireront leur supériorité sur les simples prêtres : l'épiscopat est par lui-même un ordre plus éminent que la prêtrise. Timothée et Tite reçoivent de saint Paul, avec le caractère épiscopal, le pouvoir d'ordonner des prêtres et d'exercer leur juridiction sur les villes avoisinantes ; mais l'influence politique ou la prospérité commerciale d'Éphèse et de l'île de Crète n'est pas la source de leur prérogative. Seulement, ce que nous reconnaissons sans la moindre peine, c'est que les apôtres et leurs successeurs établissaient de préférence les évêques dans les grands centres de population, et proportionnaient en général la juridiction à l'importance de ces villes. Par suite de cet arrangement, l'organisation politique ou civile de l'empire romain devenait une norme pour la circonscription territoriale de l'Église.

Ainsi Rome, capitale de l'empire, était le centre du monde païen. Pierre y pose hardiment sa chaire à côté du trône des Césars ; et depuis ce moment-là, toute la chrétienté convergera vers cette Église, « qui préside à toute l'assemblée de la charité » dit saint Ignace d'Antioche ; avec laquelle toutes les autres Églises, ajoute saint Irénée, doivent s'accorder dans la foi à cause de sa puissante principauté ; dans laquelle, continue Tertullien, Pierre et Paul ont laissé toute la doctrine avec leur sang, et dont saint Cyprien dira que l'unité sacerdotale est sortie de son sein. Mais, avant de déposer à Rome la primauté qu'il tient du Christ, Pierre avait fondé l'Église d'Antioche et confié à Marc son disciple celle d'Alexandrie : ces deux siéges deviendront les premiers après celui de Rome, comme d'ailleurs, dans l'ordre politique, les deux villes que je viens de nommer pouvaient être appelées les reines de l'Orient. Les patriarcats d'Antioche et d'Alexandrie, auxquels viendront s'ajouter plus tard ceux de Jérusalem et de Constantinople, seront ainsi comme autant de rayons émanés de la primauté pontificale. Si nous descendons maintenant d'un degré dans l'organisation hiérarchique de l'Église primitive, nous continuerons à y trouver cette correspondance entre l'ordre temporel et l'ordre spirituel. De même que Pierre avait érigé le siége suprême au centre de l'empire, ainsi les apôtres et leurs successeurs s'étaient-ils établis de préférence dans les capitales des provinces ; car c'est par les grandes villes que le christianisme a commencé ses conquêtes. Là, dans ces métropoles de l'Asie-Mineure, du Pont, de la Thrace, de l'Achaïe, etc., se constituaient autant d'Églises mères, d'où l'Évangile rayonnait sur les villes environnantes, qui, devenues à leur tour des siéges épiscopaux, se rattachaient à l'Église principale par un lien de subordination. Une province civile formait de la sorte une province ecclésiastique, à la tête de laquelle se trouvait l'évêque de la métropole ou le métropolitain. Si, en place d'une seule province, deux ou trois relevaient à la fois par leur filiation d'une seule Église mère, l'évêque de cette métropole prenait le titre d'exarque en Orient, de primat en Occident. Voilà, Messieurs, le travail d'organisation hiérarchique et territoriale qui s'accomplit pendant les trois premiers siècles, de telle manière qu'à la fin du IVe, l'Église, sortie des persécutions, avait enveloppé le monde romain, comme par enchantement, dans sa vaste et forte expansion. Au sommet de la hiérarchie, l'évêque de Rome, patriarche de l'Occident et chef de l'Église universelle ; autour de lui les patriarches d'Antioche, d'Alexandrie, de Constantinople et de Jérusalem ; au dessous d'eux, les primats de l'Occident, et les exarques d'Éphèse, de Césarée, d'Héraclée, de Thessalonique, etc., en Orient ; puis les métropolitains à la tête des évêques de chaque province, telle est l'image qu'offrait la société religieuse. A la place de l'unité romaine, était venue s'établir l'unité chrétienne. L'empire disparaîtra ; le moule matériel dans lequel s'étaient formées ces grandes choses va se briser à jamais ; mais l'œuvre divine subsistera tout entière.

Avant de marquer le rang de l'Église de Carthage dans cette organisation hiérarchique des trois premiers siècles, je vous dois, Messieurs, une explication. Ce qui a trompé quelques écrivains, c'est qu'ils n'ont pas su distinguer ce qui est d'institution divine et ce qui est d'origine ecclésiastique. Ne trouvant pas dans le Nouveau Testament ces titres de patriarche, de primat, de métropolitain, ils se sont imaginé que la constitution de l'Église n'a rien de fixe ni de bien déterminé. Un peu de réflexion aurait suffi pour les préserver de cette erreur. La divine constitution de l'Église est indépendante de ces formes accidentelles qui doivent leur origine à des circonstances particulières, et peuvent par conséquent disparaître avec elles. La papauté et l'épiscopat, voilà les bases fondamentales de la hiérarchie, établies par le Sauveur lui-même. Quant à la délimitation des territoires assignés à chaque évêque, et à la répartition plus ou moins grande de la puissance juridictionnelle, c'est le fait de l'Église qui a reçu plein pouvoir d'agir en toute liberté dans le cercle de ses attributions. Aucun évêque, excepté Pierre et ses successeurs, ne possède, en vertu de son caractère épiscopal, une autorité quelconque sur un autre évêque ; cette autorité, il ne peut la recevoir que de celui qui est le chef suprême de tout l'épiscopat. C'est vous dire assez que la circonscription territoriale, dont je vous présentais le tableau tout à l'heure, n'était pas essentielle à la constitution de l'Église, qui restait toujours libre de la modifier selon le besoin des temps et qui, en effet, l'a modifiée sur plus d'un point dans la suite des âges. Cela posé, nous devons ajouter que cette gradation de pouvoirs, depuis le patriarche suffragant, jusqu'à l'évêque suffragant, facilitait beaucoup le gouvernement de l'Église dans les premiers siècles. Entre autres causes, la persécution ne permettait pas aux Papes réfugiés dans les catacombes de communiquer sans gêne ni entrave avec le monde entier. Il fallait nécessairement que les rayons de la primauté pontificale, partis du centre de l'unité, fussent plus ou moins disséminés sur la circonférence. De là, Messieurs, la haute utilité de ces grands cercles juridictionnels, qui sous le nom de patriarcats, de primaties et de métropoles, fortifiaient l'unité hiérarchique, en même temps qu'ils rendaient l'action de l'autorité plus prompte et plus facile. Il est clair que dès l'instant où la papauté sortirait triomphante des épreuves matérielles ou politiques qui entravaient l'exercice de son pouvoir, ces juridictions exceptionnelles allaient perdre de leur importance et de leur utilité ; mais ne nous occupons ici que des trois premiers siècles. Venons maintenant à l'Église de Carthage.

Si j'ai réussi à vous donner une idée exacte de cet épanouissement hiérarchique auquel l'Église était arrivé au IIIe siècle, il ne vous sera pas difficile de comprendre la situation particulière de l'évêque de Carthage. Son rang était, dans le sens véritable du mot, celui d'un primat dont la juridiction s'étendait sur toute l'Afrique, depuis la Cyrénaïque jusqu'au détroit de Gadès, et comprenait quatre provinces, l'Afrique proconsulaire, la Numidie, et les deux Mauritanies. Chacune de ces provinces comptait un certain nombre d'évêques, et à leur tête un métropolitain ; mais suivant une coutume propre à cette partie de l'Église, le titre de métropolitain n'était affecté à aucun siége, et revenait de droit au plus ancien évêque de la province [1]. Il n'y avait d'exception que pour celui de Carthage dont la suprématie s'étendait sur tous les autres. A lui de convoquer les conciles de l'Afrique, de les présider et de promulguer leurs décrets. Fille de l'Église romaine, comme nous l'avons démontré en étudiant les œuvres de Tertullien, l'Église de Carthage était la mère de toutes les communautés chrétiennes établies dans cette partie du littoral de la Méditerranée. Le droit primatial de son métropolitain se fondait ainsi, d'un côté, sur la mission du Saint-Siége, et de l'autre, sur la filiation des Églises de l'Afrique. Aussi ne voyons-nous pas qu'il ait jamais été contesté. Tel est, Messieurs, le siége sur lequel Cyprien allait monter : après celui de Rome, il n'y en avait pas de plus important, à cette époque-là, dans le patriarcat d'Occident.

Nous ne possédons plus la liste complète des évêques de Carthage qui avaient précédé Cyprien dans la direction de cette grande métropole. Agrippinus, Optat, Cyrus et Donat sont les seuls dont les noms soient arrivés jusqu'à nous. Donat était mort en 248, et il s'agissait de lui élire un successeur. Le pape saint Fabien occupait alors la chaire de saint Pierre, et Philippe l'Arabe, le trône impérial, d'où Décius

---

1. Schelstrate, *Ecclesia Africana sub primate Carthaginiensi*, Paris, 1679, diss. I, c. IV, p. 20. — Thomassin, *Vetus et nova Eccles. discip.* Ire part., l. I, c. xx, n° 5.

allait le renverser un an après. L'élection de Cyprien est un trait de mœurs trop curieux à étudier dans le tableau de l'époque, pour que je ne désire pas vous en lire le récit, tel que l'a fait le diacre Pontius :

« Pour prouver ses bonnes œuvres, il suffira de dire que tout néophite et homme nouveau qu'il était, selon le langage usité, le jugement de Dieu et les suffrages du peuple l'appelèrent à l'épiscopat. Dès les premiers jours de sa conversion, novice encore dans la vie spirituelle, il répandait déjà, par son noble caractère, un si vif éclat, qu'il brillait sinon des splendeurs de cette charge, du moins de tous les rayons de l'espérance, promettant ainsi de remplir dignement de si hautes fonctions. Je ne passerai pas sous silence un trait qui relève encore son mérite. Le peuple tout entier, conduit par l'inspiration divine, courait au devant de ce choix, pour témoigner à Cyprien son estime et son affection. Quant à lui il se tient humblement à l'écart, cédant le pas aux plus anciens, se jugeant indigne d'un si grand honneur, et par là ne le méritant que mieux ; car refuser une dignité que l'on mérite, c'est y acquérir de nouveaux droits. Le peuple, dans sa pieuse exaltation, ne convoitait pas seulement un évêque, comme l'événement l'a fait voir ; un secret pressentiment venu d'en haut lui montrait dans l'évêque un futur martyr. Les frères, en grand nombre, allèrent investir la maison où il se trouvait caché, et en assiégèrent toutes les issues. Il aurait peut-être pu, à l'exemple de l'apôtre, se faire descendre par la fenêtre ; il y songea un moment, mais son humilité redouta ce trait de ressemblance avec Paul. On voyait les uns flottant entre la crainte et l'espérance, attendre impatiemment son arrivée, les autres l'accueillir avec des transports de joie. Il faut que je l'avoue cependant, et à regret, quelques-uns se déclarèrent contre son élection ; c'était lui préparer un triomphe. Avec quelle douceur, quelle patience et quelle bonté, n'oublia-t-il pas cette opposition ! Comme il leur pardonna généreusement, les admettant par la suite au nombre de ses amis les plus chers, à la grande surprise de tout le monde ! On s'étonnait avec raison que l'offense laissât si peu de trace chez un homme doué d'une telle mémoire [1].

Cet empressement à choisir le plus digne fait honneur au peuple de Carthage, comme aussi nous voyons par cette scène populaire de quelle haute réputation jouissait Cyprien. L'homme auquel il fallait faire une telle violence pour l'élever à l'épiscopat méritait d'être élu par acclamation. N'allons pas croire cependant que toutes les élections aient eu ce caractère tumultueux dans les premiers siècles de l'Église. Ici, c'est l'explosion d'un sentiment général qui éclate spontanément en présence d'un grand talent et d'une vertu reconnue de tous. Mais les choses se passaient d'ordinaire avec plus de calme et de régularité. A cette époque primitive, trois éléments concouraient dans une certaine mesure à l'élection des évêques : le vœu ou le désir de la communauté, le suffrage du clergé, et la ratification ou la confirmation du choix par les évêques de la province. Cette marche est clairement indiquée dans une épître de saint Cyprien : « Conformément à une coutume qui a sa source dans l'institution divine, et qui, observée par les apôtres, est également suivie parmi nous et dans presque toutes les provinces, il faut, quand il s'agit d'ordonner un évêque, que les évêques de la même province, les plus voisins, se rassemblent, et qu'on procède à l'élection en présence du peuple, qui connaît parfaitement la vie de chacun par les actes dont il a été témoin [1]. » Ces

---

1. *Vita Cypriani*, a Pontio diacono, v.
2. Epist. LXVIII.

paroles de saint Cyprien expliquent très-bien les motifs de
l'intervention du peuple dans le choix des évêques : on pensait, et avec raison, que le témoignage de la communauté
sous les yeux de laquelle se passait la vie des clercs, était
l'une des meilleures garanties que l'on pût désirer. Du reste,
comme le rappelle l'évêque de Carthage, les apôtres avaient
procédé d'une façon analogue. Pour remplacer Judas, saint
Pierre propose à l'assemblée des fidèles de choisir le douzième apôtre parmi ceux qui avaient constamment suivi le
Sauveur; et les frères réunis présentent deux disciples, entre
lesquels, vu leur mérite égal, on décide par la voix du sort [1].
S'agit-il de l'élection des sept premiers diacres, c'est encore
l'assemblée des fidèles qui désigne les sujets, et les apôtres
ratifient les choix de la communauté en imposant les mains
à ses élus [2]. Saint Paul ordonne Timothée de sa pleine
autorité et l'établit évêque d'Éphèse, mais non sans la participation du collége des prêtres de cette ville [3]; il exige
comme l'une des conditions du choix des évêques « un bon
témoignage de ceux que sont dehors », ou des païens, à plus
forte raison de « ceux qui sont dedans », ou des chrétiens [4].
Bref, s'il y a un fait avéré pour les premiers siècles de
l'Église, c'est l'intervention de la communauté chrétienne
dans l'élection de ses chefs spirituels, soit pour les désigner, soit
au moins pour rendre témoignage de leur conduite antérieure.
En règle générale, les suffrages des fidèles et du clergé
étaient regardés comme nécessaires pour l'élection d'un

---

1. Actes des apôtres, I, 15-26.
2. Ibid., VI. 1-6. Voyez de même le chapitre XV, v. 22, où les apôtres
agissent de concert avec la communauté entière des fidèles, dans le choix
de Jude et de Silas pour la mission d'Antioche.
3. Ire à Thimothée, IV, 14.
4. Ibid., III, 7.

évêque, bien que subordonnés à la décision du métropolitain et des évêques, de la province, à qui seuls il appartenait de conférer au nouvel élu l'institution canonique [1]. Telle est la discipline restée en vigueur jusqu'au xie siècle, du moins dans ses prescriptions essentielles.

Assurément, Messieurs, cette antique discipline offrait de grands avantages. Le triple concours des fidèles, du clergé et des évêques de la province empêchait que la charge épiscopale ne tombât dans des mains indignes. Eu égard aux conditions où se trouvait l'Église primitive, il serait difficile d'imaginer un ensemble de garanties plus sérieuses. Toutefois, hâtons-nous de le dire, ce système avait aussi ses inconvénients qui ne tardèrent pas à se produire avec le temps, et que la foi fervente des premières communautés chrétiennes avait seule pu écarter jusqu'alors. Quand les diocèses, au lieu de se borner à une ville, eurent gagné en étendue de manière à embrasser toute une contrée, le suffrage populaire ne pouvait plus se prononcer avec la même connaissance de cause : pour apprécier le mérite d'un homme, il faut être à portée de le voir et de le juger. Enfin, l'expérience constate que le meilleur moyen de calmer les esprits n'est pas précisément de réunir les multitudes pour une élection. Je crois que l'évidence de cette thèse rend toute preuve superflue. Le mot du cardinal de Retz, qui s'y connaissait, restera toujours vrai : Qui rassemble la multitude, l'agite. Dans l'ordre civil, cette effervescence momentanée peut avoir d'excellents résultats ; mais dans l'ordre religieux, où l'élu doit devenir le pasteur de tous, sans acception de personnes, l'agitation des

---

1. Sacros Ecclesiæ canones præscribere ut episcopatus detur, *consensu* episcoporum, *suffragiis* cleri, et populi *postulatione*. (Théodoret, l. IV, ch. 20.)

partis, presque inséparable d'une élection populaire, est de nature à faire naître de grandes difficultés. Déjà saint Grégoire de Nazianze, dans l'éloge funèbre de son père, déplorait les troubles auxquels donnaient lieu quelquefois ces assemblées tumultueuses [1]. Ce fut bien pis encore quand les princes temporels, une fois convertis au christianisme, absorbèrent à leur profit les droits du peuple. Pour reconquérir la liberté des élections, condition nécessaire de son indépendance, l'Église se vit obligée d'entamer avec les empereurs d'Allemagne cette longue querelle des investitures, à la suite de laquelle le droit d'élire les évêques passa exclusivement aux chapitres. Du XIIe au XVIe siècle, c'est le clergé qui régulièrement nommait ses chefs ; la confirmation des évêques ainsi élus se faisait par le métropolitain, qui recevait la sienne du souverain Pontife. Les divisions intestines que causait dans le clergé l'exercice de ce droit, de fréquentes collisions avec les princes régnants, et l'extension du pouvoir monarchique en Europe au XVe siècle, modifièrent une troisième fois cet état de choses. Alors des concordats conclus entre le chef de l'Église et les divers États amenèrent la discipline moderne, d'après laquelle le souverain temporel nomme, c'est-à-dire présente et désigne ceux que le Pape a seul le droit d'élire et d'instituer évêques. Vous voyez d'après cela que le souverain remplit la fonction qui revenait autrefois à la communauté entière, tandis que les attributions primitives du clergé et des évêques de la province sont réservées au Pape. A l'exception de quelques États, où les chapitres ont conservé leurs priviléges, cette discipline, qui date du XVe siècle, régit aujourd'hui tout l'Occident catholique.

Je tenais, Messieurs, au sujet de l'élection de saint Cyprien,

---

1. *Oratio* XVIII, § 33.

à vous présenter cet aperçu rapide sur l'histoire de ce qu'on appelle, en termes de droit canonique, la provision des offices. Immuable dans son enseignement dogmatique et moral, l'Église n'hésite pas à varier sa discipline suivant les besoins et les nécessités des âges qu'elle traverse. Chargé de pourvoir aux intérêts spirituels de l'humanité, elle doit tenir compte des changements qui s'opèrent dans les sociétés civiles, et faciliter leur tâche en remplissant la sienne, sans sacrifier aucun principe ni aucun droit. Certes, si les suffrages du peuple s'étaient toujours portés sur des hommes tels que Cyprien, on n'aurait eu qu'à s'applaudir de cette intervention des fidèles dans les élections épiscopales. Nommé par acclamation, l'évêque de Carthage allait puiser dans ce mouvement spontané de tout un peuple une grande force pour l'exercice d'une charge à laquelle il avait voulu se soustraire par la fuite. Aussi ne cessera-t-il de s'appuyer, en face de ses adversaires, sur ce suffrage éclatant des fidèles et du clergé, auquel était venu se joindre le consentement des évêques de la province. J'ai prononcé le mot adversaires. En effet, vous avez dû remarquer, dans le récit du diacre Pontius, qu'une poignée de mécontents faisaient contraste par leurs murmures avec l'enthousiasme de la multitude. Ce groupe d'opposants, dont Cyprien ne parviendra jamais à désarmer la haine à force de bonté, ne devait pas lui pardonner son élévation à l'épiscopat. Au lieu de rendre justice au mérite de l'homme qu'on avait eu besoin d'arracher à sa retraite pour faire violence à son humilité, cette faction le traversera dans tous ses desseins, lui suscitant des difficultés à chaque pas, interprétant mal ses actes et poussant l'opposition jusqu'au schisme. Ce qui achevait de donner à cette ligue un caractère odieux, c'est qu'elle comptait à sa tête cinq prêtres, Noval, Fortunat, Donat, Gordius et

Pupien auxquels se joignit plus tard le diacre Félicissime, qui devint l'âme du parti.

A quelles causes faut-il attribuer cette hostilité ? Était-ce l'effet d'une ambition déçue, et la jalousie de voir un néophyte préféré à de plus anciens que lui? Ce zèle apparent pour la discipline servait-il à masquer une conduite peu régulière ? Il est certain que la vie de Novat n'était rien moins qu'irréprochable : des faits scandaleux avaient appelé sur lui les sévérités du pouvoir ecclésiastique. Or, quand le désordre des mœurs vient s'ajouter à l'envie et à l'esprit d'intrigue, il n'y a pas d'excès auxquels ne puissent conduire ces passions fortifiées l'une par l'autre. De pareils hommes sont le fléau de l'Église, sur laquelle ils se vengent d'une ambition non satisfaite, et d'un honneur qu'ils n'ont pas su conserver. Se retourner avec fureur contre la religion qu'ils ont trahie, appeler tyrannie l'autorité qui s'est vue obligée de flétrir leur conduite, calomnier le corps dont ils n'ont su être que des membres indignes, voilà leurs procédés habituels. Cela n'a rien d'étonnant. Judas est leur modèle, et quoi qu'ils fassent pour l'imiter, ils ne le dépasseront point. Mais ce qui est de nature à causer quelque surprise, permettez-moi de vous le dire, c'est que de pareilles voix puissent trouver de l'écho parmi les laïques. L'on comprend qu'il vienne à l'esprit de quelque révolté du sacerdoce de composer contre l'Église un misérable pamphlet, d'insulter un drapeau qu'il a eu la lâcheté de déserter, et de vouloir poser en proscrit ou en *maudit* devant la société, tandis qu'il n'a fait que se maudire lui-même : toute vile qu'elle est, cette vengeance-là se conçoit. Mais ce que je ne comprends pas, c'est que des écrivains laïques soient assez peu jaloux de leur dignité pour donner la main à de pareils auxiliaires; c'est qu'ils puissent avoir la pensée d'allécher leurs lecteurs en offrant, comme prime d'encouragement, un factum émané d'une telle source ; et qu'ils ne sentent pas que chercher un appui dans ce qu'on méprise au fond du cœur, c'est se déshonorer soi-même. Voilà qui ne se comprend pas dans un pays où l'on savait jusqu'ici réserver le respect pour ceux qui gardent leurs serments, et refuser l'estime à ceux qui les trahissent.

Malheureusement, il faut bien le dire, l'opposition, quelque basse qu'en soit l'origine, trouve toujours un point d'appui dans les passions humaines et dans un désir effréné d'indépendance. La faction des cinq prêtres ligués contre Cyprien ne manqua pas d'attirer à elle quantité d'esprits inquiets et remuants. Les manœuvres de cette cabale avaient d'autant moins d'excuse qu'elles étaient dirigées contre un évêque dont le diacre Pontius pouvait tracer le portrait suivant, sans crainte de recevoir un démenti :

« Qui réussirait à le peindre dans l'exercice de ses fonctions ? Quelle piété ! Quelle vigueur ! Que de miséricorde ! Que de vigilance ! Il s'échappait de son front des rayons de majesté et de grâce qui commandaient la vénération à tous les cœurs. Son visage était gai et grave à la fois : sa sévérité n'avait rien de triste, son amabilité rien de léger ; l'une était tempérée par l'autre. Fallait-il le respecter ou le chérir davantage ? On aurait pu balancer, s'il n'avait également mérité le respect et l'amour. Ses vêtements étaient en harmonie avec l'expression de son visage ; ils tenaient le milieu entre la recherche et la négligence. L'orgueil mondain ne l'avait pas enflé ; un dénûment affecté ne le dégrada point. Car une pauvreté ambitieuse, qui se fait gloire de ses haillons, cache autant de vanité que de luxe. Quelle ne fut pas sa tendresse pour les pauvres ? Catéchumène, il les aimait tendrement ; que devait-il faire évêque ? On conçoit que les obligations de leur rang ou les liens d'une religion commune attachent les pontifes au devoir de la miséricorde ; pour Cyprien, la chaire épiscopale le trouva dans ces pieux sentiments, elle n'eut pas besoin de les lui donner [1]. »

S'il faut juger du caractère de Cyprien par ses écrits, ce portrait est d'une exactitude parfaite. L'évêque de Carthage réunissait dans un heureux mélange les trois qualités nécessaires pour le gouvernement des âmes : la douceur, la prudence et la fermeté. On s'imagine trop souvent que l'énergie du caractère entraîne avec elle la dureté et la roideur. L'histoire ne confirme pas un jugement si exclusif ; il n'est pas rare de rencontrer dans les positions élevées que la Providence ménage à certains hommes, l'alliance de la bonté avec la force. Quoi de plus intrépide que Grégoire VII, cet homme qui, pour le génie du gouvernement, ne marche de pair qu'avec César et Charlemagne ? C'était le plus doux des mortels, quand les droits de la vérité et les intérêts de la morale ne se trouvaient pas en question. Et saint Paul ! Quelle effusion de tendresse dans cette âme si haute et si énergique ! Cyprien était de cette trempe-là. Le diacre Pontius nous disait tout à l'heure qu'il avait admis au nombre de ses amis ceux qui s'étaient opposés à son élection avec le plus de violence. Tel il se montrera toute sa vie, le pardon sur les lèvres et la charité dans le cœur. Mais lorsqu'on méconnaîtra son autorité, et qu'on attaquera l'évêque dans l'homme, alors cette nature si douce et si aimante se roidira contre la calomnie comme une barre de fer. Laissez-moi anticiper un instant sur l'avenir, puisque j'ai parlé de la faction de Novat, ne serait-ce que pour vous donner un avant-goût de cette éloquence dont la vigueur n'a d'égale que la bonté

---

1. *Vita Cypriani*, a Pontio diacono, VI.

d'âme qui s'y révèle. Un jour, cette poignée de misérables ira porter ses rancunes jusqu'auprès du souverain Pontife. Voici comment Cyprien leur répondra dans sa lettre au Pape :

« S'ils veulent essayer de notre jugement, qu'ils viennent ; s'ils ont quelque excuse, quelque justification à alléguer, qu'ils nous montrent leurs sentiments de componction et les fruits de leur pénitence. Ici, ni l'Église n'est fermée, ni l'évêque ne se refuse à personne. Notre patience, notre douceur, notre bonté, appartiennent à qui se présente. Que tous rentrent dans l'Église, que tous nos compagnons d'armes se rallient sous les drapeaux du Christ et se pressent dans la maison du Père, c'est mon vœu le plus ardent. Je pardonne tout, je dissimule beaucoup d'offenses personnelles, dans le désir que j'ai de réunir comme en faisceau toute l'assemblée des frères. Les outrages mêmes qui attaquent Dieu, je ne les examine pas avec toute la sévérité que demande la religion. Je vais presque jusqu'à pécher moi-même en étendant le pardon au delà de ses limites. J'embrasse avec tout l'élan, toute la tendresse de la charité ceux qui reviennent contrits et pénitents, ceux qui confessent leur faute avec l'humilité de la satisfaction et dans la simplicité du cœur. Mais s'il en est qui s'imaginent pouvoir retourner à l'Église par la menace et non par la prière; s'il s'en trouve qui espèrent forcer l'entrée par la terreur, au lieu d'avoir recours aux gémissements et aux expiations, qu'ils se tiennent pour certains! l'Église du Seigneur est fermée à de tels hommes ; le camp du Christ, fortifié par la protection divine comme par un rempart inexpugnable, ne cède pas aux menaces. Le prêtre de Dieu, attaché à l'Évangile et fidèle aux préceptes du Christ, peut être mis à mort ; mais vaincu, jamais[1]. »

---

1. Ép. LV, *au pape Corneille*, § 16-17. Sacerdos Dei, Evangelium tenens, et Christi præcepta custodiens, occidi potest, non potest vinci.

Voilà l'homme que la faction de Novat trouvera devant elle : Cyprien est tout entier dans ces magnifiques paroles ; et j'ose dire que jamais évêque n'a tenu dans le monde un plus beau langage. Je voulais, en citant ce passage d'une de ses épîtres, vous donner la devise de toute sa vie, en même temps que vous faire pressentir le càractère de son éloquence.

SEPTIÈME LEÇON

Première période de l'épiscopat de Cyprien, depuis son élection jusqu'à la persécution de Décius. — L'évêque de Carthage profite de la paix dont jouissait l'Église pour veiller au maintien de la discipline. — Sa *Lettre au clergé de Furnes.* — Il ne veut pas que les clercs soient distraits de leur ministère par les embarras et les affaires du siècle. — Ses soins pour maintenir dans le clergé le respect de la hiérarchie. — *Lettre à l'évêque Royatien.* — Du clergé, Cyprien se tourne vers les vierges consacrées à Dieu — Son traité des *Règles de conduite pour les vierges.* — Origine de la discipline monastique dans ces prescriptions de l'Église primitive. — Le vœu de virginité dans les trois premiers siècles. — Le ministère de la charité et de la piété au sein des communautés religieuses.

Messieurs,

Pour faciliter l'intelligence des œuvres de saint Cyprien, nous avons dû rappeler les circonstances qui accompagnèrent son élévation à l'épiscopat, et marquer le rang que tenait, dans l'organisation hiérarchique de l'Église au IIIe siècle, la métropole de l'Afrique chrétienne. Outre les droits attachés à son siège, l'évêque de Carthage exerçait une juridiction primatiale sur les quatre provinces situées entre la Cyrénaïque et le détroit de Gadès, sur l'Afrique proconsulaire, la Numidie et les deux Mauritanies. Telle est, en effet, la sphère d'activité qu'embrassent les lettres pastorales de saint Cyprien. Nous le verrons correspondre avec les évêques et les fidèles de ces différentes provinces, soit pour résoudre les difficultés qu'on lui propose, soit pour promulguer les décisions des conciles particuliers auxquels il préside. C'est là qu'il faut chercher l'originalité de ce grand homme, dans cette éloquence active, militante, qui ne demeure étrangère à aucune des questions agitées de son temps, et dont l'écho arrive jusqu'à Rome, en Espagne, dans la Gaule et dans l'Asie Mineure. Nous allons nous occuper d'abord de la première période de son épiscopat : elle comprend dix-huit mois et s'arrête à la persécution de Décius : il nous reste de cette époque quatre lettres et un traité.

Nous avons dit la dernière fois que Cyprien possédait à un haut degré l'une des qualités les plus nécessaires pour le gouvernement des âmes, la prudence. Il en donna une preuve dès le lendemain de son élection. Sachant que ses adversaires étaient tout disposés à critiquer ses mesures, il prévint leurs menées en prenant la résolution de ne rien faire sans le conseil du clergé et la participation du peuple. De cette manière, il mettait la faction hostile en opposition avec le sentiment général. Non pas qu'il regardât cette condescendance comme obligatoire : nul ne plaçait plus haut le pouvoir législatif et judiciaire de l'évêque. Les décisions du souverain légitime ne tirent pas leur force du consentement des sujets ; et ce n'est pas à ceux qui doivent obéir qu'il appartient de déterminer les limites de la soumission. Telle était aussi la pensée de Cyprien, lors même qu'il appelait le clergé à l'aider de ses lumières et le peuple à lui donner son suffrage. Il voyait dans ce double concours un excellent moyen d'éviter les contestations, et de maintenir le bon accord parmi son troupeau, aimant mieux se relâcher de son droit que d'en faire un usage trop rigoureux. Cette réserve, aussi modeste qu'habile, Cyprien l'étendait à tous les devoirs de sa charge. Ne voulant rien décider de sa seule autorité, il réunissait fréquemment en concile les évêques de la province : là, il mettait en délibération les cas difficiles qui lui étaient soumis, proposait les mesures à prendre, et, fort de l'adhésion de ses collègues, il ajoutait par leur parole un nouveau poids à la sienne. La plupart de ses lettres pastorales sont conçues dans cette forme : collectives quant à l'autorité dont elles émanent, elles portent ce cachet d'unité qu'un esprit vigoureux sait imprimer à ses œuvres. Ce genre de littérature est fort intéressant pour nous, parce qu'il nous fait assister au mouvement religieux de l'époque, en même temps que la physionomie de l'auteur s'y dessine dans son véritable jour.

La paix dont jouissait l'Église depuis trente ans permettait à l'évêque de Carthage d'employer tous ses efforts au maintien de la discipline. C'est de ce côté-là qu'il dirigea tout d'abord son attention. L'Église tient de Dieu la doctrine qu'elle enseigne au monde, et les moyens de salut dont elle dispose pour la sanctification des âmes ; il n'est pas dans son pouvoir de rien ajouter à la révélation divine, ni d'ouvrir au milieu des hommes de nouvelles sources de grâces : dogmes et sacrements, elle a tout reçu de son divin fondateur par le canal des apôtres, chargés de lui transmettre le dépôt de la foi. Quand elle définit un point de doctrine, elle ne le crée pas, elle ne fait que reconnaître par une déclaration authentique et solennelle, formuler d'une manière explicite et positive, une vérité contenue dès l'origine dans la révélation évangélique. Mais, comme toute société parfaite, elle a le droit de prendre des mesures, de statuer des règles, pour assurer l'observation de la loi divine, et rendre plus facile la participation aux dons célestes. C'est ce qu'on appelle le pouvoir disciplinaire, sans lequel toute notion d'Église serait chimérique. Par ce côté mobile, accessible au changement, l'Église, immuable quant au dogme et à la morale, entre dans le mouvement des sociétés humaines, et s'accommode à leurs conditions, tout en conservant jusqu'à la fin des siècles la forme essentielle que Dieu lui a donnée. Il en résulte que sa situation particulière au milieu du monde païen avait dû nécessiter un ensemble de lois à l'observation desquelles étaient attachés les progrès de la religion chrétienne. Le sens pratique de Cyprien lui faisait comprendre à merveille que le mépris de ces règles salutaires entraîne le relâchement des mœurs, et met en péril la foi elle-même. C'est l'idée qu'il va exprimer dans cet éloge de la discipline par lequel s'ouvre son exhortation aux vierges :

« La discipline est la gardienne de l'espérance, l'ancre de la foi, le guide qui nous conduit dans le chemin du salut, le foyer et l'aliment d'un heureux naturel, la maîtresse de la vertu. Par elle nous demeurons toujours dans le Christ, nous vivons constamment pour Dieu, nous parvenons aux promesses célestes ainsi qu'aux divines récompenses. Il est aussi salutaire de s'attacher à elle qu'il est mortel de la négliger et de la haïr. L'Esprit-Saint nous dit dans les Psaumes : Gardez la discipline, de peur que le Seigneur ne s'irrite et que vous ne périssiez en vous écartant de la voie droite, quand sa colère s'allumera sur vous..... S'il est vrai que Dieu châtie ceux qu'il aime, s'il ne les châtie que pour les corriger, nous devons en conclure que nos frères, et surtout les prêtres, bien loin de haïr ceux qu'ils reprennent, les chérissent, et ne les reprennent que pour les rendre meilleurs, puisque le Seigneur a dit par la bouche de Jérémie, en désignant d'avance notre époque : Je vous donnerai des pasteurs selon mon cœur, et ils gouverneront leur troupeau avec l'esprit de discipline [1]. »

Au premier rang des devoirs de l'évêque vient se placer le maintien de la discipline relative au clergé. Dans ses épîtres

---

[1]. *De habitu virginum*, I.

à Timothée et à Tite, saint Paul avait montré par son propre exemple que, parmi les obligations du ministère épiscopal, il ne s'en trouve pas de plus grave ni de plus rigoureuse. Car c'est de la régularité des mœurs du clergé que dépend en grande partie le développement de la vie chrétienne dans le peuple. Nul autre point de la discipline ecclésiastique n'attira davantage l'attention de Cyprien. Nous pouvons en juger dès maintenant par une lettre qu'il écrivit, en 249, aux prêtres, aux diacres et au peuple de Furnes [1]. Pour empêcher que le clergé ne fût impliqué dans les choses temporelles, un concile d'évêques réuni à Carthage avait interdit à tout clerc, à tout ministre de Dieu, d'accepter aucune tutelle ou curatelle. A Furnes, dans l'Afrique proconsulaire, un laïque, Géminius Victor, avait enfreint la loi, en instituant curateur de ses biens un prêtre nommé Géminius Faustinus. Afin de prévenir des transgressions de cette nature en statuant un exemple, l'évêque de Carthage défend, aux termes de l'ordonnance du concile, d'offrir le sacrifice pour l'âme du défunt et de prononcer son nom dans les prières de l'Église. Cette discipline peut nous paraître sévère ; mais elle montre quel soin mettait l'Église primitive à éloigner le prêtre des affaires et des embarras du siècle. J'aime à vous citer les considérants sur lesquels s'appuie Cyprien pour motiver son arrêt :

« Un homme honoré du sacerdoce divin et constitué dans le ministère clérical doit appartenir exclusivement à l'autel, au sacrifice et à la prière. Car il est écrit : Quiconque est au service de Dieu évite les embarras du siècle, pour plaire à celui auquel il s'est donné. Cette règle, qui s'applique à tous,

---

1. *Epist.* LXVI (édit. Migne). Que cette lettre ait été écrite avant la persécution de Décius, c'est-à-dire en 249, cela résulte du sujet même en question.

concerne bien plus rigoureusement encore ceux qui, occupés des choses divines et spirituelles, ne doivent pas s'éloigner de l'église pour vaquer aux affaires ou se mêler des intérêts du monde. La loi ancienne nous montre les lévites assujettis à des prescriptions semblables. Quand la terre promise fut divisée entre les onze tribus, la tribu de Lévi resta seule exclue du partage, afin qu'elle pût se vouer uniquement au service du temple et de l'autel, tandis que les autres devaient cultiver la terre et lui donner pour sa subsistance la dîme des fruits qu'elles recueilleraient. Admirable économie des dispositions divines ! Dieu ne voulait pas que des lévites consacrés à son culte fussent distraits de leur ministère et ramenés vers les pensées ou les affaires du siècle. La même législation est encore en vigueur aujourd'hui à l'égard du clergé. Afin que les hommes admis dans les rangs de la cléricature ne soient jamais détournés de l'administration divine, ni arrachés au ministère de l'autel ou du sacrifice, mais qu'ils s'occupent jour et nuit des choses célestes et spirituelles, l'Église les décharge des soucis et des embarras du monde, en leur donnant une espèce de dîme dans les honorables distributions que nous devons à la charité de nos frères [1]. »

Voilà, Messieurs, l'idée que l'Église primitive se faisait du prêtre. Dans la pensée de saint Cyprien, le ministre de la religion doit vaquer exclusivement au service de l'autel, et s'occuper nuit et jour des devoirs de son état, sans se laisser distraire par les embarras et les affaires du siècle. Sa vie est consacrée tout entière aux intérêts spirituels de ses frères ; et c'est à eux qu'il appartient de pourvoir à ses besoins matériels. Devant ce tableau de la vie sacerdotale au IIIe siècle, je me demande comment il a pu venir en idée aux protes-

---

1. *Epist*. LXVI.

tants de prétendre qu'ils ont fait revivre l'Église primitive, eux qui réduisent le ministre de l'Évangile à un honnête père de famille, impliqué par ses alliances dans toutes les affaires du siècle, s'occupant de l'éducation de ses enfants, cherchant comme de juste à leur créer une position dans le monde, et n'ayant plus ni sacrifice à offrir ni ministère de l'autel à exercer. Il ne faut rien moins qu'un étrange aveuglement pour ne pas voir qu'il existe un abîme entre de pareilles idées et le sentiment d'une époque où les conciles allaient jusqu'à interdire au clergé l'exercice d'une simple tutelle, en disant : *Non nisi altari et sacrificiis deservire et precibus atque orationibus vacare debent.* Les paroles de saint Cyprien n'atteignent pas moins des réformateurs plus récents qui croient dire une merveille en répétant que le prêtre devrait être un homme comme tout le monde. S'il était un homme comme tout le monde, il cesserait d'être prêtre : c'est précisément son caractère sacerdotal qui fait de lui un homme à part, en le plaçant dans une situation exceptionnelle. Il n'y a pas de religion sans sacrifice ; et c'est le sacrifice qui fait le prêtre. Otez cette fonction sans pareille, il vous reste un avocat, un philosophe, mais l'idée du sacerdoce s'évanouit. Voilà pourquoi la notion du prêtre n'est pas comprise par ceux qui, dépouillant la religion de son caractère surnaturel, y voient un produit de l'esprit humain. Ils ne veulent pas que le prêtre sorte des conditions ordinaires de la vie, parce qu'ils assimilent la religion elle-même aux sciences profanes. C'est ainsi qu'en remontant à la source des erreurs contemporaines, on y retrouve toujours soit l'athéisme qui nie l'idée religieuse, soit le panthéisme qui la corrompt. De même que le sacrifice est l'acte capital de la religion, la fonction de sacrificateur est essentielle au prêtre, et lui impose un genre de vie qui n'est pas celui de tous. En détruisant le sacrifice, le protestantisme s'est condamné au rôle d'une école de philosophie religieuse, au sein de laquelle toute tentative de constituer un sacerdoce serait un non-sens. Le ministre protestant tire toute son autorité de ceux-là mêmes qu'il enseigne : du moment qu'il leur prêche autre chose que ce qu'ils veulent entendre, on lui retire son mandat, et il redevient disciple de maître qu'il était. Cela est tout simple, parce qu'il n'y a là ni caractère surnaturel ni ombre de sacerdoce. Dès lors, il serait absurde d'exiger d'un tel homme, révocable à volonté, ce qu'on ne demanderait pas à tout autre professeur de morale ou d'histoire. Mais il n'en est pas ainsi du prêtre, tel que le christianisme l'a compris depuis son origine : serviteur de l'autel, ministre du sacrifice de la nouvelle alliance, comme dit saint Cyprien, il doit différer du reste des fidèles par son genre de vie, de même qu'il se distingue d'eux par son caractère et par sa fonction. Son sacerdoce lui assigne un rang à part dans la société, et sa situation devient exceptionnelle comme le ministère qui la crée.

Mais, Messieurs, si l'évêque de Carthage n'oublie rien pour rappeler aux prêtres que leur vie ne doit appartenir qu'à Dieu et à leurs frères, il veut aussi que le respect des peuples s'attache au caractère sacerdotal. Or, ce respect n'est assuré qu'autant que les membres de la hiérarchie restent unis entre eux par les liens de la subordination. Ce qui fait la force de l'Église, c'est l'admirable gradation de pouvoirs qui lui permet d'envelopper l'humanité dans un vaste réseau de services et de fonctions. Comme les rayons de lumière qui vont en s'affaiblissant à mesure qu'ils s'éloignent de leur foyer, l'autorité spirituelle, émanant du centre où elle se trouve ramassée, se partage sans se diviser, et se multiplie sans rien perdre de son unité. Du souverain Pontife aux évêques, des évêques aux prêtres, des prêtres aux ministres inférieurs, les pouvoirs suivent une marche décroissante, comme aussi la vie religieuse reflue des extrémités au cœur et à la tête par l'appui mutuel que se prêtent tous les membres. C'est grâce à cette puissante organisation que l'Église a pu, dans le cours de sa longue histoire, assister trois ou quatre fois au renouvellement complet des sociétés humaines, en conservant intacts son dogme et sa hiérarchie au milieu d'un bouleversement général ; et tandis qu'on a osé dire récemment d'une communauté dissidente, sans crainte d'être démenti, qu'il serait difficile d'y trouver deux de ses chefs qui voulussent signer une confession de foi élaborée il y a trois siècles, il n'existe pas d'un hémisphère à l'autre la moindre divergence doctrinale entre les mille diocèses catholiques qui embrassent le monde. Si les préjugés de naissance et d'éducation laissaient à l'esprit toute la liberté du jugement, on ne concevrait pas qu'un accord si admirable, comparé à une anarchie sans pareille, pût laisser subsister dans une intelligence quelconque le moindre doute sur la valeur relative du catholicisme et des hérésies. L'unité hiérarchique est la condition nécessaire et la sauvegarde de l'unité doctrinale. Mais, pour que l'harmonie des pouvoirs ne soit pas troublée, il faut que l'humilité, cette vertu fondamentale du christianisme, rende aux uns le commandement facile, et aux autres l'obéissance honorable : ou, ce qui revient au même, aucun membre de la hiérarchie ne doit sortir de son ordre et usurper une fonction qui ne lui appartient pas. Nul plus que Cyprien n'était pénétré de la nécessité d'une subordination sans laquelle il n'y a ni respect du droit ni sentiment du devoir. Un diacre de l'Église de Nova, en Mauritanie, avait désobéi à Rogatien, évêque de cette ville. Au lieu de punir le coupable de sa propre autorité, comme son caractère épiscopal lui en donnait le droit, Rogatien en référa à l'évêque de Carthage. Après avoir pris l'avis de son concile, Cyprien répondit par une lettre où il blâme fortement cette tentative de rébellion. Il cite le châtiment exemplaire que le Seigneur infligea, sous l'ancienne loi, aux trois lévites Coré, Dathan et Abiron, coupables de révolte contre Aaron. Le respect dû au sacerdoce est tel, que le Sauveur lui-même honorait dans les prêtres assis sur la chaire de Moïse un caractère dont ceux-ci s'étaient montrés indignes :

« Notre-Seigneur Jésus-Christ, notre roi, notre juge et notre Dieu, ne cessa point, jusqu'au jour de sa passion, de rendre honneur aux pontifes et aux prêtres, quoique eux-mêmes n'eussent pas gardé la crainte de Dieu, et refusassent de reconnaître le Christ. En effet, au lépreux qu'il vient de guérir il adresse ces paroles : « Allez, montrez-vous au prêtre, et offrez votre don. » Avec cette humilité dont il nous recommande la pratique, il appelait encore du nom de prêtre celui qu'il savait bien n'être qu'un sacrilége. De même lorsque, sous le coup de sa passion, il reçoit un soufflet, et qu'on lui dit : Est-ce ainsi que tu réponds au grand-prêtre ? au lieu de faire une réponse blessante pour la personne du pontife, il se contente de défendre sa propre innocence : « Si j'ai mal parlé, montrez en quoi j'ai mal dit ; mais si j'ai bien parlé, pourquoi me frappez vous ? » Modèle d'humilité et de patience, il nous enseignait la patience et l'humilité en les pratiquant le premier. Par sa conduite à l'égard de faux prêtres, il nous apprenait combien grande est l'obligation d'honorer ceux qui sont revêtus d'un véritable sacerdoce. Or les diacres doivent se souvenir que le Seigneur lui-même a choisi les apôtres, c'est-à-dire les évêques et les prêtres. Puis, après l'ascension du Seigneur, les apôtres s'adjoignirent des diacres pour ministres de leur épiscopat et de l'Église. S'il nous est permis à nous de nous élever contre Dieu qui institue les évêques, dans ce cas, j'en conviens, les diacres peuvent aussi s'insurger contre nous de qui ils tiennent tout ce qu'ils sont. Le diacre au sujet duquel vous nous écrivez devra donc faire pénitence de son audace ; il rendra à son évêque l'honneur qui lui appartient et lui donnera satisfaction en toute humilité..... Si le coupable vous provoque par de nouveaux affronts, armez-vous de l'autorité de votre rang, pour le déposer ou pour l'excommunier [1]. »

C'est ainsi que Cyprien cherchait à maintenir la discipline dans les rangs du clergé. Il regardait cette vigilance comme le premier des devoirs qu'un évêque ait à remplir ! Cet homme, dans lequel nous pouvons voir le défenseur le plus zélé de la hiérarchie ecclésiastique au IIIe siècle, jugeait avec raison que les intérêts de la foi sont étroitement liés au respect de l'autorité, et que l'autorité elle-même se rend d'autant plus respectable que la vertu en relève davantage le caractère et la dignité. Mais là ne se bornait pas l'activité pastorale de l'évêque de Carthage. A côté du clergé s'élevait une autre phalange qui, elle aussi, a sa place marquée dans la grande armée du bien, je veux parler des vierges consacrées à Dieu. Après le ministère du prêtre, il n'en est pas de plus fécond ni de plus salutaire que cet apostolat de la prière et de la charité qui s'est prolongé jusqu'à nos jours au sein des communautés religieuses. Nous avons vu par les deux épîtres du pape saint Clément aux vierges, et par les beaux traités de Tertullien sur la virginité, de quelle sollicitude l'Église primitive entourait cette condition privilégiée où certaines âmes d'élite trouvent la récompense du sacrifice volontaire qu'elles s'imposent : un tel phénomène était une preuve vi-

---

[1]. *Epist.* LXV.

vante de sa divinité en face des désordres de la vie païenne.
Cette légion de vierges, surgissant au milieu des siècles les
plus dépravés de l'histoire, suffisait pour démontrer que des
forces surnaturelles avaient remué le monde. Une certaine
école fait grand bruit en ce moment de ses tentatives pour
expliquer les miracles de l'Évangile ; et vous savez si ces
tentatives ont été couronnées de succès. Elle s'imagine être
beaucoup plus avancée quand elle aura contesté l'une ou
l'autre guérison miraculeuse. Il faut avoir l'esprit bien étroit
pour rapetisser ainsi la question. Nul doute que les miracles
de l'Évangile ne soient des manifestations éclatantes de
l'ordre surnaturel ; mais, permettez-moi de vous le dire, il
en est une autre plus vaste et plus grandiose, c'est le christianisme lui-même, ce fait divin qui est venu s'implanter
dans l'humanité avec sa puissance et sa vitalité. Le grand
théâtre des opérations surnaturelles n'est pas le monde extérieur et physique ; ce sont les âmes. C'est là qu'il faut chercher le miracle permanent, là qu'on peut saisir l'empreinte
du doigt de Dieu, dans l'action souveraine que la grâce opère
sur le cœur et sur la volonté. Quand le Sauveur laisse éclater
dans l'Évangile son pouvoir divin sur les éléments de la nature, il agit le plus souvent par condescendance pour les
esprits grossiers qui l'entourent. « Cette génération perverse
et incrédule demande des signes », s'écrie-t-il avec un accent de compassion, comme pour leur dire : si vous vouliez
ouvrir les yeux, vous reconnaîtriez le royaume de Dieu aux
résultats qu'il produit dans les âmes. Le miracle, en effet,
dans son éclat le plus général, le plus saisissant, est ailleurs :
il est dans le monde converti à la parole des apôtres ; il est
dans l'Église transformant les âmes depuis dix-huit siècles
par la vertu de ses sacrements ; il est dans les merveilles de
dévouement et de sainteté qui à partir de ce moment-là

remplissent l'histoire du genre humain. Le miracle ! l'ordre surnaturel ! mais, Messieurs, il est sous vos yeux, vous le heurtez à chaque pas, il éclate d'un bout du monde à l'autre. Que le rationalisme, avec ses idylles et ses pastorales, fasse donc des sœurs de charité ; qu'il crée des missionnaires qui parcourent l'univers entier la croix à la main ; qu'il suscite des centaines de mille prêtres qui renoncent au monde pour prêcher l'Évangile ; qu'il essaie ses forces dans le but de voir si l'ordre naturel suffit à tout cela. Voilà ce qu'il faudrait tenter avant de bannir le miracle de l'histoire. Pour moi, quand je vois succéder à l'ère des Messaline et des Agrippine celle des Agnès, des Cécile, des Agathe, quand je vois ces types de pureté angélique surgir par milliers du sein de la corruption païenne, je me trouve en présence d'une manifestation de l'ordre surnaturel bien plus éclatante que la guérison d'un aveugle-né. Car ce n'est pas avec de la poésie qu'on dompte les passions humaines : il n'y a que l'action directe et immédiate de Dieu qui explique ces faits merveilleux de l'histoire, et qui permette de leur assigner une cause aussi grande que l'effet.

De là, Messieurs, cette noble fierté avec laquelle les écrivains de l'Église signalaient au monde païen une marque si palpable de sa divinité. L'évêque de Carthage exprimait l'admiration générale quand il célébrait ainsi les gloires de la virginité chrétienne :

« C'est maintenant aux vierges que je m'adresse. Plus leur gloire est sublime, plus elle leur impose de vigilance. Les vierges ! fleurs épanouies sur la tige féconde de l'Église, ornements de la grâce spirituelle, natures privilégiées, admirables chefs-d'œuvre d'honneur et d'intégrité, images de Dieu où se réfléchit la sainteté du Seigneur, portion la plus illustre du troupeau de Jésus-Christ ! Les vierges ! elles sont la joie de l'Église, dont la glorieuse fécondité fleurit par elles ; plus l'Église compte de vierges au nombre de ses enfants, plus s'accroissent les joies triomphantes de sa maternité. C'est à elles que nous parlons, c'est elles que nous exhortons par un sentiment d'affection plutôt que par un devoir de notre charge. Convaincu de notre bassesse, et le dernier des serviteurs de Dieu, nous venons bien moins censurer la licence que prévenir les attaques du démon, dont nous redoutons pour les vierges le formidable assaut [1]. »

A l'époque de saint Cyprien, la vie cénobitique et la discipline claustrale n'étaient pas encore en usage pour les vierges consacrées à Dieu, ou du moins, si quelques-unes d'entre elles vivaient en commun, cette règle n'était pas générale ; la plupart restaient dans leurs familles, s'occupant du soin des pauvres et s'appliquant aux exercices de piété. Les conditions où se trouvait l'Église persécutée ne permettaient guère d'établir des cloîtres pour la vie religieuse. Cependant on suppléait à cette absence de garantie par un ensemble de prescriptions sévères, dans lesquelles nous pouvons voir le commencement de la discipline monastique. Ainsi, l'évêque de Carthage défend aux vierges consacrées à Dieu d'habiter sous le même toit que les hommes [2] ; il leur recommande de se distinguer du reste de leur sexe par des vêtements plus modestes, et d'éviter avec soin toute apparence de luxe. Il leur interdit de prendre part aux repas de noces, de fréquenter les bains publics communs aux deux sexes [3]. Nous trouvons là, comme vous le voyez, toute une série de règles qui préparaient, pour des temps meilleurs, un épanouissement plus complet de la vie religieuse. En tout

1. *De habitu virginum*, III.
2. *Epist.* LXII, ad Pomponium.
3. *De habitu virginum*, V-XIX.

cas, le vœu ou la consécration à Dieu par un acte libre de la volonté formait, alors comme aujourd'hui, la base de cette condition exceptionnelle. L'engagement contracté par suite de ce vœu était tellement sacré aux yeux de tous, que saint Cyprien ne craint pas d'en assimiler la rupture à l'adultère. Rien n'égale la véhémence avec laquelle il flétrit la conduite des vierges qui, après avoir embrassé la continence, choisissent un autre époux que Jésus-Christ[1]. Lors donc que les protestants déclament contre les vœux monastiques, ils font le procès aux premiers siècles chrétiens, dont l'Église catholique a recueilli pieusement la tradition se bornant à développer ce qui existait en germe à cette époque primitive ; et quand les rationalistes se joignent aux protestants pour blâmer un sacrifice dont le motif leur échappe, ils montrent une fois de plus combien peu ils comprennent les véritables intérêts de l'humanité. Ah ! sans doute, lorsqu'il s'agit de profiter d'un dévouement contre lequel on épuisait auparavant les traits de la calomnie et de la satire, alors le langage change ; ce que l'on tournait en dérision la veille, on l'admire le lendemain. Alors nous voyons des gouvernements protestants faire appel à l'abnégation de ces religieuses consacrées à Dieu, sauf à les insulter de nouveau quand elles auront quitté le lit de camp des blessés pour rentrer dans leurs modestes retraites. Alors la rhétorique n'a plus assez de pompe ni de figures pour célébrer les mérites d'une condition qu'on dépréciait naguère. C'est accepter les bienfaits du dévouement sans en reconnaître le principe. On devrait cependant le comprendre une fois pour toutes, dans ce grand corps de l'humanité, il est utile, il est nécessaire que certains membres se sacrifient pour les autres. Afin que la souffrance soit

---

[1]. *Epist.* LXII, ad Pomponium.

amoindrie sur cette terre et la misère soulagée, il faut des existences exclusivement consacrées à Dieu, des âmes qui, sortant de la sphère restreinte du bien-être personnel et des intérêts de famille, ne connaissent d'autre foyer domestique que le monde, et d'autre famille que le genre humain. Libre à ceux qui ne veulent pas faire ce sacrifice, de jouir en paix des biens de la terre et des plaisirs du monde ; on ne leur demande qu'une chose, d'user largement et sans scrupule du dévouement de leurs frères. Mais ce qu'ils se doivent à eux-mêmes, c'est de ne pas blâmer des services qui ne leur coûtent rien, et de conserver un peu d'estime pour ce qu'ils ne se sentent pas la force d'imiter.

Parmi les vierges chrétiennes, il s'en trouvait qui, tout en se consacrant à Dieu, croyaient pouvoir profiter de leurs richesses pour les commodités de la vie ; l'évêque de Carthage leur rappelle que leurs biens appartiennent aux pauvres, et qu'une femme est suffisamment riche quand elle est enrichie des trésors de Dieu et du Christ.

« Vous êtes riche et opulente, dites-vous. Vous vous croyez en droit d'user des possessions que Dieu vous a départies ; usez-en, d'accord, mais dans l'ordre du salut ; usez-en, mais pour le bien ; usez-en, mais conformément aux préceptes et aux exemples du Seigneur. Mettez le pauvre, mettez l'indigent dans le secret de votre opulence ; prêtez à usure au Seigneur, nourrissez le Christ. Que les prières des malheureux soulagés vous aident à soutenir jusqu'au bout la gloire de la virginité et à conquérir les récompenses éternelles. Il est un lieu où l'on ne craint ni la ruse du voleur, ni la violence du brigand : c'est là qu'il faut cacher vos trésors. Amassez des richesses, mais des richesses qui ne redoutent ni la rouille ni la grêle, ni le soleil, ni la pluie, ni aucun outrage du temps ;

car s'imaginer que la fortune nous a été accordée pour une autre fin que le salut, c'est pécher contre Dieu. Le Créateur a bien donné la voix à l'homme, s'ensuit-il qu'elle doive servir à chanter des paroles lascives et dissolues ? Il a mis le fer entre nos mains pour la culture de la terre, est-ce à dire qu'il faille en faire l'instrument de l'homicide ? Dieu a créé l'encens, le vin, le feu, faudra-t-il pour cela sacrifier aux idoles ? Il a couvert vos campagnes de troupeaux, est-ce une raison pour immoler aux dieux des victimes ? Qu'on le sache bien, une grande fortune est une épreuve périlleuse, si, au lieu de servir à multiplier les bonnes œuvres, elle devient l'auxiliaire du vice, tandis qu'elle devrait être la rançon du péché [1]. »

En général, Messieurs, l'on comprend assez bien parmi nous le dévouement de la vie religieuse, quand il se manifeste par des œuvres de charité, dans le soulagement des pauvres et des malades. Ce qui est moins apprécié par beaucoup d'esprits trop préoccupés des choses terrestres, c'est le ministère de la prière et de l'exemple qu'exercent ces communautés d'hommes et de femmes qui se séparent du monde pour se vouer aux pratiques de la pénitence et travailler à leur perfection morale. Eh bien ! si l'on voulait y réfléchir sérieusement, on trouverait que cette deuxième fonction de la vie religieuse n'est ni moins utile ni moins admirable que la première. Quand saint Cyprien exhortait les vierges consacrées au Seigneur à persévérer dans leur carrière de sacrifices, il n'avait pas seulement en vue les œuvres charitables, mais encore l'édification de l'Église et le profit spirituel qu'assure au corps entier cette surabondance de vie divine qui éclate dans quelques-uns de ses

---

[1]. *De habitu virginum*, XI.

membres. Telle est, en effet, la haute fonction que remplissent au sein de la société chrétienne ceux qui, dépassant le précepte applicable à tous, s'élèvent jusqu'à la perfection du conseil évangélique. Il y a dans l'humanité une somme de vices qui demande à être équilibrée par une somme de vertus au moins égale; et si d'un côté le désordre des mœurs atteint souvent des proportions effrayantes, il faut que d'un autre côté l'héroïsme moral se déploie dans toute sa plénitude. Ces communautés religieuses, ces associations d'hommes et de femmes voués exclusivement au culte des choses spirituelles, savez-vous quelle grande place elles occupent ici-bas? Elles sont un contre-poids à tant d'infamies qui feraient pencher vers le châtiment la balance des justices divines; elles compensent les sacriléges et les blasphèmes qui s'élèvent contre Dieu ; elles conservent au genre humain, dégradé par ces souillures, sa valeur et sa dignité morale. Il n'y a que les hommes esclaves de la matière qui ne comprennent pas ce rôle sublime du spiritualisme chrétien parvenu à l'entière domination de l'âme sur les sens. Et puis, Messieurs, il importe encore de tenir compte d'une autre loi, quand on veut apprécier ces hautes créations de l'esprit chrétien : cette loi, c'est la réversibilité des mérites et la solidarité dans les actes. Vous voyez, d'une part, un sensualisme effréné ; or, à de grandes fautes il faut de grandes expiations. Honneur donc à ceux qui passent leur vie à expier au fond des cloîtres, par les austérités de la pénitence, des crimes dont ils parviendront peut-être à conjurer l'effet ! Qui sait si tel n'a pas été épargné au moment où il foulait aux pieds toutes les lois divines et humaines, en vue du sacrifice que faisait à cette heure-là un humble solitaire priant Dieu dans le silence de sa retraite ? Qui dira les ressorts secrets de la Providence que mettent en jeu tant d'actes de piété, tant d'exercices de mortification pratiqués par des âmes qui n'appartiennent plus au monde que par les liens de la fraternité chrétienne ? C'est à ce point de vue qu'on doit se placer pour apprécier le rôle des communautés religieuses dans la société universelle. Mais je fais même abstraction de ces réalités mystérieuses de l'ordre surnaturel ou divin ; et, me bornant à la signification morale de ces grandes choses, je dirai, sans crainte d'être démenti par quiconque a le souci de la dignité humaine, que cette protestation permanente du sacrifice contre l'excès des jouissances matérielles est, pour l'humanité entière, un honneur et une force.

Voilà pourquoi l'Église tenait haut et ferme, en face du monde païen, le drapeau de la virginité et de la pénitence chrétienne. En traçant des règles de conduite à ceux qui marchaient dans cette voie royale des conseils évangéliques, les Pères de l'Église n'ignoraient pas que la vie religieuse occupe le sommet de la perfection morale. « Après la gloire des martyrs, écrivait l'évêque de Carthage aux vierges chrétiennes, la vôtre est la première [1]. » Déjà, Messieurs, nous pouvons nous faire une idée exacte de l'activité de saint Cyprien comme pasteur des âmes. Conserver l'unité de la foi, maintenir la discipline dans les rangs du clergé, rappeler aux prêtres que leur vie ne doit appartenir qu'à Dieu et à leurs frères, réprimer les désordres qui se glissaient parmi les fidèles, ouvrir de larges voies au dévouement chrétien en exhortant certaines âmes privilégiées à pratiquer les conseils évangéliques, telle était la tâche d'un évêque chrétien au IIIe siècle. Les écrits de saint Cyprien nous montrent dans quelle mesure il avait rempli ce devoir pastoral avant la persécution de Décius. Et cependant nous n'avons pas encore

---

1. *De habitu virginum*, XXI.

touché à la période la plus importante de sa vie. Son caractère comme son éloquence vont se dessiner davantage à nos yeux, au milieu des controverses qui agiteront les dernières années de son épiscopat. A mesure que nous avancerons dans cette carrière si courte, et pourtant si féconde, il nous sera possible de mieux apprécier les services que Cyprien a rendus à la cause de Dieu et de la religion.

HUITIÈME LEÇON

Persécution de Décius. — Causes morales que Cyprien lui assigne. — Une paix de trente années avait introduit quelque relâchement parmi les chrétiens. — Caractère de la persécution de Décius. — Cyprien se dérobe à une mort certaine par la fuite. — *Lettre* du clergé romain au clergé de Carthage pendant la vacance du Siége apostolique. — Réponse de Cyprien. — L'évêque de Carthage gouverne son église du fond de sa retraite. — *Lettres pastorales* qui appartiennent à cette époque. — *Éloge* de Mappalique et de ses compagnons tombés sous le glaive des persécuteurs. — La foi et la poésie religieuses dans le panégyrique des martyrs. — *Lettre* aux confesseurs de Rome.

Messieurs,

Nous en étions resté à la première période de l'épiscopat de saint Cyprien. Profitant du repos que laissait à l'Église le gouvernement de l'empereur Philippe l'Arabe, l'évêque de Carthage travaillait à restaurer la discipline parmi le clergé et dans l'assemblée des fidèles. Nous l'avons vu rappeler aux membres de la hiérarchie leurs devoirs réciproques, tracer des règles de conduite pour les vierges consacrées à Dieu, réprimer les abus qui s'étaient glissés dans les rangs des laïques. Lettres et traités, tout respire cette noblesse et cette fermeté de caractère qu'il possédait à un si haut degré. Mais la persécution de Décius allait ouvrir à son zèle une nouvelle carrière, et mettre à l'épreuve son talent comme ses vertus dans des circonstances plus difficiles.

Si l'on excepte les violences exercées contre eux par le

Thrace Maximin, les chrétiens jouissaient depuis trente ans d'une paix inaccoutumée (219-249). L'éloignement d'Héliogabale pour la religion de l'État, l'éclectisme bienveillant d'Alexandre Sévère et le demi-christianisme de Philippe l'Arabe, expliquent la durée de cette trève, la plus longue que l'Église eût connue depuis son origine. Un pareil état de choses ne pouvait qu'être favorable à la propagation de l'Évangile. Aussi, c'est Origène qui le constate, le nombre des fidèles augmentait-il de jour en jour : la richesse et les charges publiques avaient cessé d'être un obstacle à la conversion des païens, du moment que le pouvoir renonçait à sévir contre ceux qui abandonneraient le culte national [1]. Encore quelques années de liberté, et il aurait suffi des bonnes dispositions d'un prince pour avancer de près d'un siècle le triomphe légal du christianisme. Mais il n'entrait pas dans les desseins de la Providence que les épreuves de l'Église sous l'empire romain fussent abrégées de sitôt. Il fallait qu'auparavant le vieux monde épuisât toutes ses forces contre cette œuvre naissante, afin qu'une victoire sans pareille en fît éclater la divinité. D'autre part, nous devons l'avouer, cette cessation d'hostilités, si profitable aux intérêts de la foi sous plus d'un rapport, n'avait pas laissé de produire un certain relâchement dans la discipline. La lutte tenait tous les esprits en haleine ; un repos prolongé endormit le zèle de plusieurs. Ce contraste, Messieurs, est dans la nature des choses. Vivement attaquée, une société déploie toute la force qui est en elle : ses membres se serrent et se relèvent sous le coup de l'agression. La vie reflue des extrémités vers le centre, et la résistance devient d'autant plus énergique qu'on y met plus de concert et d'unité. Ces causes

---

[1]. Origène, *contre Celse*, l. VII, c. XXVI; l. III, c. III.

extérieures viennent-elles à disparaître ? le corps social se ressent de l'absence d'un stimulant qui excitait son activité : les nerfs se détendent, les liens se relâchent ; il n'y a plus la même vigueur dans l'accomplissement du devoir, et l'on se laisse aller à une sorte d'indifférence qui paralyse les efforts généreux de l'âme. Alors, les passions humaines reprennent le dessus, et la nature retombe sur elle-même, languissante ou inerte. Voilà pourquoi l'épreuve est nécessaire au chrétien ; et ce qu'il est facile d'observer dans le drame intime de la conscience se reproduit en grand sur le théâtre de l'histoire. Dieu se sert des méchants pour exercer la vertu des bons, et la persécution est le réveil des âmes assoupies dans les douceurs d'un repos trompeur. C'est ainsi que Cyprien envisageait la nouvelle tempête qui allait se déchaîner contre l'Église. Il y voyait un châtiment du passé et un avertissement pour l'avenir. Car il ne faut pas se faire une idée chimérique des premiers siècles de l'Église : alors comme aujourd'hui, le mal côtoyait le bien ; et il avait suffi de trente années de relâche pour que le désordre se glissât parmi les chrétiens rendus à la tranquillité. Vous allez en juger par les causes morales que l'évêque de Carthage assignait à la persécution de Décius :

« Dieu a voulu éprouver sa famille. Une longue paix avait altéré la discipline traditionnelle ; la vindicte divine est venue réveiller une foi languissante, j'allais dire assoupie. Nos péchés méritaient un châtiment plus terrible ; mais le Seigneur dans sa miséricorde a tellement adouci les calamités, que tout ce qui est arrivé paraissait un examen plutôt qu'une persécution. Chacun s'attachait à grossir son patrimoine. Oubliant ce qu'avaient fait les fidèles du temps des apôtres et ce qu'ils devraient faire toujours, une cupidité insatiable ne songeait qu'aux moyens d'augmenter ses revenus. On ne voyait plus le dévouement à la religion chez les prêtres, une entière fidélité parmi les ministres, la miséricorde dans les œuvres, la discipline dans les mœurs. Des hommes qui se teignaient la barbe ; des femmes qui se fardaient le visage et les sourcils, qui faisaient mentir leur chevelure par des couleurs étrangères, comme pour corriger l'œuvre de Dieu ; des piéges adroitement tendus pour surprendre la bonne foi de l'homme simple ; l'intrigue et la ruse circonvenant les frères ; des mariages contractés avec les infidèles ; les membres du Christ prostitués aux gentils ; des serments téméraires, des parjures même, un mépris hautain pour les préposés ; des bouches empoisonnées vomissant l'injure ; la division engendrée par des haines opiniâtres ; des évêques, qui auraient dû exhorter les autres et leur montrer l'exemple, négligeant l'administration des choses saintes pour celle des biens terrestres ; abandonnant leur chaire et leur troupeau ; courant de province en province ; guettant les marchés publics qui leur promettaient les plus gros bénéfices ; voulant avoir de l'argent en abondance, tandis que dans l'Église leurs frères mouraient de faim ; usurpant des terres par de mauvais artifices ; augmentant leurs revenus par l'usure, voilà ce que nous avons vu. Étant tels et coupables de si grands péchés, que ne méritions-nous pas de souffrir ? surtout après les avertissements que Dieu nous avait donnés depuis longtemps : « S'ils répudient ma loi, s'ils ne marchent pas selon mes ju- « gements, s'ils profanent ma justice et transgressent mes « préceptes, je visiterai leurs iniquités la verge à la « main, et je flagellerai leurs péchés. » Ces vengeances nous avaient été prédites ; mais nos infidélités et le mépris de la loi ont obligé le Seigneur d'employer des remèdes plus sévères pour nous corriger et pour éprouver notre foi [1]. »

1. *De lapsis*, v, vi, vii.

Je veux bien, Messieurs, qu'il y ait de l'exagération dans ce tableau de l'Église d'Afrique avant la persécution de Décius. Pour porter efficacement son peuple à la pénitence, et prévenir le retour des désordres qu'il signale, Cyprien dépeint la situation sous des couleurs trop sombres, à l'exemple de certains prédicateurs qui à leur insu grossissent le mal, en voulant insister sur la nécessité du remède. Mais, si l'on ne doit pas confondre une exhortation oratoire avec une relation historique, il serait peu raisonnable de prétendre que des plaintes si amères n'aient pas eu de fondement. Ce qui prouve combien la discipline s'était relâchée dans la première moitié du IIIe siècle, c'est le grand nombre de défections que l'on vit se produire au moment de la lutte. Une longue paix avait énervé les âmes ; et, s'il est vrai que l'absence de danger multipliait les conversions, elle en garantissait aussi moins la sincérité. C'est donc avec raison que l'évêque de Carthage voyait dans la tempête qui allait fondre sur l'Église, un châtiment pour les uns, et une épreuve pour les autres. Semblables aux orages qui purifient l'atmosphère, les persécutions ont pour effet de débarrasser la société chrétienne des souillures que le temps dépose au milieu d'elle. Un soldat de fortune, Décius, résolut d'exterminer le christianisme. A peine sur le trône impérial, vers lequel il s'était frayé un chemin par le meurtre de son prédécesseur, le nouveau parvenu enveloppa dans un édit de proscription tous ceux qui refuseraient de professer le culte national. En cela, il agissait tout autant par esprit de réaction contre le gouvernement de Philippe l'Arabe, que par zèle pour la conservation du polythéisme romain. Aux termes de l'édit, tous les chrétiens devaient se présenter devant l'autorité dans un bref délai, pour faire leur abjuration ; sinon, le magistrat, assisté de cinq notables (*quinque primores*), procédait à la recherche des accusés ¹. Ceux qui parvenaient à se soustraire au péril par la fuite voyaient leurs biens confisqués, et un décret de bannissement leur interdisait le retour sous peine de mort. Quant aux autres, on épuisait contre eux les menaces ou les tortures, et le dernier supplice couronnait d'ordinaire une constance restée inébranlable. C'est aux évêques que l'empereur et ses proconsuls s'attaquaient de préférence, pour atteindre plus sûrement le corps entier en frappant la tête. Aussi le pape saint Fabien fut-il une des premières victimes de cette tyrannie sanglante ; et l'acharnement des persécuteurs devint tel, que pendant plus de seize mois le clergé et les fidèles, poursuivis et traqués de toutes parts, ne purent élire un successeur au chef de l'Église. — « Le tyran, écrivait saint Cyprien, aurait été moins irrité d'apprendre qu'un rival lui disputait l'empire, que de savoir qu'un pontife de Dieu venait de s'établir à Rome ². » Tant la suprématie du Pape éclatait aux yeux des païens eux-mêmes ! Empêcher l'élection du successeur de saint Pierre leur paraissait le coup le plus terrible qu'ils pussent porter à l'Église. C'est ainsi qu'à toutes les époques la haine du christianisme a donné assez de clairvoyance aux uns pour reconnaître le point où il faut diriger l'attaque, et la foi assez de lumière aux autres pour ne pas oublier que là aussi doit se concentrer la défense.

Quand l'édit de persécution, rendu à Rome, fut promulgué à Carthage, une immense clameur s'éleva parmi les païens. « Cyprien aux lions ! » tel est le cri qui retentit au cirque, à l'amphithéâtre et dans tous les lieux publics³. C'en serait fait,

---

1. Saint Cyprien, Ép. XL.
2. Ibid. Ép. LII, *ad Antonianum*.
3. Ibid. Ép. LV, 6. — *Vita Cypriani*, a Pontio diacono, VII.

pensait-on, de l'Église d'Afrique, si on parvenait à la frapper dans son chef. Grave circonstance pour l'évêque de Carthage ! Fallait-il, en restant sur place, s'exposer à la fureur des ennemis et braver la tempête, au risque d'enflammer davantage un fanatisme déjà excité par tant de causes ? Ou bien, valait-il mieux se conserver pour son troupeau, et chercher, dans une retraite momentanée, le moyen de le conduire et de le fortifier au milieu d'une situation si critique ? C'est toujours, Messieurs, pour un homme qui aime le devoir, une grande difficulté de choisir entre deux partis également louables, celui qui satisfait le mieux la conscience et présente le plus d'avantages. Vers le même temps, saint Grégoire le Thaumaturge et saint Denis d'Alexandrie n'hésitèrent pas à se dérober par la fuite à une mort certaine, aimant mieux gouverner leurs Églises du fond de l'exil que de les laisser sans direction et sans guide à l'heure du danger. Cyprien imita leur exemple. Bien éloigné de ces maximes absolues qui avaient inspiré à Tertullien le traité *sur la Fuite pendant la persécution*, il jugea, et avec raison, que la fermeté chrétienne n'exclut pas la prudence, et qu'il en est d'une Église comme d'une armée, où la mort du chef, quelque héroïque qu'on la suppose, peut devenir le signal d'une défaite. C'est pourquoi, n'écoutant que les intérêts de la foi, il résolut de laisser passer l'orage au lieu de l'affronter inutilement ; et l'avenir allait confirmer la justesse d'une telle prévision, en montrant combien l'Église de Carthage avait besoin des lumières et du zèle vigilant de son évêque.

Certes, Messieurs, il y aurait une extrême injustice à vouloir trouver dans la détermination de Cyprien une marque d'égoïsme ou de pusillanimité. Le courage avec lequel il souffrira le martyre, quelques années plus tard, prouvera que sa générosité égalait son sens pratique, et que, tout en

sachant faire la part des circonstances, il n'était pas homme
à reculer devant le sacrifice, du moment qu'il devait en résulter un plus grand bien. Mais, comme il arrive d'ordinaire,
la prudence de l'évêque trouva des critiques ; au soin que
met le diacre Pontius, son biographe, à justifier sa retraite,
on voit assez qu'elle avait été mal interprétée. Sans doute
que la faction des cinq prêtres hostile à Cyprien aura saisi ce
prétexte pour chercher à le perdre dans l'opinion des fidèles.
Un écho de ces calomnies arriva même jusqu'à Rome. Veuve
de son premier pasteur, l'Église de cette ville n'en restait
pas moins fidèle à ses traditions de vigilance et de sollicitude
universelle. Dès le commencement de la persécution, le clergé
romain avait écrit à l'évêque de Carthage pour l'informer du
martyre de saint Fabien. Ayant appris, sur ces entrefaites,
que Cyprien s'était éloigné pour un temps, le collége des
prêtres qui administrait l'Église de Rome pendant la vacance
du Saint-Siége adressa au clergé de Carthage une seconde
lettre pour l'exhorter à remplir ses devoirs avec une courageuse fidélité. Cyprien crut voir dans cet écrit une censure indirecte de sa conduite. On disait en parlant de sa
retraite : « *Quod utique recte fecerit ;* sans doute qu'il aura
bien fait d'agir ainsi, car c'est un personnage insigne [1]. »
Cette forme dubitative pouvait sembler blessante, ainsi
qu'une allusion à la parabole évangélique où le bon Pasteur
donne sa vie pour ses brebis, tandis que le mercenaire prend
la fuite à l'aspect du loup. Tout portait à croire que la cabale
de Novat avait pris les devants auprès de l'Église romaine et
provoqué ces insinuations par de faux rapports. Pour procéder avec lenteur et circonspection, l'évêque de Carthage
voulut d'abord s'assurer si la lettre était authentique, car
elle ne marquait pas clairement de qui elle venait ni à qui

---

1. Ép. II, *du clergé romain au clergé de Carthage.*

elle était adressée. Il la renvoya donc aux prêtres et aux diacres de Rome, les priant d'examiner si elle émanait d'eux réellement ou si elle avait subi quelque altération[1]. Convaincu par leur réponse de l'authenticité du document, il leur écrivit de nouveau pour expliquer les motifs de sa retraite et rendre compte de ses actes. Cette lettre, qui est la xive du recueil, atteste sa déférence pour l'Église de Rome et les sentiments d'humilité chrétienne dont son cœur était pénétré :

« Ayant appris, frères bien-aimés, que des récits peu exacts et peu fidèles vous ont été transmis sur ce que j'ai fait jusqu'ici et sur ce que je fais encore, je crois nécessaire de vous adresser cette lettre pour vous rendre compte de nos actes, de notre administration et de notre vigilance. Conformément aux préceptes du Seigneur, aussitôt que les premières violences de la tempête eurent éclaté et que le peuple se fut mis à demander ma tête à grands cris, je pris le parti de m'éloigner pour quelque temps. Je consultai là-dessus bien moins le soin de ma propre conservation que le salut commun de nos frères, de peur que notre présence, en bravant la multitude, ne fournît de nouveaux prétextes à la sédition. Quoique absent de corps, je n'ai cessé d'être présent en esprit au milieu de mes frères, veillant à leurs intérêts d'après l'ordre du Seigneur, et les soutenant par la parole comme par les actes autant que ma faiblesse me le permettait. Je vous envoie treize lettres, que j'ai écrites dans différentes circonstances : elles rendent témoignage de ce que j'ai fait. Vous y verrez que nos conseils n'ont pas manqué au clergé ni nos exhortations aux confesseurs, ni même nos reproches aux exilés quand le blâme nous a paru néces-

---

[1]. Ép. iii, *aux prêtres et aux diacres de Rome*.

saire, ni enfin nos plus pressantes sollicitations à l'assemblée des frères pour les persuader de fléchir la miséricorde divine. Notre faiblesse a été soutenue par les règles de la foi, par la crainte de Dieu et par les inspirations du Seigneur [1]. »

En effet, du fond de son exil, Cyprien gouvernait l'Église de Carthage comme s'il avait été présent au milieu d'elle. Avant de s'éloigner, il avait confié aux prêtres et aux diacres l'administration du diocèse, en leur enjoignant de l'informer exactement de tout ce qui se passerait et de prendre son avis sur chaque question importante. Quelque temps après, voulant mettre plus d'unité dans la direction, il concentra les pouvoirs entre les mains de deux évêques, Caldonius et Herculanus, auxquels il adjoignit comme vicaires les prêtres Rogatien et Numidique. Quant à lui, retiré avec les diacres Victor, Tertullus et quelques autres clercs, dans un lieu dont aucune de ses lettres ne nous apprend le nom, il ne cessait de correspondre avec son troupeau, stimulant l'ardeur des uns, modérant le zèle impétueux des autres, prodiguant tour à tour ses exhortations au clergé, au peuple, aux confesseurs de la foi, et recommandant par-dessus tout à la charité publique les pauvres, les malades et les veuves. Une sentence du proconsul Fortunatianus avait confisqué les biens de l'évêque ; mais le zélé pasteur était parvenu à sauver quelques débris de sa fortune, et il trouvait son bonheur à pouvoir joindre l'offrande de la charité à ses conseils spirituels [2]. Rien n'est touchant, Messieurs, comme cette correspondance de

1. Ép. XIV, *aux prêtres et aux diacres de Rome*.
2. Épître à *Rogatien et aux autres confesseurs* : « Je vous fais parvenir moi-même, sur mes deniers personnels que je portais sur moi, deux cent cinquante sesterces ; je vous avais déjà envoyé précédemment pareille somme. Victor qui est auprès de moi, et qui de lecteur est devenu diacre, vous fait passer cent soixante-quinze sesterces. Je suis transporté de joie quand on m'apprend que, grâce à la charité de nos

l'évêque proscrit avec son troupeau ; pour trouver quelque chose de comparable dans la littérature des premiers siècles, il faut lire ces lettres si pleines d'onction et de tendresse que Athanase, exilé au fond des Gaules, écrivait au peuple d'Alexandrie [1]. Cyprien a l'œil à tout ; pas de besoin auquel il ne cherche à subvenir ; pas de désordre qu'il ne s'efforce de réprimer : joies et douleurs, tout ce qui affecte son Église trouve de l'écho dans son cœur, et il y répond aussitôt par une de ces pièces où s'épanche son âme attristée ou ravie. Voici la première lettre datée de l'exil ; elle est adressée aux prêtres et aux diacres de Carthage :

« Sain et sauf par la grâce de Dieu, je vous salue, mes très-chers frères, et je suis tout joyeux d'apprendre que vous aussi vous avez échappé au péril. Puisque les circonstances ne me permettent pas d'être présent au milieu de vous, je vous en conjure par votre foi et votre piété, remplissez vos fonctions et les miennes de manière que rien ne manque à la discipline ni à la surveillance. Quant aux dépenses nécessaires à l'entretien, soit de ceux qui sont dans les prisons pour avoir glorieusement confessé le Seigneur, soit des pauvres qui, malgré leur détresse, persévèrent dans le Seigneur, je vous prie de pourvoir à tous leurs besoins. Les sommes recueillies ont été distribuées entre les clercs pour servir à cet usage, afin que plusieurs fussent à même de subvenir aux nécessités de chacun.

« Je vous demande aussi d'employer votre prudence et votre zèle au maintien de la paix. Sans doute, nos frères, cédant à leur charité, désirent visiter les intrépides confesseurs que la divine miséricorde a déjà illustrés par de glo-

---

frères, il y a entre eux une sainte émulation pour soulager vos nécessités par leurs collectes. »

1. *Lettres pascales* de saint Athanase. (Édit. Larsov, Berlin, 1852.)

rieux débuts ; cependant, qu'ils agissent avec précaution, qu'ils évitent de se porter en foule aux prisons, pour ne pas exciter d'ombrage par cette affluence et ne pas se faire interdire l'entrée des cachots ; en voulant tout obtenir, ils s'exposeraient à tout perdre. Soyez donc attentifs et prévoyants, afin qu'une sage réserve procure plus de sécurité. Il faut aussi que les prêtres qui vont offrir le sacrifice auprès des confesseurs n'y paraissent que tour à tour, accompagnés d'un seul diacre ; le changement de personnes et le mouvement alternatif des visiteurs laisseront moins de prise au soupçon. Doux et humbles dans toutes les circonstances, comme il convient à des serviteurs de Dieu, nous devons nous accommoder aux temps, veiller à la tranquillité et pourvoir aux besoins du peuple [1]. »

Je suis convaincu, Messieurs, que vous appréciez comme moi le mérite et l'importance de ces lettres de saint Cyprien. Elles forment un tableau vivant de l'époque, qu'elles dépeignent non plus à grands traits, comme ferait un livre ou un discours public, mais avec les détails que comporte une correspondance familière. Ces collectes qui s'organisent pour l'entretien des captifs et des pauvres, ces multitudes de fidèles qui se pressent autour de la prison des martyrs, ces prêtres qui alternent pour offrir le sacrifice de la messe dans les cachots, ces particularités, et cent autres non moins curieuses, nous placent au cœur de la société chrétienne et font revivre sous nos yeux le drame sanglant des persécutions. Dans une lettre écrite plus tard, Cyprien recommande à son clergé de conserver avec soin le corps des martyrs, et de marquer le jour de leur mort, afin que leur mémoire puisse

---

1. Ép. IV, *aux prêtres et aux diacres de Carthage.* — *Item*, ép. XXXV.

être célébrée chaque année par l'oblation du sacrifice[1]. Ailleurs, il parle des ordinations qu'il vient de faire dans le lieu de sa retraite. Fidèle à son principe de ne rien conclure sans la participation du clergé et des fidèles, il leur annonce l'élévation de Numidique au sacerdoce, la promotion d'Optat aux fonctions de sous-diacre, et celle de Sature, de Célérinus et d'Aurèle à l'office de lecteur[2]. Chacune de ces lettres contient un magnifique éloge de l'ordinand, et montre avec quelle maturité l'évêque procédait dans le choix des clercs. Mais parmi toutes ces pièces il n'en est pas de plus remarquable que celles où Cyprien célèbre la générosité et la constance des martyrs. Chaque fois qu'on lui annonce le triomphe d'un héros de la foi, son âme tressaille d'allégresse et déborde dans des pages où l'enthousiasme religieux s'élève à la plus haute éloquence. Nous allons parcourir quelques-unes de ces épîtres, qu'on dirait des odes ou des hymnes inspirées par l'esprit de foi et de sacrifice.

De toutes les persécutions que le christianisme avait subies jusqu'alors, celle de Décius était la mieux organisée : moins brutale peut-être que beaucoup d'autres, elle trahissait plus de calcul et de sens politique. Pour affaiblir la résistance par un semblant de modération, l'empereur voulait qu'on observât une certaine gradation dans l'emploi des mesures répressives. D'abord, une recherche exacte de tous les chrétiens ; puis les menaces et la torture ; en cas de refus d'abjuration, l'exil avec la confiscation des biens, ou l'emprisonnement ; et enfin la peine de mort, surtout contre les évêques : telle est la marche progressive que l'on se proposait de suivre pour réussir plus sûrement. En général, on aimait mieux

---

1. Ép. xxxvii, *au clergé de Carthage*.
2. Ép. xxiii, xxxii, xxxiii, xxxiv.

lasser la patience des chrétiens par les ennuis d'un exil ou d'une captivité prolongée, que de surexciter leur courage par l'appareil d'une mort prompte et violente. De là vient qu'en Afrique le proconsul retenait beaucoup de confesseurs dans les cachots depuis plusieurs mois, espérant que les tourments de la faim et de la soif finiraient par vaincre leur fermeté. Mappalique et ses compagnons furent, ce semble, les premiers qui expirèrent à Carthage au milieu des supplices. C'était au mois d'avril de l'année 250. A la nouvelle d'une confession si héroïque, Cyprien laisse éclater les sentiments d'admiration qui remplissent son âme, et s'adressant aux martyrs sortis vivants de la lutte, il glorifie les vainqueurs ensevelis dans leur triomphe :

« Je suis transporté d'allégresse et ne puis retenir mes félicitations, magnanimes et bienheureux frères, en apprenant l'héroïsme de votre foi, qui fait la gloire de l'Église notre mère..... Quelles louanges pourrais-je vous donner ? Comment célébrer dignement la force de votre âme et la constance de votre foi ? Vous avez soutenu jusqu'à la consommation de la gloire la question la plus rude ; les supplices vous ont cédé, plutôt que vous n'avez cédé aux supplices. Ce ne sont pas les tourments qui ont mis fin à vos douleurs, c'est la couronne céleste qui est venue les arrêter. Le bourreau s'est armé de persévérance, moins pour abattre une foi toujours debout, que pour envoyer plus promptement au Seigneur des serviteurs de Dieu. Quel spectacle pour cette multitude qui contemplait avec admiration le combat céleste, le combat de Dieu, le combat spirituel, la grande bataille du Christ ! Elle a vu les serviteurs du Christ, sans autres armes que celles de la foi, conserver une parole libre, une âme incorruptible, un courage divin. Les victimes ont été plus fortes que les bourreaux ; des membres brisés, déchirés, ont vaincu les ongles de fer qui les déchiraient et qui les brisaient. Des blessures souvent répétées n'ont pu triompher d'une foi inexpugnable, quoique dans ces corps meurtris et en lambeaux, la haine ne trouvant plus de membres intacts, en fût réduite à tourmenter leurs plaies *(torquerentur jam non membra, sed vulnera)*. Le sang coulait comme pour éteindre l'incendie de la persécution, pour assoupir par ses flots glorieux jusqu'aux flammes de l'enfer..... Quel jour de triomphe pour le Christ ! Avec quel plaisir il a combattu et vaincu dans de pareils serviteurs, protégeant leur foi et mesurant ses dons à leur fidélité. Il assistait à ce combat qui était le sien ; c'est lui qui a relevé, fortifié, ranimé les défenseurs de son nom, lui qui, après avoir vaincu la mort une seule fois pour nous, continue à triompher d'elle en nous..... O heureuse notre Église, ainsi honorée par la miséricorde divine, illustrée de nos jours par le sang glorieux de ses martyrs ! Naguère éclatante de blancheur par la sainteté de nos frères, le sang des martyrs vient de l'empourprer. Désormais, ni les lis, ni les roses ne manqueront parmi ses fleurs [1]. »

On conçoit, Messieurs, quelle vive impression devaient produire sur le peuple de Carthage ces lettres lues publiquement dans l'assemblée des fidèles. Sans doute, pour bien comprendre ce langage tout frémissant de poésie lyrique, il faudrait avoir partagé les émotions de la lutte, ou du moins s'être trouvé à une moins grande distance de ces scènes qui inspiraient l'éloquence et enflammaient la foi. Mais qu'on se reporte par la pensée à ces temps héroïques du christianisme, à ce troisième siècle surtout, où l'Église fortifiée par ses combats touchait à la victoire, où un dernier et généreux effort allait lui assurer à jamais l'empire du monde;

---

1. Ép. VIII, *aux martyrs et aux confesseurs*.

vers cette Afrique romaine qui voyait germer les plus belles vertus à côté de vices invétérés, vers ce peuple de Carthage, jusqu'alors si avide de plaisirs, maintenant si plein d'enthousiasme pour le sacrifice, et l'on se rendra compte de l'ardeur qui transportait les orateurs chrétiens, et de la sensation que faisaient leurs harangues saintement passionnées. Le paganisme était impuissant contre de tels hommes : leur faiblesse apparente défiait sa force, et tranquilles sur l'avenir, ils pouvaient dire en tombant : le lendemain est à nous.

En se réjouissant pour l'Église de Carthage de ce que « les roses allaient se marier aux lis » sur la couronne spirituelle de cette reine de l'Afrique, Cyprien n'oubliait pas les autres Églises non moins éprouvées que la sienne. On eût dit que l'exil et la solitude avaient dilaté son cœur et donné à son zèle un essor plus vaste. L'attention du saint évêque se portait surtout vers Rome, vers cette Église qui, privée de son chef, n'en restait pas moins la première par la vigueur de sa foi, comme elle l'était par le rang et par l'autorité. Depuis un an, les prêtres Moïse, Maxime, et avec eux quantité d'autres confesseurs étaient détenus dans les cachots de la capitale de l'empire. Comme nous le disions tout à l'heure, le système de persécution employé par Décius tendait particulièrement à fatiguer la patience des chrétiens par des tortures prolongées. Mais les horreurs de la captivité n'avaient pu abattre le courage des athlètes du Christ. En apprenant par Célérinus, un des compagnons de leurs souffrances, avec quelle fermeté inébranlable ils soutenaient le bon combat, Cyprien ressentit une vive joie, qu'il exhala en quelques pages pleines d'admiration et de tendresse. Cet écrit est comme le pendant du magnifique éloge consacré à la mémoire de Mappalique et de ses frères. Et ne vous étonnez pas, Messieurs, du soin que je mets à recueillir ces perles éparses dans les lettres de saint Cyprien : c'est là que le caractère de ce grand homme se révèle à nous avec toute son originalité, comme aussi je n'hésite pas à voir dans cet ensemble de pièces un véritable trésor d'éloquence pastorale. Peut-être serez-vous surpris de retrouver jusque dans une correspondance épistolaire les traces de cette rhétorique africaine qui rappelle la chaire qu'occupait autrefois le brillant écrivain. A l'exemple de son maître, le disciple de Tertullien prodigue les couleurs et multiplie les antithèses, au risque d'abuser de la fertilité de son esprit. Mais, quelle abondance, quelle chaleur dans ce style qui coule avec tant de facilité ! Quel heureux choix d'images et de comparaisons ! Quel tour vif et gracieux, quelle touche fine et délicate dans les félicitations adressées aux confesseurs ! Vous allez en juger par un extrait de la lettre à Moïse et à Maxime. Pour relever le mérite de ces généreux captifs, l'évêque de Carthage veut montrer que la persévérance dans le sacrifice en fait éclater davantage la grandeur et la sincérité :

« Autant de jours, autant de sujets d'éloge ; autant de mois, autant d'accroissements à vos mérites. Qui souffre un moment ne triomphe qu'une fois, tandis que celui qui, placé en face du supplice, lutte continuellement avec la douleur sans se laisser vaincre par elle, est couronné tous les jours. Qu'ils aillent maintenant, les consuls et les proconsuls, qu'ils aillent se glorifier des insignes de leur dignité et de leurs douze faisceaux ! Voilà qu'en vous une dignité céleste a brillé de l'éclat d'un honneur annuel ; et l'année qui revient dans son cours mobile l'a vue se prolonger avec la gloire d'un triomphe plus durable. Le soleil en se levant, la lune dans ses phases décroissantes, éclairaient le monde ; mais celui qui créa la lune et le soleil fut pour vous dans votre prison un flambeau bien plus lumineux. La lumière du Christ, en brillant dans votre cœur et au fond de votre âme, dissipa les ténèbres de vos cachots et inonda de ses pures et éternelles clartés ces lieux de supplices, objet d'horreur pour tout autre que vous. Le cours des saisons ramena les rigueurs de l'hiver. Pour vous, captifs que vous étiez, il y avait un autre hiver, l'hiver de la persécution. A l'hiver succéda le printemps joyeux, couronné de roses et de fleurs. Quant à vous, vous teniez vos roses et vos fleurs des délices du paradis et votre front se couronnait des guirlandes célestes. L'été paraît à son tour avec la fécondité de ses moissons; l'aire est pleine de fruits. Mais vous qui avez semé la gloire, vous récoltez les fruits de la gloire : placés dans l'aire du Seigneur, vous voyez la paille consumée par un feu inextinguible, tandis que vous, froment sans mélange, froment précieux, vous regardez la prison comme un grenier où l'on serre le grain déjà purifié. Dans ces révolutions du temps, la grâce spirituelle ne manque pas davantage à votre automne. Au dehors, on pressure la vendange ; des raisins destinés à la coupe sont foulés dans les pressoirs. Mais vous, rameaux vigoureux de la vigne du Seigneur, grappes déjà mûres et broyées par la persécution du monde, écrasées sous le pressoir du cachot, au lieu de vin vous répandez votre sang, et forts contre la souffrance, vous buvez avec joie la coupe du martyre. Ainsi s'écoule l'année parmi les serviteurs de Dieu ; ainsi se célèbre le renouvellement des saisons par les mérites spirituels et les récompenses célestes [1]. »

Jamais la poésie religieuse n'a trouvé d'accents plus lyriques pour chanter le triomphe des confesseurs de la foi. Cette comparaison entre les époques de l'année et les saisons du martyre, si je puis m'exprimer de la sorte, est de toute beauté, et si elle a quelque défaut, c'est de paraître trop re-

---

1. Ép. xv, *à Moïse, à Maxime, et aux autres confesseurs de Rome.*

cherchée pour une simple lettre. Il y a là cet amour passionné du sacrifice et ce sens de l'héroïsme que nous avions trouvés dans l'*Épître* de saint Ignace d'Antioche *aux Romains*, quand il écrivait : « Je suis le froment du Christ, il faut que je sois moulu par la dent des bêtes, pour devenir un pain digne de lui. » Et maintenant, Messieurs, si laissant de côté le mérite littéraire de ces pièces peut-être sans rivales dans l'éloquence profane, nous remontons à la source des sentiments qui les inspiraient nous y trouverons une démonstration palpable de la divinité de Jésus-Christ. Quoi ! c'est pour un homme mort deux siècles auparavant dans un coin de la Judée, c'est pour un Juif crucifié qu'en Afrique, en Italie et dans les Gaules, ce cri de l'amour s'échappait d'une multitude de poitrines ! Boire la coupe du martyre, *martyrii poculum haurire*, être foulé comme dans un pressoir, suivant l'expression de Cyprien, pour le nom de cet étranger, de cet inconnu, voilà ce que de brillants rhéteurs, des savants, des jurisconsultes, des écrivains de génie proclamaient la plus haute félicité ! Et cela, dans un temps où l'amour effréné des jouissances matérielles précipitait la société romaine vers toutes les sources du bien-être et de la volupté ! Qu'est-ce donc qui s'était passé dans le monde, pour qu'un pareil changement fût devenu possible ? Un simple homme, je vous le demande, aurait-il eu le pouvoir de transformer les âmes deux siècles après sa mort, au point de leur inspirer une telle ardeur à souffrir pour son nom ? Il faut n'avoir étudié ni la nature humaine ni l'histoire, pour s'arrêter à une hypothèse de ce genre. Non-seulement l'héroïsme des martyrs, mais encore la littérature des trois premiers siècles est inexplicable, si l'on n'admet pas qu'un Homme-Dieu ait communiqué aux uns assez de force pour accomplir leur sacrifice, et aux autres assez de foi pour en célébrer la grandeur.

Toutefois, Messieurs, à côté de la force divine il reste toujours la faiblesse humaine. Dieu vient en aide à la volonté de l'homme, qu'il soutient en la dirigeant ; mais la grâce ne fait pas violence au libre arbitre, afin de lui conserver son mérite. C'est pourquoi des défections partielles ne manqueront jamais d'attrister l'Église ; la trahison et la fidélité se prolongent ici-bas dans un éternel contraste. La persécution est comme ce van dont parle saint Jean-Baptiste dans l'Évangile, et par le moyen duquel le Seigneur purifie son aire: le bon grain se sépare d'avec la paille qu'emporte le vent [1]. Il devait en être ainsi au milieu de la grande épreuve que subissait le christianisme sous l'empereur Décius. Des chutes nombreuses affligèrent les fidèles. En présence d'un fait si lamentable, quelle conduite fallait-il tenir à l'égard de ceux qui avaient faibli dans la lutte ? C'est toujours, Messieurs, un problème délicat de savoir concilier la miséricorde avec la sévérité, de manière à ne pas diminuer l'horreur de la faute, tout en ménageant aux coupables un retour facile. Il n'est aucune question qui ait préoccupé davantage l'esprit de saint Cyprien. Dans quelle mesure a-t-il réussi à résoudre cette difficulté ? Quelle est, avec leur valeur dogmatique, le mérite littéraire des écrits auxquels a donné lieu la controverse dont je parle ? C'est ce que nous verrons la prochaine fois.

1. S. Matthieu, III, 12.

NEUVIÈME LEÇON

Défections qui se produisent dans les rangs des fidèles pendant la persécution de Décius. — Controverse sur la réhabilitation des apostats ou des *Laps*. — Deux écueils à éviter : une indulgence extrême et une excessive sévérité. — Sages tempéraments dont usait l'Église romaine à l'égard de ceux qui avaient faibli pendant la persécution. — Cyprien adopte ce moyen terme qui concilie la justice avec la miséricorde. — La question des indulgences au iiie siècle. — Application des satisfactions surabondantes des martyrs aux apostats ou aux *Laps*. — Les lettres de recommandation des martyrs ou les *libelli pacis*. — Dans quelle mesure Cyprien admet cette relaxation des peines canoniques. — Une cabale de prêtres dirigée par Novat s'élève contre l'évêque. — Lettres de Cyprien au clergé et au peuple de Carthage. — Intervention malencontreuse de quelques martyrs dans la question des *Laps*. — Situation difficile de l'Église d'Afrique.

Messieurs,

La persécution de Décius avait été pour le christianisme l'une des plus fortes épreuves qu'il eût subies jusqu'alors. Un plan d'attaque habilement conçu et exécuté avec vigueur s'étendait à tout l'empire. De Rome à Jérusalem, d'Alexandrie à Carthage, le despotisme militaire soutenu par la haine des masses sévissait avec fureur contre les disciples de l'Évangile. Ce fut pour l'Église une nouvelle source de triomphes. Pour ne parler que de l'Afrique, nous avons vu avec quel enthousiasme Cyprien célébrait l'héroïque fermeté des confesseurs de la foi. Les Mappalique, les Rogatien, les Aurèle, les Célérinus, les Numidique et tant d'autres avaient mérité les éloges que l'éloquent évêque décernait à leur générosité. La doctrine chrétienne s'affirmait de plus en plus par les prodiges d'abnégation qu'elle multipliait dans les âmes. Toutefois, nous n'avons pas hésité à le dire, de tristes défections s'étaient produites parmi les fidèles. Il est dans la nature des choses que les circonstances difficiles fassent éclater la vertu des uns et la faiblesse des autres. Loin d'amoindrir la force de l'argument tiré du courage des martyrs, ces défaillances partielles ne font que l'augmenter, parce qu'en prouvant combien un tel sacrifice est pénible, elles montrent ce qu'il faut d'énergie surhumaine pour l'accomplir. Du reste, quelque nombreuses qu'on les suppose, ces chutes s'expliquent d'elles-mêmes. Trente années de paix avaient amené un certain relâchement dans la discipline. En l'absence de tout péril, les conversions s'étaient multipliées, il est vrai, mais leur sincérité n'en égalait pas le nombre [1]. Quand l'homme sacrifie le plaisir au devoir sous le coup de la menace, on peut être sûr qu'il obéit à une conviction profonde ; une foi qui ne risque rien à se produire est loin de présenter la même garantie de solidité et de persévérance. Il devait résulter de cette situation si favorable à d'autres égards, que beaucoup de chrétiens, peu affermis dans leurs croyances, ne résisteraient pas à la crainte du supplice, et que la persécution, au lieu d'enflammer leur zèle, les trouverait irrésolus et pusillanimes. En effet, l'apostasie vint mêler ses ombres aux gloires du martyre ; et l'on peut juger d'une désertion si lamentable par le tableau qu'en traçait Cyprien après que la tempête eut passé sur l'Église :

« Au milieu de la joie que nous causent les couronnes célestes des martyrs, les gloires spirituelles des confesseurs, les

---

[1]. Ép VI, VIII, XXXII, XXIII, XXXIV.

grandes et admirables vertus de ceux de nos frères qui sont restés debout, une tristesse vient nous saisir. La rage de l'ennemi a déchiré une partie de nos entrailles en terrassant plusieurs d'entre nous. Ici, que ferai-je, mes très-chers frères ? Dans le trouble et l'agitation de mon âme, que puis-je dire et où trouver un langage convenable ?.... Aux premières menaces de l'ennemi, un très-grand nombre de nos frères ont trahi leur foi ; ils n'ont pas été abattus par la violence de la persécution, mais ils se sont abattus eux-mêmes par une chute volontaire... O crime ! ô honte ! Quelques-uns de nos frères n'ont pas même attendu la main du licteur pour monter au Capitole, ni l'interrogatoire pour apostasier. Vaincus sans combat, terrassés avant le choc, ils ne se sont pas seulement ménagé l'excuse d'avoir sacrifié aux idoles malgré eux. On les a vus courir d'eux-mêmes au Forum, se précipiter au-devant de la mort, comme s'ils avaient voulu satisfaire une ardeur impatiente, et saisir une occasion après laquelle ils soupiraient depuis longtemps. Combien le magistrat n'en a-t-il pas remis au lendemain, vu l'heure avancée ! Combien l'ont supplié de ne pas différer leur perte ! Prétexteront-ils la violence pour se laver de leur crime, quand c'est d'eux-mêmes plutôt que venait la violence ? Ah ! dis-moi, sur ce Capitole où tu montais spontanément, prêt à consommer de plein gré un détestable forfait, tes genoux n'ont-ils pas tremblé ? Un nuage n'a-t-il pas obscurci tes yeux ? Tes entrailles n'ont-elles pas été ébranlées ? Les bras ne te sont-ils pas tombés ? Tes sens n'ont-ils pas été frappés de stupeur ? Enfin, les mots n'ont ils pas manqué à ta langue incertaine ? Quoi ! un serviteur de Dieu a pu se tenir là et trouver des paroles pour renoncer au Christ, lui qui avait renoncé au démon et au siècle ! Et il n'a pas vu que cet autel dont il s'approchait allait devenir son bûcher ! Et cet autel du démon, d'où s'exhalaient encore une odeur et une fumée infectes, il n'a pas cherché à le fuir comme un lieu d'horreur où se préparaient ses funérailles ! Malheureux, tu portes avec toi une hostie, tu amènes une victime : l'hostie, la victime, c'est toi. Dans ces flammes, sur cet autel funeste, tu as immolé ton salut, tes espérances, ta foi [1]. »

Après cette éloquente apostrophe, Cyprien indique la cause d'un si grand nombre de défections. Il n'hésite pas à la chercher dans l'amour des richesses, dans un attachement aveugle aux biens de ce monde. « Voilà, s'écrie-t-il, les liens qui ont enchaîné les apostats, arrêté leur élan, subjugué leur foi, captivé leur esprit, et fermé leur intelligence à la vérité [2]. « On peut, sans nul doute, trouver quelques traces d'exagération dans cette peinture trop sombre de l'Église d'Afrique pendant la persécution de Décius ; mais, tout en faisant la part de l'entraînement oratoire et de l'indignation d'un évêque qui, pour exhorter son peuple à la pénitence, se laisse aller à grossir tant soit peu le nombre des fautes, il est impossible de nier que la religion n'ait eu à déplorer beaucoup de chutes pendant les années 250 et 251. Toutefois, hâtons-nous de le dire, il y avait divers degrés de culpabilité dans ces apostasies apparentes ou réelles. Les uns sacrifiaient aux idoles ou leur offraient de l'encens : c'était un acte d'idolâtrie manifeste, on les appelait *sacrificati* ou *thurificati*. Les autres éludaient l'édit impérial au moyen d'une transaction ; ceux-ci se présentaient devant le magistrat, pour déclarer qu'en leur qualité de chrétiens ils ne pouvaient sacrifier aux idoles ; par contre, ils offraient de

---

1. *De lapsis*, IV, VII, VIII.
2. *Ibid.*, XI.

l'argent afin qu'on les exemptât d'un acte illicite. Soit avarice, soit humanité, le magistrat se contentait d'une déclaration qui tournait à son profit, en le dispensant de sévir. Dans ce cas, ils recevaient en retour un petit écrit ou libelle, portant qu'ils avaient rempli les prescriptions de l'édit impérial, bien qu'ils n'en eussent rien fait. De là le nom de *libellatiques* donné à ceux qui recouraient à ces certificats de paganisme. De pareils billets s'obtenaient également par un intermédiaire, sans que l'on fut tenu de se présenter en personne. Quelquefois même le magistrat, gagné à prix d'argent, se bornait à inscrire tel ou tel chrétien sur la liste des apostats, en lui donnant acte d'une déclaration fictive (*acta facientes*). Il est évident, Messieurs, qu'une pareille lâcheté ne pouvait se justifier aux yeux de la foi. Comme le disait si bien le clergé de Rome dans l'une de ses lettres à saint Cyprien, « c'est être criminel que de se faire passer pour apostat, alors même qu'on n'a pas apostasié [1]. » D'autre part, cependant, ces subterfuges, quelque coupables qu'ils fussent, ne devaient pas être assimilés à une profession d'idolâtrie explicite et positive. Il y avait là des différences notables dont il fallait tenir compte pour proportionner la satisfaction à la faute. Saint Cyprien les a parfaitement signalées dans une lettre à Antonien, évêque de Numidie :

« N'allez pas non plus, frère bien-aimé, ainsi qu'il plaît à quelques-uns, mettre sur la même ligne les libellatiques et ceux qui ont sacrifié réellement, puisque des situations et des motifs divers établissent plus d'une différence même parmi ces derniers. Non, je ne confondrai pas celui qui, à la première injonction, vola de plein gré au devant d'un sacrifice impie, avec cet autre qui n'accomplit un acte si funeste

---

1. Ép. XXXI, *du clergé de Rome à saint Cyprien.*

que par nécessité et après une longue résistance ; celui qui se trahit lui et les siens, avec cet autre qui, exposé au péril pour tous, protégea sa femme, ses enfants, sa maison tout entière, en se sauvant lui-même du danger. Je ne confondrai pas celui qui poussa au crime sa famille ou ses amis, avec cet autre qui épargna sa famille et ses colons ; qui recueillit sous son toit hospitalier plusieurs de ses frères errants et proscrits par la persécution : celui-ci du moins peut montrer et offrir à Dieu beaucoup d'âmes vivantes et en pleine santé, qui intercèdent pour une seule âme blessée. Puis donc que l'on doit distinguer entre ceux-là mêmes qui ont sacrifié, il y aurait une dureté et une injustice révoltante à confondre les libellatiques avec ces derniers. J'avais lu, vous dira celui qui a reçu l'un de ces billets, les instructions de l'évêque m'avaient appris qu'il est défendu de sacrifier aux idoles, et qu'un serviteur de Dieu ne doit pas adorer des simulacres. Voilà pourquoi, afin de m'épargner un crime, et profitant d'une occasion que je n'aurais jamais cherchée, si elle ne s'était offerte, j'allai trouver le magistrat, et je lui déclarai moi-même ou par un intermédiaire que j'étais chrétien, qu'il ne m'était pas permis de sacrifier, que je ne pouvais pas me présenter devant les autels du démon, et que j'offrais de l'argent pour en être dispensé [1]. »

L'esprit judicieux de saint Cyprien se révèle dans ce passage qui distingue avec tant de netteté les diverses catégories de coupables. En effet, Messieurs, pour apprécier le mérite ou le démérite des hommes, il faut se rendre compte des mobiles qui les poussent, et avoir égard aux circonstances dans lesquelles ils agissent : un même acte, accompli par plusieurs, diffère en valeur morale d'un individu à

---

1. Ép. LII, à *Antonien, évêque de Numidie.*

l'autre. Cela posé, quelle conduite devait-on tenir envers ceux qui avaient failli dans la foi pendant la persécution, et que nous appellerons avec l'antiquité chrétienne, les *laps* ou les tombés ? Car il était facile de prévoir que, le péril une fois écarté, ils demanderaient à rentrer dans le giron de l'Église et à obtenir le pardon de leur faute. C'est ce qui arriva par le fait : revenus de leur égarement, la plupart d'entre eux réclamaient à grands cris une réconciliation qui pût effacer un moment de faiblesse et d'oubli. Devant de pareilles dispositions, il s'agissait d'éviter avec soin deux extrêmes également funestes. Fermer aux coupables la voie du retour, c'était les jeter dans le désespoir par un rigorisme outré ; les admettre à la communion sans pénitence suffisante, c'était affaiblir l'horreur de l'apostasie et amener dans la discipline un relâchement irrémédiable. Dès le commencement de la persécution, le clergé de Rome, avec cette sagesse qui a toujours distingué l'Église mère et maîtresse de toutes les autres, avait indiqué à celui de Carthage le seul parti qui pût concilier à la fois les droits de la justice et les devoirs de la charité [1]. Dans des lettres postérieures à la première, le même clergé était revenu à la charge pour développer son sentiment [2]. Suivant le collège de prêtres qui administrait l'Église romaine pendant la vacance du Saint-Siége, il fallait exhorter les apostats à la pénitence, et différer leur réconciliation jusqu'au rétablissement de la paix. Alors, l'on délibérerait sur leur sort dans des conciles particuliers, en se réglant d'après la culpabilité de chacun, pour proportionner l'expiation à la faute. Toutefois, afin de ne pas mettre en péril le salut des âmes, l'on ferait une exception pour ceux

---

1. Ép. II, *du clergé romain à celui de Carthage.*
2. Ép. XXVI, *de Moïse, de Maxime, de Nicostrate à Cyprien.* — Ép. XXX, et XXXI, *des prêtres de Rome à Cyprien.*

qui, se trouvant en danger de mort, confesseraient leur crime sans avoir eu le temps d'accomplir la pénitence prescrite. « Car, ajoutait' le clergé romain, nous devons éviter que les méchants ne se prévalent de notre condescendance, et que les véritables pénitents ne taxent notre rigueur de cruauté. » Il eût été impossible d'allier plus de fermeté à une plus grande modération dans une affaire si délicate. Aussi l'évêque de Carthage adoptat-il pleinement cette règle de conduite. A son tour, il voulait qu'on s'abstînt de rendre les apostats à la communion des fidèles, jusqu'à ce que l'Église eût recouvré la paix : les malades seuls devaient jouir de ce bénéfice, dans le cas où ils donneraient des marques de repentir non équivoques. Mais ces sages tempéraments n'étaient pas de nature à satisfaire l'impatience de beaucoup d'hommes aussi pressés d'obtenir le pardon qu'ils avaient été prompts à commettre la faute : ils exigeaient une réconciliation immédiate, et l'impétuosité de leurs désirs trouva un aliment dans les maximes relâchées de plusieurs prêtres et dans la charité indiscrète de quelques confesseurs de la foi. Il en résulta une controverse vive, passionnée, qui fournit à saint Cyprien l'occasion de faire éclater, avec la vigueur de son éloquence, un zèle intrépide pour le maintien de la discipline.

Nous avons vu qu'un petit nombre d'intrigants s'étaient ligués contre Cyprien depuis son élévation à l'épiscopat. Ni les bontés, ni les prévenances de l'évêque n'avaient réussi à gagner ces esprits indociles et remuants. A leur tête se trouvaient cinq prêtres dont l'ambition déçue ou les désordres expliquaient la résistance. Quand le pieux pontife eut pris la résolution de s'éloigner pour un temps, afin de ne pas irriter davantage la fureur des païens, la cabale ne manqua point de murmurer les mots de lâcheté, de trahison, et l'écho de ces bruits, répandus parmi le peuple, était arrivé jusqu'à Rome. L'affaire des *laps* allait devenir entre les mains de l'opposition une arme encore plus perfide, à l'aide de laquelle on se promettait d'ébranler l'autorité de l'évêque absent. Contrairement aux décisions du clergé romain et de Cyprien, qui ordonnaient d'ajourner la réhabilitation des apostats jusqu'après la persécution, les prêtres dont je parle ne craignirent pas d'accorder la paix à tous ceux qui la réclamaient; et ils entraînèrent à leur suite une partie du clergé de Carthage dans cette voie d'indulgence excessive. Sans doute ils espéraient par là voir grandir leur popularité, au détriment de l'évêque qui passerait dès lors aux yeux des coupables pour un homme dur et cruel. C'est le propre des esprits faibles de rechercher les suffrages de la multitude en flattant ses passions, tandis que les âmes vraiment fortes dédaignent ces moyens vulgaires, et s'attachent aux principes, sans s'inquiéter des caprices de l'opinion. Toute commode qu'elle était, cette réconciliation hâtive n'eût pourtant pas réussi à tromper les fidèles, si le zèle imprudent de quelques martyrs ne l'avait colorée d'un prétexte spécieux. Pour vous faire comprendre ce trait de mœurs pris dans la vie religieuse de l'époque, j'ai besoin, Messieurs, de toucher à un point de doctrine très-important, avant de parcourir les lettres pastorales que saint Cyprien écrivit sur ce sujet à son clergé et à son peuple.

Une des vérités que saint Paul développe avec le plus d'insistance, c'est que l'Église forme un corps dont tous les membres sont unis entre eux par les liens d'une étroite solidarité. Pour exprimer son idée par une image sensible, l'apôtre ne craint pas de recourir à l'exemple du corps humain, où chaque membre est plein de sollicitude pour l'autre, de telle sorte que la force de celui-ci remédie ou supplée à l'infirmité de celui-là [1]. Il en est ainsi de l'Église : tous les fidèles participent à la vie spirituelle, mais dans une mesure inégale. Ici, la séve divine circule, puissante et féconde ; là, elle est entravée dans son action par des obstacles de tout genre. D'un côté, il y a disette ; de l'autre, surabondance d'œuvres satisfactoires. Mais en vertu de la communion des saints, les mérites peuvent être reversés du riche sur le pauvre. Ici encore, l'ordre surnaturel ne fait que reproduire sur une plus vaste échelle ce qui se passe dans la famille, dans l'État et dans l'humanité. Sans doute, Messieurs, les actes sont personnels, soit en bien, soit en mal ; mais la conséquence des actes ne se borne pas à l'individu, elle s'étend beaucoup plus loin. Est-ce que, dans une famille, l'activité d'un seul ne suffit pas pour appauvrir ou pour enrichir les autres, pour faire rejaillir sur eux le déshonneur ou la gloire ? N'y a-t-il pas dans un État, à côté des fortunes particulières, une richesse publique qui tourne au profit du corps entier, un fonds commun que tous contribuent à augmenter et qui permet de subvenir aux besoins de chacun ? Les actions d'éclat d'un citoyen, ses sacrifices et ses vertus ont-ils un caractère tellement individuel qu'il n'en résulte aucun avantage pour les habitants de la même cité ? Bref, les deux lois de la solidarité dans les actes et de la réversibilité des mérites se retrouvent à tous les degrés de l'échelle sociale. Mais c'est dans l'Église ou dans le royaume des âmes qu'elles reçoivent leur plus haute application. De même que le péché d'Adam s'est transmis à toute la race humaine, ainsi les mérites de Jésus-Christ embrassent-ils l'humanité entière. Infinis en valeur, par suite de l'union de la nature divine avec la nature humaine dans la personne de l'Homme-Dieu,

---

1. *Aux Rom.*, XII ; — Ire *aux Cor.*, XII.

ces mérites constituent un capital inépuisable, dont chaque âme peut s'approprier le bénéfice. Ce n'est pas tout, Messieurs. La vertu surabondante du sacrifice de Jésus-Christ communique aux œuvres satisfactoires des saints un prix surnaturel, qui leur permet de compter à leur tour parmi les richesses spirituelles de l'Église. Non pas que les œuvres des saints puissent rien ajouter aux mérites du Fils de Dieu, d'où elles tirent leur valeur : la source n'est pas grossie par les ruisseaux qui s'en échappent ; mais les ruisseaux épanchent et répartissent l'eau qu'ils tiennent de la source. De même que l'action des causes secondes, dans le gouvernement de l'univers, n'amoindrit pas la toute-puissance de la cause première, ainsi les mérites de la sainte Vierge et des saints font-ils partie du trésor spirituel de l'Église, sans qu'il en résulte une diminution de gloire pour l'Homme-Dieu qui en est le principe. C'est sur l'existence de ce trésor spirituel, comprenant les mérites de Jésus-Christ et des saints, qu'est fondé le dogme catholique des indulgences ; et quand Luther vint attaquer ce point de doctrine, il montra qu'il n'avait aucune idée de la communion des saints, du pouvoir judiciaire de l'Église ni de la tradition chrétienne.

Que l'Église ait reçu de Jésus-Christ le pouvoir de lier et de délier les consciences, de remettre ou de retenir les péchés, c'est un fait certain pour quiconque s'est donné la peine d'ouvrir l'Évangile [1]. Or, si elle a le droit de remettre, avec le péché, la peine éternelle qui y est attachée, à plus forte raison peut-elle remettre les peines temporelles qu'il nous reste à subir pour satisfaire complètement à la justice divine. Car on ne saurait prétendre sans folie que Dieu soit tenu d'ouvrir, à l'instant même, les portes du ciel au pécheur

---

1. S. Matthieu, XVIII, 18 ; XVI, 19 ; — S. Jean, XX, 23.

repentant, sans du moins exiger de lui certaines œuvres satisfactoires qui achèvent d'éteindre sa dette. Le péché, même remis, n'en laisse pas moins subsister dans l'âme quelques traces de faiblesse : par une raison analogue, la rémission de la peine éternelle due au péché n'empêche pas qu'en retour Dieu ne puisse nous infliger d'autres peines d'une durée et d'une intensité moindres, soit en cette vie, soit dans l'autre, sur la terre ou au purgatoire. C'est dans le but de faciliter aux pécheurs la remise entière de ces peines temporelles, que l'Église a établi dès le principe sa discipline pénitentiaire. En leur imposant, avec l'autorité qu'elle tient du Christ, des œuvres pénibles et laborieuses, elle leur fournit le moyen d'acquitter le restant de leur dette. Mais, si elle a le pouvoir de lier, elle possède également celui de délier; elle peut se relâcher de sa rigueur, abréger la durée de la pénitence, non pas arbitrairement, mais en ayant égard à la ferveur des pénitents, aux bonnes œuvres qu'elle leur prescrit, en suppléant à l'indigence des pécheurs par le trésor spirituel dont elle est la dispensatrice, ou, pour tout dire d'un mot, en leur accordant une *indulgence*. Lui refuser ce droit, c'est nier d'un côté, le pouvoir des clefs, et de l'autre, le dogme de la communion des saints.

Aussi, Messieurs, les monuments de la littérature chrétienne nous montrent-ils que l'Église a fait constamment usage du pouvoir d'accorder des indulgences, c'est-à dire de diminuer la durée des œuvres satisfactoires, et de remettre les peines temporelles dues au péché. En excommuniant l'incestueux de Corinthe, saint Paul l'avait soumis aux exercices de la pénitence. L'année suivante, apprenant que l'Église de Corinthe avait pardonné à ce pécheur scandaleux, il lui pardonne à son tour, et lui remet le reste de la punition précédemment infligée. « Ce que vous lui avez accordé par indulgence, je l'accorde aussi. Car si j'use moi-même d'indulgence, j'en use à cause de vous dans la personne du Christ[1]. » L'apôtre relâche quelque chose de la peine qu'il avait imposée, en d'autres termes, il donne une indulgence. La conduite des martyrs à l'égard des apostats nous fait voir également quels étaient sur ce point le sentiment et la pratique de l'Église primitive. Ceux qui avaient eu le malheur de tomber pendant la persécution allaient trouver les confesseurs de la foi dans les cachots, et sollicitaient d'eux avec larmes, un billet de recommandation ou d'indulgence (*libellum pacis*) à l'aide duquel ils espéraient obtenir plus vite leur réconciliation. L'Église tenait grand compte de cette prière des martyrs ; et, quand les pénitents étaient bien disposés d'ailleurs, elle abrégeait pour eux la durée des peines canoniques, ou ce qui revient au même, elle leur accordait une indulgence. On jugeait, et avec raison, en se fondant sur le dogme de la communion des saints, que les satisfactions surabondantes des martyrs pouvaient être légitimement appliquées à ceux en faveur desquels ils intervenaient, et suppléer ainsi à l'imperfection d'une pénitence restée incomplète. Mais en tout cas, cette relaxation des peines canoniques, ou cette indulgence, ne dispensait pas le pécheur de toute expiation personnelle ; et de plus, elle ne pouvait émaner que de l'évêque, seul juge en pareille matière. C'est sur ce point que de graves abus s'étaient glissés dans l'Église d'Afrique ; et, après n'avoir rien négligé pour les prévenir, Cyprien mit tout son zèle à les réprimer.

En disant qu'il s'était introduit des abus dans la concession des indulgences au IIIe siècle, je suis certain, Mes-

---

[1]. IIe *aux Cor.*, II, 10.

sieurs, de n'avoir pas excité dans vos esprits la moindre surprise. Partout où il se trouve des hommes chargés d'appliquer la loi divine, on peut s'attendre à des méprises ou à des excès. C'est à l'Église qu'il appartient de détruire ces erreurs locales, et de ramener les intelligences à une saine interprétation des choses. Plus on signalera de désordres partiels dans l'histoire des siècles chrétiens, mieux on démontrera la nécessité d'un pouvoir suprême, ayant mission de conserver intact le dépôt de la foi et de la morale. Si le clergé et les martyrs de Carthage s'en étaient tenus aux sages prescriptions de l'Église romaine, dont nous parlions tout à l'heure, ils auraient évité les fautes auxquelles une trop grande précipitation allait les entraîner. Mais, soit par un vain désir de popularité, soit par esprit d'opposition contre Cyprien, la faction des prêtres guidée par Novat ne craignit pas de procéder immédiatement à la réconciliation des apostats, au lieu de consulter l'évêque et d'attendre que les pécheurs eussent donné des marques suffisantes de repentir. Quant aux martyrs, plusieurs d'entre eux cédant à un élan de générosité imprudente, octroyaient des lettres de recommandation (*libellos pacis*) à tous ceux qui en demandaient, sans examiner la gravité de leur faute ni la sincérité de leurs dispositions. Quelques-uns même, bien loin de se borner à une simple requête, accordaient la paix de leur propre autorité, ce qui était un empiétement manifeste sur les droits de l'évêque. Il y avait de ces billets conçus en termes généraux : « Qu'un tel soit admis à la communion avec les siens [1] ; » de manière qu'une seule personne pouvait en présenter vingt ou trente autres, comme ses parents ou

---

1. Communicet ille cum suis. — Ép. x, *aux martyrs et aux confesseurs*.

ses serviteurs. A leur insu et contre leur intention, ce zèle inconsidéré des confesseurs de la foi venait en aide aux rancunes et aux maximes relâchées du parti de Novat. Bref, le désordre était à son comble dans l'église de Carthage. Alors Cyprien éleva la voix ; et, dans une lettre adressée à son clergé, il flétrit la conduite des prêtres qui, au mépris de l'autorité de leur évêque, s'étaient arrogé le pouvoir de dispenser les apostats d'une pénitence nécessaire :

« Je me suis longtemps contenu, mes très-chers frères, dans l'espoir que ma réserve et mon silence tourneraient au profit de la paix. Mais informé que, par une précipitation orgueilleuse et irréfléchie, quelques-uns compromettent témérairement l'honneur des martyrs, la modestie des confesseurs et la tranquillité du peuple entier, je n'ai pas dû me taire davantage, de peur qu'un silence trop prolongé ne devînt un péril pour le peuple et pour nous-mêmes. En effet, que n'avons-nous pas à redouter de la colère divine lorsque des prêtres, oubliant l'Évangile et leur rang, perdant de vue le jugement à venir du Seigneur et les droits de l'évêque qui leur est préposé, chose qui ne s'était jamais faite sous nos prédécesseurs, s'arrogent l'autorité tout entière au préjudice et au mépris de leur chef ? Et plût à Dieu qu'ils se l'arrogeassent sans que le salut de nos frères en fût menacé ! Je pourrais dissimuler encore et supporter l'affront que reçoit notre épiscopat, comme je l'ai toujours dissimulé et supporté sans me plaindre ; mais le temps des ménagements est passé du moment que l'assemblée de nos frères est trompée par plusieurs d'entre vous qui, voulant se rendre agréables aux prévaricateurs par un pardon non motivé, ne font que leur nuire davantage [1]. »

---

1. Ép. ix, *aux prêtres et aux diacres de Carthage.*

Pour comprendre à quel point les prêtres dont parle Cyprien avaient méconnu son autorité, il faut nous rappeler que, d'accord avec le clergé romain, il avait statué des règles précises relativement aux apostats. On devait surseoir à leur réconciliation jusqu'à ce que la paix fût rendue à l'Église, et qu'on pût se livrer à un examen attentif de leur faute, afin d'y proportionner la satisfaction. Dans l'intervalle, ils étaient tenus de se préparer à recevoir le pardon en accomplissant des œuvres de pénitence. Il n'y avait d'exception que pour les malades en danger de mort : ceux-là recevaient l'absolution après avoir confessé leur péché avec les marques d'un repentir sincère. L'Église, prenant en considération le *libelle de paix* que les martyrs leur avaient donné, faisait remise aux moribonds de toutes les peines temporelles dues à leurs péchés : c'était ce que nous appelons une indulgence plénière accordée à l'article de la mort [1]. Lors donc que les prêtres, contre lesquels s'élève saint Cyprien, admettaient tous les apostats à la réconciliation, sans pénitence préalable, ils foulaient aux pieds la décision de l'évêque : au lieu de faire sentir aux coupables la gravité de leur faute en leur imposant des œuvres satisfactoires, ils affaiblissaient l'horreur que doit inspirer le crime de l'apostasie.

« Dissimuler ces vérités à nos frères, continue l'éloquent évêque, c'est tromper ces infortunés. Ils pourraient, en accomplissant une véritable pénitence, satisfaire par leurs prières et leurs œuvres à la justice de Dieu qui est pour nous un père plein de miséricorde ; mais non, on les séduit afin de mieux les perdre ; au lieu de les relever, on les précipite dans un abîme plus profond. Quoi ! des pécheurs souillés de

---

1. Ép. XIII, *au clergé* : exomologesi facta, et manu eis a vobis in pœnitentiam imposita, *cum pace a martyribus sibi promissa* ad dominum remittantur.

fautes moins graves sont soumis à une pénitence dont la durée est justement fixée ; ils ont recours à l'exomologèse, suivant les prescriptions de la discipline ; ils ne reçoivent le droit de communiquer avec le reste des fidèles que par l'imposition des mains de l'évêque et du clergé ; et aujourd'hui, que les plaies sont encore saignantes, au fort de la persécution, avant que la paix soit rendue à l'Église elle-même, on verra de tels coupables admis à la communion ; leur nom viendra se mêler à l'oblation du sacrifice ; et avant qu'ils aient fait pénitence, qu'ils aient confessé leur iniquité, que l'évêque et le clergé leur aient imposé les mains, on ira jusqu'à leur donner l'Eucharistie, tandis qu'il est écrit : Celui qui mangera indignement le pain du Seigneur, ou boira indignement son calice, sera coupable du corps et du sang de Jésus-Christ[1] ! »

Il est évident que, par cette indulgence extrême à l'égard des apostats, la faction de Novat n'arrivait à rien moins qu'à détruire l'Évangile où l'obligation de confesser le Seigneur devant les hommes est la première de toutes. Passer légèrement sur un si grand forfait, c'était l'encourager en quelque sorte. A quoi bon s'exposer aux tourments du martyre, dès l'instant qu'on pouvait racheter son apostasie avec tant de facilité ? Le sens pratique de Cyprien l'avertissait que les plus graves intérêts de la foi étaient engagés dans la question. C'est pourquoi il n'hésita pas à user de sévérité envers les prêtres rebelles en leur défendant d'offrir les saints mystères, jusqu'à ce qu'ils eussent justifié leur conduite devant l'assemblée des fidèles présidée par l'évêque[2]. En même temps il écrivit au peuple de Carthage pour l'engager à con-

---

1. Ép. IX, *aux prêtres et aux diacres de Carthage*.
2. *Ibid.*

tenir par de sages conseils l'impatience de ceux qui étaient tombés :

« Que personne, s'écrie-t-il dans ce langage figuré si propre à frapper l'imagination du peuple, que personne ne cueille avant le temps des fruits qui ne sont pas mûrs. Que personne ne rende à la haute mer, avant de l'avoir soigneusement réparé, son navire brisé et entr'ouvert par les flots. Que personne ne se hâte de revêtir sa tunique, encore toute déchirée, avant qu'elle ait passé par les mains du foulon, et qu'un ouvrier habile l'ait remise à neuf. Je supplie les *laps* de déférer à notre conseil, et d'attendre notre retour, afin que, rendu à notre troupeau par la miséricorde divine, nous puissions, dans une assemblée d'évêques et en présence des confesseurs, prendre votre avis sur les requêtes des martyrs, conformément à la discipline du Seigneur[1]. »

Au fond, Messieurs, tout le débat portait sur la question des indulgences. Un certain nombre d'apostats cherchaient à se soustraire aux peines canoniques, dont ils sollicitaient la remise par l'intercession des confesseurs de la foi. Au moyen de ces *libelles de paix*, ils espéraient pouvoir se dispenser de faire pénitence. L'évêque de Carthage réprouvait hautement ces calculs intéressés qui lui paraissaient subversifs de toute discipline morale. Non pas qu'en voulant éviter un excès, il se soit laissé entraîner dans un autre. Cyprien n'était pas un de ces esprits violents et extrêmes qui, comme Luther, ne savent pas distinguer un abus d'un usage légitime, et qui finissent par détruire ce qu'ils prétendaient réformer. Fidèle à la doctrine catholique, il admettait parfaitement que l'Église a le droit de se relâcher de sa rigueur

---

1 Ép. xi, *au peuple de Carthage*.

envers les coupables, et de leur remettre soit une partie, soit la totalité des peines temporelles dues au péché, en leur appliquant les mérites et les satisfactions surabondantes de Jésus-Christ et des saints. Il avait une idée trop exacte de la communion des saints et du pouvoir judiciaire de l'Église pour s'élever contre un principe que les sectes protestantes ont méconnu depuis lors. « Ceux qui ont reçu un libelle des martyrs, écrivait-il au sujet des malades, peuvent être aidés auprès du Seigneur par ce secours, par cette prérogative [1]. » Mais il estimait en même temps, et avec raison, que si les indulgences accordées par l'autorité compétente suppléent à la faiblesse du pécheur, elles ne le dispensent nullement de faire pénitence ; et qu'il faut d'ailleurs, pour les gagner, certaines dispositions sans lesquelles ces faveurs n'obtiennent pas leur effet. C'est dans ce sens qu'il écrivit aux martyrs et aux confesseurs de la foi. Il consent bien, sur leur requête, à remettre aux apostats pénitents une partie de la punition infligée par la discipline du temps ; mais il veut que les martyrs, de leur côté, y apportent de la circonspection, afin que l'indulgence ne soit accordée qu'à ceux qui ont déjà commencé à réparer leur faute :

« Je vous en conjure, leur écrit-il, par toutes les prières dont je suis capable, souvenez-vous de l'Évangile, et les yeux fixés sur les martyrs vos prédécesseurs, qui agissaient en toutes choses avec tant de sollicitude et de discernement,

---

1. Ép. XII, *au clergé de Carthage* : qui libellos a martyribus acceperunt et præogativa eorum apud Deum adjuvari possunt. — Ép. XIII, *au même clergé* : qui libellum a martyribus acceperunt, et auxilio eorum adjuvari apud Dominum in delictis suis possunt. — Qu'on remarque bien ces mots *apud Deum, apud Dominum* : ils montrent que, dans la pensée de Cyprien, l'indulgence remet les peines temporelles, non-seulement devant l'Église, mais encore devant Dieu.

pesez comme eux toutes les demandes. Amis de Dieu, et destinés par la suite à juger le monde avec lui, examinez bien l'acte, les œuvres et les mérites de chacun ; considérez la nature et la qualité des fautes, de peur que des promesses irréfléchies de votre part, et de la nôtre une précipitation blâmable, ne couvrent de confusion notre Église à la face des Gentils eux-mêmes... Tout peut rentrer dans l'ordre, si vous pesez avec une religieuse attention les demandes qui vous sont adressées, habiles à discerner et à écarter ceux qui, sous un nom supposé, viennent chercher dans vos bienfaits une grâce pour leurs amis, et pour eux-mêmes le prix d'un trafic honteux. Je recommande un dernier point à votre scrupuleuse exactitude, c'est de désigner nominativement ceux pour lesquels vous sollicitez la paix. Des billets, m'a-t-on dit, sont conçus en ces termes : « La communion à un tel avec les siens. » Les martyrs n'ont jamais usé d'une formule indécise, vague et si propre à soulever dans la suite la haine contre nous. En effet, ces mots « la communion à un tel avec les siens » se prêtent à une extension illimitée. On pourra nous présenter vingt, trente personnes, davantage même, en nous assurant que ce sont les parents, les alliés, les affranchis et les serviteurs de celui qui a reçu le billet. Je vous en conjure donc, désignez par leur nom les individus que vous voyez de vos yeux, que vous connaissez, *dont la pénitence vous semble approcher de la satisfaction*; par là vous nous adresserez des lettres conformes à la foi et à la discipline [1]. »

C'est ainsi que Cyprien s'efforçait de réprimer les abus qui s'étaient glissés dans la concession des indulgences. De cette manière la rémission des peines canoniques ne devait s'obte-

---

1. Ép. x, *aux martyrs et aux confesseurs*.

nir qu'autant qu'il y avait eu commencement de satisfaction : l'indulgence devenait le complément de la pénitence, bien loin de la remplacer ; et l'Église usait de miséricorde, sans se départir d'une juste sévérité. Mais, Messieurs, il arrive trop souvent que les hommes, une fois entraînés sur une pente périlleuse, se laissent aller jusqu'au bout. Au lieu d'écouter les sages remontrances de leur évêque, plusieurs confesseurs de la foi prêtèrent l'oreille aux suggestions du parti de Novat. Soit ignorance des lois établies, soit excès de générosité à l'égard des coupables, ils s'arrogèrent un droit qui n'appartenait qu'à l'évêque. A leur tête se trouvait Lucien, homme d'une grande piété, mais peu versé dans la science des Écritures. Un confesseur de la foi, Célérinus, lui avait écrit de Rome pour recommander à ses prières trois chrétiennes devenues infidèles pendant la persécution [1]. N'écoutant que les inspirations d'un zèle peu éclairé, Lucien lui répondit en donnant la paix aux coupables. Il agit de même à l'égard d'autres apostats, auxquels il distribuait indistinctement des billets de réconciliation, se fondant sur ce que le martyr Paul lui en avait laissé le pouvoir. Enfin, il en vint à ce degré d'imprudence et de témérité qu'il écrivit à Cyprien la lettre suivante :

« Tous les confesseurs au pape Cyprien, salut. Vous saurez que nous avons donné la paix à tous ceux dont la conduite depuis leur faute aura été soumise à votre examen, et nous voulons que vous en informiez les autres évêques. Nous désirons que vous soyez en bonne intelligence avec les saints martyrs. En présence d'un exorciste et d'un lecteur : écrit par Lucien [2]. »

Un billet si étrange accusait tout au moins chez son auteur

---

1. Ép xx *de Célérinus à Lucien.*
2. Ép xvi, *des confesseurs à Cyprien.*

une grande ignorance des règles de la discipline. En accordant la paix aux apostats de leur propre chef, au lieu de la solliciter par leurs prières, les martyrs au nom desquels Lucien avait écrit substituaient leur autorité à celle de l'évêque. Si de pareilles prétentions avaient été admises, elles auraient amené le renversement de la hiérarchie. Évidemment, Lucien et ses compagnons ne se doutaient pas qu'ils étaient l'instrument d'un parti habile à se servir d'eux pour arriver à ses fins. Touchés de compassion à la vue de tant d'infortunés, ils agissaient de bonne foi, sans s'apercevoir que la cabale de Novat cherchait dans leur condescendance excessive un moyen de tourner l'opinion contre Cyprien. Rien n'est difficile, Messieurs, comme de lutter avec des hommes sincèrement pieux, du moment que la ruse et l'artifice ont réussi à fausser leur conscience. Abusant du crédit qu'assurait aux confesseurs de la foi une constance éprouvée par les tourments, un certain nombre d'apostats avaient écrit à l'évêque de Carthage, non pas tant pour solliciter leur pardon, que pour lui faire part d'une réconciliation déjà obtenue suivant eux. Dans quelques villes de la province d'Afrique, la multitude se soulevait contre les évêques, pour les contraindre à lui accorder sans délai une paix que les martyrs, criait-elle, lui avaient déjà donnée ; et le courage de quelques préposés avait faibli devant ces clameurs[1]. Une anarchie pire que la persécution menaçait donc cette partie de l'Église. Sans se laisser troubler par les manœuvres des uns ni par la faiblesse des autres, Cyprien renouvela au clergé de Carthage les instructions qu'il lui avait données précédemment[2]. Puis voulant chercher un appui sûr au milieu

---

1. Ép. xxii, *au clergé romain*.
2. Ép. xvii, *aux prêtres et aux diacres de Carthage*.

de tant de défaillances, il se tourna vers l'Église de Rome. Après un exposé succinct de la question, il adressa au clergé romain tous les documents qui s'y rapportaient, ses propres lettres aux martyrs et à son clergé, l'étrange billet de Lucien, l'épître de Célérinus à ce confesseur, et la réponse de Lucien à Célérinus[1]. L'évêque de Carthage ne s'était pas trompé sur le résultat de ses démarches. C'est dans l'Église romaine qu'il allait trouver son soutien et sa force.

1. Ép. xxii, *au clergé romain*.

DIXIÈME LEÇON

Pour terminer la controverse sur la réconciliation des apostats, Cyprien en appelle à l'Église de Rome. — Le clergé romain lui répond pendant la vacance du Siége apostolique ; et l'Église d'Afrique se range à un avis si bien motivé. — Fin de la persécution de Décius. — Avant de rentrer à Carthage, Cyprien ordonne une visite épiscopale. — L'opposition contre l'évêque, latente depuis longtemps, éclate à l'occasion de cette mesure. — Un diacre de Carthage, Félicissime, lève l'étendard de la rébellion. — Cinq prêtres, et à leur tête Novat, se joignent au diacre schismatique. — Cyprien prononce contre eux la sentence d'excommunication. — Ses *Lettres* au clergé et au peuple de Carthage. — Cyprien retourne dans sa ville épiscopale. — Son mandement de retour ou son traité *de Lapsis*. — Importance dogmatique et mérite littéraire de cette pièce. — Doctrine sur la Pénitence et sur l'Eucharistie. — L'éloquence pastorale dans les écrits de saint Cyprien.

Messieurs,

Vous avez saisi, je l'espère, le point précis de la controverse qui s'agitait dans l'Église d'Afrique pendant la persécution de Décius. Un grand nombre de défections s'étaient produites sous le coup de la menace ou à la suite des violences qu'on exerçait à l'égard des fidèles. Parmi ces chrétiens lâches et pusillanimes, les uns n'avaient pas craint de sacrifier aux idoles ; les autres s'étaient bornés à racheter leur vie à prix d'argent, en se faisant passer pour apostats, bien qu'ils n'eussent pas réellement apostasié. On appelait ces derniers les *libellatiques*, à cause des libelles ou certificats de paganisme que leur délivraient des magistrats complaisants ou cupides. Revenus d'une surprise passagère, les coupables avaient hâte de rentrer dans la communion de l'Église. Mais, pour leur faire sentir la gravité de leur faute, saint Cyprien avait sagement décidé qu'ils resteraient dans la classe des pénitents jusqu'à la fin de la persécution ; il ne devait y avoir d'exception que pour les malades en danger de mort. Quelques prêtres, hostiles à l'évêque de Carthage, foulèrent aux pieds des prescriptions si fortement motivées. Désireux de gagner la faveur du peuple au détriment de l'évêque, et de se faire pardonner plus facilement leur propre conduite, ils admettaient les apostats à la réconciliation sans pénitence préalable ; et, à cet effet, ils avaient trouvé un auxiliaire dans la charité imprudente de plusieurs confesseurs de la foi. Ceux-ci, oubliant que les indulgences ont pour objet de suppléer à l'insuffisance des œuvres satisfactoires, mais non de les remplacer, sollicitaient indistinctement pour tous les apostats la remise entière des peines temporelles. Bien plus, quelques-uns d'entre eux, Lucien à leur tête, en étaient venus au point d'accorder eux-mêmes la paix aux coupables ; ce qui était un empiétement manifeste sur le pouvoir épiscopal. Cyprien était rempli de déférence pour des hommes dont il ne cessait d'exalter le courage ; mais il ne pouvait se résoudre à faire fléchir les règles de la discipline devant des promesses irréfléchies : « Ce ne sont pas les martyrs qui font l'Évangile, écrivait-il, mais l'Évangile qui fait les martyrs[1]. » Bref, voyant son autorité méconnue par ceux-là mêmes qui auraient dû la respecter davantage, Cyprien se tourna vers l'Église de Rome, pour chercher une force au milieu de la lutte qu'il soutenait contre les maximes relâchées des uns et le zèle indiscret des autres. L'événement ne devait pas tromper son attente.

---

1. Ép. xxii, *au clergé romain.*

Nous avons vu avec quel soin l'Église de Rome, quoique privée de son chef depuis le martyre de saint Fabien, veillait au maintien de la discipline, non-seulement en Italie, mais encore dans les contrées lointaines. C'est là qu'il y avait eu le moins de défections : le nombre des apostats s'y réduisait à quelques fonctionnaires, qui occupaient un rang distingué dans l'État, *personæ insignes* [1]. Aussi l'évêque de Carthage avait-il célébré avec enthousiasme la persévérance inébranlable des confesseurs de Rome. Vous vous rappelez cette belle lettre aux prêtres Moïse et Maxime, que nous admirions la dernière fois. On peut juger par leur réponse de l'ardeur qui transportait ces généreux athlètes. Sous l'empire des sentiments qui font déborder leur cœur, ils s'élèvent à une éloquence aussi haute que leur fermeté :

« En vous lisant, écrivent-ils à Cyprien, nous croyions déjà entendre le Seigneur rendant aux martyrs, auprès de son Père, le témoignage promis. Voilà ce qui fortifie de jour en jour nos espérances, et enflamme notre courage pour atteindre à ce degré d'élévation. En effet, confesser le Seigneur sous la main des bourreaux et en face de la mort ; le confesser au milieu de ces tortures qu'inventent, avec un raffinement barbare, les pouvoirs de la terre ; conserver dans un corps meurtri, décharné, tombant en lambeaux, un esprit toujours libre, quoique prêt à s'exhaler ; proclamer, en dépit des souffrances, que Jésus-Christ est le Fils de Dieu ; abandonner le monde pour s'envoler au ciel ; quitter la société des hommes pour la compagnie des anges ; paraître en présence de Dieu, affranchi des chaînes d'ici-bas ; entrer sans délai en possession du céleste royaume ; être associé à la passion du Christ ; devenir le juge de son juge par la divine miséricorde ; emporter une conscience immaculée de

---

1. Ép. II, *du clergé romain aux prêtres de Carthage.*

cette confession du nom chrétien; n'avoir pas obéi aux lois sacrilèges que les hommes ont rendues contre la religion; avoir attesté la vérité à haute voix; avoir vaincu en mourant la mort devant laquelle tremblent tous les hommes; avoir obtenu l'immortalité par la mort elle-même, et vaincu les tourments par les tourments, en bravant tous les appareils de la cruauté, en opposant aux souffrances d'un corps déchiré l'énergie de l'âme; avoir contemplé sans pâlir un sang qui coule à grands flots; commencer à bénir son supplice après la confession de la foi, et ne plus regarder comme une perte de la vie, que de ne l'avoir pas perdue : Dieu peut-il accorder à l'homme une félicité plus désirable, une gloire plus sublime[1]? »

Je ne fais pas difficulté d'avouer qu'une critique sévère pourrait trouver dans cet éloge du martyre quelques rédondances; mais ce n'est pas avec les préoccupations d'une rhétorique vétilleuse qu'il faut juger ces pièces écrites le lendemain d'une torture au fond d'un cachot. La bouche parle de l'abondance du cœur, et l'on aime à répéter ce qui impressionne vivement. Toujours est-il, Messieurs, qu'on ne comprend bien les premiers siècles de l'Église qu'en étudiant cette littérature du martyre, sans pareille dans l'histoire. Sous ce rapport, le recueil des lettres de saint Cyprien est un document précieux. Nous voyons là comment parlaient et écrivaient, dans l'effusion d'une correspondance familière, ces hommes dont l'héroïsme subjuguait le monde; et rien n'explique mieux leurs actes que ce langage qui en est la traduction fidèle. Il ne faudrait pas s'imaginer que l'éloquence exige pour se produire la solennité d'un discours public; elle peut être partout où un grand sentiment s'ex-

---

1. Ép. xxvi, *de Moïse. Maxime, Nicostrate, etc*, *à Cyprien.*

prime avec force et vérité. Déjà vous avez pu vous en apercevoir, il y a telle lettre de saint Cyprien qui, par la vivacité du style et par le coloris même, mérite d'être placée au rang de ses plus belles productions. J'en dirai autant de la réponse des confesseurs de Rome. Elle ne porte pas le cachet d'un grand écrivain ; mais la foi y est si vraie, si ardente, que l'éloquence y coule comme de source. Et ce qui n'est pas moins digne d'attention, c'est qu'à côté d'un enthousiasme presque lyrique, il s'y révèle ce bon sens et cette sagesse qui accompagnent une religion bien éclairée. Les martyrs de Rome se joignent à l'évêque de Carthage pour blâmer les impatients qui exigent une réconciliation immédiate, sans avoir rien fait pour la mériter, et les téméraires qui les admettent à la communion de l'Église par une condescendance coupable, et au mépris de la discipline établie :

« Que deviendra, s'écrient-ils, la parole divine, si on accorde aux pécheurs un pardon si facile ? Au lieu de cela, il faut réchauffer leur âme, la nourrir jusqu'à ce que les fruits de leur pénitence soient mûrs, et leur faire comprendre par les saintes Écritures l'énormité d'une faute qui surpasse toutes les autres. Loin de se prévaloir de leur nombre, qu'ils y cherchent au contraire un motif pour réprimer leur audace. Ce n'est pas la multitude insolente des coupables qui atténue la faute, mais plutôt la réserve, la modestie, la patience, la discipline, l'humilité, la soumission qui attend le jugement d'autrui et qui sait le supporter. Voilà ce qui prouve la pénitence, ce qui cicatrise la blessure ; c'est ainsi qu'une âme abattue peut se relever de ses ruines, et que les vapeurs encore brûlantes du péché se dissipent à jamais..... La patience avant tout est nécessaire aux malades. Il faut qu'ils luttent avec la douleur, et ils ne peuvent espérer la santé qu'autant qu'ils auront maîtrisé la souffrance en la supportant. Une plaie que le médecin a fermée trop tôt se rouvre au premier accident, toujours inquiétante, jusqu'à ce que le temps en ait assuré la guérison. Voyez l'incendie : il se rallume bien vite si l'on n'a pris soin d'en étouffer jusqu'aux dernières étincelles. Les coupables dont nous parlons peuvent apprendre par là qu'ils gagnent au délai qui leur est imposé, et qu'un retard nécessaire rendra le remède d'autant plus efficace [1]. »

L'intervention des martyrs de Rome fut d'un puissant secours pour l'évêque de Carthage. Car bien qu'ils ne fissent point partie de la hiérarchie, la vénération qui s'attachait à leur nom donnait à leurs paroles une grande autorité. L'influence fâcheuse qu'avait produite le zèle irréfléchi de Lucien et de ses compagnons se trouvait contrebalancée par des exhortations si sages et si pressantes. Mais c'est la réponse du clergé romain qui allait mettre fin aux hésitations de beaucoup d'esprits plus indécis que malintentionnés. Il est vrai que pendant la vacance du Siége apostolique, le collége des prêtres qui administrait l'Église de Rome n'avait pas l'autorité souveraine que possède le successeur de saint Pierre. A la mort du pape, la primauté de juridiction ne peut se transmettre ni à un particulier ni à un corps quelconque, jusqu'à l'élection d'un nouveau pape ; car elle est exclusivement attachée à la personne de l'évêque de Rome. Dans l'intervalle, l'exercice de cette charge suprême reste suspendu, sans que l'Église cesse pour cela d'être gouvernée. Les évêques continuent à régir la portion du troupeau de Jésus-Christ qui leur a été confiée à chacun par le pasteur universel et l'indéfectibilité de l'Église la garantit contre toute erreur dans la foi. S'élève-t-il quelque part un différent sur un point

---

1. Ép. xxv, *de Moïse, Maxime, Nicostrate, etc., à Cyprien.*

de doctrine, les évêques, successeurs des apôtres, ont le droit de le juger ; mais, comme ils ne sont juges qu'en première instance, leur sentence, pour devenir irréformable et sans appel, a besoin d'être confirmée par le pape futur. Vous voyez par là que le gouvernement de l'Église ne souffre pas de cette interruption momentanée dans l'exercice de la primauté pontificale : la constitution divine de ce grand corps pourvoit suffisamment aux nécessités d'une transition inévitable. Quant au clergé romain, je le répète, il n'est pas investi de la juridiction universelle pendant la vacance du Saint-Siège ; l'évêque de Rome seul est le sujet de cette haute prérogative. Mais, d'une part, le droit de donner un chef à l'Église entière, de l'autre, le privilége de l'indéfectibilité que tous les siècles chrétiens lui ont reconnu, assurent à l'Église de Rome, même quand elle est privée de son chef, la prééminence du rang et de l'autorité. C'est pourquoi Cyprien s'adresse à elle au milieu des embarras que lui suscite une résistance opiniâtre. La conduite des prêtres et des diacres romains dans cette circonstance est un modèle de sagesse et de fermeté. Empêchés par la persécution de donner un successeur à saint Fabien, et sachant que le pape futur pourra seul prononcer définitivement et avec autorité sur le sort des apostats, *cum auctoritate et consilio*, ils répondent à Cyprien qu'ils ont résolu de ne rien innover, et de laisser la cause indécise avant l'élection de l'évêque. En attendant, ils approuvent de tout point la vigueur évangélique qu'il avait montrée dans sa conduite à l'égard des *laps* :

« Unis de sentiment avec vous, lui écrivent-ils, nous avons repoussé à notre tour ceux qui souillèrent leurs mains et leur bouche par des sacrifices illicites, et qui ne les souillèrent ainsi que parce que leur cœur était déjà souillé. A Dieu ne plaise que perdant sa vigueur par une condescendance humaine et relâchant le nerf de sa discipline jusqu'à détruire la majesté de la foi, l'Église romaine, au milieu de ruines et de chutes qui se multiplient tous les jours, accorde des remèdes intempestifs qui ne seraient d'aucun secours, et ajoute de nouvelles plaies aux anciennes par une compassion mal entendue, qui ne ferait qu'achever des victimes infortunées en leur dérobant le secours de la pénitence ! Qu'on nous dise de quel profit pourra être la grâce médicinale de l'indulgence, si le médecin lui-même caresse le mal, en supprimant les œuvres de la pénitence ; s'il se contente de recouvrir la blessure, sans attendre du temps le remède nécessaire pour la cicatriser. Ce n'est pas là guérir le malade ; disons la vérité, c'est le tuer [1]. »

Après avoir payé un juste tribut d'hommages au zèle et à la vigilance pastorale de Cyprien, le clergé romain s'adresse aux apostats, et s'efforce de modérer leur impatience, en leur rappelant qu'une humble prière est le plus sûr moyen d'obtenir le pardon. Cette admirable lettre n'est pas seulement une expression fidèle de la doctrine ; mais l'énergie et la vivacité du style en font encore une pièce littéraire du plus haut mérite :

« La retenue convient à ceux-là surtout qui ont péché par une précipitation coupable. Qu'ils frappent à la porte, rien de mieux ; mais qu'ils ne la brisent pas. Qu'ils se présentent au seuil de l'Église, d'accord ; mais qu'ils ne sautent point par dessus les barrières. Qu'ils veillent à l'entrée du camp céleste, mais armés de modestie, comme il sied à des déserteurs qui reconnaissent leur faute. Qu'ils reprennent le timide clairon de la prière, et non la trompette retentissante

---

1. Ép. xxxi, *du clergé romain à saint Cyprien*. — Ibid., Ép. xxx.

des combats. Oui, qu'ils s'arment des traits de la modestie ; qu'ils ramassent ce bouclier de la foi que la crainte de la mort leur avait fait jeter à l'heure de l'apostasie ; mais qu'ils ne l'oublient pas, ces armes, il faut les tourner contre le démon, leur ennemi, et non contre l'Église qui pleure sur leur chute. Ils ont tout à espérer d'une prière modeste, d'une demande respectueuse, d'une humilité nécessaire, d'une patience qui ne reste pas oisive. Des larmes ! voilà les meilleurs messagers de leurs douleurs. Des soupirs, des gémissements partis du fond de leur cœur, comme autant de preuves d'une douleur et d'un repentir sincères, voilà les avocats qui devront plaider leur cause [1]. »

Ici, Messieurs, je ne crois pas inutile de prévenir une difficulté qui pourrait s'élever dans votre esprit. Peut-être seriez-vous tentés de voir un excès de sévérité dans le sentiment de Cyprien et du clergé de Rome, qui jugeaient à propos d'ajourner la réconciliation des apostats jusqu'après la persécution. Mais remarquez bien qu'il eût été impossible de suivre une autre ligne de conduite sans livrer le sacrement à une véritable profanation. Évidemment, ceux qui prétendaient ainsi prendre l'absolution d'assaut témoignaient d'une absence complète d'humilité chrétienne. Les soumettre à une plus longue épreuve, c'était les amener à rentrer en eux-mêmes, et à comprendre davantage l'énormité de leur faute. Il y a plus, le danger n'était pas écarté : tant que durait la persécution, les chrétiens pouvaient être appelés à confesser leur foi devant les tribunaux. Qu'est-ce qui garantissait que les apostats, une fois réhabilités, n'ajouteraient pas une seconde lâcheté à la première, en reniant de nouveau leur religion sous la menace du supplice ? Dans ce cas,

---

[1]. Ép. xxxi, *du clergé romain à saint Cyprien*

leur situation eût été pire qu'auparavant. C'était donc une mesure de précaution aussi sage que juste, de les laisser dans la classe des pénitents jusqu'à ce que tout péril fût épargné à leur faiblesse, et qu'un délai suffisant eût permis d'éprouver leur fidélité. S'il arrivait dans l'intervalle qu'un second interrogatoire, aboutissant à une confession éclatante de la foi, effaçât une chute antérieure, on n'hésitait pas à rendre immédiatement la paix aux *laps* qui se relevaient d'eux-mêmes. Un évêque, Caldonius, avait proposé à Cyprien un cas de ce genre. Le primat de l'Afrique lui répond sans balancer qu'il ne faut pas mettre le moindre retard à donner la communion à des hommes qui ont confessé publiquement le Christ, après avoir eu le malheur de le renier une première fois [1]. Comme vous le voyez, on s'efforçait de concilier en toutes choses la clémence avec la sévérité. Enfin, l'indulgence dont on usait à l'égard des malades montre bien que ni Cyprien ni le clergé de Rome n'entendaient priver les coupables des moyens de salut. Mais encore fallait-il empêcher qu'un pardon trop facile ne devînt pour l'apostasie comme une prime d'encouragement : en exigeant des œuvres satisfactoires de ceux qui avaient renié le Christ, avant de les admettre à la communion, l'Église veillait à leur propre salut non moins qu'au maintien de la discipline. Son pouvoir judiciaire ne consiste pas seulement à remettre les péchés, mais encore à les retenir, quand la justice le demande. Car, si la charité a ses devoirs, la justice a ses droits ; et l'on compromet le bien des âmes, tout autant par de molles faiblesses qui les entretiennent dans l'illusion que par des rigueurs excessives qui les portent au désespoir. Dans son

---

1. Ép. xviii, *de Caldonius à Cyprien;* — Ép. xix, *réponse à Caldonius.*

traité *de Lapsis*, Cyprien saura flétrir, comme il le mérite, ce laxisme qui se cache sous le nom spécieux de miséricorde :

« Caresser et endormir le pécheur par de fausses complaisances, c'est fournir à la corruption un nouvel aliment ; c'est nourrir le mal, bien loin de le détruire. Au contraire, en reprenant et en instruisant son frère par des conseils généreux, on le relève et on le conduit au salut. Ceux que j'aime, dit le Seigneur, je les réprimande et je les châtie. Ainsi le prêtre du Seigneur ne doit-il point tromper le pécheur par des ménagements perfides, mais recourir à des remèdes salutaires. Que penser d'un médecin qui se contente d'effleurer du bout des doigts une plaie qu'il devrait sonder, nourrissant ainsi le poison qui se tient renfermé au fond des entrailles ? Imprudent ! Ouvrez la blessure, enfoncez le fer, et guérissez le mal par un traitement énergique, en retranchant les parties viciées. Le malade impatient se récrie contre vous sous l'aiguillon de la douleur ? Qu'importe ! Attendez quelques jours : quand il se sentira guéri, il fera succéder aux plaintes des actions de grâces [1]. »

La lettre si nette et si ferme du clergé romain avait fortifié l'évêque de Carthage au milieu de la lutte qu'il soutenait pour le maintien de la discipline. A la réception de ce précieux document, il se hâta de le communiquer à son clergé avec les autres écrits émanés de la même source, afin qu'on pût en donner connaissance aux prêtres et aux diacres présents à Carthage, ainsi qu'aux évêques étrangers [2]. Tout porte à croire que la lecture de ces pièces fit ouvrir les yeux aux confesseurs de la foi trompés par les manœuvres du

---

1. *De lapsis*, xiv.
2. Ép. xxxii, *au clergé de Carthage.*

parti de Novat ; car nous ne voyons pas que de nouvelles remontrances aient été nécessaires pour arrêter un élan de générosité d'ailleurs si excusable. De son côté, le clergé carthaginois redoubla de vigueur pour appliquer les décisions de l'évêque encore absent. Gaïus, prêtre de Didda, et son diacre avaient été surpris plus d'une fois en communion avec les *laps* dont ils présentaient les oblations, malgré les avertissements répétés de plusieurs évêques de l'Afrique. Les prêtres et les diacres de Carthage se joignirent à ces derniers pour excommunier les coupables. Cyprien les en félicita dans une lettre où il fulmine la même sentence contre tous ceux qui imiteront la conduite de Gaïus et de son diacre [1]. Du reste, la persécution touchait à sa fin. L'invasion des Goths, en détournant sur un autre point l'attention de Décius, lui faisait voir dans les barbares des ennemis plus redoutables que les chrétiens. Ce qui retenait Cyprien dans le lieu de sa retraite, c'était la crainte de rallumer par sa présence une colère mal éteinte, en reparaissant dans une ville où la haine des païens s'attachait à son nom. Tertullus et les diacres qui l'avaient accompagné dans l'exil l'engageaient vivement à ne pas compromettre une paix encore incertaine par une démarche prématurée [2]. Cependant l'on approchait des fêtes de Pâques de l'année 251, et l'évêque désirait ardemment pouvoir les célébrer au milieu de son troupeau. Rien ne paraissait plus faire obstacle à ses vœux lorsqu'un incident vint prolonger son exil, en suscitant de nouveaux troubles dans l'Église de Carthage.

Jusqu'ici, la faction de Novat s'était bornée à saper l'autorité de l'évêque par des menées souterraines. Sans rompre

---

1. Ép. XXVIII, *aux prêtres et aux diacres de Carthage.*
2. Ép. V, *aux prêtres et aux diacres de Carthage.*

ouvertement avec un pouvoir respecté du grand nombre, elle avait été l'âme de la résistance qu'éprouvaient les décisions de Cyprien. C'est sous l'influence plus ou moins occulte de ces prêtres révoltés que les apostats avaient réclamé une réconciliation immédiate, et que certains confesseurs de la foi s'étaient prêtés à des manœuvres dont ils ne calculaient pas la portée. Au milieu de la tourmente qui agitait l'Église, de pareilles intrigues pouvaient passer inaperçues, ou du moins il devenait moins aisé d'en saisir le fil. Mais l'évêque proscrit allait revenir sur son siège ; un concile provincial était à la veille de juger toutes les causes pendantes par un arrêt souverain. Il ne restait plus aux rebelles qu'à jeter le masque ou à faire leur soumission. Une foi sincère les eût amenés à prendre le parti de l'obéissance ; l'orgueil et la haine devaient les conduire à une révolte ouverte. Il ne leur manquait plus qu'une occasion pour éclater : elle ne tarda pas à se produire. Avant de retourner à Carthage, Cyprien y avait envoyé comme ses vicaires, *vicarios*, deux évêques, Caldonius et Herculanus, assistés des prêtres Rogatien et Numidique. Leur mission consistait à pourvoir aux nécessités des pauvres par une répartition équitable des fonds qui composaient la caisse de l'Église [1] ; à fournir aux artisans les moyens de reprendre ou de continuer l'exercice de leur profession ; à dresser un état fidèle de l'âge, de la condition, du mérite de chacun, afin que l'évêque pût choisir les sujets qui lui paraîtraient aptes à remplir les fonctions ecclésiastiques [2]. Aucune autre mesure n'aurait pu être mieux appropriée aux besoins des temps :

---

1. Dans son Apologétique, Tertullien parle de cette caisse ou trésor de l'Église qu'il appelle *genus arcæ* (c. 39).
2. Ép. xxxviii, *à Caldonius et à Herculanus*.

la persécution avait privé les pauvres de leurs ressources, et laissé beaucoup de vides dans les rangs du sacerdoce. Mais, quoique pleinement motivée par les circonstances, cette visite épiscopale ne pouvait manquer de déplaire au parti des rebelles, parce qu'en rattachant plus étroitement le pasteur au troupeau, elle fermait l'entrée du sacerdoce à tous ceux que leur conduite en rendait indignes. Aussi la cabale se sentit-elle frappée au cœur par cet acte de juridiction qui lui enlevait toute influence, en détruisant l'espoir qu'elle nourrissait de voir arriver ses partisans aux dignités de l'Église. Après avoir longtemps germé dans l'âme de ces hommes pervers, la pensée du schisme allait éclore par suite d'une animosité toujours croissante.

Si l'on peut tirer une conjecture probable des lettres de saint Cyprien, Novat était à la tête d'une paroisse établie sur une éminence qui faisait partie de Carthage [1]. Nous n'avons aucun motif pour révoquer en doute les faits que Cyprien met à la charge de ce prêtre ambitieux et brouillon ; et lors même qu'on supposerait quelque exagération dans le portrait qu'il en trace, il est impossible de prétendre avec la moindre apparence de raison que l'évêque eût osé articuler publiquement des griefs mal fondés. On n'indique pas les faits avec tant de précision, lorsqu'on a quelque démenti à redouter [2].

1. Cette hypothèse, très-vraisemblable, est fondée sur ce que Félicissime, diacre de Novat, menaçait les fidèles de leur refuser la communion *sur la montagne* (Ép. XXXVIII). Il est vrai que, au lieu des mots *in monte*, plusieurs manuscrits portent *in morte* ; mais la première leçon nous paraît plus plausible. C'est ainsi que les Donatistes furent également appelés *montenses*, à cause du lieu élevé où ils tenaient leurs réunions.
2. Ép. XLIX, *au pape Corneille*. A côté de fraudes et de rapines nombreuses, Cyprien reproche à Novat d'avoir laissé mourir son père de faim, et d'avoir fait avorter sa femme par un acte de brutalité. L'évêque anglican Pearson se prévalait de cet exemple contre la loi du célibat ecclésiastique. Cela prouve tout simplement que Novat était marié avant

D'ailleurs la condamnation de Novat au concile de Carthage montre assez que le sentiment de Cyprien s'accordait avec celui des autres évêques de l'Afrique. Habile à se faire des créatures qu'il poussait en avant comme autant d'instruments de son ambition et de sa cupidité, Novat avait établi diacre de son église un certain Félicissime, sans le consentement et à l'insu de l'évêque. Le terme dont se sert Cyprien, *constituit diaconum*, n'indique pas que ce prêtre eût poussé l'audace jusqu'au point d'ordonner un diacre : rien n'empêche de croire que Félicissime avait déjà reçu précédemment le caractère du diaconat ; et, dans ce cas, Novat se serait borné à lui confier de son chef les fonctions propres à ce degré de la hiérarchie. Or, les diacres exerçaient alors un pouvoir assez considérable, surtout dans l'Église d'Afrique : Cyprien ne manque jamais de joindre leur nom à celui des prêtres de Carthage en tête de ses lettres pastorales. Chargés de la distribution des secours, ils portaient en outre la communion aux malades, et remplissaient d'autres services non moins importants. A l'influence que lui assurait son ministère, venaient s'ajouter sans doute chez Félicissime des avantages personnels qui le désignaient comme l'organe du parti dont

---

son ordination, et que, pour dissimuler son incontinence, il cherchait à en faire disparaître les effets. Néander, qui s'est constitué le défenseur de Novat contre Cyprien, s'étonne que l'évêque de Carthage ait toléré un pareil homme dans les rangs du clergé pendant la persécution de Décius (*Allgemeine geschichte der Kirche*, tom. I, p. 123, éd. de Gotha). La quarante-neuvième épître nous donne la solution du problème. « Une enquête avait été ordonnée, nos frères en pressaient la marche, elle allait s'ouvrir devant nous, quand survint la persécution. » Obligé de prendre la fuite, l'évêque différa jusqu'à son retour une plus ample instruction de la cause. Dans l'intervalle, il s'abstint de porter son jugement sur une affaire encore pendante. La conduite de Cyprien est celle d'un homme qui ne se hâte pas de conclure, tant que la culpabilité reste incertaine, et qui ne craint pas de se prononcer, une fois que sa conviction est formée.

Novat était l'âme. Lors donc que Cyprien eut prescrit la visite épiscopale dont nous parlions tout à l'heure, ce diacre orgueilleux leva l'étendard de la révolte, menaçant de refuser la communion à quiconque obéirait aux ordres de l'évêque. Instruit par ses vicaires de cette rébellion inattendue, Cyprien leur écrivit une lettre pleine de dignité et de vigueur épiscopale, où il prononce l'excommunication contre les diacres Félicissime, Augendus, et tous ceux qui se réuniront à cette troupe de factieux [1] ; la sentence de l'évêque fut promulguée en due forme par le clergé de Carthage, qui demeura soumis à l'autorité de son chef [2].

Cependant les vrais coupables restaient toujours dans l'ombre, excitant les esprits sans prendre une part directe à la lutte. La condamnation de Félicissime coupait court à leurs manœuvres, en ne leur laissant d'autre alternative que de revenir sur leurs pas, ou de se déclarer ouvertement pour les schismatiques. Je veux parler des cinq prêtres dont l'opposition latente avait été la cause de tous les troubles, Novat, Fortunat, Donat, Gordius et Pupien. A une époque antérieure déjà, quatre d'entre eux avaient essayé de tendre un piège à l'évêque de Carthage par une lettre collective qui n'est point parvenue jusqu'à nous ; mais Cyprien avait déjoué leurs intrigues en les renvoyant au concile futur [3]. Ils réso-

---

1. Ép. xxxviii, à *Caldonius et à Herculanus*.
2. Ép. xxxix. Cette lettre nous offre une vraie formule d'excommunication, la première que l'on rencontre dans les monuments de la littérature chrétienne :

« Caldonius, avec Herculanus et Victor ses collègues, ainsi que les prêtres Rogatien et Numidique.

« Nous avons retranché de notre communion Félicissime, Augendus, Répostus du nombre des bannis, Irène de Rutile, et l'ouvrière Paula. Nous avons pris la même mesure à l'égard de Sophronius, et de l'artisan Soliasse, qui avait été aussi condamné au bannissement. »

3. Ép. v, *aux prêtres et aux diacres de Carthage*.

lurent de ne pas attendre la convocation d'une assemblée où leur condamnation était certaine ; et, déposant toute retenue, ils prirent le parti de Félicissime contre l'évêque. Cyprien n'attendait que ce moment pour dévoiler enfin ces sourdes machinations par lesquelles une cabale intraitable avait cherché depuis si longtemps à miner son autorité. Du fond de sa retraite, il adressa au peuple de Carthage une lettre pastorale, où il reprend dès l'origine les menées de ces prêtres indignes de leur caractère. Il rappelle avec quelle animosité ils n'ont cessé de poursuivre dans sa personne l'élu du clergé et du peuple ; comment ils ont poussé les apostats à réclamer une réconciliation immédiate, sans pénitence préalable, et les confesseurs de la foi à donner la paix contrairement aux règles de la discipline. Ce qu'ils veulent, s'écrie-t-il, les cinq prêtres conjurés avec Félicissime, c'est que Dieu ne soit plus prié ; que le renégat ne sollicite plus la miséricorde de celui qu'il a renié ; que la pénitence ne succède plus à la faute ; que l'évêque et le prêtre ne soient plus les ministres de la satisfaction ; et qu'enfin sur les ruines de leur autorité avilie, on élève dans l'Église une doctrine nouvelle, sacrilége, opposée à la discipline de l'Évangile [1]. Mais que les déserteurs de l'Église ne s'imaginent pas qu'ils pourront lui enlever ses enfants ! Qu'ils restent hors de son sein, ceux qui volontairement se sont séparés d'elle ! Il n'y a qu'un Dieu, qu'un Christ, qu'une Église, qu'une chaire fondée sur la pierre par la voix du Seigneur. Impossible, en dehors de cet autel unique, de ce sacerdoce unique, d'élever un autre sacerdoce ni un autre autel; cueillir ailleurs, c'est dissiper. Donc, que tous évitent les loups qui veulent séparer les brebis d'avec leur pasteur ; que personne ne prête

---

1. Ép. XL, *au peuple de Carthage.*

l'oreille à cette voix du démon qui ne flatte que pour tromper, ne caresse que pour perdre, ne promet le bien que pour donner le mal, et ne fait espérer la vie que pour mieux tuer :

« L'heure est venue, mes bien chers frères, dit en terminant l'éloquent évêque, où il faut que vous persévériez vous tous qui êtes restés debout jusqu'ici, et que vous conserviez inébranlable cette vigueur qui s'est glorieusement maintenue pendant la persécution. Quant à vous, qui avez succombé aux pièges de l'ennemi, montrez-vous dignes, dans cette seconde épreuve, de la réconciliation que vous espérez ; et afin que le Seigneur vous pardonne, ne vous éloignez pas des prêtres du Seigneur, puisqu'il est écrit : l'homme qui s'enorgueillira ne voulant pas écouter le prêtre ou le juge alors en fonctions, cet homme-là mourra. C'est ici la dernière période de la persécution actuelle : elle passera promptement, avec la protection du Seigneur, de manière que je puisse me retrouver au milieu de vous avec mes collègues, après le jour de Pâques. Nous pourrons alors, de concert avec eux, et en prenant votre avis, examiner et régler toutes choses dans une assemblée générale, ainsi que je l'ai toujours annoncé. Mais ceux qui, refusant de faire pénitence et de donner satisfaction à Dieu, se rangeront du côté de Félicissime et de ses satellites, et prendront parti pour cette faction hérétique, ceux-là ne pourront plus désormais, qu'ils le sachent bien, ni rentrer dans l'Église, ni communiquer avec les évêques et le peuple de Jésus-Christ [1]. »

Cette lettre pastorale, lue au peuple de Carthage avant la solennité de Pâques, obtint tout l'effet que l'évêque en attendait. La grande majorité des fidèles resta sourde aux sug-

---

1. Ép XL, *au peuple de Carthage*.

gestions perfides de Novat et de Félicissime. Grâce à l'énergie déployée par Cyprien, cette tentative de schisme avait échoué, sauf à se renouveler un peu plus tard, comme nous le verrons bientôt. D'un autre côté, la persécution venait de cesser, du moins en Afrique. L'évêque proscrit put enfin sortir de la retraite où il soupirait depuis quatorze mois après son retour à Carthage. On peut juger de la joie qu'il dut éprouver en se retrouvant au milieu de son troupeau, lorsqu'on songe avec quelle tristesse il parlait d'une si longue séparation dans ses lettres datées de l'exil. Mais l'activité de ce grand homme ne lui permettait pas de se reposer dans les douceurs d'une paix si ardemment désirée. A peine revenu sur son siége, il s'occupa de l'importante question qui lui avait causé tant de soucis et d'embarras. Convoquer les évêques de l'Afrique dans un concile où l'on délibérerait sur le sort des apostats, tel fut le premier mouvement de son âme. Mais avant cette réunion, dont il espérait beaucoup de fruit, il voulut préparer les esprits en adressant à son peuple une instruction pastorale sur ceux qui avaient failli dans la foi pendant la persécution. Ce traité *de Lapsis*, un des chefs-d'œuvre de l'éloquence chrétienne, est comme le résumé des lettres que nous avons parcourues jusqu'ici. Bien que nous l'ayons déjà cité plus d'une fois, il nous reste à y chercher, outre les beautés littéraires qu'il renferme, les conclusions que nous devrons tirer de toute cette controverse sur la pénitence. Cyprien commence par remercier Dieu de la paix rendue à l'Église, du calme et de la sérénité qui viennent de succéder à la tempête. Puis, semblable à un général qui fait la revue de ses troupes après la bataille, il parcourt l'armée de la foi, distribuant des éloges aux vainqueurs, comptant les blessés, et versant des larmes sur la défection de ceux qui ont passé dans le camp de l'ennemi.

« Les voilà, s'écrie-t-il dans l'enthousiasme du triomphe, ces glorieux confesseurs qui ont rapporté du combat, avec un nom illustre, la louange que méritent leur foi et leur vertu ! Confondus avec eux dans de chastes embrassements, nous les contemplons d'un œil ravi ; nous les pressons contre notre cœur, sans pouvoir nous rassasier de les revoir après une si longue absence. La voilà, sous nos yeux, cette milice éclatante du Christ, qui, ferme au milieu des assauts tumultueux d'une persécution féroce, en soutint le choc sans se rompre, armée de patience contre la prison et de fermeté contre la mort ! Vous avez résisté au siècle avec force ; vous avez offert à Dieu un spectacle glorieux, et laissé un grand exemple à vos frères appelés à marcher sur vos traces. Votre bouche a fidèlement confessé le Christ auquel un premier serment vous liait auparavant. Vos mains, accoutumées aux œuvres de Dieu, se sont noblement refusées à des sacrifices sacrilèges. Vos lèvres, sanctifiées par une nourriture céleste, après avoir reçu le corps et le sang du Seigneur, ont rejeté avec dégoût le contact de mets profanes, restes impurs des idoles. Votre tête n'a pas subi ce voile d'impiété qui enchaîne la tête captive des sacrificateurs ; et, purifié par le signe divin, votre front, en se réservant pour la couronne du Seigneur, ne s'est pas incliné sous la couronne du démon. Avec quelle joie l'Église vous reçoit dans son sein maternel au retour du combat ! Qu'elle est heureuse d'ouvrir ses portes devant les rangs pressés de ces triomphateurs qui s'avancent avec les dépouilles d'un ennemi terrassé[1]. »

L'évêque de Carthage n'oublie personne dans ce panégyrique qu'on dirait une ode plutôt qu'un discours, et qui, joint à d'autres pièces analogues que nous connaissions déjà,

---

1. *De lapsis*, ii.

nous permet de l'appeler le chantre du martyre. Il fait défiler successivement devant lui ces femmes qui, par leur constance à toute épreuve, se sont montrées supérieures à leur sexe; ces vierges désormais ornées d'une double palme, et ces adolescents dont les vertus surpassent les années. Suivent tous ceux qui n'ont pas failli dans la foi : quelque part qu'ils aient prise à la lutte, soit par la perte de leur patrimoine, soit par les privations de l'exil, ils se placent immédiatement après le cortége triomphal des martyrs. La victoire peut avoir divers degrés; mais tous ceux qui sont restés debout méritent la récompense[1]. Hélas ! pourquoi faut-il que des ombres viennent obscurcir une gloire si brillante, et que le pontife ne puisse décerner des éloges aux vainqueurs, sans faire entendre des paroles de blâme pour les vaincus. Ici, Cyprien se tourne vers ceux qui avaient eu le malheur de trahir leur foi et dont le nombre n'était que trop considérable. Déjà, Messieurs, j'ai eu occasion de placer sous vos yeux ces pages où le pasteur désolé, remontant à la cause du mal, énumère les pertes qu'avait éprouvées son troupeau[2]. Je ne toucherai à cette partie du discours que pour vous montrer à quel point Cyprien excelle dans le pathétique, quand son âme attendrie se trouve en présence de quelque infortune :

« Il faut moins des paroles que des larmes pour montrer combien lamentable est la blessure qu'a reçue notre corps, et pour déplorer les pertes multipliées d'un troupeau naguère si florissant. Quel est l'homme qui, en face des ruines de ses proches, aurait le cœur assez dur et l'âme assez fermée à la charité fraternelle, pour contempler d'un œil sec ces tristes et informes débris, et pour ne pas éclater aussitôt en larmes et

---

1. *De lapsis*, II, III.
2. Ibid., III, XIII.

en gémissements plus prompts que la parole? Je pleure, mes frères, je pleure avec vous ; et, quoique les forces du pasteur soient restées intactes, le sentiment de sa vigueur personnelle n'est point un adoucissement à sa douleur, puisqu'il a été blessé dans les siens. Mon cœur est brisé avec le vôtre ; je prends ma part dans cet immense poids de deuil et de tristesse. Je gémis avec ceux qui gémissent; je me crois vaincu avec les vaincus; en perçant leurs membres, les traits de l'ennemi ont traversé les miens ; son glaive a déchiré mes entrailles. Les assauts de la persécution n'ont pu laisser mon esprit libre et hors d'atteinte. Mon amour pour mes frères m'a terrassé dans leur chute [1]. »

Et maintenant quel remède faut-il apporter à un mal si profond ? Cyprien n'en connaît qu'un seul, la pénitence, c'est-à-dire le repentir, la confession faite à l'évêque ou aux prêtres, et la satisfaction. Envisagés à ce point de vue, les écrits que nous venons d'étudier sont d'une importance capitale pour la défense du dogme catholique. Je ne concevrais pas qu'après les avoir parcourus on pût conserver l'ombre d'un doute sur le sentiment de l'Église primitive touchant la nécessité de la confession sacramentelle pour la rémission des péchés. Nous l'avons vu, l'évêque de Carthage regarde comme une chose inouïe qu'on accorde la communion à des pécheurs qui ne se sont pas soumis à l'exomologèse ou à l'aveu des fautes, et qui n'ont pas reçu l'absolution des mains de l'évêque et du clergé [2]. Cet aveu, il l'exige non-seulement

---

1. *De lapsis*, IV.
2. Ép. IX, *au clergé* : ad exomologesim veniant, et per manus impositionem episcopi et cleri jus communicationis accipiant — Toute la lettre porte sur la nécessité de confesser les péchés pour en obtenir la rémission. — Ép. X, *aux martyrs* : contra Evangelii legem, ante actam pœnitentiam, ante exomologesim, ante manum ab episcopo et clero in pœnitentiam impositam, sanctum corpus Domini profanare audent. — Ainsi,

pour l'apostasie, mais encore pour les fautes moins graves qui ne s'attaquent pas directement à Dieu [1]. Il l'exige des malades en danger de mort, aussi bien que des autres pécheurs : preuve évidente qu'il ne s'agit pas uniquement d'une confession publique, laquelle eût été impossible en pareil cas, mais encore d'une confession secrète, faite au premier prêtre qui se trouvera présent, *apud presbyterum quemcumque præsentem* [2]. Cet aveu obligatoire, il l'étend même aux pensées mauvaises, bien loin de le restreindre aux actes extérieurs : « Combien plus grande est la foi, s'écrie-t-il en parlant des libellatiques impénitents, combien plus salutaire la frayeur de ceux qui, sans être liés par le forfait d'un sacrifice ou d'un libelle accusateur, mais pour en avoir eu la pensée seulement, viennent avec simplicité et repentir confesser cette pensée aux prêtres du Seigneur, découvrir le fond de leur conscience, déposer un fardeau qui leur pèse, et, à de légères blessures, appliquer des remèdes énergiques, se rappelant qu'il est écrit : « On ne se joue pas de Dieu [3]. » A ce propos, il cite divers exemples de châtiments infligés à des crimes secrets qui avaient voulu tromper

---

d'après Cyprien, le pécheur qui s'approche de l'Eucharistie avant d'avoir fait l'aveu de ses fautes au prêtre, profane le corps du Seigneur.

1. Ép. XI, *au peuple* : In minoribus delictis quæ non in Deum committuntur, exomologesis fiat, nec ad communicationem venire quis possit nisi prius illi ab episcopo et clero manus fuerit imposita.

2. Ép. XII, *au clergé*. Cyprien est tellement convaincu de l'obligation d'un aveu extérieur des fautes, qu'il recommande aux fidèles de se confesser, en cas de nécessité, aux diacres, à défaut du prêtre. En effet, bien que les diacres ne soient pas ministres du sacrement de pénitence, cet acte d'humilité ne pouvait qu'être fort louable. D'ailleurs comme les indulgences se confèrent en dehors du sacrement, les diacres paraissent avoir eu le droit, d'après la discipline du temps, d'appliquer aux malades ces faveurs spirituelles. De là cette recommandation très-utile de l'évêque africain.

3. *De lapsis*, XXVIII.

l'œil du prêtre : *Sacerdotem Dei nec occulta crimina fefellerunt* [1]. Nous l'avons entendu reprocher à quelques confesseurs de la foi peu instruits de s'être arrogé les pouvoirs du pardon, qui n'appartiennent qu'aux prêtres : « Les martyrs adressent des demandes, d'accord ; mais pourvu qu'elles soient justes et légitimes, pourvu que le prêtre de Dieu consente à les accueillir...... Le Seigneur peut sanctionner ce que les martyrs ont demandé et ce que les prêtres ont fait pour les coupables [2]. » Enfin l'évêque de Carthage résume toute sa pensée sur la nécessité de confession sacramentelle dans cette exhortation suprême : « Je vous en conjure donc, mes très-chers frères, que chacun de vous confesse son péché, pendant qu'il est encore sur cette terre, et que sa confession peut être reçue, pendant que sa satisfaction et *la rémission faite par les prêtres* peuvent être agréées du Seigneur [3]. » Si l'on ne savait combien l'étude des monuments de la tradition est négligée chez les protestants, on ne concevrait pas que leur obstination pût résister à de pareils témoignages ; et je ne m'étonne nullement qu'une lecture plus attentive des Pères de l'Église, parmi les savants de l'école d'Oxford, ait amené les uns à rentrer dans le sein du catholicisme, et les autres à reprendre la pratique de la confession. Permettez-moi, Messieurs, d'ajouter aux textes que je viens de citer un passage non moins remarquable du traité qui nous occupe : la Confession et l'Eucharistie s'y trouvent

---

1. *De lapsis*, xxv, xxvi.
2. Ibid., xviii, xxxvi. Si saint Cyprien n'avait pas attribué aux prêtres un pouvoir vraiment judiciaire, mais simplement la mission de *déclarer* que le pécheur a obtenu le pardon de Dieu, on ne voit pas pourquoi il aurait tant reproché à certains martyrs d'usurper le pouvoir sacerdotal. Rien ne l'eût empêché d'admettre ces athlètes de la foi au partage d'un ministère si peu efficace.
3. Ibid., xxix, dum remissio facta per sacerdotes apud Dominum grata est.

associées dans une même profession de foi. Cyprien flétrit avec son énergie habituelle la faction de Novat qui donnait la sainte communion aux apostats après une pénitence dérisoire :

« Eh quoi ! en revenant des autels du démon, les voilà qui s'avancent vers le Saint du Seigneur, les mains souillées par un encens fétide ! Avec le hoquet qu'ils rapportent des viandes offertes aux idoles, pendant que leur bouche exhale encore leur crime avec l'odeur d'une contagion funeste, ils envahissent le corps du Seigneur, quand la divine Écriture leur crie : « Quiconque mange le pain et boit le calice du Seigneur indignement, se rend coupable du corps et du sang de Jésus-Christ. » Toutes ces choses, on les méprise et on les brave. Avant l'expiation des crimes, avant la confession du péché, tandis que la conscience n'est pas encore purifiée par le sacrifice et par la main du prêtre, quand le courroux du Seigneur indigné éclate encore en menaces, les sacriléges font violence au corps et au sang de Jésus-Christ, plus coupables envers le Seigneur par ce péché commis de la bouche et de la main, que lorsqu'ils reniaient le Seigneur. Ils prennent pour la paix ce qu'on leur vend comme tel par des paroles trompeuses. Mais une pareille paix est en réalité la guerre.

« On n'est pas uni à l'Église quand on se sépare de l'Évangile. Pourquoi appeler le dommage un bienfait ? Pourquoi donner à la cruauté le nom de miséricorde ? A des hommes qui devraient pleurer incessamment leur faute et solliciter leur pardon, pourquoi faire espérer une réconciliation chimérique avant l'épreuve des larmes et de la pénitence ? De pareils ministres sont aux apostats ce que la grêle est aux moissons, l'ouragan aux arbres, l'épidémie aux troupeaux et la tempête aux navires. Ils enlèvent la consolation de l'éternelle espérance ; ils arrachent l'arbre dans sa racine ; ils sèment la contagion par leurs discours homicides ; ils brisent le vaisseau contre l'écueil, pour l'empêcher d'arriver au port [1]. »

En s'élevant avec tant de force contre les communions indignes, Cyprien se range parmi les témoins les plus éloquents de la foi des trois premiers siècles à la présence réelle. Si, comme les protestants l'ont imaginé, l'Eucharistie n'était qu'un simple signe ou une figure, l'évêque de Carthage aurait-il osé dire que les coupables « envahissent le corps du Seigneur, *corpus Domini invadunt* ; » qu'ils « font violence au corps et au sang de Jésus-Christ en communiant sans s'être confessés, *vis infertur corpori ejus et sanguini ?* » Aurait-il pu sans folie regarder la manducation trop hâtive d'un pain et d'un vin ordinaires comme un crime plus grand que l'apostasie ? Ou ces paroles n'ont pas de sens, ou elles supposent la foi à la présence réelle. Ainsi, Messieurs, la controverse touchant la réhabilitation des apostats nous

---

[1]. *De lapsis*, xv, xvi. Un peu plus loin, Cyprien cite quelques faits extraordinaires qui s'étaient produits à la suite de communions indignes. Une jeune fille qui avait participé aux repas idolâtriques vomit la sainte Eucharistie, « laquelle ne put séjourner dans une bouche et dans un corps souillés. » Elle avait détourné le visage, « sentant par instinct la majesté divine, » *instinctu divinæ majestatis*. Une autre plus âgée, qui avait osé communier dans les mêmes conditions, éprouva des convulsions non moins violentes, pendant que Cyprien offrait le saint sacrifice, *sacrificantibus nobis*. Une troisième n'avait fait que toucher de ses mains impures le vase qui renfermait le « Saint du Seigneur, » *sanctum Domini* : aussitôt il en sortit des flammes pour arrêter ces doigts profanateurs. Enfin « pendant le sacrifice célébré par le prêtre, » *sacrificio a sacerdote celebrato*, un chrétien dont la conscience était souillée se présenta pour recevoir le corps du Seigneur ; mais il ne put ni le toucher ni le manger. (xxv, xxvi.) Authentiques ou non, ces faits prouvent évidemment, dans celui qui les rapporte, la foi à la présence réelle. Ils montrent également que l'Eucharistie avait aux yeux de tous le caractère d'un véritable sacrifice.

montre que la doctrine de l'Église sur l'Eucharistie, sur la confession, sur les indulgences, était au iiie siècle la même qu'aujourd'hui. Telle est la conclusion certaine qui ressort, pour tout esprit impartial, de cette lutte mémorable dont l'Église d'Afrique fut le théâtre en 250 et en 251. Fécond en résultats pour la discipline pénitentiaire, ce débat a de plus enrichi la littérature chrétienne de productions remarquables. L'éloquence sacrée s'y est offerte à nous sous une nouvelle forme, celle du mandement ou de la lettre pastorale ; car la plupart des pièces que nous avons parcourues ont véritablement ce caractère. Quant à l'homme dont les œuvres nous occupent en ce moment, on ne sait ce qu'il faut admirer davantage, ou de la vigueur qu'il a déployée dans ces circonstances difficiles, ou du talent avec lequel il a su traiter des questions si délicates. Évitant à la fois tout excès de rigueur ou de condescendance, nous l'avons vu célébrer avec enthousiasme le triomphe des martyrs, et déplorer sans amertume la chute des apostats ; tendre une main secourable au repentir sincère, et repousser les prétentions de l'orgueil impénitent ; faire droit aux requêtes légitimes des confesseurs de la foi, et tracer à leur indulgence de justes limites ; conduire au flambeau de la doctrine la partie fidèle de son clergé, et user des armes de l'Église contre les prêtres rebelles. Par ce rare mélange de douceur et de fermeté saint Cyprien nous a permis d'admirer dans sa personne le caractère d'un grand évêque, et dans ses écrits le modèle de l'éloquence pastorale au iiie siècle.

ONZIÈME LEÇON

Schisme qui menace d'éclater dans l'Église de Rome après l'élection du pape Corneille. — Novatien : ses antécédents, son caractère, ses doctrines. — Malgré les dissidences dogmatiques qui les séparent, Novat, prêtre de Carthage, donne la main à Novatien. — Intervention salutaire de saint Cyprien dans les troubles occasionnés par le schisme qui affligeait l'Église de Rome. — Hommage rendu à la primauté du Pape. — Cyprien combat le rigorisme de Novatien, comme il avait repoussé les maximes relâchées de Novat. — Sa correspondance épistolaire à l'occasion du schisme de Novatien.

Messieurs,

Cyprien était revenu de l'exil après les fêtes de Pâques de l'année 251. En reprenant possession de son siége au bout de quatorze mois d'absence, il avait adressé au peuple de Carthage une instruction pastorale sur le sort de ceux qui étaient tombés pendant la persécution. Un concile de soixante évêques, convoqué par le primat de l'Afrique, allait examiner sous toutes ses faces une question si vivement débattue. Dans cette assemblée, réunie au mois de mai, on distingua entre les libellatiques, qui s'étaient bornés à demander ou à recevoir des certificats de paganisme, et ceux qui avaient réellement sacrifié aux idoles ou les apostats proprement dits. La faute des premiers, étant moindre, appelait d'elle-même une plus grande indulgence. Aussi le concile ne fit-il pas difficulté de les rendre à la communion de l'Église, estimant que leur pénitence avait été suffisante. Quant aux véritables apostats, il crut devoir les soumettre à une plus longue épreuve en proportionnant à la culpabilité de chacun la durée des œuvres satisfactoires. A cet effet on établit une série de canons pénitentiaires, indiquant les peines qu'il fallait infliger aux prévaricateurs après une recherche exacte des faits qui étaient à leur charge ; et le dispositif de ce jugement fut porté à la connaissance des évêques absents [1]. S'il arrivait qu'une grave maladie vînt surprendre le coupable avant l'accomplissement de la pénitence tout entière, *pœnitentiam plenam*, on ne l'en admettait pas moins à la réconciliation ; dans le cas où il recouvrerait la santé, le bénéfice de la paix obtenue devait lui demeurer acquis, sans qu'il fût condamné à rentrer dans la classe des pénitents. L'Église lui remettait les peines temporelles qu'il lui restait à subir, ou, ce qui revient au même, elle lui accordait une indulgence [2]. L'année suivante, un deuxième concile, réuni à Carthage, apporta de nouveaux adoucissements à la discipline. Redoutant l'approche d'une seconde persécution, les évêques voulurent armer les fidèles contre le péril qui s'annonçait. Alors, l'on fit remise entière des peines canoniques à tous les apostats qui jusqu'alors étaient restés dans la catégorie des pénitents ; c'était une indulgence générale qui devait avoir pour effet de mieux préparer les chrétiens au combat [3]. Grâce à ces sages tempéraments, le calme se réta-

---

[1]. Ép. LII, *de Cyprien à Antonien*: Ut examinarentur et causæ et voluntates et necessitates singulorum, secundum quod libello continetur, quem ad te pervenisse confido, ubi singula placitorum capita conscripta sunt.

[2]. Ibid. Postea quam subventum est, et periclitantibus pax data est, offocari a nobis non possunt aut opprimi, etc. — Dans l'épître LIII, *à Fortunat*, saint Cyprien juge qu'une pénitence de trois ans est suffisante pour les apostats au sujet desquels cet évêque l'avait consulté.

[3]. Ép. LIII, *au pape Corneille*.

blit peu à peu en Afrique. Mais, dans l'intervalle qui sépare les deux conciles de Carthage, des troubles avaient éclaté au centre même de l'Église, à Rome, où le schisme menaçait de détacher une portion du troupeau de son pasteur. Cette controverse inattendue, en excitant le zèle de Cyprien, allait devenir l'occasion d'une nouvelle série d'écrits, qui aboutiront au beau traité *sur l'Unité de l'Église.*

Lorsqu'on étudie ces luttes incessantes qui remplissent les premiers siècles de l'Église, le bon sens et la logique obligent à conclure qu'une société assaillie par tant de côtés eût infailliblement péri, si l'esprit de Dieu ne l'avait dirigée et soutenue. Je ne veux point parler en ce moment des attaques du dehors, des persécutions déchaînées contre elle pendant plus de trois cents années : aucune œuvre purement humaine n'aurait pu résister à de pareils assauts. Un péril bien autrement grave, comme Cyprien l'a remarqué avec tant de justesse, résultait pour le christianisme du choc des passions soulevées dans son propre sein. Qu'avons-nous vu, Messieurs, depuis que nous suivons le mouvement des esprits dans les plus anciennes productions de la littérature chrétienne? Des hérésies ou des tentatives de schisme succédant les unes aux autres, presque sans interruption. Eh bien! quelle eût été la conséquence nécessaire de ces conflits perpétuels, si la doctrine et les institutions chrétiennes avaient été abandonnées au cours naturel des choses ? Cette conséquence, la voici, telle qu'elle est indiquée par l'expérience des siècles d'accord avec l'observation psychologique. L'Église se serait fractionnée en mille sectes comme le protestantisme, et au lieu d'un symbole de foi unique, une foule de systèmes différents auraient surgi d'un sol si profondément remué. Qu'est-il arrivé au contraire ? Chaque controverse sur la doctrine n'a servi qu'à la fixer davantage ; et l'unité du corps entier s'est affermie à mesure qu'un membre particulier s'efforçait de la rompre. Les schismes et les hérésies ont eu tout juste un résultat opposé à l'effet qu'on aurait pu en attendre ; celles-ci, en produisant un accord plus parfait sur la foi ; ceux-là, en resserrant le lien social. Bref, l'Église a triomphé par les obstacles mêmes qui, humainement parlant, auraient dû la faire périr ; c'est ce qui la met hors de pair avec toute institution née de l'homme. Aussi, quand je cherche une des preuves les plus saisissantes de sa divinité, je m'arrête avec complaisance au jeu des passions humaines qui s'agitent hors d'elle et dans son sein, bien loin de m'en troubler ; et jamais elle ne m'apparaît aussi grande ni aussi belle, que lorsque je vois le schisme ou l'hérésie aboutir à une manifestation plus éclatante de son unité doctrinale ou sociale, et les désordres d'une partie de ses enfants devenir l'occasion d'un nouveau développement de vertus et de sainteté. Car c'est là le spectacle unique qu'elle présente depuis dix-huit siècles. Chaque fois que l'esprit de révolte menace son dogme ou sa hiérarchie, il se produit dans ce vaste corps qui embrasse le monde, un redoublement de soumission et de fidélité à la croyance générale ; et lorsqu'une période affligeante est venue rappeler que l'ivraie se mêle au bon grain dans le champ du père de famille, aussitôt une légion de saints surgit pour faire oublier ces abus et imprimer aux âmes un élan plus vigoureux. Tout cela témoigne d'une vitalité puisée à d'autres sources que le cœur ou l'intelligence humaine. Seule l'Église a le privilége d'échapper aux causes qui amènent la décadence des sociétés terrestres, et de renouveler sa force dans ce qui épuise la leur.

Cela posé, j'arrive au schisme de Novatien et au premier anti-pape. Nous avons vu que la persécution de Décius empêchait le clergé romain de donner un successeur à saint

Fabien. « L'empereur, écrivait Cyprien, eût supporté plus patiemment un compétiteur au trône impérial qu'un pontife de Dieu à Rome [1]. » En présence d'une telle situation, le Siége apostolique dut rester vacant pendant plus de seize mois. Aussitôt que le départ de Décius pour la Grèce, où l'appelait une invasion des Goths, eût permis aux chrétiens de respirer, on se hâta de remplir un si grand vide. Or, Messieurs, dans les premiers siècles de l'Église, l'élection de l'évêque de Rome ne différait pas des autres, et se faisait par le concours des évêques voisins, du clergé et des fidèles de la ville. Vous n'ignorez point par quelles tentatives répétées les princes temporels essayèrent plus tard de s'immiscer dans l'élection des papes, et combien l'Église dut combattre pour en assurer la liberté. Empereurs romains, exarques de Ravenne, rois germains ou lombards, factions italiennes, tous les pouvoirs cherchèrent successivement à exercer sur le choix du pontife romain une influence décisive. Aussi l'on ne peut qu'applaudir aux décrets des conciles généraux et aux constitutions pontificales qui, vers le milieu du XIIe siècle, et depuis ce temps-là, ont attribué exclusivement l'élection de papes au collège des cardinaux, c'est-à-dire aux représentants les plus élevés de l'Église romaine [2]. Mais à l'époque qui nous occupe, on n'avait pas à redouter de pareils empiétements; et, comme l'évêque de Rome devenait en droit et en fait le chef de l'Église universelle, il suffisait, pour l'élire légitimement,

---

1. Ép. LII, *de Cyprien à Antonien, évêque de Numidie*.
2. Les lois qui règlent actuellement l'élection des papes, sont les décrets de Nicolas II (au deuxième concile de Latran, 1059); ceux du troisième concile de Latran, (1179); de Grégoire IX (au concile de Lyon, 1274); de Clément V (au concile de Vienne, 1311); de Clément VI (1354); de Jules II (1505); de Pie IV (1562); de Grégoire XV (1610); d'Urbain VIII (1626); de Clément XII (1731). Voyez J.-G. Menschen, *Ceremonialia electionis et coronationis pontificis Romani*, Francfort, 1732.

d'observer les formes usitées dans les autres élections épiscopales. D'ailleurs, comme nous allons le voir, les évêques du monde entier s'informaient avec soin des moindres circonstances d'un fait qui intéressait tous les fidèles ; et cette sollicitude, qui va se révéler à nous dans un cas particulier, n'est pas un faible témoignage du sentiment général sur la primauté de l'évêque de Rome. Au mois de juin 251, le choix du clergé et des fidèles s'était porté sur le prêtre Corneille ; et les évêques voisins avaient ratifié ces suffrages, en ordonnant le nouvel élu. Laissons à Cyprien le soin de nous apprendre ce qu'il pensait du successeur de saint Fabien :

« J'arrive maintenant, écrivait-il à Antonien, évêque de Numidie, j'arrive à la personne de Corneille, notre collègue, afin que vous le connaissiez avec nous sous son véritable jour, non pas tel que le dépeignent la malveillance et les calomnies de ses détracteurs, mais d'après le jugement de Dieu qui l'a établi évêque, et les témoignages de nos frères dans l'épiscopat qui tous, et par toute la terre, ont approuvé d'un commun accord son élection. Un trait qui relève singulièrement notre bien-aimé Corneille devant Dieu, devant Jésus-Christ et son Église, devant tous nos collègues, c'est qu'au lieu d'arriver subitement à l'épiscopat, il passa par tous les ordres inférieurs de la hiérarchie, mérita les faveurs divines par son zèle dans l'administration des choses saintes, et atteignit de degré en degré au faîte suprême du sacerdoce. Ensuite il ne brigua ni ne désira l'épiscopat, bien différent de ces hommes qui l'envahissent, enflés qu'ils sont par l'orgueil et par l'ambition. Toujours paisible et modeste, ainsi qu'il convient à ceux que Dieu lui-même a marqués pour ce haut rang, il a su conserver cette pudeur si naturelle à la conscience des vierges, et cette retenue que donne une humilité inaltérable ; aussi n'est-ce pas lui qui a fait violence à l'épiscopat, comme quelques-uns, mais on fut obligé de faire violence à ses vertus pour obtenir son consentement. Il a été ordonné évêque par plusieurs de nos collègues qui se trouvaient alors à Rome et qui nous ont écrit pour rendre à son élection le plus honorable témoignage. Corneille a donc été fait évêque par le jugement de Dieu et de son Christ, par le témoignage du clergé à peu près tout entier, par le suffrage du peuple présent, et par une assemblée d'évêques non moins vénérables à cause de leur sainteté qu'en raison de leur âge. Ajoutez à cela qu'avant lui il n'y avait personne d'élu, que le siége de Fabien était vacant, c'est-à-dire le siége de Pierre, le haut degré de la chaire sacerdotale... Un épiscopat qui ne fut arraché ni par la brigue ni par la violence, mais reçu de la main de Dieu qui fait les prêtres, n'est pas la seule gloire de Corneille. Quelle vertu, quelle force d'âme n'a-t-il pas déployées en acceptant cette charge! Reconnaissons-le dans la simplicité de notre cœur, et disons-le à sa louange : il fallait une foi bien ferme pour s'asseoir sans pâlir dans la chaire pontificale de Rome, à l'époque où un tyran acharné contre les prêtres de Dieu s'emportait aux menaces les plus violentes, et eût mieux aimé apprendre la révolte d'un compétiteur que l'élection d'un pontife romain. Je vous le demande, frère bien-aimé, n'est-ce point là donner une preuve éclatante de courage et de foi ? »

Ce magnifique éloge de saint Corneille honore à la fois l'évêque qui le décerne et le pape qui en est l'objet. Cyprien avait trop éprouvé par lui-même combien la calomnie est habile à dénaturer les faits les plus simples, pour ne pas la flétrir avec indignation lorsqu'elle attaquait ses frères dans l'épiscopat. Certes, si jamais élection a été légitime, c'est assurément celle qui donna Corneille pour successeur à Fabien. Mais les actes les moins répréhensibles ne sauraient échapper

à la critique, quand l'orgueil et les passions viennent se
jeter en travers. Il faut bien le dire, des ferments de discorde
agitaient les esprits au milieu du iiie siècle : dans le clergé
comme parmi les fidèles, il se manifestait çà et là une tendance fâcheuse à s'affranchir des règles de la discipline. On
eût dit qu'à mesure que les chrétiens gagnaient du terrain,
ils éprouvaient moins le besoin de se grouper autour de
leurs chefs et de serrer les rangs devant l'ennemi. En général,
Messieurs, le triomphe est pour les sociétés une épreuve non
moins rude que la lutte, et il arrive très souvent que les dissentions intérieures succèdent aux assauts du dehors. La paix
disperse les efforts qu'avait réunis la persécution ; et l'on se
divise après avoir vaincu, comme l'on s'était rapproché pour
combattre. Mais, selon que nous disions tout à l'heure, l'Église trouve sa force dans ce qui fait la faiblesse des autres sociétés et chaque situation critique devient pour elle la source
de nouveaux avantages. Ainsi, les tentatives de schisme que
nous observons en ce moment à Carthage et à Rome, sous
l'épiscopat de saint Cyprien et sous le pontificat de saint Corneille, n'auront qu'un résultat, celui de mettre en lumière et
d'affermir la doctrine de l'unité de l'Église.

A l'époque où nous sommes arrivés, il se trouvait dans les
rangs du clergé romain un prêtre qui s'était fait une grande
réputation de science et d'érudition. Né en Phrygie, s'il faut
en croire un ancien document[1], Novatien s'était rendu à
Rome où l'étude de la philosophie paraît avoir occupé
davantage la première partie de sa vie[2]. Quelques allusions

---

1 Philostorgius, *Hist. eccles.*, l. VIII, c. xv.
2. Pacianus, Ép. ii, *à Sympron.* « Novatianum mihi ingeris ? Philosophum sæculi fuisse audio. » — De plus, saint Cyprien dit « que Novatien se vantait de sa philosophie et de son éloquence ; » il lui reproche en outre de préférer les maximes stoïciennes à l'Évangile. (Ép. lii.)

de ses adversaires à ses maximes stoïciennes, en nous mettant sur la voie du système qui avait obtenu ses préférences, expliqueraient en même temps le rigorisme impitoyable dont il fit preuve dans la suite. Comme Montan, son compatriote, Novatien joignait à une humeur farouche qui l'éloignait de la vie active, une grande exaltation d'esprit qui l'exposait aux illusions d'un mysticisme extravagant. Les exorcistes de l'Église romaine l'avaient délivré par leurs prières d'un état mental qui offrait tous les caractères d'une possession diabolique [1]. Étant tombé dangereusement malade par suite d'une surexcitation si violente, le catéchumène phrygien fut baptisé dans son lit par infusion. Or la discipline du temps défendait d'ordonner prêtre un homme qui avait reçu le baptême dans de pareilles conditions : on présumait, et non sans motif, que son instruction religieuse était restée incomplète, et que la crainte de la mort, plutôt que tout autre mobile, l'avait poussé à recevoir un sacrement si longtemps refusé ou différé. Comme pour justifier ces sages prescriptions, Novatien, revenu à la santé, négligea de demander qu'on suppléât pour lui les cérémonies du baptême, selon la règle de l'Église ; et, ce qui était bien plus grave, il ne reçut pas le sceau du Seigneur de la main de l'évêque, c'est-à-dire la confirmation [2]. Malgré cela, on fit une exception pour lui : l'évêque de Rome, probablement saint Fabien, l'admit dans les rangs du sacerdoce, contre l'avis de tout le clergé et d'un grand nombre de laïques. Sans doute, les talents de Novatien avaient paru au pape une raison suffisante pour motiver ce privilége. En effet, autant que nous pouvons en juger par les deux écrits qui

---

1. Ép. *du pape Corneille à Fabien, évêque d'Antioche.*
2. Ép. *du pape Corneille à Fabien, évêque d'Antioche.*

nous restent de lui, l'un sur la *Trinité*, l'autre sur les *Observances judaïques*, ce n'était rien moins qu'un esprit ordinaire. Une grande connaissance de l'Écriture sainte, beaucoup de souplesse dans la dialectique, une clarté d'exposition peu commune, et de plus, un style pur, net et poli, nous montrent ce que l'on était en droit d'attendre de ce nouveau défenseur de la foi. Novatien sembla d'abord justifier les espérances qu'avait fait concevoir son application à la science théologique. C'est lui qui, au témoignage de saint Cyprien, avait rédigé la fameuse lettre du clergé romain sur la réconciliation des *laps*, lettre qui avait été d'un si puissant secours pour l'évêque de Carthage dans sa lutte avec le parti de Novat [1]. Comment donc se fait-il que nous le surprenions, quelques mois après, en pleine contradiction avec les sentiments de mansuétude chrétienne exprimés dans cette pièce ? Ici, Messieurs, l'insuffisance des renseignements historiques nous réduit à des conjectures plus ou moins probables sur la marche qu'avait dû suivre Novatien pour arriver à un rigorisme assez semblable à celui de Montan.

D'abord, je ne crois pas qu'il faille s'étonner beaucoup de trouver une contradiction dans la doctrine et dans la conduite d'un homme aussi exalté que faible de caractère. N'avons-nous pas vu de nos jours un malheureux écrivain commencer par l'*Essai sur l'indifférence* et finir par l'*Esquisse d'une philosophie* ? Peut-être, en participant à la lettre collective dont je viens de parler, Novatien n'avait-il fait que prêter sa plume à la rédaction d'un document qui n'exprimait pas complétement ses idées ; et, comme la solution définitive de la question des apostats y était réservée,

---

1. Épître xxx, *du clergé romain à saint Cyprien*. — « Novatiano tunc scribente, et, quod scripserat, sua voce recitante (Ép. lii, de Cyprien à Antonien).

il aurait pu se flatter de faire triompher plus tard son opinion personnelle. Toujours est-il que le stoïcisme de Novatien, son humeur sauvage, son culte pour Tertullien, dont il reproduit jusqu'aux expressions dans son traité *de la Trinité*, indiqueraient assez qu'à aucune époque de sa vie il n'avait dû incliner vers l'indulgence. Un seul trait suffit pour montrer combien peu cet homme dur, absorbé dans la théorie, s'intéressait au salut des âmes, et quelle répugnance il éprouvait pour les devoirs de la vie pratique. Pendant la persécution, les diacres allèrent le trouver dans la maison où il se tenait renfermé, pour le prier de venir assister les frères qui avaient besoin du secours de son ministère sacerdotal. « J'ai une autre philosophie à cultiver, leur répondit le solitaire [1]. » Il est évident qu'un pareil homme ne devait guère avoir d'entrailles pour les pécheurs ; et je ne suis nullement surpris qu'il ait poussé la rigueur jusqu'à ôter aux apostats tout espoir de pardon, quelque pénitence qu'ils feraient d'ailleurs. Supposez qu'une pensée d'ambition vienne à germer en outre dans cet esprit intraitable, et vous aurez un chef de secte. Toutefois, Messieurs, il est permis de croire que l'éloignement de Novatien pour les difficultés de la vie publique et une certaine paresse de volonté l'auraient fait hésiter à jouer un tel rôle, si un esprit bien autrement remuant et actif n'était venu le jeter dans les hasards de la lutte. Les hommes de cette trempe sont destinés à devenir la dupe des intrigants qui les poussent en avant pour se servir d'eux comme d'instruments à leurs propres desseins.

Déjà les écrits de saint Cyprien nous avaient montré dans Novat, prêtre de Carthage, une de ces natures inquiètes, qui se plaisent aux troubles, espérant y trouver leur profit. Vous

---

1. *Ép. du pape Corneille à Fabien, évêque d'Antioche.*

vous rappelez quels désordres avait suscités en Afrique cet artisan d'impostures et de calomnies. Voyant ses projets déjoués par la vigilance et la fermeté de saint Cyprien, Novat fit voile pour Rome qui lui paraissait un théâtre plus favorable à ses machinations. Il y rencontra un homme froissé dans son orgueil par l'élection de saint Corneille, et tout prêt à rompre avec l'Église sur la question des apostats. Quel vaste champ ouvert aux entreprises de l'audacieux Africain ! A la vérité, les opinions de Novat étaient diamétralement opposées à celles de Novatien : l'un avait soutenu, en Afrique, qu'on devait donner la paix aux apostats, même sans pénitence ; l'autre prétendait, à Rome, qu'il fallait la leur refuser, quelque pénitence qu'ils fissent. Ils tenaient tout juste les deux extrêmes ; mais combien de fois n'arrive-t-il pas que l'intérêt et la passion rapprochent des hommes divisés par les doctrines ? Je ne sais qui a dit que l'histoire ne se répète pas : je crois, Messieurs, qu'elle se répète toujours, et que sous d'autres noms on ne manque jamais de retrouver les mêmes procédés. Homme sans principes ni convictions, Novat se jeta dans le parti de l'opposition, peu soucieux de savoir à qui il donnerait la main : casuiste relâché à Carthage, il se fit, pour les besoins de la cause, moraliste rigide dans la ville de Rome. A partir de ce moment-là, le schisme qui se préparait depuis quelques mois éclata violemment. La cabale abusa de la simplicité de trois évêques, attirés du fond de l'Italie sous des prétextes spécieux, pour faire donner à Novatien la consécration épiscopale, comme si le siége de Rome avait été vacant. En même temps des émissaires, ou à leur défaut, des lettres envoyées à Alexandrie, à Antioche, à Carthage, dans les centres principaux du monde chrétien, y répandirent avec des calomnies contre le pape Corneille, la nouvelle de l'ordination de Novatien. Le plan était habilement combiné, et le schisme aurait pu s'étendre au loin, si la sagesse de Corneille et la vigueur de Cyprien n'avaient arrêté les progrès du mal, en déjouant les menées des sectaires.

Je regarde comme l'une des plus belles pages de la vie de saint Cyprien, celle où son intervention aida si puissamment à étouffer le schisme qui affligeait l'Église de Rome. Dès son avénement au Siége apostolique, Corneille lui avait notifié son élection, et l'évêque de Carthage s'était empressé de reconnaître dans l'élu du clergé et du peuple romain le légitime successeur de saint Pierre. Cependant, le bruit des événements accomplis à Rome était arrivé en Afrique ; l'ordination de Novatien, succédant à celle de Corneille, avait jeté le trouble et l'incertitude dans beaucoup d'esprits. Chacun comprenait la gravité d'une question qui intéressait l'Église entière. On doit le dire à la louange de Cyprien, il n'hésita pas un instant sur le parti qu'il fallait suivre dans une affaire si simple et si claire ; néanmoins pour imposer silence aux clameurs de l'ennemi et faire tomber des bruits injurieux à Corneille, il résolut, de l'avis de ses collègues, d'envoyer à Rome deux évêques, Caldonius et Fortunat, avec la mission de rapporter fidèlement tout ce qui s'y était passé. Il pensait avec raison que l'autorité d'un témoignage puisé à la source même réduirait à néant les accusations formulées par les adversaires du pape. Mais une circonstance fortuite lui permit de ne pas attendre le retour des députés, pour sévir contre les partisans de Novatien. Deux évêques africains, Étienne et Pompée, qui avaient séjourné à Rome, étaient revenus dans leur pays avec des informations exactes et précises sur l'état des choses. Alors l'évêque de Carthage n'hésita plus à prendre des mesures vigoureuses dont il rendit compte dans deux lettres adressées au pape Corneille :

« Il nous est arrivé, frère bien-aimé, des envoyés de Novatien : le prêtre Maxime, le diacre Augendus, un certain Macchée et Longin. Les lettres dont ils étaient porteurs et leurs déclarations personnelles ne nous eurent pas plutôt informé de l'élévation de Novatien à l'épiscopat, qu'indigné du scandale d'une ordination illicite et attentatoire à l'Église catholique, nous avons cru devoir sur-le-champ les retrancher de notre communion, après avoir réfuté les allégations mensongères qu'ils s'efforçaient de maintenir avec opiniâtreté. J'attendais avec plusieurs de mes collègues, qui s'étaient rendus auprès de nous, le retour de Caldonius et de Fortunat que nous avions députés récemment vers vous et vers les évêques présents à votre ordination, afin qu'à leur arrivée et lorsqu'ils rapporteraient comment les choses s'étaient passées, la partie adverse fût réduite au silence par l'autorité de leur témoignage et l'évidence de leurs preuves. Dans ces entrefaites survinrent Étienne et Pompée, nos collègues, avec des renseignements propres à nous éclairer, hommes graves dont les déclarations, garanties par leur bonne foi, nous dispensèrent d'écouter plus longtemps les envoyés de Novatien. Aussi, bien que ces derniers demandassent, en pleine assemblée et avec des clameurs violentes, à fournir publiquement devant nous et devant le peuple la preuve des accusations dont ils vous chargeaient, nous jugeâmes contraire à notre dignité de permettre que la méchanceté et la jalousie missent en question l'honneur d'un collègue qui avait pour lui le choix, l'ordination et des suffrages aussi nombreux que respectables [1]. »

Cyprien ne s'en tint pas à cet acte de fermeté et de haute prudence. Pour détruire la fâcheuse impression produite par

---

1. Ép. XLI, *de Cyprien à Corneille*. — Item. Ép. XLII.

les émissaires de Novatien, il voulut que tous les évêques de l'Afrique proconsulaire, de la Numidie et de la Mauritanie fissent connaître aux fidèles par des lettres pastorales qu'ils étaient attachés à l'Église romaine, « comme à la racine et à la mère de l'Église catholique, » et qu'ils restaient dans la communion de Corneille, « c'est-à-dire dans l'unité et dans la charité de l'Église catholique [1]. » Magnifique hommage rendu à la primauté du Pape! On n'aurait pu mieux concilier le respect pour le pontife romain avec l'obligation de veiller à ce qu'il ne s'élevât aucun doute sérieux sur la validité de son élection. Du reste les griefs imputés à saint Corneille par les schismatiques ne supportaient pas l'examen. C'est une tactique ordinaire aux méchants de noircir la réputation des hommes vertueux, écrivait Cyprien à un évêque de Numidie qui s'était laissé ébranler par ces calomnies [2]. Tout sert de prétexte à la haine et à l'envie pour diffamer ceux qu'elles cherchent à perdre. Ainsi la cabale de Novatien tirait parti de la bonté du pape envers les libellatiques pénitents, pour l'accuser lui-même d'avoir pris un billet du magistrat dans le but d'éviter la persécution : les évêques africains, envoyés à Rome, purent se convaincre sans peine que cette allégation n'avait pas le moindre fondement. Corneille, disait-on, entretenait une communion sacrilége avec un évêque, Trophime, qui avait sacrifié aux idoles : il se trouva que le Chef de l'Église, en bon pasteur, s'était empressé d'accueillir le coupable repentant, tout en lui interdisant à jamais les fonctions de l'épiscopat [3]. En deux mots, le successeur de saint Fabien suivait dans le traitement des âmes cette voie droite

---

1. Ép. XLIV, *au pape Corneille* : Ut ecclesiæ catholicæ radicem et matricem agnoscerent ac tenerent.
2. Ép. LII, *à Antonien*
3. Ibid.

qui s'éloigne également de la faiblesse et de la dureté. Mais, comme nous l'avons constaté chez Tertullien, il est des esprits qui ne se plaisent que dans les extrêmes, et pour lesquels la sagesse devient synonyme de lâcheté et de trahison. La vertu elle-même, quelque sincère qu'elle soit, ne préserve pas toujours de l'exagération dans la louange ou dans le blâme ; et une austérité apparente en impose fort souvent à des âmes bien intentionnées, mais dépourvues de sens pratique. Que d'illusions le jansénisme n'a-t-il pas entretenues, au XVIIe siècle, dans des cœurs dévoués aux intérêts de la foi, jusqu'à leur faire préférer le schisme au sacrifice d'opinions qui les séduisaient par un faux air de grandeur et de sévérité ! Le rigorisme de Novatien produisit le même effet sur quelques martyrs de Rome, qui se laissèrent prendre aux pièges du sectaire. Certes, la répulsion que devait inspirer l'apostasie à ces généreux athlètes, explique assez la facilité avec laquelle on avait surpris leur bonne foi. Enlever tout espoir de réconciliation à des hommes coupables d'un tel crime leur paraissait un châtiment proportionné à l'énormité de la faute. Ils oubliaient que l'Évangile n'a pas mis de limites aux pouvoirs du pardon confiés à l'Église. Quoi qu'il en soit, leur adhésion aux doctrines et au parti de Novatien constituait un grave péril pour l'unité catholique. L'autorité du pape Corneille ne pouvait manquer d'être fortement ébranlée par l'opposition d'hommes au nom desquels s'attachait à juste titre la vénération des fidèles. Toujours sur la brèche lorsqu'il s'agissait de défendre la cause de la religion, Cyprien se hâta d'écrire aux confesseurs égarés par Novatien, pour les exhorter vivement à revenir sur leurs pas ; mais, par déférence pour le pape, il lui envoya tout d'abord la lettre en le priant de n'y donner suite qu'autant qu'elle aurait reçu son approbation [1].

---

1. Ép. XLIII, *au pape Corneille.*

« Si mes lettres, bien-aimés, écrivait-il au prêtre Maxime, à Nicostrate et aux autres confesseurs de la foi, si mes lettres vous ont prouvé fréquemment combien j'aime et j'honore des frères qui se sont illustrés par une confession éclatante, cédez cette fois, je vous en conjure, à des paroles qui ont pour but de conserver à vos actes la louange qu'ils méritent. Vous le dirai-je en toute simplicité? Mon âme s'est sentie accablée de tristesse, et une douleur profonde a brisé mon cœur, le jour où j'ai appris que, contrairement à la discipline ecclésiastique, à la loi de l'Évangile et à l'unité catholique, vous aviez consenti à l'élection d'un second évêque, en d'autres termes, à l'établissement d'une seconde Église, chose criminelle et qui ne peut jamais se faire; car c'est déchirer les membres du Christ, et permettre à des rivalités schismatiques de lacérer le troupeau du Seigneur, lequel ne doit former qu'un cœur et qu'une âme. Je vous en conjure, au lieu de prolonger ce divorce illégitime dans l'assemblée de nos frères, souvenez-vous de votre confession et de la tradition divine, revenez à cette mère qui naguère applaudissait à votre gloire, lorsque vous voliez de ses bras dans les combats de la foi. Ne vous imaginez pas que vous défendiez l'Évangile du Christ en vous séparant de son troupeau, en répudiant la paix et la concorde du Seigneur. Un soldat fidèle, qui a le souci de son honneur, ne s'éloigne pas du camp, mais il y demeure pour prendre sa part des charges communes, et veiller à la sûreté de tous. Vous le savez, le faisceau de notre unité ne doit pas être rompu; nous ne pouvons sortir de l'Église pour aller à vous: nous vous en conjurons donc autant qu'il est en nous, retournez à l'Église votre mère et à notre fraternité[1]. »

---

1. Ép. XLIV, *aux confesseurs de Rome.*

L'appel de Cyprien, joint aux exhortations pressantes du pape Corneille, fut entendu des confesseurs de Rome. Un instant éblouis par les artifices du parti de Novatien, ces nobles soldats du Christ se hâtèrent de rentrer dans l'unité catholique. Rien de plus touchant que cette scène de réconciliation, telle que le pontife romain la décrit dans une lettre à l'évêque de Carthage [1]. L'Église, mère et maîtresse de toutes les autres, comptait alors dans son sein quarante-six prêtres, sept diacres, sept sous-diacres, quarante-deux acolytes, cinquante-deux exorcistes, lecteurs ou portiers [2]. C'est en présence de cette assemblée, et devant le peuple réuni, que Maxime, Urbain, Sidonius, Macaire, et la plupart de ceux qui s'étaient associés à eux contre Corneille, vinrent supplier le pape de leur pardonner en livrant le passé à un éternel oubli : « Nous savons, s'écriaient-ils au milieu des larmes de joie qui coulaient de tous les yeux, nous savons que Corneille a été choisi par le Dieu tout-puissant et par Jésus-Christ Notre-Seigneur pour être l'évêque de la très-sainte Église catholique. Nous reconnaissons notre sainte erreur ; nous avons été le jouet de l'imposture ; des discours captieux et perfides nous avaient circonvenus. Quoique nous parussions avoir un semblant de communion avec un schismatique et un hérétique, notre cœur n'en était pas moins tout entier dans l'Église. En effet, nous ne l'ignorons pas : il n'y a qu'un Dieu, un seul Christ Notre-Seigneur, à qui nous avons rendu témoignage, un seul Esprit saint ; il ne doit y avoir qu'un seul évêque de l'Église catholique. » Cyprien fut

---

1. Ép. XLVII, *du pape Corneille à Cyprien*.
2. Ép. du pape *Corneille à Fabien, évêque d'Antioche*. Le pape compte en outre 1500 veuves et pauvres entretenus par l'Église. En partant de ces chiffres, il est permis de conclure que le nombre des chrétiens à Rome s'élevait à plus de cinquante mille, dans les premières années du IIIe siècle.

transporté de joie à la nouvelle d'un retour auquel il avait tant contribué par ses paroles et par ses actes. Il écrivit sur-le-champ des lettres de félicitation au pape Corneille et aux confesseurs de Rome qui s'étaient détachés de Novatien [1]. « Rien ne manque plus à l'intégrité de votre foi, disait-il à ces derniers, puisque vous avez conservé la paix et la charité du Seigneur. Oui, il fallait rentrer dans le camp d'où vous étiez sortis pleins de vigueur pour voler au combat et terrasser l'ennemi. Il fallait rapporter les trophées de la victoire aux mêmes lieux où vous aviez revêtu la céleste armure, de peur que l'Église du Christ ne demeurât dépouillée d'une gloire à laquelle le Christ vous avait préparés. »

Cependant le germe des erreurs disséminées par Novatien ne laissait pas de subsister dans beaucoup d'esprits. Plus d'un évêque, ébloui par des maximes dont l'application lui paraissait profitable aux intérêts de la foi, ne portait pas dans sa conduite à l'égard des apostats toute la mansuétude que demande l'Évangile. Cyprien ne négligea rien pour combattre cette vaine affectation de sévérité non moins nuisible aux âmes que le relâchement des principes. De même qu'il s'était élevé contre la faction de Novat qui prétendait réhabiliter les *laps* sans pénitence préalable, ainsi repoussa-t-il les doctrines de Novatien qui les excluait du pardon, malgré l'accomplissement de la pénitence prescrite. C'est à cette marque, Messieurs, qu'on reconnaît les esprits judicieux et les âmes vraiment fortes : l'exagération, sous quelque forme qu'elle se produise, les trouve en garde contre tout ce qui dépasse l'exacte mesure des choses. Au jour du jugement, écrivait Cyprien à un évêque de Numidie, il nous sera de-

---

[1]. Ép. XLVII, *de Cyprien à Corneille*. — Ép. LI, *de Cyprien aux confesseurs de Rome*.

mandé compte de cette brebis malade que nous n'aurons pas soignée. Eh quoi ! le Seigneur laisse là les quatre-vingt-dix-neuf brebis fidèles pour courir après la brebis fugitive ! Il ne l'a pas plutôt retrouvée qu'il la charge sur ses épaules ! Et nous, loin de courir après ceux qui sont tombés, nous les éloignerions quand ils se présentent ! Notre doctrine continue-t-il en faisant allusion aux opinions philosophique de Novatien, notre doctrine n'a rien de commun avec celle des stoïciens qui soutiennent que toutes les fautes sont égales, et que le sage est inaccessible à la compassion. Loin de nous ces maximes d'une philosophie orgueilleuse et sans entrailles. Nos soins et nos secours appartiennent aux blessés ; parce que nous les voyons couverts de plaies, n'allons pas les regarder comme morts à la foi : ce sont des malheureux que la persécution a mutilés et étendus sur le champ de bataille. La pénitence peut les relever et leur rendre des armes pour de nouveaux combats[1]. Ici, saint Cyprien rencontrait sur son chemin l'objection que Tertullien, devenu montaniste, avait retournée sous toutes les formes : accorder le pardon aux pécheurs, n'est-ce pas provoquer les rechutes ? Non, répond l'éloquent évêque, user de condescendance envers ceux qui ont succombé pendant la persécution, ce n'est pas encourager les défections dans l'avenir. Nous accordons bien la paix aux adultères après une pénitence déterminée. La virginité a-t-elle pour cela défailli dans l'Église ? La gloire de la continence s'affaiblit-elle par les prévarications d'autrui ? L'Église continue à montrer avec orgueil la couronne de ses vierges ; la pudeur et la chasteté marchent d'un pas ferme dans leur glorieuse carrière, et la continence n'est point détruite parce que l'adultère peut obtenir son pardon[2]. Tout

---

1 Ép. LII, *à Antonien.*
2. Ép. LII, *à Antonien.*

cela, Messieurs, dénote le coup d'œil sûr d'un observateur auquel l'étude du cœur humain a fait comprendre que le découragement provoqué par une rigueur excessive n'a pas des suites moins funestes que la présomption. Nous n'avons pas rencontré dans Tertullien un passage plus éloquent que celui où Cyprien joint l'ironie à l'indignation pour faire sentir aux Novatiens l'absurdité d'un système qui enlève au coupable repentant tout espoir de réconciliation :

« Quelle amère dérision pour nos frères ! quel piége cruel tendu à leurs lamentations et à leurs gémissements ! Enfin quelle vaine et stérile tradition de l'hérésie, que d'exhorter à la pénitence satisfactoire pour dérober à la satisfaction son fruit, que de dire à chacun de nos frères : Pleure, verse des larmes en abondance, gémis et le jour et la nuit, n'épargne aucune œuvre pour laver ta faute ; mais, malgré tous ces efforts, tu mourras hors de l'Église : tout ce qui peut mériter la paix, tu le feras : quant à la paix après laquelle tu soupires, tu ne l'auras jamais ! — Je le demande, qui ne tomberait aussitôt dans un désespoir mortel ? qui ne renoncerait sur-le champ à la carrière de la pénitence ? Allez tenir ce langage à un laboureur : Épuise tes forces à remuer ce champ, et ton art à le cultiver, mais tu ne moissonneras aucune gerbe ; tu ne presseras aucune vendange ; les oliviers ne te donneront point de fruit, et tu ne cueilleras pas une seule pomme sur tes arbres. — Croyez-vous qu'il poursuivra longtemps des travaux stériles ? Ou bien, voici un armateur ; dites-lui : Mon frère, achetez des pièces de bois dans les forêts les plus renommées, faites choix de chênes robustes pour construire la carène, armez le navire, munissez-le de ses clous, de ses cordages et de ses voiles ; puis, quand vous aurez fait tout cela, n'attendez aucun profit de vos actes, ni de vos courses. — N'est-ce-pas fermer tout chemin à la douleur et au repentir par cette sévérité cruelle qui anéantit la pénitence, parce qu'elle en détruit les fruits, tandis que le Seigneur Dieu prodigue, à chaque page de l'Écriture, les encouragements aux pécheurs qui reviennent à lui [1] ? »

Il y a là, Messieurs, ce tour vif et dramatique que Tertullien excellait à donner au raisonnement. Autant l'évêque de Carthage s'éloigne ici de son devancier pour le fond des doctrines, autant il se rapproche de lui par la forme incisive qu'il sait prêter à sa pensée ; et lorsqu'on pense que ce beau morceau est encadré dans une simple lettre, on peut juger des trésors d'éloquence que renferme la correspondance épistolaire de saint Cyprien. Évidemment, l'erreur des Novatiens sur la pénitence se rattachait à un principe plus général, à une notion défectueuse du christianisme tout entier. En effet, pour nous rendre un compte exact de leur système, nous devrons en chercher l'explication dans l'idée qu'ils se faisaient de l'Église, comme d'ailleurs il est facile de ramener toute controverse religieuse à ce point capital. Pour Novatien, ainsi que pour Tertullien devenu montaniste, l'Église n'était plus cette société vaste comme le monde, qui comprend dans son sein des justes et des pécheurs, ce champ du père de famille où l'ivraie se mêle au bon grain jusqu'à la séparation réservée au siècle futur, mais une secte de puritains qui doit éviter tout commerce avec les coupables, repentants ou non. Il s'agissait donc avant tout de préciser la notion de l'Église ; et le schisme de Novatien n'aurait-il eu que ce seul résultat, les troubles qu'il a causés d'autre part ne suffiraient point pour en faire oublier les heureuses conséquences. C'est la tâche qu'entreprit saint Cyprien dans un livre qui mérite d'être appelé une œuvre magistrale : je veux parler du traité *sur l'Unité de l'Église*.

---

1. Ép. LII, à *Antonien*.

DOUZIÈME LEÇON

Les schismes de Novat et de Novatien appellent l'attention de Cyprien sur les principes constitutifs de la société chrétienne. — Traité de *l'Unité de l'Église*. — Sous quelle forme les Pères et les docteurs des trois premiers siècles ont-ils conçu la société religieuse ? — Premier élément essentiel de la constitution de l'Église : les évêques gouvernant de droit divin le troupeau de Jésus-Christ. — Tous les pouvoirs spirituels émanent de l'évêque et retournent à lui. — Idée de l'Église universelle. — D'après Cyprien, la chaire de saint Pierre ou le siège de Rome est la plus haute représentation de l'unité dans l'Église. — On cesse d'appartenir à l'Église du moment qu'on se détache de la chaire de saint Pierre sur qui l'Église est bâtie. — Le traité *sur l'Unité de l'Église* est une expression fidèle de l'idée qu'on se formait de la société chrétienne au III⁰ siècle. — Sa ressemblance avec le sermon de Bossuet *sur l'Unité de l'Église.*

Messieurs,

C'est le propre du schisme et de l'hérésie d'appeler l'attention des esprits sur les fondements de la doctrine chrétienne et sur la divine constitution de l'Église. Dans ces moments de crise où l'erreur et les passions humaines menacent l'œuvre du Christ, la Providence se plaît à susciter des hommes prédestinés à devenir les champions du droit et de la vérité. Une mission de ce genre était réservée à saint Cyprien au milieu du III⁰ siècle. Déjà nous l'avons vu jouer un rôle prépondérant dans une première controverse, relative à la discipline pénitentiaire. Ces dissensions provoquées à Carthage par Novat, à Rome par Novatien, allaient lui fournir l'occasion d'ajouter un nouveau titre de gloire à ses services antérieurs. Nous l'avons dit et nous le répétons, les liens de la hiérarchie s'étaient relâchés sur plus d'un point à la suite d'une longue paix. La persécution avait trouvé les chrétiens serrés autour de leurs chefs, et présentant à l'ennemi un ordre de bataille que les chocs les plus violents n'étaient point parvenus à rompre ; une fois sortis victorieux de la lutte, ils laissèrent la désunion se glisser dans leurs rangs. On ne saurait se le dissimuler, l'esprit de révolte et d'insubordination soufflait dans quelques églises de l'Occident à l'époque qui nous occupe. Comment s'expliquer autrement ces tentatives de schisme auxquelles l'Afrique et l'Italie servaient de théâtre ? Mais, à la différence des sociétés humaines, l'Église tire son profit de ce qui amène d'ordinaire leur décadence ou leur ruine. Il était dans la destinée providentielle des deux races entre lesquelles se partageait alors le monde civilisé, que le génie spéculatif des Grecs se portât de préférence vers la métaphysique chrétienne, et que l'esprit pratique des Latins étudiât davantage la constitution de l'Église ; et de même que les hérésies de l'Orient allaient aboutir à une définition solennelle du dogme, ainsi les schismes de l'Occident devaient-ils avoir pour résultat de consolider la hiérarchie. Saint Cyprien est sans contredit l'un des Pères de l'Église latine qui ont le plus contribué à mettre en lumière l'organisation essentielle à la société chrétienne. Homme d'action avant tout, l'évêque de Carthage avait commencé par employer ses efforts à étouffer les germes de division qui s'étaient manifestés dans ce grand corps ; mais pour achever son œuvre, il lui fallait joindre au zèle pastoral la science du docteur, et développer les principes dont il venait de faire l'application : c'est la tâche qu'il entreprit dans son traité sur l'*Unité de l'Église*.

Vous comprenez, Messieurs, toute l'importance d'une question qui, encore aujourd'hui, est le point cardinal de la controverse religieuse. Jésus-Christ s'est-il contenté d'enseigner une doctrine, sans songer à unir entre eux par des liens extérieurs ceux qui la professeraient? Ou bien a-t-il fondé une Église ayant sa constitution propre, sa forme de gouvernement fixe et invariable ? En d'autres termes, le christianisme est-il un fait purement individuel, prenant le caractère que chacun lui imprime dans son intelligence, ou bien doit-il exister à l'état de société organisée une fois pour toutes par la volonté expresse du fondateur ? J'ose dire qu'à cela se réduit, en bonne logique, tout le débat entre l'Église catholique et ses adversaires. Or, là-dessus nous avons interrogé les monuments littéraires des trois premiers siècles chrétiens ; et depuis les lettres de saint Ignace d'Antioche jusqu'aux écrits de saint Irénée et de Tertullien, tous ces documents, d'origine et de provenance si diverses, nous ont répondu avec un accord parfait. Dans l'Asie Mineure et en Syrie, comme en Afrique, en Italie et dans les Gaules, nous avons rencontré des églises gouvernées chacune par un évêque, assisté de prêtres et de diacres ; des églises particulières gardant la communion entre elles, et formant par ce concert unanime de croyances et de traditions la grande Église une et universelle ; et enfin, à leur tête, une Église centrale, celle de Rome, « qui préside à l'assemblée de la charité », dit saint Ignace d'Antioche ; « avec laquelle, continue saint Irénée, toutes les autres sont obligées de s'accorder dans la foi, à cause de son éminente principauté » ; dans laquelle, reprend Tertullien, « les apôtres Pierre et Paul ont répandu avec leur sang la doctrine tout entière. » Voilà sous quelle forme, nette et précise, les Pères et les docteurs de cet âge primitif conçoivent la société chrétienne.

C'est en vertu de l'autorité doctrinale confiée par le Christ aux apôtres, et transmise par ceux-ci à leurs successeurs, qu'ils anathématisent les sectes et proscrivent les hérésies. Nous allons voir que, dans son traité *sur l'Unité de l'Église*, saint Cyprien n'a fait que résumer les idées de ses devanciers, et exprimer un sentiment qui était celui de tous les vrais chrétiens.

Et d'abord, c'est dans les évêques, successeur des apôtres, qu'il place le gouvernement de l'Église. Quand les apostats, excités par quelques prêtres schismatiques, réclamaient une réconciliation immédiate, au lieu de la solliciter humblement, voici ce que leur répondait l'évêque de Carthage :

« Notre-Seigneur, dont nous devons observer les préceptes et les avertissements, réglant l'autorité de l'évêque et l'économie de son Église, dit dans l'Évangile en parlant à Pierre : Et moi je te dis que tu es Pierre et sur cette pierre je bâtirai mon Église, et les portes de l'enfer ne la vaincront pas. Je te donnerai les clefs du royaume des cieux. Tout ce que tu lieras sur la terre sera lié dans le ciel, et tout ce que tu délieras sur la terre sera délié dans le ciel. — C'est de là que proviennent à travers les vicissitudes et la succession des temps l'ordination des évêques et la constitution de l'Église, en sorte que l'Église est fondée sur les évêques, et que toute l'administration de l'Église est dirigée par eux [1]. »

Voilà donc un premier élément essentiel à la constitution de l'Église : les évêques gouvernent de droit divin le troupeau de Jésus-Christ, *divina lege fundatum est*. « L'Église, dit encore saint Cyprien en s'adressant à l'un de ses détracteurs, l'Église, c'est le peuple uni à son évêque, le troupeau à son pasteur. L'évêque est dans l'Église, l'Église dans l'évêque ;

---

[1]. Ép. xxvii, *à ceux qui étaient tombés pendant la persécution.*

n'être pas avec l'évêque, c'est être hors de l'Église [1]. » Impossible d'affirmer avec plus d'énergie que l'évêque est dans chaque diocèse le foyer du pouvoir spirituel et le centre de l'unité. Saint Ignace d'Antioche s'était servi des mêmes expressions en décrivant l'autorité épiscopale. Pour rendre sa pensée sous une forme encore plus accessible à toutes les intelligences, Cyprien cite l'exemple des abeilles qui ont un roi, des troupeaux qui suivent docilement leur pasteur, des brigands eux-mêmes qui se soumettent à un chef pour mieux atteindre leur but [2]. Certes, en défendant les droits souverains de l'épiscopat, il était bien éloigné de vouloir méconnaître la dignité des prêtres et des diacres, lui qui avait résolu dès le principe de ne rien conclure sans leur participation ; mais il voulait que les prêtres, « fidèles à l'Évangile, respectassent dans l'évêque l'autorité de sa chaire [3]. » Du reste, les schismatiques eux-mêmes admettaient que les évêques sont de droit divin supérieurs aux prêtres, puisque Novatien avait extorqué une nouvelle ordination pour s'élever au degré suprême du sacerdoce. Il ne saurait donc y avoir le moindre doute sur le sentiment des premiers siècles chrétiens touchant l'épiscopat. L'évêque, successeur des apôtres, occupe le sommet de la hiérarchie ; tous les pouvoirs spirituels émanent de lui et retournent à lui comme à leur origine et à leur centre. Mais si chaque église particulière est gouvernée par son évêque, s'ensuit-il qu'elle puisse s'isoler du corps entier, et n'avoir plus ni lien ni rapport avec la grande société des fidèles ? Je ne connais pas, Messieurs, de plus belle page dans la littérature chrétienne que celle où saint

---

1. Ép. p. LXIX, à *Pupien*: Et si quis cum episcopo non sit, in Ecclesia non esse.
2. Ibid.
3. Ép. IX et X.

Cyprien montre comment ces différentes parties se réunissent pour former un tout organique et vivant :

« Il n'y a qu'un seul épiscopat dont tous les évêques possèdent solidairement une partie ; il n'y a de même qu'une seule Église, quoique par les accroissements de sa glorieuse fécondité elle s'étende à une multitude de membres. Regardez : le soleil envoie beaucoup de rayons, mais il n'y a qu'une lumière ; l'arbre se divise en plusieurs rameaux, mais il n'y a qu'un tronc, appuyé sur une racine vigoureuse ; la source distribue au loin ses eaux, mais, quelle qu'en soit l'abondance, l'origine de ces nombreux ruisseaux reste la même. Séparez le rayon solaire de son foyer, l'unité de la lumière n'admet pas de partage ; détachez le rameau de l'arbre, le fruit ne pourra plus germer ; isolez le ruisseau de la source, il ne tardera pas à tarir. Il en va de même de l'Église du Seigneur. Soleil universel, elle envoie ses rayons dans l'univers entier, mais c'est toujours une seule et même lumière qu'elle répand partout, sans que l'unité du corps soit divisée. Arbre majestueux, elle étend ses rameaux à toute la terre ; fleuve immense, elle arrose les contrées lointaines par l'abondance de ses eaux. Et cependant, c'est partout le même principe ; partout la même origine, partout une même mère riche des trésors de sa fécondité. C'est son sein qui nous a portés, son lait qui nous a nourris, son esprit qui nous anime. L'épouse du Christ repousse toute alliance adultère ; sa pudeur est incorruptible. Elle ne connaît qu'une maison ; elle garde avec un soin religieux la sainteté de la couche nuptiale. Elle nous conserve à Dieu et élève pour le trône les enfants qu'elle a engendrés. Se séparer de l'Église, c'est s'unir à la femme adultère, c'est se priver des promesses faites à l'Église. Non, il n'arrivera jamais aux récompenses du Christ, celui qui abandonne l'Église du Christ ; c'est un

étranger, un profane, un ennemi. On cesse d'avoir Dieu
pour père, quand on n'a plus l'Église pour mère[1]. »

Dans son *Histoire de l'Église,* le docteur Néander, l'un des
coryphées du protestantisme moderne, n'a pu dissimuler
l'impression que ce passage avait produite sur son esprit;
et, pour se tirer d'embarras, il propose tout simplement
d'appliquer à l'Église invisible, imaginée par Luther, la
description que fait Cyprien de l'Église extérieure et visible,
de l'Église constituée par la succession épiscopale[2]. Je comprends tout ce qu'une pareille lecture peut avoir de pénible
pour un homme qui y trouve la condamnation de ses
opinions; mais encore faut-il savoir supporter la vérité,
même quand elle contrarie des idées préconçues. L'Église
dont parle saint Cyprien n'est pas une société invisible,
comme d'ailleurs notre adversaire est obligé de le reconnaître, mais une société qui tombe sous les sens, qui envoie
ses rayons par le monde entier, *quæ per orbem totum radios
suos porrigit,* en d'autres termes, l'Église catholique. Cette
Église, visible dans son universalité, n'est pas un amalgame
de sectes, ne se rattachant l'une à l'autre ni par l'identité
des croyances, ni par le lien hiérarchique : une même
lumière, c'est-à-dire une même doctrine rayonne partout,
lumen unum; un seul épiscopat dirige le corps entier,
episcopatus unus est. « Nous sommes beaucoup d'évêques,
dit ailleurs saint Cyprien, mais de même qu'il n'y a qu'une
seule Église, instituée par Jésus-Christ, répandue dans tout
le monde et partagée en beaucoup de membres, ainsi n'y
a-t-il qu'un seul épiscopat résultant de l'accord de tous les

---

1. *De unitate Ecclesiæ,* v, vi.
2. *Allgemeine geschichte der Kirche,* tome I, p. 115 (édit. Gotha. 1856).

évêques[1]. » Il voit un symbole de cette divine unité dans la tunique sans couture du Christ, dont parle l'Évangile. Une, entière, indivisible, cette tunique mystérieuse figurait l'union indissoluble du peuple qui a revêtu Jésus-Christ. Rompre avec l'Église, c'est déchirer le vêtement du Christ, c'est quitter la voie du salut, de même qu'au temps du déluge nul homme n'a pu être sauvé hors de l'arche [2]. Car, reprend l'éloquent évêque, en parlant de ceux qui se séparent du centre de l'unité, « il n'y a qu'un Dieu, qu'un Christ, qu'une Église, qu'une foi, qu'un peuple formant un seul corps par le ciment indestructible de la charité. L'unité est indivisible, un corps ne peut subsister dans son ensemble, lorsqu'on le met en lambeaux, et qu'on déchire ses entrailles. Tout ce qui s'éloigne du foyer de la vie, ne pouvant plus ni vivre ni respirer isolément, perd la substance du salut [3]. » Remarquez bien, Messieurs, qu'il s'agit toujours d'une société extérieure et visible, de l'Église gouvernée par les évêques successeurs des apôtres. C'est avec elle qu'il faut rester uni selon l'évêque de Carthage, c'est d'elle qu'on ne peut se séparer sans encourir le châtiment divin. Voilà pourquoi il s'élève avec tant de force contre les schismes et les hérésies, dont il fait remonter l'origine au père du mensonge :

« Voyez les artifices et les ruses du démon, depuis que l'avénement du Christ l'a démasqué et abattu, depuis que la lumière s'est levée sur les nations et que l'étoile du salut a brillé pour les hommes. Furieux de voir les sourds ouvrir l'oreille à la voix de la grâce, les aveugles tourner vers Dieu leurs yeux dessillés, les infirmes se renouveler dans une im-

---

1. Ép. LII, *à Antonien*.
2. *De unitate Ecclesiæ*, VI, VII.
3. Ibid., XXIII.

mortelle vigueur, les boiteux accourir vers l'Église, les muets trouver une langue pour prier à haute voix ; menacé de se trouver seul dans ses temples déserts et parmi ses idoles abandonnées, tandis que le nombre des fidèles augmentait tous les jours, l'ennemi du bien imagina de nouvelles fraudes pour tromper les simples sous l'apparence du nom chrétien. Il inventa les hérésies et les schismes, afin de renverser la foi, de corrompre la vérité et de déchirer l'unité. Depuis ce moment-là il circonvient, il promène à travers d'autres illusions ceux qu'il n'a pu retenir dans l'aveuglement de leur antique ignorance. C'est à l'Église même qu'il les enlève. Les infortunés ! ils se croyaient échappés à la nuit du siècle, et près d'atteindre au jour de la vérité. Voici qu'à leur insu l'ennemi épaissit autour d'eux de nouvelles ténèbres, si bien que, tout en rompant avec l'Évangile du Christ, avec ses préceptes et ses lois, ils continuent de s'appeler chrétiens, et qu'en marchant dans les ténèbres ils s'imaginent avoir la lumière. Car, suivant la parole de l'Apôtre, notre adversaire se transforme en ange de lumière pour mieux tromper. Il aposte ses ministres comme autant de ministres de la justice. Alors, les voilà qui appellent jour la nuit, et vie la mort, qui prêchent le désespoir sous le voile de l'espérance, la perfidie sous le prétexte de la foi, l'Antechrist sous le nom du Christ, afin de ruiner la vérité par des inventions qui en ont l'apparence [1]. »

Cela posé, quelle est la cause du mal ? Pourquoi voyons-nous se produire des schismes et des hérésies ? C'est qu'on ne remonte pas à la source de la vérité, répond l'évêque de Carthage : on ne cherche pas où est le chef, *nec caput quæritur*, et il arrive ainsi qu'on ne garde pas la doctrine du

---

1. *De unitate Ecclesiæ*, III.

céleste Maître. Il s'agit donc de savoir quel est le principe de l'unité dans l'Église universelle. Sans doute, comme Cyprien vient de l'enseigner, chaque évêque est pour son diocèse un centre d'unité ; de plus, toutes les églises particulières n'en font qu'une seule, parce que l'épiscopat est un et indivisible, *unus atque indivisus*. Mais qu'est-ce qui empêche ce tout collectif de se dissoudre en se fractionnant à l'infini ? Quel est le foyer visible d'où partent et où convergent ces rayons de l'autorité spirituelle, disséminés sur la circonférence ? Ici le théologien du IIIe siècle se trouvait en face de la grande institution qui est à la fois le fondement et la clef de voûte de tout l'édifice chrétien. Certes, et malgré la mauvaise grâce qu'il met à faire cet aveu Néander est bien obligé d'en convenir, on ne saurait nier que Cyprien ait regardé la chaire de saint Pierre ou le siége de Rome comme la plus haute représentation de l'unité dans l'Église [1]. Déjà nous lui avons entendu dire que l'Église romaine est « la racine et la matrice de l'Église catholique ; » qu'il faut rester en communion avec le pape Corneille pour être dans l'unité et dans la charité de l'Église catholique [2]. Quand les schismatiques de Carthage iront l'accuser auprès de Corneille, il s'indignera « de ce qu'ils osent traverser la mer et porter leurs lettres à la chaire de Pierre, à l'Église principale, d'où est sortie l'unité sacerdotale [3]. » Ces mots rappellent l'expression de

1. *Op. cit.*, p. 117.
2. Ép. XLIV, *de Cyprien à Corneille.*
3. Ép. LV, *de Cyprien à Corneille*: Navigare audent et ad Petri cathedram atque ad Ecclesiam principalem, unde unitas sacerdotalis exorta est. — Si quelque chose pouvait ajouter à la clarté et à la force de cette phrase magistrale, ce seraient les malheureuses tentatives des écrivains protestants pour l'expliquer. Les uns veulent que *l'Église principale* signifie l'Église située dans la ville principale, dans la capitale de l'empire. C'est une plaisanterie dont ses auteurs ne sauraient être la dupe car les mots qui précèdent et qui suivent immédiatement, — Cathedra

« principauté éminente » que saint Irénée avait appliquée au siége de Rome; et si l'on se refuse à y voir la primauté du Pape, il faut renoncer à vouloir trouver une idée claire sous des termes quelconques. Mais le traité *sur l'Unité de l'Église* suffirait à lui seul pour bannir toute équivoque. Là, au lieu d'une phrase ou d'un texte isolé, nous rencontrons toute une doctrine, suivant laquelle les pouvoirs spirituels sont concentrés dans saint Pierre, de telle sorte qu'on cesse d'appartenir à l'Église, du moment qu'on abandonne la chaire de Pierre sur qui l'Église est bâtie. Permettez-moi, Messieurs, de placer sous vos yeux ce remarquable passage :

« Le Seigneur parle ainsi à Pierre : Je te dis que tu es Pierre, et sur cette pierre je bâtirai mon Église, et les portes de l'enfer ne la vaincront pas. Je te donnerai les clefs du royaume des cieux. Ce que tu lieras sur la terre sera lié au ciel, et ce que tu délieras sur la terre sera délié au ciel. — Pais mes brebis, dit-il encore au même apôtre après sa résurrection. C'est sur un seul qu'il bâtit son Église, à un seul qu'il confie la charge de paître ses brebis. Il est vrai qu'après

---

Petri — unde unitas sacerdotalis exorta est, — ces mots, dis-je, indiquent suffisamment la source d'où saint Cyprien fait dériver pour l'Église romaine sa prérogative d'*Église principale*. Il s'agit là de tout autre chose que de la grandeur matérielle ou de l'importance politique de Rome. — D'autres, se croyant mieux avisés, ont prétendu que l'*Église principale* désigne l'Église de Corneille par opposition à l'Église secondaire de Novatien. Ils auraient pu, à égal droit, glisser dans le texte une mention de la secte de Luther : car il n'y est pas plus question de Novatien que du moine saxon. Ces singuliers critiques oublient que c'est saint Cyprien qui parle, et que, pour l'ardent adversaire des schismatiques, le conventicule de Novatien n'est une Église à aucun titre, ni principal ni secondaire. Avons-nous eu raison de dire que ces interprétations ridicules ne font que mieux ressortir le seul sens dont ce célèbre passage soit susceptible? Aussi le dernier historien protestant de l'Église, Néander, s'est-il résigné sans trop de peine à reconnaître que Cyprien a voulu exprimer par ces mots la primauté de l'Église romaine.

sa résurrection il confère à tous les apôtres une égale puissance en leur disant : Comme mon Père m'a envoyé, moi je vous envoie ; recevez le Saint-Esprit. Si vous remettez les péchés à quelqu'un, ils lui seront remis ; et si vous les lui retenez, ils lui seront retenus. — Toutefois, pour rendre l'unité manifeste, il établit une seule chaire, voulant ainsi, en vertu de son autorité, que l'origine de cette même unité commençât par un seul. Sans doute, les autres apôtres étaient aussi ce que fut Pierre, admis au même partage de l'honneur et du pouvoir ; mais l'unité est le point de départ, et la primauté est donnée à Pierre, pour qu'on puisse voir qu'il n'y a qu'une seule Église du Christ et une seule chaire. Tous sont pasteurs, mais il n'y a qu'un seul et même troupeau, que tous les apôtres doivent paître d'un commun accord, pour montrer que l'Église du Christ est une. C'est cette Église une que désigne l'Esprit saint au Cantique des cantiques, lorsqu'il parle ainsi dans la personne du Seigneur : Ma colombe est unique, elle est parfaite ; il n'y a qu'elle pour sa mère, elle est le choix de celle qui l'a engendrée. Quoi donc ! celui qui ne garde pas cette unité de l'Église croit-il encore garder la foi ? Peut-il se flatter d'être dans l'Église, celui qui résiste à l'Église, qui se révolte contre elle, qui abandonne la chaire de Pierre sur lequel est fondée l'Église, quand le bienheureux apôtre Paul à son tour enseigne la même doctrine et nous montre le sacrement de l'unité, en disant : Vous n'êtes qu'un corps et qu'un esprit, comme vous êtes tous appelés à une même espérance : il n'y a qu'un Seigneur, qu'une foi, qu'un baptême, qu'un Dieu [1]. »

1. *De unitate Ecclesiæ*, IV. On ne trouve pas dans quelques manuscrits ces mots : *Primatus Petro datur, — qui cathedram Petri super quem fundata est Ecclesia deserit.* Nous ne les en avons pas moins retenus, tels qu'ils sont reproduits dans les éditions de Manutius (1563), de Pa-

Ainsi, Messieurs, dans la pensée de saint Cyprien, Jésus-Christ a bâti son Église sur Pierre, pour en manifester l'unité, *ut unitatem manifestaret* ; l'unité de l'Église est rendue visible par ce fondement unique qui supporte tout l'édifice, *ut Christi Ecclesia una monstretur* ; l'origine de cette unité est dans le pouvoir confié à un seul de paître le troupeau tout entier, *unitatis originem ab uno incipientem constituit*.

mélius (1568), de Rigault (1648), de dom Maran (1726). Sans parler des manuscrits consultés par ces quatre érudits, nous lisons la phrase entière dans un document du vi° siècle, *la deuxième épître du pape Pélage II aux évêques de l'Istrie* ; dans le codex antique de Marcel II ; dans les *Actes* d'Alexandre III ; dans le décret de Gratien (dist. 93) ; chez Yves de Chartres, etc. Donc, jusqu'à preuve du contraire, nous sommes en droit de maintenir une leçon qui a pour elle des témoignages si nombreux et si anciens. Mais, du reste, nous n'avons pas besoin de ce membre de phrase pour saisir la vraie pensée de saint Cyprien. L'évêque de Carthage ne fait que répéter ici ce qu'il a dit tant de fois ailleurs : Una Ecclesia, et cathedra una super petram Domini voce fundata (Ép. XL, *au peuple de Carthage*). — Petro primum Dominus, super quem ædificavit Ecclesiam, et unde unitatis originem instituit et ostendit... (Ép. LXXIII, *à Jubaïen*). — Petrus, quem primum Dominus elegit, et super quem ædificavit Ecclesiam suam (Ép. LXXI, *à Quintus*). — Una Ecclesia a Christo Domino super Petrum origine unitatis et ratione fundata (Ép. LXX, *à Janvier*). — Petrus tamen, super quem ab eodem Domino ædificata fuerat Ecclesia, unus pro omnibus loquens et Ecclesiæ voce respondens, ait (Ép. LV, *à Corneille*). — Loquitur illic Petrus, super quem ædificanda fuerat Ecclesia, Ecclesiæ nomine docens et ostendens (Ép. LXIX, *à Pupien*).

On voit par là que le texte en question se borne à résumer un point de doctrine que Cyprien a formulé en termes beaucoup plus explicites dans d'autres endroits de ses œuvres. Donc que certains manuscrits comme celui de Vérone, contiennent ou non ce membre de phrase, *primatus Petro datur*, peu nous importe. Sans partager le sentiment de Baluze, de Latinus Latinius, de Krabinger (*Adnot. crit. in Cypr.* Tubingue, 1853), qui veulent y voir une glose insérée dans le texte, il nous suffit d'avoir prouvé que la proposition se retrouve sous une forme au moins équivalente dans une quantité de passages non contestés. C'est du reste ce que Latinius a reconnu sans la moindre peine (*Biblioth. sacra et profana*, t. I, p. 178, col. 2). Dès lors notre argumentation conserve toute sa force, quelque difficulté que la critique puisse soulever sur l'authenticité de tel ou tel mot en particulier.

On ne saurait dire plus clairement que saint Pierre est pour l'Église le principe et le centre visible de l'unité. Dès lors, quiconque se détache de ce centre d'unité, se place par là-même en dehors de l'Église du Christ ; comme aussi, demeurer en communion avec la chaire de Pierre, sur qui l'Église est bâtie, c'est rester dans la vraie société des fidèles. Encore une fois, ce qui fait que l'Église est une, dit l'évêque de Carthage, c'est qu'elle est bâtie sur un seul, *super illum unum*, c'est qu'à un seul a été confiée la charge de la gouverner. Voilà le fondement et la source de son unité. Il faut fermer les yeux à l'évidence, pour ne pas reconnaître que la suprématie du Saint-Siége est hautement affirmée dans ce passage. Car il serait ridicule de prétendre que Cyprien ait voulu restreindre la prérogative de saint Pierre à la personne de cet apôtre. L'évêque de Rome n'est-il pas pour lui le successeur de saint Pierre [1] ? N'appelle-t-il pas l'Église romaine « la racine et la matrice de l'Église catholique? » Ne reproche-t-il pas aux schismatiques partis pour Rome d'avoir osé s'adresser « à la chaire de Pierre, à l'Église principale d'où est sortie l'unité sacerdotale ? » Donc, suivant le

---

1. Ép. LII, *à Antonien* : Cum Fabiani locus, id est cum locus Petri et gradus cathedræ sacerdotalis vacaret. — Tous les manuscrits portent cette leçon. Pour se tirer d'embarras, Néander propose à ses coreligionnaires de croire que, par ces mots *cathedra Petri*, saint Cyprien voulait désigner la chaire de tous les évêques pris collectivement, l'épiscopat tout entier, et non la chaire de Pierre occupée par l'évêque de Rome (op. cit. p. 117). D'après cela, quand saint Cyprien reprochait aux schismatiques partis pour Rome, de s'être dirigés vers la chaire de Pierre, *navigare audent ad cathedram Petri*, il voulait dire tout simplement que ceux-ci se proposaient de faire le tour du monde, à la recherche de la dite collection des évêques. Voilà les absurdités auxquelles on arrive avec ce parti-pris de ne pas vouloir trouver dans les textes ce qu'ils contiennent. Je le répète, les tentatives d'explication des écrivains protestants sont la meilleure contre-épreuve que l'on puisse désirer, après qu'on a soumis les passages eux-mêmes au jugement d'une saine critique.

théologien du IIIe siècle, l'unité sacerdotale ou hiérarchique est sortie de l'Église romaine, comme il déclare ailleurs qu'elle est sortie de saint Pierre. Je demande s'il est possible de mieux identifier la primauté de saint Pierre avec celle de l'Église romaine. Et d'ailleurs, si saint Cyprien avait pensé que la prérogative du chef des apôtres dût s'éteindre avec lui, son raisonnement n'aurait aucun sens. Si, comme il l'affirme, c'est dans saint Pierre que l'Église trouve et manifeste son unité, ne faut-il pas que cette unité subsiste de même et continue à se manifester jusqu'à la fin des temps ? Si le commencement part de l'unité, *exordium ab unitate proficiscitur*, ne faut-il pas également que la suite se maintienne par l'unité ? ou bien serait-ce que l'Église eût moins besoin de paraître et d'être une au IIIe siècle qu'au premier ? Remarquez bien que la thèse de saint Cyprien contre les schismatiques de son temps consistait précisément à leur prouver que l'Église ne doit ni ne peut jamais cesser d'être une. Si donc il avait limité à la personne de saint Pierre ce qu'il regardait comme la marque essentielle et le principe générateur de l'unité de l'Église, il se serait réfuté lui-même. Voilà pourquoi il veut que tous ses collègues de l'Afrique soient en communion avec l'évêque de Rome, successeur de saint Pierre, « pour rester dans l'unité et dans la charité de l'Église catholique. » Tout cela est d'une évidence irrésistible, lorsqu'on veut conserver aux mots leur signification naturelle et aux idées leur liaison nécessaire.

Il n'y a qu'une expression qui pourrait jeter quelque nuage sur une matière si claire par elle-même ; mais vous allez voir qu'il suffit de ne pas l'isoler du passage entier, pour écarter toute équivoque. Après avoir dit que Jésus-Christ a bâti son Église sur un seul, auquel il a confié la charge de paître ses brebis, Cyprien ajoute qu'après sa résurrection le Sauveur conféra aux apôtres une égale puissance, *parem potestatem*, en leur accordant le pouvoir de remettre ou de retenir les péchés. Nul doute, Messieurs, que tous les apôtres, en tant qu'apôtres, ne fussent égaux entre eux, de même qu'il n'y a aucune différence entre les évêques, quant au caractère épiscopal. La mission apostolique était identique chez les douze, et les pouvoirs nécessaires pour la remplir ne différaient pas de l'un à l'autre. C'est dans ce sens que l'on pourrait dire également : l'absolution donnée par un évêque au tribunal de la pénitence n'est pas plus valable que celle d'un simple prêtre ; le pouvoir de consacrer le corps et le sang de Jésus-Christ n'est pas plus grand dans le Pape, chef suprême de l'Église, que dans le prêtre le plus obscur de la chrétienté. De pareilles propositions n'ont rien qui puisse nous inquiéter, et se justifient sans la moindre peine. Oui, les autres apôtres étaient ce que fut Pierre, *hoc erant utique et cæteri apostoli quod fuit Petrus* : ils étaient apôtres comme lui et aussi bien que lui ; mais cette participation des douze au ministère apostolique, dont parle saint Cyprien, ne détruit nullement ce qu'il a dit auparavant, ce qu'il ne retire pas, ce qu'il répète au contraire avec une nouvelle force. En effet, ce n'est ni de Jacques, ni de Jean, ni de Paul, que l'évêque de Carthage fait dériver l'unité de l'Église, *unitatis originem ab uno incipientem*, mais de Pierre, qui seul est pour lui la source et le centre visible de l'unité. Voilà le fondement de la suprématie dévolue à cet apôtre privilégié : car celui par lequel l'Église est une en est nécessairement le chef ; sinon, comment manifesterait-il cette unité plus que les autres ? En appuyant sur la parité des pouvoirs apostoliques, communs aux douze, Cyprien n'en fait que mieux ressortir l'éminente prérogative inhérente à un seul.

C'est aussi, Messieurs, ce que Bossuet a si bien établi dans son magnifique sermon *sur l'Unité de l'Église ;* et rien ne devra vous sembler plus naturel qu'un rapprochement entre deux œuvres si analogues pour le fond des doctrines et pour la vigueur de l'éloquence. Vous connaissez tous ce discours, l'un des modèles de notre langue, où l'évêque de Meaux célèbre le merveilleux concert de la hiérarchie ecclésiastique avec la précision d'un docteur et l'enthousiasme d'un prophète. Quelle majesté biblique dans ce début, où la comparaison entre l'Église catholique et le camp d'Israël dans le désert fournit à l'orateur une des grandes images devant lesquelles son génie se trouvait si à l'aise ! Saint Cyprien avait montré comment le mystère de l'unité chrétienne, *sacramentum unitatis*, descend du ciel, où l'union des trois personnes divines en constitue la plus haute expression [1]. Bossuet développe la même idée, lorsqu'il cherche le type céleste de l'unité ecclésiastique dans la nature divine, et ensuite dans les chœurs des anges où la lumière se distribue sans se diviser. De là il passe à la réalisation du plan divin sur la terre, et à l'accomplissement de ce qu'il appelle à son tour, « le mystère de l'unité catholique. » Ce mystère se consomme, dit-il avec Cyprien, quand Jésus-Christ établit saint Pierre le fondement de l'Église, en lui remettant les clefs qui désignent l'autorité du gouvernement, et en lui ordonnant de paître les agneaux et les brebis, c'est-à-dire le troupeau

---

[1]. *De unitate Ecclesiæ*, VI, VII. En citant ces paroles de la première épître de saint Jean : *Et hi tres unum sunt*, saint Cyprien nous montre que les manuscrits du IIIe siècle en Afrique contenaient ce célèbre verset dont l'authenticité a été contestée par quelques critiques. Que penser après cela de l'érudition ou de la bonne foi de Fauste Socin qui met sur le compte de saint Jérôme ce qu'il appelle une interpolation faite dans le but de réfuter les ariens ? On ne songeait guère à Arius du temps de saint Cyprien.

tout entier. Enfin, après avoir expliqué ces célèbres paroles, qui sont comme la charte d'investiture de la papauté, Bossuet démontre que les pouvoirs confiés au reste des apôtres n'enlèvent rien à la prérogative de saint Pierre :

« C'était donc manifestement le dessein de Jésus-Christ de mettre premièrement dans un seul ce que dans la suite il voulait mettre dans plusieurs ; mais la suite ne renverse pas le commencement, et le premier ne perd pas sa place. Cette première parole : tout ce que tu lieras, dite à un seul, a déjà rangé sous sa puissance chacun de ceux à qui on dira: tout ce que vous remettrez ; car les promesses de Jésus-Christ, aussi bien que ses dons, sont sans repentance ; et ce qui est une fois donné indéfiniment et universellement, est irrévocable : outre que la puissance donnée à plusieurs, porte sa restriction dans son partage ; au lieu que la puissance donnée à un seul, et sur tous, et sans exception, emporte la plénitude ; et n'ayant à se partager avec aucun autre, elle n'a de bornes que celles que donne la règle... Ainsi le mystère est entendu : tous reçoivent la même puissance, et tous de la même source ; mais non pas tous en même degré, ni avec la même étendue ; car Jésus-Christ se communique en telle mesure qu'il lui plaît, et toujours de la manière la plus convenable à établir l'unité de son Église. C'est pourquoi il commence par le premier, et dans ce premier il forme le tout ; et lui-même il développe avec ordre ce qu'il a mis dans un seul. « Et Pierre, dit saint Augustin, qui, dans l'honneur de sa primauté, représentait toute l'Église, reçoit aussi le premier et le seul d'abord les clefs qui dans la suite devaient être communiquées à tous les autres, » afin que nous apprenions, selon la doctrine d'un saint évêque de l'Église gallicane, que l'autorité ecclésiastique, premièrement établie en la personne d'un seul, ne s'est répandue qu'à condition d'être toujours ramenée au principe de son unité ; et que tous ceux qui auront à l'exercer se doivent tenir inséparablement unis à la même chaire [1]. »

A l'époque de saint Cyprien, comme dans la suite, il se rencontrait des transfuges de la vérité qui, pour justifier leur défection, abusaient des paroles de l'Évangile. Voici l'un des textes qu'ils répétaient avec le plus de complaisance : « Partout où deux ou trois seront réunis en mon nom, je serai au milieu d'eux. » Vous l'entendez, disaient-ils, on peut rester uni au Christ, tout en se séparant de l'Église. Grossier paralogisme, que les quakers et les méthodistes n'ont pas manqué de reproduire à l'appui de leurs communautés libres et improvisées ! La réponse de saint Cyprien est un modèle d'interprétation littérale de l'Écriture sainte. Le Sauveur, dit-il, avait parlé immédiatement avant de l'efficacité d'une prière faite dans un esprit d'union et de charité, voulant montrer par là que Dieu a moins égard « au nombre des suppliants qu'à leur unanimité. » De plus, en exigeant qu'on se réunisse *en son nom*, il limite par là même sa promesse aux membres de son Église. Car, est-il possible de se rassembler au nom de Jésus-Christ, quand on commence par fouler aux pieds ses préceptes, en rompant avec l'Église établie par lui [2]. Y a-t-il là une ombre de prétexte pour des conventicules schismatiques ? Non, continue l'évêque, ceux qui abandonnent l'Église ne sauraient se flatter de rester avec Dieu. Expireraient-ils au milieu des tortures de la persécution, que leur crime ne serait pas lavé, s'ils y persévèrent jusqu'à la fin. Car il ne saurait être martyr, celui qui n'est pas dans

---

1. Sermon *sur l'unité de l'Église* (*édit. de Vers*, tome xv, p. 506 et 508).
2. *De unitate Ecclesiæ*, xii.

l'Église, *esse martyr non potest qui in Ecclesia non est* : il peut être immolé, mais non couronné, *occidi talis potest, coronari non potest*[1]. Certes, on ne dira pas que saint Cyprien ait défendu avec mollesse le dogme de l'unité de l'Église, ni qu'il ait amoindri la faute de ceux qui désertent l'unique voie du salut. De là ces maximes qu'il ne cesse de répéter : « Qui ne garde pas l'unité, ne garde pas le salut, *hanc unitatem qui non tenet, non tenet et salutem* ; hors de l'Église, il ne saurait y avoir de salut pour personne, *nemini salus esse nisi in Ecclesia potest*[2]. » Maximes qu'il faut bien accepter, à moins d'admettre avec Hégel l'identité des contraires ; car il n'y a pas de milieu. Si le oui et le non ne sont pas identiques, il est impossible qu'ils aient une égale valeur, partant qu'ils puissent conduire au même but. Ceci est un axiome de philosophie, non moins qu'une proposition théologique. Ajoutons de suite, Messieurs, ce que nous avons déjà dit plus d'une fois : pour devenir criminel, il est nécessaire que le fait de l'hérésie ou du schisme puisse être imputé à faute, car il n'y a pas de châtiment sans culpabilité. En d'autres termes, pour qu'un hérétique ou un schismatique soit exclu du salut, il faut que l'erreur de la société, au sein de laquelle il a été élevé, devienne un acte formel de sa volonté ; il faut que cette révolte contre la doctrine ou l'autorité de l'Église implique un consentement libre, entier et accompagné d'une connaissance suffisante pour produire un péché mortel, comme l'enseignent tous les théologiens : sinon, l'ignorance et la bonne foi seraient pour lui une excuse valable. Voilà ce qui peut nous ouvrir des perspectives très-rassurantes sur le sort d'un grand nombre de nos frères sé-

---

1. *De unitate Ecclesiæ*, XIII, XV.
2. *De unitate Ecclesiæ*, VI ; — Ép. LXII, *à Pomponius*.

parés ; et je n'éprouve pas le moindre désir de vouloir les restreindre. Mais, encore une fois, le principe que pose saint Cyprien est incontestable ; et, pour quiconque n'admet pas l'identité de l'erreur et de la vérité, je ne vois pas qu'il y ait moyen de le nier sans une contradiction manifeste. Aussi, pour exhorter les chrétiens à rester soumis à l'autorité de l'Église et aux préceptes de l'Évangile, l'évêque de Carthage puise-t-il, en terminant, une nouvelle énergie dans le sentiment du danger auquel s'exposent les rebelles.

« Le vœu que je forme du fond de mon cœur, frères bien-aimés, le conseil que je vous adresse dans ma sollicitude, c'est qu'aucun d'entre vous ne consomme sa ruine. Puisse notre mère, triomphante et joyeuse, renfermer dans son sein un peuple uni comme un seul corps... Debout, mes frères, debout ! secouons, autant qu'il est possible, notre ancienne torpeur ; veillons désormais à l'observation des préceptes du Seigneur. Soyons tels qu'il ordonne d'être, lorsqu'il nous dit : que vos reins soient entourés d'une ceinture et que vos lampes brûlent en vos mains ; ressemblez à des serviteurs qui attendent leur maître au retour de la noce, se tenant prêts à lui ouvrir dès qu'il viendra frapper à la porte. Oui, ceignons nos reins, de peur qu'au jour du départ il ne nous trouve embarrassés et chargés d'entraves. Qu'il luise, le flambeau de nos bonnes œuvres, pour nous conduire de la nuit du siècle aux clartés de l'éternelle lumière ! Tenons-nous toujours sur nos gardes et attendons avec précaution l'arrivée imprévue du Seigneur, afin qu'au moment où il viendra frapper à la porte, notre foi s'éveille pour aller recevoir des mains du Seigneur le prix de la vigilance. Si nous observons ces préceptes, si nous prêtons l'oreille à ces avertissements, que nous importent les artifices du démon ? Il ne pourra point profiter de notre sommeil pour opérer notre ruine.

Serviteurs vigilants, nous régnerons sous la souveraineté du Christ [1]. »

Le traité de saint Cyprien *sur l'Unité de l'Église* est une expression fidèle de l'idée qu'on se formait de la société chrétienne au iiie siècle. Un évêque, centre de l'unité et du gouvernement dans chaque diocèse, avec des prêtres et des diacres exerçant le ministère sacerdotal sous son autorité ; un épiscopat, un quant à son origine, universel dans son expansion, embrassant le monde entier par la totalité de ses membres ; et enfin, à la tête de ces évêques, l'évêque de Rome, successeur de saint Pierre, l'évêque de l'*Église principale*, de l'Église *racine et mère de l'Église catholique*, de l'Église *d'où est sortie l'unité sacerdotale*, voilà le plan que saint Cyprien déroule sous nos yeux, tel que le Christ l'avait conçu, et qu'il s'était réalisé dans les faits. Ce serait manquer de gravité que de rapprocher d'un pareil tableau les sectes protestantes avec leurs divisions devenues proverbiales, ou les communions schismatiques de l'Orient, confinées chacune dans les limites d'un peuple ou d'une race, et détachées du centre visible de l'unité chrétienne. Seule, l'Église catholique répond à l'idée d'une société une et universelle, telle que la décrivait saint Cyprien. Si donc, comme l'on ne saurait en douter, l'œuvre du Christ a pour but de ramener le genre humain à l'unité religieuse et morale, l'avenir n'appartient qu'à la grande société qui manifeste depuis dix-huit siècles une vitalité inépuisable, resserrant de plus en plus son unité, tandis que les liens hiérarchiques s'affaiblissent ou se rompent dans les sectes dissidentes. Partout ailleurs le christianisme tombe en dissolution, soit comme institution, soit comme doctrine. Ici, l'une de ces fractions

---

1. *De unitate Ecclesiæ*, xxiii, xxvi.

isolées, celle qui semblait avoir conservé le plus de vie, se montre impuissante à retenir parmi ses dogmes l'inspiration divine des Écritures et le caractère surnaturel du baptême. Là, des confessions de foi qui datent de trois siècles à peine sont passées à l'état de lettre morte, et l'on étonnerait fort leurs défenseurs officiels si on leur proposait d'y souscrire. Ailleurs, la religion est devenue une annexe de l'État, s'appuyant sur lui et prête à crouler avec lui. Tout cela est destiné à disparaître, et une critique destructive en hâte tous les jours l'inévitable ruine. Il n'est pas difficile de prévoir ce que deviendraient l'anglicanisme ou l'établissement moscovite, si un bouleversement politique leur enlevait la seule force qui les soutienne. Quant à l'Église catholique, elle a pu assister à toutes les révolutions possibles, se retrouvant toujours le lendemain ce qu'elle était la veille : elle a vu passer l'empire romain, l'invasion des barbares, l'Europe féodale, les transformations modernes, et son organisation hiérarchique, loin d'en recevoir la moindre atteinte, n'a fait que se fortifier par ces tourmentes successives. Et maintenant qu'un échange d'idées plus fréquent, des communications plus rapides, une plus étroite solidarité d'intérêts tendent de jour en jour à rapprocher les peuples, le résultat de ce mouvement à peine commencé ne saurait échapper à l'œil d'un observateur qui cherche dans le passé des lumières pour l'avenir, tout ce qui multiplie et facilite les rapports des nations entre elles est un progrès pour l'unité religieuse ; or, il n'y a d'unité, d'unité expansive que dans le catholicisme. Voilà pourquoi il est seul appelé à profiter des changements dont l'époque moderne est le point de départ. Sans doute, l'œuvre divine ne se développe qu'avec les siècles ; bien des âges s'écouleront jusqu'à l'entier accomplissement de la grande parole qui conviait tous les hommes à se rassembler dans un même bercail et sous la houlette d'un même pasteur ; mais ou l'histoire n'a pas de sens, ou c'est la tâche de l'Église et la destinée du genre humain.

TREIZIÈME LEÇON

Au schisme de Novatien à Rome succède celui de Fortunat à Carthage. — Attitude un peu hésitante du pape Corneille en face des émissaires de Fortunat. — *Lettre* de saint Cyprien au pape Corneille. — L'évêque de Carthage a-t-il blâmé *en principe* l'appel à Rome comme préjudiciable à la discipline ecclésiastique ? — Preuve du contraire. — La persécution succède au schisme. — Vie active et militante des évêques au IIIe siècle. — *Lettre* de saint Cyprien au peuple de Thibaris pour *l'exhorter à la constance au milieu des épreuves qui se préparent.* — Éloge des premières victimes de la persécution. — Terrible incident qui va faire diversion à ces luttes sanglantes.

Messieurs,

Le traité de saint Cyprien *sur l'Unité de l'Église* est une de ces œuvres qui font époque dans l'histoire de l'éloquence chrétienne. En résumant avec fidélité les traditions du passé, de pareils écrits deviennent pour la science théologique le point de départ d'un nouveau progrès. Certes, saint Ignace d'Antioche en Orient, saint Irénée et Tertullien en Occident avaient insisté sur l'unité de doctrine et de gouvernement, comme condition essentielle de la véritable Église ; mais nul d'entre eux ne s'était vu amené par les circonstances à présenter une analyse aussi complète de l'organisation hiérarchique du christianisme. Les schismes de Novat et de Novatien fournirent à saint Cyprien l'occasion de développer le travail de ses devanciers, en marquant avec plus de force encore les liens extérieurs qui doivent rattacher entre eux les différents membres de la société chrétienne. Chaque homme reçoit de Dieu la mission qui répond le mieux à son caractère et à ses aptitudes. A d'autres le mérite d'avoir porté dans l'explication des dogmes de la Trinité et de l'Incarnation un coup-d'œil plus pénétrant. Ce qui distingue l'évêque de Carthage, ce qui fait la grandeur et l'unité de sa vie, c'est que nul n'a mis plus d'énergie à défendre la discipline et la hiérarchie. Son merveilleux sens pratique, joint à une rare connaissance des âmes, le rendait éminemment propre à remplir un rôle si utile au milieu d'une époque féconde en divisions. Voilà pourquoi je m'attache, avec un soin excessif peut-être, à faire ressortir le trait dominant de cette grande physionomie, ce qui lui donne son vrai relief dans la galerie des maîtres de la doctrine et de l'éloquence sacrée. Si l'on ne veut ni surfaire ni rabaisser le talent de saint Cyprien, il faut chercher en lui moins le théologien ou le docteur que l'évêque ou l'homme d'action; comme aussi, c'est le schisme, plutôt que l'hérésie, qu'il n'a cessé de combattre, parce qu'il voyait dans les vices du cœur le principe des erreurs de l'intelligence. Même dans le traité *sur l'Unité de l'Église*, l'enseignement, tout dogmatique qu'il est au fond, revêt pourtant de préférence la couleur de l'exhortation morale. Cyprien ne voit pas de meilleur moyen pour retenir les esprits dans l'unité de la foi, que de prêcher la charité et l'union des cœurs. Pour lui, l'orgueil et les passions humaines sont la source des hérésies, et l'histoire lui a donné complétement raison sur ce point, car il y aurait de la naïveté à croire que les révoltes contre l'Église prennent leur racine dans le domaine de la spéculation pure. Nul doute qu'en lui enlevant toute illusion sur l'origine de pareils maux, cette clairvoyance n'ait permis à saint Cyprien de les combattre avec plus de succès ; car c'est déjà les avoir vaincus à moitié, que d'en connaître la véritable cause.

Toutefois, Messieurs, l'évêque de Carthage n'était pas encore au terme de ses luttes pour le rétablissement de la paix ; et si des discordes si funestes n'avaient pas entraîné la perte des âmes, nous pourrions nous en consoler en songeant que la littérature chrétienne n'a fait qu'y gagner. C'était alors un échange incessant de rebelles entre l'Afrique et l'Italie. Expulsés de Carthage, les schismatiques se dirigeaient vers Rome, sauf à repasser la mer en cas d'échec, pour tenter de nouvelles aventures à leur point de départ. C'est ainsi que Novat, condamné par les évêques de l'Afrique, était allé semer des troubles au sein de l'Église romaine, et attiser le feu de la colère qui couvait dans l'âme de Novatien. En présence de la réprobation solennelle qui venait de frapper ce sectaire, Novat prit le parti de retourner à Carthage avec quelques-uns de ses satellites ; et le pape Corneille se hâta d'en prévenir Cyprien [1]. Le retour de cet homme sur le premier théâtre de ses machinations devint le signal d'une recrudescence du schisme en Afrique. Cette fois encore, la haine et le ressentiment furent l'unique cause des troubles qui allaient éclater. Déjà sous Donat, prédécesseur de saint Cyprien, Privat, évêque de Lambèse en Numidie, s'était vu condamner pour ses prévarications par une assemblée de quatre-vingt-dix évêques, dont le pape saint Fabien avait confirmé la sentence. Lorsqu'un nouveau concile fut réuni à Carthage en 252, cet hérétique osa s'y présenter avec quatre autres évêques excommuniés pour leurs méfaits. Furieux de n'avoir pas été admis à plaider leur cause, Privat et ses complices poussèrent l'esprit de vengeance jusqu'à ordonner un faux évêque de Carthage : le choix de ces misérables tomba sur un sujet digne d'eux, sur

---

1. Ép. XLVIII, *de Corneille à Cyprien.*

Fortunat, l'un des quatre prêtres qui avait soutenu Novat dans sa révolte contre saint Cyprien. « Il fallait bien, écrivait ce dernier, que tous les crimes se rassemblassent, afin que gouvernants et gouvernés n'eussent rien à se reprocher [1]. » La comédie parut tellement ridicule au primat de l'Afrique, qu'il ne crut pas devoir en prévenir sur-le-champ le pape Corneille. Comme il avait envoyé précédemment à Rome la liste de tous les évêques africains restés fidèles à l'unité catholique, il pensait avec raison que Corneille n'aurait pas de peine à reconnaître dans Fortunat un schismatique et un intrus. Il attendit donc, pour instruire le pape de cette pensée sacrilége, l'occasion que lui offrit le départ de l'acolyte Félicien pour Rome. Quoique bien motivé, ce retard ne laissa pas d'avoir des conséquences fâcheuses. Les émissaires de Fortunat, et à leur tête le diacre Félicissime, gagnèrent de vitesse l'envoyé de Cyprien. Néanmoins ils ne trouvèrent aucun accès auprès du pape, qui refusa d'ouvrir leurs lettres, et excommunia Félicissime leur chef. Alors ces factieux, oubliant toute mesure, menacèrent Corneille de faire du scandale dans l'assemblée des fidèles, en lisant publiquement les lettres dont ils étaient porteurs. A les entendre, vingt-cinq évêques avaient participé à l'élection de Fortunat. Étonné du silence de saint Cyprien, le pape finit par se montrer quelque peu ému à la vue d'un tel emportement, *aliquantum commotus*; il écrivit donc à l'évêque de Carthage pour lui témoigner sa surprise et lui demander quelques explications. Cyprien fut vivement affecté de ce qu'il regardait comme une marque de défiance ou un manque de décision; et, sans sortir des bornes de la convenance, il ne laissa pas d'exprimer ses plaintes avec la cha-

---

1. Ép. LV, *au pape Corneille.*

leur naturelle à son âme. Je ne connais pas d'endroit de ses œuvres où le sentiment de l'autorité épiscopale ait communiqué à son langage un accent plus énergique.

« Si l'on en vient, frère bien-aimé, à trembler devant les méchants ; si ce qu'ils ne peuvent obtenir par l'équité et la justice, ils sont sûrs de l'arracher par l'audace et la violence, c'en est fait de la vigueur épiscopale ; il faut renoncer à la sublime, à la divine autorité qui gouverne l'Église. Dès lors plus de christianisme, si nous en arrivons au point de redouter les menaces et les ruses des hommes pervers. Gentils, juifs, hérétiques, tous ceux dont le démon assiége le cœur et l'esprit, exhalent chaque jour dans de furibondes déclamations la rage qui les dévore. Mais faut-il céder parce qu'ils menacent? L'ennemi est-il plus fort que Jésus-Christ, parce qu'il revendique et s'arroge la domination dans le monde ? Non, frère bien-aimé, il faut que la foi conserve parmi nous un courage inébranlable ; pareille à ce rocher immobile contre lequel les vagues se brisent en grondant, elle doit opposer aux assauts de la tempête son calme et son invincible fermeté. Qu'importe à un évêque d'où lui viennent les terreurs et les périls, à lui qui doit vivre au milieu de ces épreuves et y trouver sa gloire?... Il n'y a pas plus de honte pour nous à endurer avec le Christ les outrages de nos frères, qu'il n'y a d'honneur pour eux à marcher sur les traces de Judas. D'ailleurs, quel ridicule emportement! Quel vain et fastueux étalage de colère que de s'en aller à Rome menacer un absent, quand ils ont ici ma personne en leur puissance ! Les invectives par lesquelles ils ne font que se déchirer eux-mêmes, n'ont rien qui nous épouvante. Nous ne pâlissons pas devant ces bâtons, ces pierres, ces glaives qu'ils brandissent avec des cris parricides. Autant qu'il est en eux, ils sont homicides aux yeux de Dieu ; mais, quoi qu'ils fassent, ils ne peuvent nous mettre à mort avant que Dieu l'ait permis. Je n'ai qu'une seule vie à perdre, bien qu'ils cherchent à me l'ôter tous les jours par leur haine, leurs paroles et leurs méfaits [1]. »

On voit assez, au ton de ces paroles, que l'attitude un peu hésitante du pape Corneille en face des émissaires de Fortunat avait produit sur saint Cyprien une impression douloureuse. Cet homme, d'un caractère si intrépide, ne pouvait se faire à l'idée qu'un évêque se laissât intimider par des menaces ou par un danger quelconque. Au fond, comme il arrive souvent chez des natures ardentes, il s'exagérait quelque peu la portée d'un acte qui se réduisait à demander de plus amples informations. En souffrant le martyre quelques semaines plus tard, avec un courage qui fera l'admiration de Cyprien, le souverain Pontife allait montrer que son âme était inaccessible à la crainte [2]. Un contretemps fâcheux avait seul pu élever ce léger nuage entre deux hommes qui professaient l'un pour l'autre une si haute estime : si des vents contraires n'étaient venus retarder le départ de l'acolyte Félicien pour Rome, le pape mieux renseigné n'aurait pas eu besoin de demander des explications à l'évêque de Carthage. Voilà le fil imperceptible auquel tiennent le plus souvent les événements de ce monde. Maintenant, Messieurs, est-il possible à un écrivain sérieux de conclure du ton et de la forme de ces lettres que saint Cyprien ait traité d'égal à égal avec l'évêque de Rome ? Un auteur danois, Münter, prétend qu'il n'y a pas vestige d'une prééminence des papes dans les épîtres que nous étudions [3]. Nous avons vu, dans

---

1. Ép. LV, *au pape Corneille*.
2. Ép. LVII, *à Corneille exilé pour le féliciter de sa glorieuse confession*.
3. Münter, *Primordia Ecclesiæ Africanæ*, Copenhague, 1829, p. 54.

notre dernière Leçon, ce qu'il faut de science ou de bonne foi pour avancer une telle proposition. Nous ne faisons aucune difficulté d'avouer que dans les premiers temps de l'Église tous les évêques se donnaient le titre de frères, et que les dénominations de saint Père et de Pape n'ont été exclusivement réservées au souverain Pontife que dans les siècles suivants. Mais ce changement de style peut-il former l'ombre d'un argument pour quiconque a étudié l'histoire ? Est-ce que le mot Sire, aujourd'hui réservé aux souverains, n'a pas été une appellation commune à tous les gentilshommes jusqu'au xiiie siècle et au delà ? Ira-t-on en conclure qu'il n'y avait pas de rois auparavant ? Le raisonnement de nos adversaires a tout juste la même force ; et vous m'accorderez sans peine qu'il faut être à bout de raisons pour en imaginer de pareilles. Cyprien est ému, il est vrai, de ce qu'il regarde comme un manque d'énergie de la part du pape ; mais il méconnaît si peu l'autorité du successeur de saint Pierre, qu'il n'hésite pas à lui présenter son apologie. Je le répète, s'il ne s'était agi que d'éclairer l'évêque de « l'Église principale », de l'Église « racine et mère de l'Église catholique », il se serait donné une peine inutile : Corneille n'avait pas le moindre doute sur la légitimité d'un épiscopat exercé depuis quatre ans. Mais les calomnies des émissaires de Fortunat pouvaient avoir pénétré parmi le clergé et le peuple de Rome ; et Cyprien désirait, suivant l'usage du temps, que sa lettre fût lue dans l'assemblée des fidèles de cette ville. Voilà pourquoi il ajoute cette éloquente tirade :

« Au reste, puisqu'il me faut ici une apologie, je le déclare, mais avec larmes, mais en ne cédant qu'à la provocation et à la contrainte, quand un évêque est appelé à un siége vacant par la mort de son prédécesseur ; quand les suffrages de tout un peuple l'ont élu en pleine paix ; et que le bras de Dieu l'a protégé pendant la persécution ; quand il est demeuré étroitement uni à ses collègues et qu'un épiscopat de quatre ans lui a servi d'épreuve auprès du peuple ; quand il a été fidèle à la discipline dans les moments de calme, et proscrit à l'heure de la tempête, avec le titre d'évêque joint à l'édit qui portait son nom ; quand les cris qui l'appelaient aux lions ont cent fois retenti autour de lui, et qu'au cirque comme dans l'amphithéâtre il a été honoré du témoignage de la faveur divine ; quand, le jour même où il commence cette lettre, les clameurs populaires le promettent derechef aux lions du cirque, à l'occasion des sacrifices ordonnés par l'édit impérial et célébrés par le peuple ; lorsque, dis-je, un évêque se présente avec ces titres et qu'il est attaqué par une poignée d'hommes perdus, désespérés, et déjà hors de l'Église, on doit voir clairement ce que peuvent être ses accusateurs [1]. »

Certes, Messieurs, on ne peut qu'admirer la noble fierté et l'énergie de ce langage ; et, s'il est vrai que le feu de l'éloquence jaillit d'une indignation légitime, l'émotion de Cyprien l'a puissamment servi dans cette magnifique lettre. Après quatre années d'un épiscopat si laborieux et si fécond, il se voit contester son titre par quelques misérables, et il craint que leurs artifices et leurs emportements n'aient fini par ébranler l'évêque qui tient dans l'Église la place de Pierre, *locum Petri*. De là ce ton animé qui règne dans une pièce où il se croit obligé de faire son apologie. Ce n'est pas que le saint évêque ait la moindre inquiétude sur le résultat de ces menées. « Ils osent, s'écrie-t-il avec cette ironie qui rend sa parole si accablante et si incisive, ils osent faire voile pour Rome avec la cargaison de leurs impostures, comme si

---

1. Ép. LV, *au pape Corneille.*

la vérité ne pouvait naviguer derrière eux et convaincre par d'irrécusables témoignages ces langues menteuses. Ils oublient dans leur démence que la calomnie est toujours de courte durée ; que la nuit ne se prolonge pas au delà des premières lueurs du jour ; qu'à l'apparition du soleil les vapeurs et les ténèbres disparaissent, et que le brigandage, hardi dans l'ombre, n'ose plus se produire à la lumière [1]. » D'ailleurs, à quoi aboutissent les détracteurs avec leurs noires perfidies ? A leur propre perte. « Le malheureux, reprend l'éloquent écrivain, n'est pas celui qui souffre l'injustice, mais celui qui la commet ; et quand les méchants persécutent l'homme de bien, ils se font tort à eux-mêmes en croyant nuire aux autres [2]. » Style et pensées, tout est à l'unisson dans ces pages, où l'on retrouve avec la mâle fermeté de Démosthène l'esprit de foi et de charité qui doit animer l'évêque chrétien.

Des écrivains, toujours disposés à diminuer les droits du Saint-Siége, se sont appuyés sur cette lettre pour prétendre que saint Cyprien blâmait en principe l'appel à Rome comme contraire à la discipline de l'Église. Tel n'était pas le sentiment du primat de l'Afrique. Il pensait tout simplement que, dans l'espèce, les schismatiques n'avaient pas le droit de recourir au Pape après la condamnation portée contre eux au concile de Carthage. Ils devaient avant tout rentrer dans le giron de l'Église et cesser de reconnaître un intrus à la place de l'évêque légitime. Avant cette soumission préalable tout autre procédé devenait irrégulier. Quel était le but des schismatiques en se dirigeant vers la chaire de Pierre, vers l'Église principale, centre de l'unité et du gouvernement ?

---

1. Ép LV, *au pape Corneille*
2. Ép. LV, *au pape Corneille*: Illi patiuntur injuriam, qui facere se credunt.

Était-ce pour se justifier d'un crime d'ailleurs notoire et manifeste? Pas le moins du monde. Ils voulaient extorquer au Saint-Siége des lettres de communion en faveur d'un évêque établi contre le droit. Voilà les manœuvres que saint Cyprien dénonce avec raison comme un attentat à son autorité. Il ne s'agit point là d'un appel ou d'un recours au pouvoir suprême de l'Église contre une procédure violente ou abusive. Les évêques de l'Afrique avaient sagement décidé entre eux que la cause de chaque prévaricateur serait instruite sur le théâtre même du méfait, là où il devenait plus facile de recueillir les charges et de peser les témoignages. C'est en vertu de cette discipline établie qu'après une enquête sérieuse le faux évêque Fortunat s'était vu condamner par l'arrêt solennel d'un concile provincial, où il avait eu plus de juges, dit Cyprien, qu'il ne compte aujourd'hui de complices[1]. Un petit nombre d'hommes perdus pouvaient-ils contrebalancer l'autorité des évêques de l'Afrique entière? Devant un jugement rendu par un tel tribunal et en pleine connaissance de cause, il n'y avait pas lieu de demander ni d'entreprendre la révision du procès. C'est à quoi se borne toute l'observation de Cyprien dans sa lettre au pape Corneille. Sans contester en principe le droit d'appel à Rome, il trouve que dans ce cas particulier il ne convient pas, *non congruit*, de soumettre à un nouvel examen une affaire où il ne saurait y avoir matière à plus ample information. Les schismatiques espèrent arriver à leurs fins en procédant par la violence et l'intimidation? Eh bien, il n'y a qu'une manière de briser leur orgueil, c'est d'opposer à cette poignée de rebelles une résistance invincible.

« S'ils veulent la paix, continue Cyprien avec une énergie

---

1. Ép. LV, *au pape Corneille*.

toujours croissante, qu'ils déposent les armes ; s'ils consentent à donner satisfaction, pourquoi les menaces ? Et, s'ils continuent à nous menacer, qu'ils le sachent bien ! ils n'intimideront pas les pontifes de Dieu. L'Antechrist, à son arrivée, franchira-t-il le seuil de l'Église, parce qu'il aura la menace à la bouche ? Cédera-t-on à ses armes et à ses fureurs, parce qu'il promettra la mort à quiconque voudra lui résister ? Les hérétiques comptent nous effrayer : ils ne font que nous donner des armes. Loin de nous abattre pendant la paix, ils nous redressent et nous enflamment, en rendant la paix plus redoutable à nos frères que la persécution. Nous faisons des vœux pour que les menaces de ces furieux ne soient pas suivies de leur effet ; pour qu'ils se contentent d'être perfides et cruels en paroles, sans y ajouter des actes criminels. Fasse le Seigneur, dont ils ne cessent d'irriter la mansuétude, que la dureté de leur cœur s'amollisse ; que, revenus de leur démence, ils retrouvent la santé de l'âme ; que leur esprit, aveuglé par les ténèbres du péché, s'ouvre à la lumière de la pénitence ; et qu'ils demandent les prières du pontife au lieu de son sang ! Mais, s'ils poursuivent le cours de leurs fureurs, si leur cruauté persévère dans des pièges et des menaces parricides, il n'est pas de prêtre au monde si infirme, si abattu, si anéanti par la faiblesse humaine, qui ne se relève par le secours d'en haut pour combattre les ennemis de Dieu ; pas un qui ne se sente ranimé, fortifié, dans son néant, par la protection du Seigneur. Que nous importe quand et par qui nous serons mis à mort, puisque le Seigneur nous rendra le prix de notre sang [1] ? »

Ces nobles paroles retentissent comme un son prophétique qui annonce le martyr futur dans l'évêque gardien du dogme

---

1. Ép LV, *au pape Corneille.*

et de la discipline. Pas plus que le paganisme, les sectes et les hérésies ne pouvaient tenir contre des hommes qui parlaient ainsi, et qui savaient élever leurs actes à la hauteur de leur langage. Nul doute que la lettre de saint Cyprien n'ait porté le coup mortel à la faction de Fortunat ; car, à partir de ce moment là, il n'est plus question nulle part du schisme de Carthage. L'Église romaine mérita une fois de plus l'éloge que lui décernait saint Cyprien, lorsqu'il disait « que la perfidie ne saurait avoir accès auprès d'elle, ni le venin des hérétiques se glisser dans son sein[1]. » Quand, deux mois plus tard, le pape Corneille prit le chemin de l'exil après avoir courageusement confessé le Christ, l'évêque de Carthage n'eut rien de plus pressé que de proposer aux fidèles un exemple parti de si haut. En écrivant au pontife exilé une lettre de félicitations, il termine par cette belle phrase : « Que celui d'entre nous qui aura obtenu la faveur de précéder l'autre dans la vie future, continue à implorer auprès du Seigneur, pour nos frères et pour nos sœurs, la miséricorde du Père céleste[2]. » Remarquons, en passant, ce témoignage rendu à la doctrine de l'Église catholique touchant l'intercession des saints dans le ciel. Ici encore, les sectes protestantes nous montrent combien elles sont étrangères au respect ou à la connaissance des traditions chrétiennes.

Dans la vie militante d'un évêque au IIIe siècle, les luttes

1. Ép. LV, *au pape Corneille.*
2. Ép. LVII, *au pape Corneille.* Et si quis istinc nostrum prior divinæ dignationis celeritate præcesserit, perseveret apud Dominum nostra dilectio, pro fratribus et sororibus nostris apud misericordiam Patris non cesset oratio. — Dans le traité *sur la Mortalité,* saint Cyprien nous montre également l'assemblée des saints n'ayant plus d'inquiétude pour son propre bonheur, mais pleine de sollicitude pour notre salut, *et adhuc de nostra incolumitate sollicita.*

et les travaux se suivaient sans relâche. Quand le schisme et l'hérésie laissaient aux catholiques quelques instants de répit, la persécution venait les soumettre à de nouvelles épreuves ; et à peine les défenseurs de l'orthodoxie, victorieux des sectaires, avaient-ils déposé leurs armes, qu'ils se voyaient obligés de les reprendre pour des combats d'un autre genre. Plus d'un demi-siècle encore allait s'écouler avant que les Césars, convaincus de leur impuissance, renonçassent à l'espoir d'exterminer une religion qui défiait leur force. Jusque-là, il pouvait bien y avoir des moments de trêve dans ce duel à mort entre l'Église et le monde païen ; mais le combat, un instant ralenti, recommençait chaque fois que le polythéisme sentait renaître ses espérances avec ses haines. En succédant à Décius, Gallus et Volusien avaient semblé vouloir abandonner le système d'oppression suivi par leur prédécesseur ; mais cette tolérance ne fut pas de longue durée : il avait suffi d'une circonstance fortuite pour montrer combien la situation des chrétiens restait précaire en l'absence de toute garantie légale. Une contagion terrible, née dans l'Ethiopie, ravageait alors l'empire romain. Pour détourner le fléau, un édit impérial prescrivit d'offrir en tous lieux des sacrifices aux divinités païennes. Certes, les disciples de l'Évangile regardaient comme un devoir sacré d'implorer la miséricorde divine dans un pareil danger ; mais il leur était impossible de participer à un acte idolatrique. Cette abstention, en servant de thème aux calomnies de leurs adversaires, devint le signal d'un déchaînement universel. L'arène des supplices allait se rouvrir pour eux, et les sanglantes assises des proconsuls moissonner de nouvelles victimes. Alors Cyprien, qui depuis longtemps suivait de l'œil ces symptômes menaçants, éleva la voix pour exhorter les chrétiens de l'Afrique à se préparer au combat qui s'annonçait. Une lettre au peuple de Thibaris, ville voisine de Carthage, nous permet d'apprécier avec quel zèle et quel talent il remplit cette mission.

Vous vous rappelez, Messieurs, ces belles pages écrites sous la persécution de Décius, ces panégyriques du martyre où une éloquence enflammée venait prêter ses formes aux plus hautes inspirations de la foi. La lettre aux Thibaritains mérite de prendre place parmi ces pièces où la grande âme de Cyprien se révèle avec le sentiment de l'héroïsme qu'il possédait à un si rare degré. Aucun autre spectacle ne parlait davantage à son cœur. Cette lice, où descend le martyr, prêt à combattre sous les yeux du Christ qui le contemple ; ces joutes spirituelles, auxquelles assistent les anges, spectateurs invisibles d'un combat où la force divine éclate dans la faiblesse de l'homme ; cette croix nouvelle qui se dresse sur un nouveau calvaire pour les disciples du Seigneur ; ces cieux qui s'ouvrent aux vainqueurs ensevelis dans leur triomphe ; ces palmes, ces couronnes qui attendent l'athlète au terme de sa laborieuse carrière, toutes ces images empruntées à l'Écriture sainte prenaient sous le pinceau de l'artiste un éclat et un relief étonnants. Je comprends l'impression que devait produire ce langage vif, coloré, enthousiaste, dans ces moments de crise où l'on pouvait craindre les défaillances de la nature humaine, et où il s'agissait de communiquer le feu sacré à tout un peuple. Aussi l'évêque de Carthage n'oublie-t-il aucun mobile pour porter les fidèles à la persévérance : il prévoit et indique à l'avance tout ce qui sera de nature à les jeter dans l'abattement. Ainsi, l'une des choses qui contribuaient davantage à les décourager, c'était de voir les Églises dispersées par la persécution : réunis à leurs frères, ils se sentaient forts contre l'ennemi commun ; mais l'isolement diminuait leur confiance.

« Que personne d'entre vous, frères bien-aimés, leur écrit Cyprien, ne se trouble en voyant notre peuple dispersé çà et là par la crainte de la persécution, en ne trouvant plus réunie l'assemblée de nos frères, en n'entendant plus la voix des évêques. Comment nous réunir tous, nous à qui il est défendu de tuer, et qui devons nous laisser tuer sans résistance ? Partout où sera relégué dans ces jours-là quelqu'un de nos frères, séparés du troupeau par la nécessité des temps, mais uni d'esprit, il devra prendre courage. Que la tristesse de sa fuite, que l'horreur de sa solitude ne l'ébranlent pas dans la retraite où il est forcé de s'ensevelir. Est-on seul dans sa fuite lorsqu'on a Jésus-Christ pour compagnon ? Est-on seul lorsque, portant avec soi le temple de Dieu, on est sûr de n'être jamais sans Dieu, quelque part qu'on se trouve ? Que le fugitif cherchant un asile dans la solitude et à travers les montagnes, soit assassiné par des brigands, déchiré par des bêtes féroces, consumé par la faim, torturé par la soif et par le froid, ou bien que la tempête l'engloutisse dans les abîmes de la mer au milieu d'une navigation précipitée, qu'importe le champ de bataille ? Jésus-Christ suit partout le soldat qui combat pour son nom. Le soldat est mort dans la persécution afin de rendre honneur à son maître : c'en est assez ; il recevra au jour de la résurrection la récompense promise par le Christ. Le martyre ne perd rien de sa gloire pour n'avoir pas été consommé au grand jour et sous les yeux de nombreux spectateurs, du moment que l'on est mort pour Jésus-Christ. Il suffit d'avoir un seul témoin : celui qui éprouve et couronne les martyrs [1]. »

Ce qui donne beaucoup de charme aux œuvres de saint

---

1. Ép. LVI, *au peuple de Thibaris.*

Cyprien, c'est l'heureux emploi des divines Écritures à côté d'une force et d'une richesse d'invention non moins remarquables. Il n'est aucun Père de l'Église dont l'éloquence mérite à plus juste titre que la sienne d'être appelée une éloquence vraiment évangélique. Tel traité ou telle épître n'est guère autre chose qu'un enchaînement de textes bibliques, amenés sans effort et reliés entre eux par une raison judicieuse qui les applique en les interprétant. C'est une méthode habituelle au savant évêque de grouper autour d'une proposition les passages de l'Écriture qui s'y rapportent, et de présenter ainsi à l'adversaire un faisceau de témoignages et d'autorités impossibles à rompre. La Concordance des livres saints qu'il s'était faite à lui-même et dont nous avons déjà parlé, lui devenait d'un grand secours pour ces citations si fréquentes et d'ordinaire si justes. Ailleurs, il se contente d'exprimer la substance du texte sacré, de s'en approprier le ton ou la couleur pour l'idée qu'il veut rendre : alors un mot emprunté à tel prophète ou à tel apôtre ouvre à sa pensée un sillon qu'elle creuse profondément. Voyez quel heureux parti il va tirer, dans sa lettre aux Thibaritains, de la comparaison de saint Paul entre l'armure d'un soldat romain et les armes spirituelles de la foi :

« Oui, leur écrit-il, revêtons la cuirasse de la justice, pour protéger notre poitrine contre les traits de l'ennemi. Attachons à nos pieds la chaussure de l'Évangile et de ses enseignements, afin qu'à l'heure où nous commencerons à fouler et à écraser le serpent, il ne puisse ni nous mordre ni nous supplanter. Portons intrépidement le bouclier de la foi, afin que tous les traits lancés par l'ennemi viennent mourir contre ce rempart. Prenons également pour couvrir notre tête le casque du salut, qui fermera nos oreilles à des édits barbares, qui éloignera de nos yeux la vue d'odieux simulacres, qui conservera intact sur notre front le signe de Dieu, qui protégera notre bouche, afin qu'une langue victorieuse confesse le Christ son Seigneur. Armons enfin notre main du glaive spirituel, pour qu'elle repousse avec force des sacrifices funestes, et que, fidèle à l'Eucharistie, elle puisse embrasser le Seigneur, elle qui a tenu son corps, et qui devra recevoir de lui dans la suite la récompense des couronnes célestes[1]. »

C'est ainsi que l'évêque de Carthage cherchait à inspirer aux chrétiens de l'Afrique les nobles sentiments dont son cœur était pénétré. Nous retrouvons les mêmes accents de foi et de charité chrétienne dans la lettre qu'il écrivit peu de temps après aux premières victimes de la persécution[2]. Avec quelle joie il baiserait ces lèvres qui ont publiquement confessé le Seigneur ! Mais, puisque ce bonheur lui est interdit, il veut du moins que ses paroles aillent relever le courage de ces généreux athlètes déjà fortifiés par l'exemple de Rogatien, saint vieillard qui avait blanchi dans le ministère sacerdotal. Quant à lui, sans exposer témérairement sa personne, il ne crut pas devoir cette fois se soustraire par la fuite à la

---

1. Ép. LVI, *au peuple de Thibaris*.
2. Ép. LXXXI, *à Sergius, à Rogatien et aux autres confesseurs détenus dans les cachots*. Il est impossible de reporter cette lettre au temps de la persécution de Décius, car elle suppose que Rogatien l'aîné avait déjà consommé son martyre par une mort héroïque ; or, sous Décius, ce saint prêtre était sorti des cachots de Carthage où le proconsul l'avait détenu pendant plusieurs mois. De même, il ne saurait être question ici de la persécution de Valérien, car alors ce fut Cyprien lui-même qui tomba sous les coups de l'ennemi. Les mots *conditio loci* ne sont pas une allusion à la retraite où Cyprien se tenait renfermé sous la persécution de Décius ; ils désignent la dignité épiscopale qui ne permettait pas à notre saint de visiter les martyrs dans leurs prisons, sans s'exposer aux fureurs de l'ennemi. L'expression de *locus* a le même sens dans les épîtres X, XI, XLIII, XLV. Quant à la salutation finale, elle a été ajoutée à tort dans différentes éditions sur la foi d'un seul manuscrit.

fureur des païens ; et, soit respect du proconsul pour un homme qui jouissait d'une telle renommée, soit mesures de précaution contre le péril, soit toute autre cause qui nous échappe à une si longue distance, l'évêque de Carthage ne fut ni proscrit ni arrêté. La Providence réservait à son zèle un nouveau théâtre ; et la plus terrible des calamités, en faisant éclater ce qu'il y avait dans les âmes de force morale ou de faiblesse, allait mettre le dévouement de l'évêque chrétien, en regard des défaillances païennes. Un fléau épouvantable, la peste, ravageait alors l'empire romain ; et pour surcroît de maux, la sécheresse, la famine, et les guerres venaient ajouter à ce désastre leur cortége de souffrances et de misères. Vous connaissez, Messieurs, l'admirable description que Thucydide a faite de ce fléau dans le 2º livre de la *guerre du Péloponèse*. Le tableau qu'en retrace Cyprien n'est pas dû à un pinceau moins hardi ni moins énergique :

« Une dyssenterie cruelle, dit-il, déchire les intestins, et amène la prostration des forces ; un feu brûlant circule dans les veines, pénètre jusqu'à la moëlle des os, ulcère la gorge et les organes de la respiration ; des vomissements réitérés ébranlent les entrailles ; l'œil s'enflamme, injecté de sang ; chez quelques-uns, les pieds ou d'autres membres attaqués par une gangrène impure tombent sous le scalpel ; chez d'autres, le poison se communique à tout le corps et alors une langueur mortelle paralyse des organes tout à l'heure si vigoureux, le pas devient chancelant, l'oreille s'obstrue, l'œil s'éteint [1]... »

Quel vaste champ pour le dévouement sacerdotal, tel que le comprenait saint Cyprien ! C'est dans de pareils moments

---

1. *De mortalitate*, XIV.

qu'une religion doit manifester sa force, et qu'une doctrine se laisse juger par ses résultats. Je n'ai jamais mieux compris la nullité morale du polythéisme qu'en lisant les pages où Thucydide décrit la physionomie d'Athènes pendant la peste qui désolait cette ville ; et je voudrais que nos panégyristes modernes des religions païennes se pénétrassent bien de ce morceau pour apprécier l'immense progrès dont l'humanité est redevable à l'Église catholique :

« Chacun, dit l'historien grec, se permettait plus facilement le plaisir auquel autrefois il n'osait se livrer qu'en secret, voyant que, par un changement subit, les riches mouraient à l'improviste, et que ceux qui n'avaient rien auparavant s'emparaient aussitôt de leurs dépouilles. Considérant que les corps et les biens étaient également éphémères, on voulait jouir promptement et satisfaire ses goûts. Nul n'était disposé à se livrer à un pénible travail pour ce qu'on avait jugé honnête, parce qu'il ignorait si, avant d'y parvenir, il ne périrait pas. Ce qu'on savait être agréable et de toute façon avantageux à soi-même, voilà ce qui devint honnête et utile. On n'était retenu ni par la crainte des dieux ni par les lois des hommes : par la crainte des dieux, car, en voyant mourir tous les citoyens indistinctement, on jugeait indifférent le respect divin ou l'impiété ; par les lois des hommes, car on n'espérait pas vivre jusqu'au moment du procès, pour subir la peine de ses crimes : on regardait d'ailleurs comme beaucoup plus terrible l'arrêt suspendu sur sa tête, et avant d'en être frappé, on trouvait convenable de jouir un peu de la vie [1]. »

Voilà les fruits de l'enseignement païen. La peste d'Athènes n'avait fait que fournir un nouvel aliment à ce sensualisme

---

1. Thucydide. *Histoire de la guerre du Péloponèse*, l, II, c. LIII.

égoïste qui rongeait les sociétés anciennes. S'enrichir de la dépouille des riches, profiter du désordre général pour assurer au crime l'impunité, jouir des derniers moments que le fléau laissait à ses victimes, telle était l'unique préoccupation d'un peuple sans consolation dans le présent, sans espérance pour l'avenir. Qu'on juge par là de ce qu'étaient les religions polythéistes. A l'époque de saint Cyprien, le paganisme n'avait pas fait un pas dans les voies de la bienfaisance et de l'humanité, malgré toutes les déclamations philantropiques des stoïciens. Quand cette société frivole et corrompue se vit arrêtée tout à coup au milieu de ses fêtes par un fléau qui n'épargnait ni riches ni pauvres, ce fut une consternation générale. Chacun ne songea plus qu'à sauver ses jours sans s'inquiéter du sort de son semblable. Les uns prenaient la fuite pour éviter la contagion ; les autres abandonnaient leurs propres, ou les jetaient hors des maisons, comme s'ils avaient pu chasser la mort avec eux. Des milliers de malades gisaient dans les rues de Carthage implorant la pitié des passants, et nul ne daignait arrêter sur eux un regard de miséricorde. On ne pensait qu'à une chose, dit un contemporain, à exploiter le fléau en retirant de la dépouille des mourants un gain cruel : *Nemo respexit aliud præterquam lucra crudelia* [1]. C'est alors qu'on put saisir sur le fait l'esprit nouveau que le christianisme avait répandu dans le monde. Cyprien réunit tous les fidèles dans une même enceinte : et là, laissant déborder les sentiments de charité qui remplissaient son cœur d'évêque, il leur rappela l'obligation et les avantages de la miséricorde [2]. On ne devait pas disait-il, faire de distinction entre les chrétiens et les païens

---

1. *Vie de saint Cyprien*, par le diacre Pontius, c. ix.
2. Ibid., ix, x.

mais ne voir que des frères partout où il y aurait une souffrance à soulager. Emflammée par ces paroles qui, au dire d'un témoin, eussent été capables de convertir les infidèles, la communauté chrétienne se mit à l'œuvre : les riches offrirent leur or ; les pauvres leur bras et leur travail. C'était à qui apporterait au soin des pestiférés plus de courage et d'empressement. Tel est le spectacle que les fidèles de Carthage étalèrent, en 252, sous les yeux de leurs ennemis étonnés d'un dévouement dont il ne comprenaient pas le principe. Mais c'est dans les écrits de saint Cyprien qu'il faut étudier ces idées et ces forces nouvelles qui s'emparaient du monde. S'il est difficile de rencontrer dans sa vie un épisode aussi touchant, son éloquence n'a su trouver nulle part d'accents plus vrais ni plus pathétiques.

QUATORZIÈME LEÇON

Cyprien pendant la peste de Carthage. — Son traité *de la Mortalité*. — Impuissance du polythéisme à produire le dévouement dans les âmes. — Contraste éclatant que présente la religion chrétienne. — Les fidèles de Carthage recueillent les malades abandonnés par les païens — Un magistrat, Démétrien, n'en profite pas moins des malheurs publics pour rendre les chrétiens responsables du fléau. — Cyprien le réfute dans son traité *contre Démétrien*. — Charité du saint évêque à l'égard de ses adversaires. — Il exhorte son peuple à se résigner à la volonté de Dieu qui châtie les méchants et éprouve les bons. — Il cherche dans l'ordre moral les raisons qui expliquent la souffrance et les consolations qui l'adoucissent — L'instruction pastorale de saint Cyprien *sur la Mortalité* est restée un modèle pour l'éloquence sacrée.

Messieurs,

C'est en face de la souffrance physique ou morale qu'une religion doit manifester son empire et sa force d'action. Éclairer l'homme sur son origine, ses devoirs et sa fin, c'est beaucoup sans doute ; mais si l'intelligence a besoin de lumières, la volonté ne saurait se passer d'un secours qui l'affermisse contre les accidents et les difficultés de la vie. Or, de toutes les épreuves, celle qui nous affecte le plus directement, c'est la souffrance. La nier serait une dérision cruelle ; en rêver la suppression, une utopie qui suppose une ignorance complète des lois de ce monde. Tout le pouvoir de l'homme se réduit à prévenir, dans une certaine mesure, l'action des causes qui amènent le mal physique, ou à en combattre l'effet ; et, s'il ne trouvait pas, à côté d'une science si souvent impuissante, des consolations empruntées à un ordre supérieur, sa destinée serait lamentable. Voilà pourquoi la religion n'a pas de mission plus touchante que d'adoucir les maux de cette vie, en ramenant sur les lèvres et dans le cœur du malheureux qui souffre, les joies de l'espérance et le sourire de la résignation. C'est surtout dans les moments de crise où des fléaux imprévus, ravageant une nation entière, viennent défier tous les efforts de la science et de l'industrie humaines, c'est alors, dis-je, qu'une religion est appelée à montrer ce qu'il y a en elle de puissance et de ressources morales. L'épreuve des doctrines par le raisonnement et par la critique, quelque victorieuse qu'elle soit, n'a rien de comparable à ces triomphes éclatants que Dieu ménage à la vérité.

L'empire romain se trouvait alors dans l'une de ces situations où toutes les calamités se réunissent pour accabler une société. A l'extérieur, les hordes frémissantes des barbares se pressaient aux frontières, rétrécissant de plus en plus le cercle où elles allaient étouffer le vieux monde ; et l'invasion des Goths, sous Décius, venait de prouver ce qu'on pouvait attendre de pareils ennemis. Au dedans, les guerres civiles se succédaient avec rapidité : dans l'espace de quatre ans, cinq empereurs, Philippe, Décius, Gallus, Volusien, Émilien, avaient passé sur le trône, où chacun d'eux ne faisait que paraître pour tomber sous les coups d'un compétiteur. On eût dit que la terre elle-même voulait refuser ses tributs annuels à une société si prodigue de sang humain : déjà décimées par la guerre, les populations se voyaient en proie aux horreurs de la famine. Et enfin, pour couronner tous ces maux, une effroyable contagion, dont parlent également Eutrope, Zosime et Orose, sévissait de l'Orient à l'Occident [1].

---

1. Eutrope, l. IX ; — Zosime, l. I, *Hist.* ; — Orose, l. VII, *Hist.*, c. xx

« Jamais, dit l'historien Zosime, les siècles précédents n'avaient vu un tel carnage d'hommes. » C'est alors que la divinité du christianisme resplendit d'un nouvel éclat, par le contraste qu'offrit la charité évangélique avec l'égoïsme païen. Thucydide nous disait la dernière fois que la peste d'Athènes avait amené dans cette ville une recrudescence d'impiété et de désordres. Les plaintes amères dont l'évêque de Carthage se faisait l'organe en 253 montrent que le polythéisme, impuissant à soulager la souffrance, restait fidèle à ses traditions de barbarie et d'inhumanité :

« La peste et la contagion ont révélé ou grossi les crimes de chacun. Elles ont montré l'insensibilité refusant des secours aux malades, et l'avarice convoitant bouche béante la dépouille des morts. N'a-t-on pas vu ces hommes si froids pour les devoirs de la miséricorde, et si ardents pour des gains sacrilèges, fuir la couche des mourants pour se précipiter sur la succession des morts, afin de bien constater qu'ils ne délaissent le moribond que par la crainte de le sauver en lui donnant des soins ? Car c'est avoir voulu la mort du malade que de faire invasion dans les biens du défunt. Au milieu d'une si grande calamité, l'effroi ne parvient pas à conseiller la vertu ; et, à l'aspect de ces victimes qui tombent par milliers, nul ne songe que lui aussi est mortel. On se presse, on pille, on vole. Plus d'hésitation dans la rapine ; partout on jette le masque. A voir l'empressement, la rapacité de chacun, vous diriez que la spoliation est licite, que le déprédateur remplit un devoir, et que, s'abstenir du bien d'autrui, c'est perdre le sien. Les brigands du moins gardent quelque retenue : ils vont cacher leurs crimes dans des solitudes écartées, dans des gorges inaccessibles ; leurs forfaits ont pour voiles les ténèbres et la nuit. Ici, l'avarice ne prend pas même la peine de se déguiser : protégée par son audace.

elle marche la tête haute et étale au grand jour sa brutale convoitise. De là les faussaires, les empoisonneurs, les assassins promenant au milieu de la ville leur scandaleuse impunité, et s'enhardissant au crime sous cette sauvegarde. Les scélérats pullulent, et il ne se trouve pas d'homme vertueux pour les châtier. Juge, accusateur, on n'a plus à redouter personne. Les hommes probes se taisent, les témoins craignent, les tribunaux sont vendus, et ainsi l'impunité est assurée au méchant [1]. »

Voilà, Messieurs, le triste spectacle que présentait à Carthage la société païenne pendant la peste. Mis à l'épreuve dans l'un de ces moments solennels où une religion doit manifester sa force, le polythéisme montrait son impuissance à exciter dans les âmes la moindre étincelle de dévouement. Qu'on ne vienne donc pas citer quelques phrases pompeuses, pour établir que la philosophie grecque ou romaine a contribué à répandre dans le monde les idées et les sentiments charitables : le christianisme seul est parvenu à ériger sur les ruines de l'égoïsme antique le règne de la fraternité universelle. Oui, sans doute, Socrate disait qu'il n'était ni Athénien, ni Grec, mais citoyen du monde [2]. Cicéron, Térence, Caton et les stoïciens émettaient des maximes analogues ; mais leurs aphorismes n'avaient pas même effleuré les masses païennes, restées étrangères à tout esprit de sacrifice. Amasser et jouir, sans s'inquiéter de la conscience ni des lois de la morale, telle était la devise d'une société dont Cyprien vient de tracer un tableau si fidèle. Les malheurs d'autrui la trouvaient insensible, et ne servaient qu'à irriter en elle la fièvre des convoitises. Quel contraste avec cette société nouvelle où l'on voyait des évêques, comme Cyprien et Denis d'Alexandrie,

---

1. *Ad Demetrianum*, x, xi.
2. Plutarque, *de l'Exil*, 5 ; — Cicéron, *Tusculanes*, v, 37.

opposer au fléau les ressources et les inspirations de la charité, en organisant un service public pour le soulagement des malades ; où prêtres, diacres et laïques tombaient victimes de leur zèle à soigner les pestiférés sans distinction de famille ni de culte[1] ! Il semble que tant de générosité de la part des chrétiens aurait dû, sinon convertir les infidèles, au moins désarmer leur haine. Mais, l'histoire ne le prouve que trop, s'il y a des nobles instincts dans la nature humaine, on y rencontre quelquefois une profondeur de méchanceté qui déconcerte l'optimisme le plus confiant. Tandis que les fidèles de Carthage recueillaient avec soin les malades abandonnés par les païens, il se trouva des sophistes pour soulever contre eux les passions populaires ; et bien loin de leur tenir compte des efforts qu'ils faisaient pour conjurer le fléau, on les accusa d'en être la cause, de telle sorte que la persécution devint la récompense de leur dévouement.

A la tête de ces sycophantes, qui mettaient leur courage à dénoncer une classe d'hommes dont ils acceptaient les services, on remarquait un magistrat de Carthage, nommé Démétrien. Nul ne témoignait plus d'ardeur dans un métier à la fois si noble et si difficile. Il est probable que Cyprien l'avait autrefois connu au barreau de Carthage : aussi Démétrien faisait-il de fréquentes visites à l'évêque, moins pour discuter sérieusement avec lui que pour exhaler sa colère contre les chrétiens. Cyprien ne se montrait guère sensible aux criailleries de cet aboyeur, comme il l'appelle, voyant bien que tout raisonnement serait superflu avec un homme de cette trempe. Quand la peste vint décimer Carthage, l'honnête magistrat jugea l'occasion propice, non pour montrer son humanité, mais pour composer des libelles. Il lui sembla piquant d'ameuter le peuple contre les disciples de l'Évan-

---

1. Saint Denis d'Alexandrie dans Eusèbe, *Hist. eccles.*, l. VII, c. xxii.

gile, dans le moment même où ceux-ci se vengeaient de leurs ennemis par des merveilles d'abnégation et de charité. A l'entendre, peste, famine, sécheresse, guerres, tout cela devrait être imputé aux chrétiens : eux seuls étaient responsables de ces calamités par leur refus d'adorer les dieux du paganisme. Tout permet de croire que Démétrien partageait à l'égard des divinités de l'Olympe le scepticisme des classes éclairées de la société romaine ; mais qu'importent les convictions chez les écrivains de cette espèce, dès l'instant qu'ils ont besoin de flatter les préjugés du peuple pour satisfaire leur haine ? La race des Démétrien est immortelle dans ce monde ; et aujourd'hui moins que jamais, elle ne paraît près de s'éteindre. Elle est représentée de nos jours par des hommes qui tiennent la plume vaillamment, sans risques ni périls, au fond d'un cabinet où l'opulence les suit à défaut de la gloire. On ne les voit jamais, lorsqu'il faudrait payer de sa personne, visiter les malades, secourir les pauvres ; mais par contre, on est toujours sûr de les rencontrer au premier rang, du moment qu'il s'agit de déclamer contre la vie sacerdotale ou religieuse, contre les institutions catholiques qui sont la source et le foyer du dévouement. Alors ils déploient un courage à toute épreuve ; et l'on ne désirerait qu'une chose, c'est qu'il leur fût possible de conserver un reste de cette intrépidité pour le soulagement de leurs semblables. Mais si leur philanthropie est habile à se procurer le bien-être, elle ne l'est pas moins à écarter l'image des souffrances d'autrui. Trop heureux si nous pouvions obtenir d'eux qu'ils voulussent bien consentir à profiter des œuvres de la charité chrétienne, sans du moins accuser la religion des maux qu'elle soulage. Pour le coup, l'indignation de saint Cyprien ne lui permettait plus de garder le silence. Que l'égoïsme païen se montrât sans entrailles pour les pestiférés, il n'y avait pas lieu de s'attendre à mieux de la part d'une telle société ; mais qu'après avoir abandonné aux chrétiens le soin de recueillir ses malades, le peuple de Carthage, excité par les sophistes, poussât la reconnaissance jusqu'à vouloir charger ses bienfaiteurs de la responsabilité du fléau, cela dépassait toute mesure. Il fallait une réponse vigoureuse à ces imputations mensongères : nous la trouvons dans le traité *contre Démétrien*.

Les chrétiens, disait leur bruyant adversaire, sont la cause des calamités qui affligent l'empire, parce qu'ils refusent d'adorer nos divinités. — Mais, lui répond saint Cyprien, en usant d'une rétorsion aussi énergique que sensée, ces calamités ne seraient-elles pas plutôt le châtiment de vos outrages envers le Dieu véritable ? Il est impossible, à nous, de provoquer la colère de divinités qui n'existent pas, ou qui ne doivent leur existence qu'à l'opération de vos mains. Insensibles à l'honneur ou au mépris, vos idoles ne peuvent ni se plaindre ni se venger ; et les démons qui font l'objet de votre culte, confessent journellement leur impuissance par l'empire que nous exerçons sur eux. Ce n'est donc pas notre refus d'adorer de vaines idoles, ou des esprits menteurs, qui attire sur le monde les foudres de la vengeance céleste. Mais vous qui méconnaissez le Dieu unique, arbitre suprême de l'univers ; vous qui, non contents de lui préférer d'odieux simulacres, l'attaquez encore dans la personne de ses adorateurs, en épuisant contre eux toutes les inventions de la cruauté ; vous qui ne mettez aucune retenue dans vos dérèglements et qui vous faites gloire de l'infamie elle-même, ne cherchez pas ailleurs que dans vos crimes la source des malheurs publics qui vous accablent. Quoi ! vous rejetez le vrai Dieu, vous blasphémez son nom, vous persécutez ses serviteurs, et vous vous étonnez, vous murmurez en voyant que la pluie descend plus rare sur des plaines arides, qu'un sol stérile produit à grand'peine des plantes maigres et décolorées, que la grêle déchire les vignes, que la tempête déracine les oliviers, que la sécheresse tarit les fontaines, que des souffles pestilentiels infectent l'air et moissonnent les populations ! Ces maux sont la suite de vos iniquités.

« Tu te plains, s'écrie l'éloquent apologiste, de ce que les éléments ne se prêtent plus aussi docilement à tes besoins ou à tes plaisirs ! Mais toi, sers-tu ce Dieu, par qui toutes les créatures te servent ? Obéis-tu à celui qui a mis la nature entière sous ton obéissance ? Tu exiges bien de ton esclave une soumission absolue : homme, tu ne te gênes pas pour contraindre un autre homme à exécuter tes ordres. Et cependant il ne diffère pas de toi pour les conditions de la naissance et de la mort : vos corps sont de même matière, et vos âmes de commune nature ; c'est à égal droit et en vertu dès mêmes lois que vous êtes entrés dans ce monde et que vous en sortirez. N'importe ! s'il ne te sert pas suivant tes caprices, et qu'il néglige de remplir la moindre de tes volontés à l'instant même, maître impérieux, tu prends le fouet pour venger ton autorité méconnue : faim, soif, nudité, fer, cachots, croix, que sais-je ! tout sera mis en œuvre pour châtier un moment d'oubli. Malheureux ! Et tu ne reconnais pas le Seigneur ton Dieu, tandis que toi-même tu exerces ainsi ta domination ! Viens encore te plaindre de ce que Dieu s'arme à son tour du fouet de sa vengeance pour frapper de plaies les coupables endurcis [1]. »

La réponse était accablante. Pour montrer à Démétrien qu'il ne développe pas un thème arrangé pour la circonstance, Cyprien cite les textes de l'Ancien Testament où les

---

1. *Ad Demetrianum*, VIII.

prophètes avaient prédit les calamités qui affligeraient les contempteurs de Dieu en punition de leurs crimes. Ici, Lactance me paraît avoir manqué de justice dans le reproche qu'il fait à Cyprien de s'être appuyé sur l'Écriture sainte en argumentant contre les païens qui n'admettaient pas un pareil témoignage [1]. Sans pécher aucunement contre les règles de la logique, l'apologiste africain était en droit de rappeler les prophéties relative à la destinée des impies, pour montrer qu'elles avaient reçu leur entier accomplissement. D'ailleurs, de fréquentes discussions avec Démétrien avaient dû fournir plusieurs fois à l'évêque de Carthage l'occasion d'établir devant lui l'autorité des livres saints ; comme aussi l'auteur du traité *sur la Vanité des idoles* néglige de reproduire ici les preuves qu'il avait fait valoir contre le polythéisme. Ajoutons enfin que les citations bibliques, dont Lactance conteste l'à-propos, ne forment pas la base de l'argumentation dans l'ouvrage qui nous occupe. La thèse de saint Cyprien consiste à renvoyer aux oppresseurs la responsabilité dont ceux-ci chargeaient leurs victimes. Si les fléaux qui désolent l'empire doivent être imputés à une classe d'hommes, ce n'est pas aux chrétiens adorateurs du vrai Dieu et observateurs de sa loi, mais à ceux qui se font un jeu d'irriter la colère divine par leurs blasphèmes et par leurs dérèglements. Ici, les faits parlaient d'eux-mêmes, et il suffisait de les rappeler, pour foudroyer les calomniateurs par cette éloquente réplique :

« Tu es surpris que la colère de Dieu monte sans cesse ! Ne vois-tu pas que le crime progresse avec le châtiment ? Des ennemis surgissent de toutes parts, dis-tu ! Comme si, à défaut d'ennemis, la paix pouvait subsister même sous la toge.

---

1. *Instit. div.*, l V, c. I.

Des ennemis surgissent au dehors! Mais, lors même que tout péril disparaîtrait du côté des étrangers et des barbares avec la défaite de leurs armes, la délation, la violence, la tyrannie des riches n'entretiendraient-elles pas au dedans une lutte mille fois plus ardente et plus féroce? Tu te plains de la famine et de la stérilité du sol! Comme si la cupidité ne produisait pas une disette plus cruelle que la sécheresse; comme si le fléau de la misère publique ne s'accroissait pas par des calculs usuraires et par de criminels accaparements. Le ciel nous ferme le trésor de ses pluies! Mais, ici-bas, les greniers s'ouvrent-ils à l'indigence? La terre est avare de ses productions! Mais alors qu'elles sont abondantes, les pauvres y ont-ils la moindre part[1]?...

Donc, c'est dans le désordre des mœurs païennes, et non ailleurs, qu'il faut chercher la cause des malheurs publics. En quoi les chrétiens pourraient-ils être responsables des méfaits de leurs persécuteurs? Le raisonnement de saint Cyprien, soutenu par un style plein de chaleur et de vie, était irréfutable. On peut regretter néanmoins qu'à des considérations si frappantes de justesse l'apologiste ait cru devoir en ajouter une autre qui est loin d'avoir la même valeur. En passant de l'ordre moral dans l'ordre physique, il prétend expliquer l'un ou l'autre fléau par l'épuisement du sol et la vieillesse de la terre. Le monde, dit-il, penche vers son déclin et tout en fait pressentir la destruction prochaine. L'hiver n'a plus assez de pluies pour nourrir les semences ni l'été assez de feux pour mûrir les moissons; le printemps a perdu de ses charmes, et l'automne de sa fécondité. Les montagnes, incessamment fouillées par le bras de l'homme, ne fournissent plus autant de blocs de marbre; les mines, dont les filons

---

1. *Ad Demetrianum*, x

s'appauvrissent de jour en jour, nous envoient moins d'or et d'argent. D'autre part, à peine si la vie humaine peut se traîner jusqu'à la centième année : les cheveux blanchissent sur la tête de l'enfance, ou tombent avant de croître ; la vie ne finit plus par la vieillesse, mais commence par elle. Bref, le monde s'en va dans une décadence générale : est-il étonnant qu'on ne retrouve plus dans cette nature décrépite et usée la vigueur du premier âge[1] ? Depuis le moment où saint Cyprien écrivait ces lignes, la terre a compté seize cents printemps de plus, et elle continue à porter ses années avec la force d'une jeunesse sans cesse renouvelée ; l'avenir n'a donc pas confirmé les prévisions de l'auteur. Cette opinion sur une certaine fatigue de la terre, résultant de son âge, était très-répandue parmi les agronomes latins. Déjà, au premier siècle de l'ère chrétienne, Columelle la combattait par d'excellentes raisons dans son traité *de re rustica*[2]. Il faisait observer, en réponse à un ouvrage de Trémellius sur le même sujet, qu'il n'y a pas de comparaison à établir entre l'homme dont la vieillesse est sans retour, et la terre qui ne s'épuise jamais. Ce n'est pas à la nature, disait-il, que nous devons nous en prendre d'une stérilité qui est notre fait, mais à notre propre négligence : ceux qui se plaignent de l'insuffisance des récoltes ont un moyen bien simple d'y remédier, c'est de mieux cultiver leurs terres, et d'y mettre plus d'engrais. La réflexion de Columelle n'est sans doute pas d'une haute philosophie, mais on ne peut s'empêcher de la trouver plus judicieuse que l'hypothèse de Trémellius et de saint Cyprien sur la vieillesse du monde.

L'erreur de l'apologiste sur ce point, c'est d'avoir confon-

---

1. Ibid., III, IV.
2. Columelle, *de re rustica*, l. I, préface ; l. II, c. I.

du la décadence de l'empire romain avec celle de l'univers. Certes, il avait raison de regarder comme inévitable une catastrophe qui se rapprochait de plus en plus ; et, à un siècle de là, l'évènement allait justifier à certains égards sa crainte et ses prédictions. L'évêque de Carthage signalait les véritables symptômes du cataclysme qui menaçait la société ancienne, lorsqu'il s'écriait à la vue d'un monde énervé et chancelant : « Le laboureur manque aux champs, le nautonnier à la mer, le soldat aux camps, la probité au Forum, la justice aux tribunaux, la concorde aux amitiés, le génie à l'art, la discipline aux mœurs [1]. » Cette lassitude et cet affaiblissement universel indiquaient en effet le terme d'un état de choses qui ne pouvait plus se flatter d'un long avenir. Mais la ruine du monde n'était nullement attachée à celle de l'empire romain. En faisant succéder sur la scène de l'histoire, des races fraîches et vigoureuses à un peuple vieilli dans la corruption, Dieu se réservait de renouveler la face de la terre pour assurer à son fils l'héritage des nations. Voilà ce qui dépassait l'horizon de Tertullien et de saint Cyprien. Accoutumés à cette longue domination romaine, qui semblait être le dernier mot de l'histoire politique du genre humain, et ne pouvant se dissimuler que cet antique édifice miné par le temps allait tomber en ruines, ils alliaient dans leur esprit la destruction de l'empire avec la fin des siècles. Assurément il y aurait peu de justice à leur reprocher de n'avoir pas su prévoir l'avenir, de même qu'il n'y a pas grand mérite pour nous à pouvoir les réfuter par l'expérience du passé.

Ce qui me frappe, Messieurs, dans les écrits des saints Pères, c'est qu'ils ne se proposent jamais d'autre but que la conversion des âmes, soit qu'ils attaquent l'erreur ou qu'ils

---

1. *Ad Demetrianum*, III.

défendent la vérité. Telle est en effet la fin que doivent poursuivre les apologistes chrétiens. Cyprien a entrepris la tâche de réfuter d'odieuses calomnies ; il a combattu corps à corps le sophiste qui exploitait contre les chrétiens la détresse publique ; et l'on sent a la chaleur, à la vivacité du discours, tout ce qu'un tel procédé avait soulevé d'indignation dans son cœur. Mais l'évêque, pasteur des âmes, se retrouve toujours sous la plume de l'écrivain : il voudrait amollir à force de charité ces cœurs endurcis ; et le sentiment du péril auquel ils s'exposent, du bonheur dont ils se privent, lui inspire cette touchante péroraison :

« Veillez donc à votre vie et à votre salut, puisque vous le pouvez encore. Nous vous offrons le don salutaire de nos conseils et de nos avertissements. Vous le savez, il nous est défendu de haïr ; jamais nous ne sommes plus agréables à Dieu que dans le moment où nous subissons l'injure sans rendre la pareille. Nous vous en conjurons, usez de la faculté qui vous est laissée ; mettez à profit les jours qui vous restent. Hâtez-vous de satisfaire à la justice divine ; quittez les ténèbres de vos superstitions pour l'éclatante lumière de la vraie foi. Nous ne sommes pas jaloux de vos avantages, et nous ne recélons pas le don divin. En échange de votre haine nous vous accordons notre bienveillance ; et pour prix des tourments et des supplices que vous nous infligez, nous vous montrons la voie du salut. Croyez et vivez ; et après nous avoir persécutés pour un temps, puissiez-vous vous réjouir avec nous éternellement [1] ! »

La charité chrétienne ne saurait se manifester sous des formes plus douces ni plus persuasives. Dans sa réponse à

---

1. *Ad Demetrianum*, xxv.

Démétrien, l'évêque de Carthage avait signalé la différence des impressions que produisait le fléau de la peste sur les chrétiens ou sur les païens. Tandis qu'une mort prématurée, disait-il, fait le désespoir de quiconque n'a pas de bonheur à attendre au terme de sa carrière, nous qui vivons pour l'avenir, nous n'avons ni larmes ni murmures, quand la loi commune des corps vient nous atteindre [1]. Nul doute que la foi n'eût inspiré à un grand nombre de fidèles le courage et la résignation dont parle saint Cyprien. Toutefois, il s'en trouvait qui se laissaient abattre à l'aspect des ravages que faisait la contagion au sein de leurs familles. Intrépides pour eux-mêmes, ils ne portaient pas toujours dans la douleur qu'ils ressentaient à la mort de leurs proches, cette retenue et cette modération chrétienne que suppose l'espoir d'une vie future. Il y avait là pour le zélé pasteur un grave devoir à remplir. Après avoir vengé les fidèles d'une accusation qui retombait sur leurs calomniateurs, il s'agissait de les prémunir contre la tristesse et le découragement. C'est dans ce but que Cyprien adressa au peuple de Carthage son traité ou sa lettre pastorale *sur la Mortalité*.

Si j'avais à choisir parmi les œuvres de ce grand homme celle qui exprime le mieux son éloquence et son caractère, je m'arrêterais à cette pièce qui tient un rang si élevé dans la littérature chrétienne. Sans doute, Messieurs, ceux qui limitent la destinée de l'homme à l'existence actuelle, trouveraient bien mystique ce langage d'un évêque qui n'a de pensées et de soucis que pour la vie future. Mais lorsqu'on veut comprendre ce qu'il y a de force et d'efficacité dans de telles paroles, il faut se reporter à l'un de ces mo-

---

1. *Ad Demetrianum*, XVIII.

ments où les lois mystérieuses de la souffrance passent le niveau sur un peuple entier, et soumettent à leur empire des milliers d'êtres humains, sans distinction d'âge ni de condition. Que deviennent alors ces rêves humanitaires, ces théories d'économie sociale et politique, qui font consister le bonheur à se procurer ici-bas la plus grande somme de jouissance possible ? Est-ce avec cela qu'on se flatterait d'adoucir les derniers instants de ces victimes dévorées par le fléau ? Si une pareille tentative n'était insensée, elle serait cruelle. Il faut donc laisser à la religion le privilège d'élever la voix quand toutes les autres se taisent, impuissantes à offrir une consolation. Elle seule a des espérances pour ceux qui n'en ont plus sur cette terre ; et tandis que la sophistique est sans ressources devant des calamités qui dérangent ses calculs, la foi triomphe en rendant l'homme supérieur à lui-même. Quelle grandeur et quelle noblesse de sentiments dans cette exhortation de Cyprien au peuple de Carthage, en face de la mort qui planait sur toutes les têtes !

« La crainte de Dieu et la foi dans ses promesses doivent tenir votre cœur préparé à tous les sacrifices. Vous perdez votre fortune, des maladies cruelles assiègent vos membres qu'elles torturent sans relâche ; la mort enlève à votre tendresse une épouse, des enfants, des amis qui vous étaient chers : amères et funèbres séparations ! Mais ne vous scandalisez pas de ce qui n'est qu'une lutte. La foi du chrétien ne doit se laisser ni ébranler ni abattre par des épreuves destinées à faire éclater sa force, et l'assurance des biens futurs a de quoi lui inspirer le mépris des maux présents. Sans combat, point de victoire ; après la victoire brillera la couronne qui en est le prix. N'est-ce pas dans la tempête qu'on reconnaît un pilote expérimenté ? N'est-ce pas sur le champ de bataille que le soldat fait ses preuves ? Il en coûte peu de se vanter en l'absence du péril ; c'est à l'heure du danger que les cœurs se révèlent. Un arbre, dont les racines plongent profondément dans la terre, reste immobile et brave l'ouragan qui l'assaille ; protégé par sa forte charpente, un navire est battu par les vagues sans que ses flancs s'entr'ouvrent ; sous le fléau du laboureur, les grains vigoureux résistent aux mêmes vents qui emportent au loin la paille sans consistance. C'est ainsi que les naufrages, les flagellations, les tourments corporels ne paraissent à l'apôtre Paul qu'autant d'épreuves propres à purifier son âme et a manifester ce qu'il y avait en elle de véritable force.[1]»

Un certain nombre de chrétiens moins éclairés que les autres, se scandalisaient de ce que la mortalité atteignait les fidèles comme les infidèles. A les entendre, le fléau n'aurait dû frapper que ceux dont les blasphèmes et les désordres avaient attiré la foudre des vengeances divines. C'était méconnaître les lois de la Providences qui se sert des mêmes calamités pour châtier les vices des uns, et pour exercer la vertu des autres. Déjà, dans sa controverse avec les novatiens, l'évêque de Carthage avait démontré que la séparation des bons et des méchants, de l'ivraie et du bon grain, n'est réservée qu'au siècle futur. Jusque-là, les conditions de la maladie et de la santé, de la vie et de la mort, sont communes à tous ; la différence est dans l'usage que font les hommes des biens et des maux d'ici-bas, ceux-ci pour leur salut, ceux-là pour leur perte. Ne vous imaginez pas, continue saint Cyprien, que la foi du chrétien lui assure l'immunité contre la douleur : la douleur a pour mission de nous enfanter aux joies de l'avenir : avant le grand jour de l'immortalité, nous restons avec le genre humain en confraternité de souffrances.

1. *De mortalitate*, xii, xiii.

Ainsi, que des moissons avortées périssent sur un sol aride, la famine ne fait de distinction pour personne. Lorsqu'après une irruption soudaine, l'ennemi victorieux prend possession d'une ville, la captivité n'épargne aucun citoyen. Un ciel d'airain vient-il à refuser ses pluies ? la sécheresse est générale. Et chaque fois qu'un navire se brise contre les écueils, le naufrage s'étend à tous les passagers. Tant que nous porterons au milieu du monde cette chair mortelle, revers et maladies, nous partagerons avec le reste des hommes tout ce qui leur sert de châtiment ou d'épreuve. Que dis je ? Si le chrétien comprend bien les obligations de sa foi, il reconnaîtra que sa vie doit être plus laborieuse que celle des autres, et que l'adversité est souvent pour lui une bénédiction [1]. L'auteur du traité *sur la Mortalité* est admirable de largeur d'esprit et de pénétration, lorsque, saisissant les rapports de l'ordre physique avec l'ordre moral, il ne craint pas d'énumérer les avantages spirituels d'une calamité qui paraissait si terrible aux habitants de Carthage :

« Messager céleste, écrit-il, le fléau vient explorer la justice de chacun et interroger notre âme, pour observer si l'homme en pleine santé va servir le malade ; si les proches aiment tendrement ceux qui leur sont unis par les liens de parenté ; si les maîtres prennent pitié de leurs serviteurs défaillants ; si les médecins n'abandonnent pas les mourants qui implorent leur secours ; si la colère étouffe ses emportements ; si l'avarice éteint, en présence du tombeau, son insatiable soif de l'or ; si l'orgueil apprend enfin à courber la tête ; si une méchanceté audacieuse consent à s'adoucir ; si les riches, voyant tomber à leurs côtés ceux qui leur étaient chers, distribuent aux pauvres des biens qui ne trouveraient

---

1. *De mortalitate*, VIII, IX.

plus d héritiers. Supposons que cette mortalité ne procure aucun autre avantage, elle aura du moins cette utilité pour les chrétiens et pour les serviteurs de Dieu, qu'en apprenant à ne pas craindre la mort, ils commenceront à désirer le martyre. N'appelez donc pas funérailles, des exercices qui deviennent une gloire pour les âmes fortes, et qui préparent à la couronne par le mépris de la mort [1]. »

En cherchant ainsi dans l'ordre moral les motifs qui expliquent la souffrance et les consolations qui l'adoucissent, l'évêque de Carthage ne se dissimulait pas tout ce qu'une mortalité si effrayante pouvait avoir de pénible et d'amer pour les familles chrétiennes. Mais, sans interdire aux fidèles l'expression d'un deuil bien légitime, il voulait, selon le précepte de saint Paul, que l'espérance d'une vie future vînt modérer leurs regrets et leurs gémissements [2]. Vous dites, leur écrivait-il, que beaucoup de nos frères succombent aux ravages du fléau ; dites plutôt qu'ils sont délivrés à jamais des misères du siècle. Pour un chrétien, la mort n'est qu'un affranchissement, un passage, une translation à une vie meilleure [3]. Oui, là seulement, dans le port de l'éternité, résident la paix véritable, la sécurité parfaite, le bonheur sans terme ni mélange. Comment regretter cette terre où, toujours en état de siége, et comme cerné par un ennemi infatigable, le cœur de l'homme peut à peine résister aux attaques qui se succèdent. A-t-il terrassé l'avarice, la volupté lève la tête ; l'ambition se dresse sur les ruines de la volupté; après l'ambition, la colère s'allume, l'orgueil s'enfle, l'intempérance s'irrite, l'envie rompt la concorde, la jalousie brise

---

1. *De mortalitate*, XVI.
2. Ibid., XXI.
3. Ibid., XV, XXII.

les nœuds de l'amitié. Ici on vous ordonne de blasphémer ; là, on vous contraint de jurer contre votre conscience ; partout le glaive du démon, des périls, des persécutions. Et vous vous plaignez que le Christ vous appelle à lui, qu'il convertisse vos afflictions en allégresse [1] ! Est-ce la crainte de mourir qui vous arrête ? Hélas ! oui, qu'il craigne de mourir celui qui, n'ayant pas été régénéré par l'eau et par l'Esprit, reste voué aux flammes de l'enfer ! Qu'il craigne de mourir celui qui n'est pas marqué du sang de Jésus-Christ ! Qu'il craigne de mourir celui qui passera de la mort du temps à celle de l'éternité, ne sortant de ce monde que pour subir des tourments sans fin ! Qu'il craigne de mourir celui qui, par ce délai de quelques jours, ne gagne qu'un sursis à son supplice et à ses gémissements ! Mais la fin du juste ne ressemble pas à celle du pécheur [2]. Le chrétien, ajoute l'éloquent évêque, est comme un homme qui habite un édifice dont les murs chancellent, dont le toit tremble, dont la charpente tout entière, fatiguée par le temps, annonce une ruine prochaine. C'est un passager qui se trouve à bord d'un navire que la tempête est sur le point d'engloutir dans les abîmes de la mer. Et vous ne béniriez pas la main qui, hâtant le moment du départ, vous arrache aux décombres ou au naufrage [3] ? Après avoir ainsi réveillé la foi dans l'âme de son peuple, Cyprien termine sa lettre pastorale par cette magnifique péroraison :

« Retenu sur la terre étrangère, l'exilé s'empresse de regagner sa patrie. Le navigateur qui vogue vers les siens, demande aux vents d'enfler la voile et de le pousser rapide-

---

[1]. *De mortalitate*, IV, V.
[2]. Ibid., XIV, XV.
[3]. *De mortalitate*, XXV.

ment dans les bras de ceux qu'il aime. Quant à nous, le ciel est notre patrie ; volons donc vers elle ! Les patriarches sont nos pères : courons saluer nos ancêtres ! Nous sommes impatiemment attendus : une troupe nombreuse de proches, des pères, des mères, des fils, des frères, déjà rassurés sur leur éternelle destinée, mais encore inquiets pour la nôtre, nous tendent les bras et soupirent après nous. Quelle joie pour eux et pour nous de nous revoir et de confondre nos chastes embrassements ! O célestes voluptés sur lesquelles la mort ne pourra plus rien désormais ! O béatitudes suprêmes qui se prolongeront toute une éternité ! Là, nous retrouverons et le chœur glorieux des apôtres, et l'assemblée des prophètes ravis d'allégresse, et l'innombrable légion des martyrs couronnés pour leurs combats et leurs souffrances victorieuses. Là, nous retrouverons ces vierges triomphantes qui ont subjugué les convoitises de la chair par la vertu de leur continence ; ces âmes miséricordieuses qui ont accompli les œuvres de la justice par leurs largesses envers les pauvres, et qui, fidèles aux préceptes du Seigneur, ont échangé un patrimoine terrestre contre des trésors célestes. C'est vers eux, ô mes frères bien-aimés, que doivent se porter nos vœux et nos désirs : les rejoindre bientôt, être admis auprès du Christ dans un bref délai, voilà ce qui peut nous arriver de plus heureux. Que Dieu lise cette pensée au fond de notre âme ! Que le Christ Notre Seigneur voie dans notre cœur ces dispositions de la foi ! l'ardeur de nos souhaits sera la mesure de notre récompense et de notre gloire [1]. »

Tel est, Messieurs, l'enseignement qui descendait de la chaire de Carthage au milieu de la peste qui ravageait cette grande cité. L'instruction pastorale de saint Cyprien à l'oc-

---

1. *De mortalitate*, XXVI.

casion de ce fléau est restée un modèle pour l'éloquence sacrée ; et chaque fois qu'une calamité semblable plongera une nation dans le deuil, il suffira de reprendre les arguments du saint évêque pour offrir aux hommes les plus hautes consolations qu'ils puissent trouver. Quant à l'idée qui domine la lettre *à Démétrien* et le traité *sur la Mortalité*, on ne saurait en contester la justesse sans nier l'existence d'un Dieu vivant et personnel. Aux yeux de l'évêque de Carthage, les fléaux qui désolent la terre ont à la fois le caractère d'un châtiment et d'une épreuve, d'un châtiment pour les méchants et d'une épreuve pour les bons. A cela le rationalisme répond que les épidémies sont dues à des causes purement physiques, et que la science ne saurait admettre l'action libre de la Providence dans ce qui n'est qu'un résultat des lois de la nature. Pitoyable théorie, qui aboutit à un vrai dualisme, où l'ordre sensible n'a plus aucun rapport avec l'ordre spirituel. Nous aussi, nous disons qu'une maladie contagieuse, par exemple, prend son origine immédiate dans des faits matériels qui se produisent en vertu des lois établies par le Créateur. Mais quel homme de bon sens pourrait prétendre que Dieu n'est pas libre de faire entrer ce phénomène extérieur comme un ressort mystérieux dans le gouvernement des esprits ? C'est là précisément ce qui constitue la grandeur et l'unité du plan divin : rien ne se passe dans le monde des corps, sans que le contrecoup s'en fasse sentir dans le règne des âmes ; et ce qui paraît se limiter à l'un, s'étend et se prolonge à travers l'autre. A moins d'affirmer l'infériorité de l'esprit sur la matière, ou de les attribuer à deux principes différents comme les manichéens, il faut bien reconnaître que ce monde physique n'a de sens et de valeur que par ses rapports avec l'universalité des intelligences, partant que les lois de la nature ont été ordonnées et disposées en vue des besoins et de la condition d'un ensemble d'êtres supérieurs à la matière, bien qu'unis à elle par des liens étroits. Ces lois suivent leur cours régulier, il est vrai ; mais la Providence les dirige vers la fin qu'elle s'est proposée. Ces causes physiques produisent leurs effets, mais combinées avec les causes morales, suivant la volonté de celui qui a établi les unes et les autres, en réglant leur jeu réciproque et simultané. C'est ainsi que les crimes des méchants, les vertus et la prière des justes peuvent avoir des résultats dans l'ordre purement extérieur et matériel, parce que Dieu gouverne les lois de la nature, dans leur application indéfinie, en vue et en raison de l'ordre moral. Bref, le monde spirituel et le monde sensible sont intimement unis et se pénètrent l'un l'autre, en vertu de cette harmonie établie par le Créateur, de telle sorte qu'un phénomène dû à des causes physiques peut avoir en même temps le caractère d'une récompense ou d'un châtiment. Rien n'élève plus l'esprit de l'homme qu'une doctrine qui l'arrache à l'empire d'une fatalité aveugle, pour le placer sous la main d'un père ou d'un juge équitable, en lui montrant dans le cours de la nature elle-même une première sanction de la loi divine. Il n'y a eu dans les âmes de confiance et de véritable résignation qu'à partir du moment où le fatalisme païen a disparu devant cette grande parole : « En vérité, je vous le dis, pas un cheveu ne tombera de votre tête sans la permission de votre Père qui est dans les cieux. » Les deux écrits de saint Cyprien, que nous venons d'étudier, sont le commentaire éloquent de cette parole qui a vécu depuis lors au cœur des hommes comme une espérance et une force.

QUINZIÈME LEÇON

Saint Cyprien envisagé comme moraliste. — Traité *de l'Oraison dominicale*. — Cet écrit est une imitation de l'ouvrage analogue de Tertullien. — La prière du Seigneur est la formule la plus universelle de l'idée et du sentiment religieux. — Doctrine du *Pater*. — Une objection du rationalisme moderne réfutée d'avance par l'évêque de Carthage. — Les œuvres de la justice et de la charité doivent accompagner la prière. — Traité *de l'Aumône et des bonnes œuvres*. — L'idée chrétienne de l'aumône. — Trois formules possibles pour résumer la moralité humaine. — La vérité trouve son expression complète dans la synthèse de la foi et des œuvres, du sentiment religieux et de l'activité morale.

Messieurs,

Les luttes et les travaux se succédaient sans interruption dans la vie de saint Cyprien. A peine élevé sur le siége épiscopal de Carthage, il s'était vu réduit à combattre le relâchement qu'une longue paix avait amené dans la discipline. Au bout d'une année consacrée à cette tâche difficile, la persécution de Décius était venue l'éloigner de son troupeau pendant quatorze mois ; et nous avons vu tout ce que l'évêque proscrit déployait de zèle et d'énergie pour suppléer à son absence par ses lettres et ses exhortations. De retour à Carthage, il s'empresse de mettre fin à la controverse sur la réhabilitation des apostats, controverse qui lui avait causé tant de soucis et d'embarras pendant son exil. Mais plus il cherche à pacifier les esprits, plus l'animosité des partis le force à redoubler de vigilance et d'activité pastorale. Ici, c'est le diacre Félicissime qui entraîne dans sa révolte quelques prêtres indignes de leur caractère ; là, c'est Novat qui donne la main à Novatien pour exciter des troubles au centre même de la chrétienté ; plus loin, c'est Fortunat qui rallume le feu de la discorde à Carthage. En présence de ces attaques, Cyprien se tient constamment sur la brèche : ses épîtres partent dans toutes les directions, comme autant de traits qui atteignent l'ennemi. Le danger du schisme est-il écarté ? La persécution vient rouvrir l'arène des combats. Alors, nouveaux écrits pour fortifier les chrétiens au milieu de cette sanglante épreuve. Et enfin, comme si ce n'était pas assez de ces travaux si nombreux pour remplir la vie d'un homme, tous les fléaux, venant fondre à la fois sur l'empire romain, obligent Cyprien à défendre les fidèles contre les calomnies de leurs adversaires, et à retremper leur courage en face d'une mortalité effrayante. Certes, lorsqu'on songe que tous ces événements se pressent et s'enchaînent dans un espace de moins de six années, on ne peut qu'être saisi d'admiration à la vue d'une foi si active et si militante. Eh bien ! au plus fort de ces luttes qui semblaient devoir absorber son esprit, l'évêque de Carthage mettait son bonheur à instruire son peuple, en composant une série de traités ascétiques qui lui ont assuré un rang éminent parmi les moralistes chrétiens. À la tête de ces œuvres, où l'éloquence vient prêter ses charmes à la science théologique, se placent les deux instructions pastorales sur *l'Oraison dominicale*, sur *l'Aumône et les bonnes œuvres*.

Tertullien avait frayé à son disciple cette voie si féconde pour l'éloquence chrétienne. Son traité *de l'Oraison dominicale* a inspiré saint Cyprien dans l'ouvrage analogue qui va nous occuper ; mais, je n'hésite pas à le dire, l'imitation est au-dessus du modèle. Si le commentaire du prêtre africain est plus riche en renseignements sur la discipline de l'époque, l'évêque de Carthage développe avec plus de charme et d'abondance les leçons que renferme cette sublime prière. Une onction douce et pénétrante, une nature plus ouverte aux impressions de la piété donnaient au disciple un avantage sur le maître, dans un sujet où le cœur doit parler de préférence à l'esprit. L'âme de Cyprien s'épanche avec complaisance là où le style de son rigide devancier se ramasse dans son énergique concision. Mais, si le caractère de ces deux hommes se dessine à merveille dans ces productions parallèles, l'un et l'autre ont admirablement saisi le sens et la portée d'une prière qui résume à elle seule toute la doctrine évangélique. L'origine de l'oraison dominicale explique déjà le grand nombre de traités qui ont paru sur ce beau thème dans la littérature des premiers siècles chrétiens. « Celui qui nous fait vivre, dit Cyprien en commençant son discours, a voulu également nous apprendre à prier, *qui fecit vivere, docuit et orare*; une prière que le Fils lui-même nous met sur les lèvres, arrive plus facilement à l'oreille du Père [1]. » De là aussi la hauteur et la fécondité des enseignements contenus dans cette formule idéale de la prière, que le théologien du IIIe siècle appelle le *compendium de la doctrine céleste* [2] :

« Ne vous étonnez pas, très-chers frères, qu'une pareille oraison soit si féconde : elle a pour auteur Dieu lui-même qui s'est fait notre Maître, en résumant toutes nos demandes dans ces paroles salutaires. Isaïe l'entrevoyait d'avance, lorsque rempli de l'Esprit-Saint, il annonçait la miséricorde et la majesté du Seigneur, en chantant « ce Verbe qui consomme et abrége les voies de la justice, parceque le Seigneur

---

1. *De Orat. domin.*, II.
2. Ibid., IX.

fera une parole abrégée qui retentira jusqu'aux extrémités de la terre. » En effet, le Verbe de Dieu, Jésus-Christ Notre-Seigneur est venu pour tous : rassemblant les savants comme les ignorants, il a voulu enseigner les préceptes du salut à tout sexe et à tout âge. C'est pourquoi il fait un merveilleux résumé de tous ses commandements, épargnant ainsi à ses disciples de longs efforts de mémoire pour retenir les règles de la discipline céleste, et gravant rapidement dans leur cœur tout ce qui est nécessaire pour la simplicité de la foi. De même, veut-il nous faire comprendre en quoi consiste la vie éternelle ? Il renferme dans une grande et divine brièveté le sacrement de la vie : « La vie éternelle, c'est de vous connaître, vous le seul Dieu véritable, et Jésus-Christ que vous avez envoyé. » Veut-il extraire de la loi et des prophètes les préceptes qui dominent tous les autres ? « Écoute, dit-il, ô Israël, le Seigneur ton Dieu est le Dieu unique. Tu aimeras le Seigneur ton Dieu de tout ton cœur, de toute ton âme et de toutes tes forces. Voilà le premier commandement ; et le second est semblable à celui-ci : Tu aimeras ton prochain comme toi-même. La loi tout entière et les prophètes sont contenus dans ces deux préceptes. » Et encore : « Tout ce que vous voulez que les hommes vous fassent, faites-le leur aussi ; car c'est là toute la loi et les prophètes [1]. »

Tel est, en effet, le caractère de l'enseignement du Sauveur. C'est sous une forme sentencieuse, par des aphorismes d'une richesse et d'une fécondité inépuisables, que Jésus-Christ proposait sa doctrine, comme il convenait à celui qui avait reçu toute puissance sur la terre et dans le ciel. En disant que le *Pater* est le résumé de l'Évangile, Cyprien a parfaitement compris la haute signification de cette prière unique,

1. *De Orat. domin.*, XXVIII.

où le dogme et la morale se rencontrent dans une expression à la fois sublime et populaire. Ici, laissons parler tout d'abord un écrivain qui ne saurait être suspect de mysticité, en sa qualité d'athée franc et logique. Vers le milieu d'un ouvrage intitulé *de la justice dans la Révolution et dans l'Église*, l'auteur dont je parle a cru devoir s'attaquer à l'oraison dominicale, comme à la formule la plus universelle de l'idée et du sentiment religieux ; mais, à l'exemple de Balaam, dont les anathèmes se changeaient en bénédictions, il commence par cet éloge que lui arrache une admiration dont il ne peut se défendre :

« Appel à la souveraine perfection, acte de soumission à l'ordre éternel, de dévouement à la justice, de foi en son règne, de modération dans les désirs, de regret des fautes commises, de charité envers le prochain ; reconnaissance du libre arbitre, invocation à la vertu, anathème au vice, affirmation de la vérité : la morale de quarante siècles est résumée dans ces humbles et émouvantes paroles, que la tradition chrétienne attribue à son Homme-Dieu. Que de douleurs apaisées, de courages affermis, de ressentiments vaincus, de doutes évanouis, par la récitation de cette prière, plus accessible aux cœurs qu'aux intelligences ! Quand le pauvre avili, menteur, fainéant, nous aborde, la prière sur les lèvres, telle est la grâce de cette parole vraiment évangélique, que nous nous sentons portés, malgré nous, à l'aumône. *Pater noster*[1]!... »

Après une telle appréciation, le publiciste que je viens de citer aurait dû s'incliner, ce me semble, devant ces humbles et émouvantes paroles, qui ont apaisé tant de douleurs,

---

1. Proudhon, *de la justice dans la Révolution et dans l'Église*, tome II, p. 28 et 29. Paris, 1858.

affermi tant de courages, étouffé tant de ressentiments et fait évanouir tant de doutes. Mais les disciples de Hégel ont une logique à part : pour eux, ce qui produit le bien, c'est le mal, et réciproquement. Avant d'examiner la paraphrase que cet écrivain audacieux, mais conséquent à lui-même, propose de substituer au commentaire des Pères de l'Église, voyons d'abord avec quelle pénétration d'esprit et quelle finesse d'analyse Cyprien interprète la prière du Seigneur. Il remarque en premier lieu que le docteur de l'unité, le maître de la paix, n'a pas voulu que la prière du chrétien fût personnelle, ni ses demandes exclusivement bornées à ses propres besoins. En effet, nous ne disons pas : « Mon Père, qui êtes dans les cieux... donnez-moi aujourd'hui mon pain, etc. » Non, le moi disparaît dans cette prière publique et collective, *publica est nobis et communis oratio*. C'est un seul qui prie, mais il prie au nom de tous et pour tous, parce que nous ne formons tous qu'un seul et même corps [1]. Observation pleine de sens et de délicatesse, qui avait échappé à l'attention de Tertullien. L'évêque de Carthage montre également une grande justesse de coup-d'œil, lorsqu'il passe à l'explication de ces mots *Pater noster*. « Père de qui, père de quoi ? s'écrie le sophiste auquel je faisais allusion tout à l'heure. Le Dieu chrétien engendre-t-il à la manière de Jupiter, qu'Homère appelle à si bon droit père des hommes et des Dieux [2] ?... » Question naïve, à laquelle Cyprien avait répondu il y a quelque seize cents années ! Il ne s'agit là ni de génération des corps, ni d'émanation des âmes : ces images grossières ne sauraient trouver place dans l'Évangile. L'idée de la création elle-même, bien qu'elle se trouve dans le texte, est loin

---

1. *De Orat. domin.*, VIII.
2. Proudhon, p. 29.

d'épuiser le sens du mot *Père* appliqué à Dieu. L'ordre surnaturel a des hauteurs auxquelles la vue basse d'un disciple de Hégel n'atteint pas. Nous appelons Dieu notre Père, et à juste titre, dit l'évêque de Carthage, parce que l'homme régénéré par la grâce commence à être l'enfant de celui dont le Fils est devenu notre frère en s'incarnant au milieu de nous. C'est par la communauté de notre nature avec la nature humaine du Christ, Fils de Dieu, c'est en vertu de cette haute fraternité et de l'adoption divine qui en est la conséquence, que nous pouvons nous dire, non plus seulement les créatures de Dieu, mais ses enfants, dans le sens vrai et rigoureux du mot : *Ut est Christus Dei Filius, sic et nos Dei filios nuncupemus* [1]. En détruisant cette relation surnaturelle, le rationaliste est incapable de comprendre le premier mot du *Pater*. Dieu ne peut être à ses yeux que le géomètre suprême, l'architecte des mondes, si tant est que l'œuvre ne se confonde pas dans son esprit avec l'ouvrier ; quant à la paternité divine, dans le sens évangélique, c'est une idée qui dépasse l'horizon où il se renferme. Qu'on juge par là combien la philosophie chrétienne est supérieure à ces froides conceptions qui laissent l'âme humaine vide de foi et d'amour.

Il en est de même, Messieurs, pour les trois premières demandes de l'oraison dominicale. C'est encore dans les profondeurs de l'ordre surnaturel qu'il faut chercher l'explication des mystères de la prière du Seigneur, comme parle saint Cyprien : *orationis dominicæ sacramenta*. Le sophiste hégélien dont la verve cynique s'est acharnée contre le *Pater* trouve ici une suite incohérente de pensées inintelligibles, parce que, dit-il, Dieu ne saurait être sanctifié, que son

---

1. *De Orat. domin.* IX, X, XI.

règne, étant éternel, ne tombe pas dans le temps, et que la volonté du Tout-Puissant ne peut pas rencontrer d'obstacle [1]. Déjà saint Cyprien avait fait justice de ces impertinences qui, vous le voyez, n'ont pas le mérite de la nouveauté. Nous ne demandons pas, dit-il avec Tertullien, que Dieu soit sanctifié en lui-même, lui qui est saint par essence, et qui donne à ses créatures d'être saintes à son image et par sa grâce : un tel vœu serait inepte. Ce que nous demandons, c'est que le nom de Dieu soit sanctifié en nous ; c'est que la grâce du baptême, par laquelle nous sommes devenus saints, demeure dans notre âme, sans que le péché vienne l'en effacer [2]. Oui, sans doute, continue l'éloquent interprète, Dieu n'a jamais cessé de régner : ce qui est éternel ne saurait avoir ni commencement ni fin. Nous demandons par conséquent l'avénement du règne de Dieu, dans le sens où nous souhaitions tout à l'heure que son nom fût sanctifié en nous: par là, nous le prions d'établir son empire dans notre âme, et de nous faire arriver au royaume céleste qu'il nous a promis et que le Christ nous a conquis au prix de son sang [3]. Enfin, par ces paroles : que votre volonté soit faite ! nous n'entendons pas dire que Dieu ait besoin de nos vœux pour faire ce qu'il lui plaît ; mais nous le prions de nous accorder, à nous, la force d'accomplir sa volonté. Car personne n'est fort par soi-même, *nemo suis viribus fortis est :* pour que la volonté de Dieu s'effectue en nous, son secours et sa protection nous sont nécessaires: l'indulgence et la miséricorde divines

---

1. Proudhon, p. 31, 32.
2. *De Orat. domin.*, XII. Nous trouvons la même explication dans saint Jérôme (in epist. *ad Sunniam et Fretelam*), et dans Rufin (*in Psalm*, LXXV).
3. *De Orat. domin.*, XIII.

peuvent seules assurer notre salut [1]. C'est ainsi qu'un écrivain du III° siècle détruisait à l'avance les objections de la sophistique moderne, et cela, par une explication simple et littérale du texte. Que signifie, nous demande-t-on, cette volonté de Dieu qui doit s'accomplir en nous? Voici la réponse de saint Cyprien :

« La volonté de Dieu nous a été manifestée par l'enseignement et par les exemples du Christ. Humilité dans le commerce de la vie, fermeté dans la foi, modestie dans les paroles, justice dans les actions, charité dans les œuvres, discipline dans les mœurs : voilà en quoi consiste ce que Dieu demande de nous. Ignorer l'injure, sinon pour la supporter patiemment, garder la paix avec nos frères ; aimer Dieu de tout notre cœur, l'aimer comme un père, le craindre comme un juge ; ne rien préférer à Jésus-Christ, parce que Jésus-Christ ne nous a rien préféré, s'attacher inséparablement à son amour, embrasser sa croix avec une fermeté pleine de confiance ; et lorsqu'il s'agit de combattre pour son nom et en son honneur, déployer dans les paroles la constance qui rend témoignage, dans les tortures, la fidélité qui accepte le combat, dans la mort, la patience qui mérite la couronne : voilà ce que j'appelle vouloir être le cohéritier du Christ, accomplir les commandements de Dieu, et faire la volonté du Père [2]. »

Vous avez dû remarquer, Messieurs, avec quelle insistance saint Cyprien appuie sur la nécessité de la grâce divine pour l'entier accomplissement de la loi morale. Cette réfutation

---

1. *De Orat. domin.*, XIV-XVII. Oramus et petimus ut fiat in nobis voluntas Dei, quæ, ut fiat, in nobis opus est Dei voluntate, id est, *ope ejus et protectione*; quia nemo suis viribus fortis est, sed Dei indulgentia et misericordia tutus est... Et ideo petimus impense inter duo ista *ope et auxilio Dei* concordiam fieri. — On voit combien l'auteur insiste sur la nécessité de la grâce pour accomplir la loi divine.

2. *De Orat. domin.*, XV.

anticipée d'une erreur qui ne s'était pas encore produite donnera plus tard à son traité de *l'Oraison dominicale* une importance toute particulière. Aussi, dans sa controverse avec les Pélagiens, saint Augustin n'a-t-il pas manqué de citer les passages où le théologien du iiie siècle enseigne que « personne n'est fort par soi-même, et que nous avons tous besoin du secours d'en haut pour remplir la volonté divine [1]. » Saint Hilaire ne professait pas une admiration moins vive pour l'ouvrage que nous étudions : arrivé à l'explication de la prière du Seigneur, dans son commentaire sur saint Matthieu, il renvoie ses lecteurs aux belles pages que cette prière avait inspirées à l'évêque africain [2]. Ce n'est pas à dire néanmoins que Cyprien ait épuisé, dans son instruction pastorale, toute la fécondité d'un texte si riche en développements. Ainsi par ces mots « sur la terre et dans le ciel, » il entend comme Tertullien notre corps et notre âme : un peu plus loin, les hommes encore terrestres, charnels, et ceux dont l'âme est déjà rendue céleste par la régénération chrétienne [3]. Je ne prétends pas exclure ce sens figuré, que l'auteur rattache non sans quelque motif à l'antithèse de saint Paul entre l'homme terrestre et l'homme céleste ; mais il eût fallu en même temps, du moins pour être complet, proposer l'explication la plus simple et la plus naturelle : que votre volonté soit faite sur la terre par les hommes comme elle est accomplie dans le ciel par les anges et les esprits bienheureux ! Les règles de l'exégèse ne permettent pas de méconnaître la signification habituelle que les Évangiles attachent aux mots *ciel* et *terre*. Par contre, l'auteur a embrassé la formule suivante dans toute la

---

1. S. Augustin, *Epist. ad Valerianum.* — *Contra duas Epistolas Pelagianorum*, l. IV, c. ix et x.
2. S. Hilaire, *Comm. in Matth*, c. v,
3. *De Orat. domin.*, xvi, xvii.

largeur du sens qu'elle comporte. En demandant à Dieu notre pain quotidien, dit-il, nous demandons tout d'abord le pain qui nourrit l'âme, c'est-à-dire le Christ que nous recevons dans l'Eucharistie, afin que, demeurant dans le Christ, et vivant de sa vie, nous ne soyons jamais séparés de sa grâce ni de sa communion. Après la nourriture de l'âme vient celle du corps : la prière du chrétien se borne au pain d'aujourd'hui, parce qu'à chaque jour suffit sa peine, et que le lendemain est à Dieu, qui nous promet le surcroît, si nous cherchons avant tout son royaume et sa justice [1]. Mais, reprend l'évêque de Carthage, si le chrétien demande à Dieu le pain nécessaire à la vie, ne doit-il pas également solliciter le pardon de ses péchés, afin que nourri de Dieu, il puisse vivre en Dieu, *ut qui a Deo pascitur, in Deo vivat*? Nous péchons tous les jours ; il faut par conséquent que chaque jour nous nous reconnaissions coupables, en implorant la miséricorde de celui qui peut seul nous accorder le pardon. De là cette nouvelle demande : « Remettez-nous nos dettes comme nous les remettons à ceux qui nous doivent [2] ! »

Ici le disciple de Hégel et de Feuerbach nous arrête derechef pour nous dire : « *Et remets-nous nos dettes !* — Quel compte entre Dieu et l'homme ? Quel bail passé entre le fini et l'infini, le nécessaire et le contingent, l'absolu et le relatif ? Où est écrit ce contrat ? Qui en a rédigé les articles ? Qui l'a signé pour moi ? Qui en règlera les parties ? Quelle redevance stipulée entre l'auteur des choses et son fermier [3] ?... » Le rationalisme nous demande où est écrit le contrat d'après lequel Dieu nous remet nos péchés. Nous lui répondons qu'il est écrit dans la conscience de l'humanité

---

1. *De Orat. domin.*, XVIII, XIX, XX.
2. *De Orat. domin.*, XXII, XXIII, XXIV.
3. Proudhon, p. 33.

qui, depuis six mille ans, sous toutes les zones et sous toutes les latitudes, s'est toujours rappelé la grande parole de l'espérance déposée sur son berceau ; de l'humanité qui n'a cessé de croire que Dieu se laisse fléchir par la prière du coupable repentant. Nous lui répondons, avec saint Cyprien, qu'il est écrit dans l'Évangile, ce code des miséricordes et des justices divines, où le Seigneur promet le pardon à ceux qui l'implorent avec confiance ; qu'il est écrit sur la croix, où le sang d'un Homme-Dieu l'a scellé d'un sceau irréfragable. C'est Dieu lui-même qui a rédigé les articles du contrat : l'aveu des fautes et le repentir d'un côté ; l'absolution, de l'autre, voilà les clauses de cette convention qui a mis fin au triomphe du mal sur la terre. Qu'on nous montre dans ce pacte de clémence quelque partie qui soit indigne de Dieu, ou qui ne réponde pas aux besoins de l'homme ; et enfin, qu'on propose un moyen plus efficace pour pacifier les âmes. Jusque là le rationalisme en sera réduit à blasphémer sans profit ; mais il n'ôtera pas du cœur des hommes ce qui les relève de leurs chutes et les affermit dans le bien.

Après avoir rappelé que la charité envers le prochain est, aux termes de l'oraison dominicale, une condition nécessaire pour obtenir le pardon des fautes, Cyprien encourage les fidèles par cette pensée, qu'aucune tentation n'arrive sans la permission divine. En priant le Seigneur d'écarter de nous ces épreuves auxquelles notre faiblesse pourrait succomber, nous faisons l'aveu de nos misères et de notre impuissance, comme aussi nous confessons par là que notre salut est dans les mains de Dieu. Cette confiance illimitée se traduit encore dans le cri suprême que nous poussons vers lui en le conjurant de nous délivrer du mal. Car, qu'a-t-il à craindre de la part du monde, celui qui, au milieu du monde, a Dieu lui-même pour défenseur ? *Quis enim ei de sæculo metus est cui in sæculo Deus tutor est* [1] ? Ici se termine le commentaire de saint Cyprien sur la prière du Seigneur. Ainsi que je le disais au début, le dogme et la morale sont également résumés dans ce monument unique de la révélation chrétienne. Paternité de Dieu, adoption divine de l'humanité, sanctification des âmes sous la royauté universelle du Christ, identité de la loi morale avec la volonté d'un législateur suprême, gouvernement de la Providence dans l'ordre spirituel et dans l'ordre temporel, doctrine du libre arbitre et nécessité de la grâce, épreuve, lutte, et victoire du bien sur le mal, toutes ces hautes notions religieuses et morales sont affirmées dans ces courtes formules devenues désormais le bréviaire des générations humaines, l'expression la plus générale et la plus touchante de la piété. Eh bien! qu'est ce que le rationalisme conseille de substituer au *Pater* ? L'échantillon du savoir-faire de nos réformateurs modernes est trop curieux pour que je ne doive pas m'y arrêter un instant.

L'auteur du livre intitulé *de la justice dans la Révolution et dans l'Église* s'est cru la mission de faire la réforme, ou, pour mieux dire, la parodie du *Pater*, dans le sens du système de Hégel et de Feuerbach, dont il est le disciple ; et comme la prière est la meilleure expression des doctrines, nous ne saurions mieux juger cette fantasmagorie étrange que par la formule d'oraison qu'elle propose au genre humain. Dans la théorie humanitaire que professe cette école, et qui a reçu un nom aussi barbare qu'elle-même, celui d'*autothéisme*, il n'y a d'autre Dieu que l'humanité. « C'est donc elle-même que l'âme invoque, prie et conjure ; c'est à sa propre conscience qu'elle fait appel ; et de quelque façon que soit tournée la prière, elle ne sera que l'expression du moi qui s'adjure sous le nom

---

3. *De Orat. domin.*, XXV-XXVII

de Dieu [1]. » Vous comprenez de suite ce que va devenir l'oraison dominicale sous la plume d'un écrivain dominé par de telles extravagances ; et si j'ai entrepris d'exhumer ces grosses impiétés enfouies dans un chef-d'œuvre de cynisme, c'est pour vous montrer à quelles extrémités peut arriver un esprit vigoureux et logique, lorsqu'il déserte la religion chrétienne. Voici donc le *Pater* hégélien, tel qu'on doit le construire avec les idées et les expressions de l'auteur : O âme qui te poses toi-même comme l'infini, sanctifie-toi en te rendant de plus en plus semblable à toi-même; arrive à l'exaltation de ta propre essence; que ta volonté s'accomplisse dans la région inférieure de ma conscience, comme elle se manifeste dans les hauteurs de mon entendement ; apprends-moi aujourd'hui ce que j'ai à faire pour obéir à l'ordre éternel ; exhorte-toi au bien par la contemplation de ta beauté essentielle ; que le sentiment de ta céleste splendeur te ravisse à la tyrannie des attractions inférieures, et délivre-toi de Dieu et du diable, car qui affirme l'un, affirme l'autre [2]. Vous croyez peut-être que l'auteur a voulu composer un *Pater* à l'usage de Charenton ? Pas le moins du monde. Il trouve sa paraphrase « d'une morale et d'une rationalité incomparables ». A cela il n'y a rien à dire, sinon qu'il en résulte une conclusion évidente : il faut garder le *Pater* de l'Évangile, pour ne pas perdre le sens commun.

Une des calomnies les plus ordinaires de l'incrédulité consiste à dire que la religion chrétienne, en multipliant les exercices de piété, tend à étouffer l'activité morale sous les pratiques d'un mysticisme indolent ; et l'auteur que je viens de citer n'a pas manqué de s'en faire une arme contre la

---

1. Proudhon, p. 28.
2. Proudhon, p. 28-35.

prière. Ce reproche adressé à une religion qui a eu le privilège d'enfanter depuis dix-huit siècles les vertus les plus actives et les plus fécondes ; qui a béni et sanctifié le travail avili dans l'antiquité païenne ; qui a inspiré et organisé le dévouement sous toutes les formes ; qui a couvert le monde de ses institutions, de ses établissements, de ses œuvres ; qui enveloppe l'humanité dans un immense réseau de services et de fonctions charitables, ce reproche, dis-je, serait odieux, s'il n'était ridicule. Il suffit de lire les Pères de l'Église pour voir combien ils étaient éloignés de vouloir endormir les fidèles dans une sorte de paresse mystique. Certes, saint Cyprien déploie toutes les ressources de son éloquence pour exhorter son peuple à la prière, et nous voyons par son traité *sur l'Oraison dominicale* avec quelle exactitude les chrétiens de Carthage remplissaient ce devoir [1]. Mais il a soin de rappeler que les œuvres de la justice et de la charité doivent accompagner la prière, qui sans elles resterait stérile [2]. Comme il n'avait fait que toucher à ce point dans l'instruction pastorale que nous venons de parcourir, il en composa une autre qui est la suite et le complément de celle-ci : elle porte tout entière sur l'*Aumône et les bonnes œuvres*.

S'il est vrai que l'exemple ajoute à l'autorité de la parole, le précepte de la charité devait prendre dans la bouche de saint Cyprien une force de persuasion irrésistible. Il lui

---

1. Les moments plus spécialement consacrés à la prière, dans l'Église de Carthage, étaient les heures du matin et du soir, et, pendant la journée, la 3e, la 6e et la 9e heure (*de Orat. domin*, XXXIV-XXXV). — Un détail non moins intéressant, c'est l'allusion à la *Préface* qu'on récitait au sacrifice de la Messe : Ideo et sacerdos, ante orationem *præfatione præmissa*, parat fratrum mentes dicendo: Sursum corda, ut dum respondet plebs, habemus ad Dominum. . (Ibid , XXXI).

2. *De Orat. domin.*, XXXII, XXXIII.

appartenait de prêcher l'aumône, à lui qui, le lendemain de sa conversion, avait vendu ses biens pour en distribuer le prix aux pauvres. Aussi rien n'égale l'enthousiasme avec lequel il célèbre l'excellence d'une vertu qu'il pratiquait dans toute sa perfection. L'aumône et les œuvres de miséricorde sont pour lui une sorte de baptême permanent, où l'homme régénéré peut se purifier sans cesse des fautes qui s'échelonnent le long de sa vie [1]. Avec quel accent de foi et de conviction il cite ces pages de l'ancien et du nouveau Testament, où le Seigneur enseigne aux coupables le secret de l'apaiser, en leur montrant dans l'aumône un remède à leur faiblesse et une expiation du péché [2] ! Quelle vigueur et en même temps quelle délicatesse dans sa réponse aux objections que faisait l'égoïsme pour se dispenser du précepte de la charité ! Vous craignez, s'écrie l'éloquent évêque, que d'abondantes largesses, en épuisant votre patrimoine, ne vous réduisent vous-même à l'indigence. Rassurez-vous là-dessus et soyez sans inquiétude. Les richesses sont intarissables quand on les emploie pour le ciel et qu'elles passent dans les mains du Christ. Vous craignez de diminuer votre fortune ; mais craignez plutôt de vous appauvrir vous-même, et de perdre votre âme en cherchant à sauver vos trésors. Dieu ne manque jamais au juste : Jésus-Christ s'est engagé à nourrir ceux qui le nourrissent dans ses pauvres ; et les choses de la terre ne feront pas défaut à qui travaille pour le ciel. Voulez-vous ne pas rester l'esclave de votre or, ne pas devenir d'autant plus pauvre devant Dieu que vous serez riche aux yeux du monde? Voulez-vous briser les chaînes de la cupidité ? Partagez vos revenus avec le Seigneur votre Dieu ; associez Jésus-Christ

---

1. *De opere et eleemosynis*, II, III.
2. *Ibid.*, IV-VIII.

à vos possessions de la terre, afin qu'il vous fasse cohéritier du royaume céleste [1].

L'idée chrétienne de l'aumône est admirablement exprimée dans ces pages que je me borne à résumer. En se rapportant à Dieu comme à leur fin dernière, les œuvres de miséricorde prennent un caractère surnaturel qui en relève le prix. Et voilà, Messieurs, ce qui empêche l'aumône d'être avilissante, quoi qu'en dise l'école socialiste. Suivant la doctrine et dans l'esprit de l'Évangile, c'est Dieu qui donne par la main du riche ; c'est Jésus-Christ qui reçoit dans la personne du pauvre, en sorte que le pauvre et le riche tiennent tous deux la place de Dieu, l'un comme ministre de la Providence, l'autre comme associé au sacrifice de l'Homme-Dieu. Ces hautes relations, en rétablissant l'équilibre entre deux conditions inégales, écartent de la première toute pensée d'orgueil, et de la seconde tout sentiment d'humiliation. Si le bienfait appelle la reconnaissance, on ne saurait dire qui gagne davantage à cette répartition des rôles, puisqu'en retour des biens du corps le pauvre obtient pour le riche les dons de l'âme. Mysticisme que tout cela, me dira-t-on ! soit : toujours est-il que ce mysticisme a eu seul la vertu de produire le dévouement sur la terre, et qu'en faisant du pauvre une chose sainte et sacrée, en le transfigurant aux yeux de la foi, il a mis à son service tout ce qu'il y a eu dans les âmes chrétiennes de grandeur et d'héroïsme. Ah ! sans doute, si vous dépouillez la charité du caractère surnaturel que lui donne la foi, j'en conviens, l'aumône peut dégrader le pauvre, parce que le Christ ne le couvre plus de sa majesté. Alors, il faut choisir entre deux systèmes : le despotisme antique avec l'esclavage pour conséquence, ou le nivellement des condi-

---

1. *De opere et eleemosynis,* IX-XIV.

tions, rêvé par les communistes, ce qui équivaut à la ruine ou à l'appauvrissement universel. Il n'y a de salut pour les sociétés que dans la doctrine évangélique, qui, tout en maintenant l'inégalité des conditions comme une loi providentielle, les rapproche et les unit entre elles par les liens d'une fraternité basée non plus seulement sur la communauté de nature, mais sur l'incarnation du Verbe et sur l'adoption divine.

J'ai dit, Messieurs, que l'égoïsme, toujours habile à imaginer des prétextes pour se dispenser de la charité, se rejetait sur l'obligation de conserver un patrimoine intact et de pourvoir aux besoins d'une famille. Afin de détruire ces vaines excuses, Cyprien rappelle à ses lecteurs qu'il est une autre famille, celle des pauvres, qui mérite également leur sollicitude, parce que c'est la famille du Christ. Vous avez de nombreux enfants, dites-vous ! Raison de plus pour multiplier les œuvres de miséricorde, puisqu'il y a autour de vous plus de personnes à recommander au Seigneur, plus de péchés à racheter, plus de consciences à purifier, plus d'âmes à délivrer de la mort. Si vous aimez véritablement vos enfants, si vous avez pour eux une affection et une tendresse de père, travaillez à les rendre agréables au Seigneur en leur assurant le bénéfice de vos bonnes œuvres. A leur père selon la chair, faible créature qui vit un jour, substituez celui qui est le père des enfants spirituels, celui que ni le temps ni la maladie n'atteignent jamais. Déposez entre ses mains les richesses que vous destinez à vos héritiers ; qu'il soit le tuteur de vos enfants, qu'il veille à leurs intérêts, *ille sit liberis tuis tutor, ille curator* ; qu'il les protège par sa divine majesté contre les agressions de ce monde. Un patrimoine, ainsi confié à Dieu, ne craint ni les envahissements de l'État, ni les spoliations du fisc, ni les iniquités du forum. Un héritage est en sûreté quand c'est Dieu qui le garde[1]. Ici, l'évêque de Carthage fait allusion aux sommes immenses que dépensaient les païens, dans les jeux publics, afin de plaire à un empereur ou à des proconsuls. Et le chrétien ne donnerait pas libre cours à des largesses qui ont Dieu pour témoin, et au bout desquelles se trouvent non pas les vains honneurs du quadrige ou la pourpre du consulat, mais la vie éternelle ; non pas le souffle trompeur et fugitif de la faveur populaire, mais la conquête d'un royaume qui n'aura pas de fin ! Ce contraste lui suggère un mouvement des plus dramatiques, une prosopopée où le démon s'adresse au Christ, pour comparer les prodigalités de ses disciples à la parcimonie des chrétiens.

« Je suppose que le démon s'avance tout à coup avec ses esclaves, c'est-à-dire avec tout son peuple voué à la perdition et à la mort, et qu'en présence du Christ, le prenant lui-même pour juge, il compare ainsi les siens aux disciples du Sauveur : Tu vois ceux qui sont à mes côtés : je n'ai été ni fouetté ni souffleté pour eux ; pour eux je n'ai ni porté la croix ni répandu mon sang ; je n'ai pas racheté ma famille au prix de mes souffrances et de ma passion ; je ne lui promets pas de royaume céleste ; je ne l'appelle pas à retrouver l'immortalité dans le paradis. Et cependant quels jeux splendides ma famille apprête en mon honneur ! Temps, fatigues, dépenses, rien ne lui coûte pour en rehausser l'éclat ; elle va même dans ce but jusqu'à engager sa fortune, jusqu'à vendre ses biens ; et si la pompe, si la richesse du spectacle ne répond pas à l'attente générale, l'ordonnateur est chassé au milieu des sifflets et des outrages ; quelquefois même il court risque d'être lapidé par un peuple en fureur. Eh bien!

---

1. *De opere et eleemosynis*, XVI-XXI.

ô Christ, montre-moi chez les tiens de pareilles largesses. Ils peuvent être riches, nager dans l'opulence ; mais donnent-ils jamais dans ton Église, devant toi et sous ta présidence, des spectacles aussi magnifiques ? Les voit-on jamais engager à cet effet ou distraire une partie de leur fortune, ou même l'échanger contre une meilleure possession, contre les trésors du ciel ? Dans mes fêtes toutes frivoles, toutes terrestres, pas d'indigence soulagée, pas de nudité recouverte, pas de soif éteinte, pas de faim apaisée. Entre la folie ambitieuse qui donne et l'aveugle admiration qui regarde, tout périt infructueusement consumé dans des prodigalités extravagantes. Pour toi, au contraire, tu es vêtu et nourri dans tes pauvres. A qui les assiste, tu promets la vie éternelle ; et cependant les serviteurs auxquels tu assignes le ciel pour récompense, soutiennent à peine le parallèle avec les miens qui n'ont à espérer que la mort[1]. »

Cette prosopopée est superbe. Cyprien résume son instruction pastorale en proclamant l'aumône une grande et divine chose. Elle est, dit-il, la consolation des fidèles, l'ancre du salut, le bouclier de la foi, le fondement de l'espérance, le remède au péché. Tout à la fois sublime et facile, elle est à la portée de chacun ; couronne de la paix, elle n'a pas à redouter les épreuves de la persécution ; c'est un des plus grands dons de Dieu, nécessaire aux faibles, glorieux pour les forts. Par elle, le chrétien persévère dans la grâce, se rend le Christ favorable au jour du jugement, et a Dieu lui-même pour débiteur[2].

De si beaux enseignements ne restèrent pas stériles ; l'appel du pasteur trouva de l'écho parmi les fidèles de Carthage. Lorsque, vers l'époque où Cyprien écrivait cette lettre, une

1. *De opere et eleemosynis*, XXII.
2. *De opere et eleemosynis*, XXVI.

incursion de barbares eût jeté dans les fers un grand nombre de chrétiens, l'argent afflua de toutes parts pour le rachat des captifs. « C'est le Christ, s'écriait l'éloquent évêque, qu'il s'agit de délivrer de la captivité, lui qui nous a délivrés de la mort[1]. » En faisant parvenir aux évêques de Numidie la somme de cent mille sesterces, produit des offrandes du clergé et du peuple, Cyprien développe de nouveau les grandes idées qu'il avait émises dans son traité *sur l'Aumône*. C'est ainsi que la doctrine se traduisait par les faits, et que la parole chrétienne, victorieuse de l'égoïsme païen, savait entretenir dans les cœurs la flamme du dévouement.

Il n'y a, Messieurs, que trois formules possibles pour exprimer la moralité humaine. Quand le rationalisme est logique, et qu'il ne recule pas devant les conséquences de son principe, comme chez l'auteur dont j'ai cité plusieurs fois l'ouvrage dans cette leçon, sa maxime est celle-ci : *Les œuvres sans la foi* [2]. Maxime détestable, parce qu'elle sape le fondement du devoir, et qu'elle détruit la justice en voulant l'édifier. Otez la foi au divin législateur, la morale n'a plus de sens ; elle se confond dès lors avec l'intérêt et les passions. D'un autre côté, une secte chrétienne, poussant le mysticisme jusqu'à l'extravagance, a osé dire : *La foi sans les œuvres*. Quand Luther énonçait cette maxime, et qu'il déclarait les bonnes œuvres inutiles, ou même nuisibles au salut, il anéantissait la conscience ; car il n'y a plus d'activité morale, du moment qu'il suffit, pour être sauvé, de croire qu'on l'est. Entre ces deux extrémités, également immorales et absurdes, la doctrine catholique maintient le vrai milieu des choses ; sa formule est celle-ci : *La foi et les*

---

[1]. Ép. LX, *aux évêques de Numidie, à l'occasion du rachat des captifs.*
[2]. Proudhon, p. 42.

œuvres : la foi, car sans elle les œuvres n'ont ni raison d'être ni fin suffisante ; les œuvres, car sans elles la foi est morte. « Ce qui a de la valeur en Jésus-Christ, disait saint Paul, c'est la foi qui opère par la charité [1]. » Magnifique parole, qui affirme les droits de Dieu et les devoirs de l'homme ; qui fait la part de l'intelligence et celle de la volonté ; qui embrasse les opérations divines, comme les facultés humaines, dans une vaste et admirable harmonie. C'était la doctrine des Pères de l'Église ; et pour quiconque ne se laisse pas éblouir par des antithèses paradoxales, cette large synthèse de la foi et des œuvres, du sentiment religieux et de l'activité morale, restera l'expression complète de la vérité.

1. *Ép. aux Galates*, v, 6.

SEIZIÈME LEÇON

Dernière période de l'épiscopat de saint Cyprien. — Controverse sur le baptême des hérétiques. — Lettres de saint Cyprien qui la précèdent. — Ses rapports avec le pape Lucius. — Étienne monte sur la chaire de saint Pierre. — Affaire de Marcien, évêque d'Arles. — Saint Cyprien prie le Souverain Pontife de déposer cet évêque. — Nouvelle preuve de la primauté du pape. — Cette juridiction souveraine se manifeste également dans la cause de deux évêques de l'Espagne réintégrés par le pape contre l'avis de saint Cyprien. — *Lettre* de l'évêque de Carthage à Fidus, au sujet du baptême des enfants. — *Épître* à Cécilius sur le sacrement du calice de Notre-Seigneur. — Sentiment de saint Cyprien touchant la présence réelle et le sacrifice de la Messe. — Haute importance de ce document. — Commencement de la controverse sur le baptême des hérétiques. — Germe de l'erreur de saint Cyprien dans le traité *sur l'Unité de l'Église*. — Opinion qui s'était formée en Afrique, depuis Agrippinus jusqu'à Cyprien, touchant la validité du baptême administré hors de l'Église.

Messieurs,

Avec l'année 255, nous arrivons à la fameuse controverse qui remplit la dernière période de l'épiscopat de saint Cyprien. L'éclat et la vivacité de cette lutte, le caractère des personnages qui y prirent part, la gravité des intérêts qui s'y trouvaient engagés, le retentissement qu'elle a eu jusque dans les siècles suivants, tout nous fait un devoir de consacrer l'attention la plus sérieuse à un épisode si important pour l'histoire de l'éloquence chrétienne au IIIe siècle. Permettez-moi toutefois de parcourir auparavant deux ou trois lettres de la même époque, qui, sans se rattacher à la question du baptême des hérétiques, nous initient aux premiers rapports du métropolitain de Carthage avec le pape saint Étienne, en nous montrant cette fois encore avec quelle fermeté vigilante le primat de l'Afrique défendait la discipline de l'Église.

Le pape saint Lucius n'avait fait que passer sur le siège de Rome rendu vacant par le martyre de saint Corneille. Toujours pénétré de respect pour *l'Eglise principale*, Cyprien s'était hâté de féliciter Lucius de son élévation sur la chaire apostolique [1]. Quand le Souverain Pontife, exilé aussitôt après son avénement, put reprendre le chemin de Rome, l'évêque de Carthage lui écrivit une seconde lettre au nom de l'épiscopat africain, pour lui témoigner la joie que causait à tous un retour si glorieux [2]. Rien ne surpasse l'enthousiasme avec lequel il célèbre le triomphe de Lucius : « Il voudrait, dit-il, pouvoir se mêler à cet immense concours d'un peuple se portant au-devant de son pasteur pour le recevoir et l'embrasser. » Quelques mois s'étaient à peine écoulés, que l'héroïque lignée des premiers papes comptait un martyr de plus. A la place du pontife qui venait de tomber sous le glaive des persécuteurs, on élut Étienne, romain de naissance, vers la fin de l'année 253. Il est à regretter que les écrits de ce pape, notamment sa fameuse lettre à saint Cyprien, ne soient pas arrivés jusqu'à nous ; mais, si l'on doit en juger par l'attitude d'Étienne dans la controverse des rebaptisants, c'était un homme dont la fermeté de caractère égalait l'intelligence. Un scandale qui affligeait l'Église des Gaules mit pour la première fois en présence l'un de l'autre les deux évêques qui attiraient davantage l'attention du

---

1. Ép. LVIII, *au pape Lucius*.
2. Ibid.

monde chrétien, celui-ci par l'autorité de son siége, celui-là par le renom que lui avaient acquis sa science et ses vertus.

Marcien, évêque d'Arles, s'était séparé de la communion catholique pour s'attacher au parti de Novatien. Non content de refuser le pardon aux pénitents, d'après les maximes de cette secte orgueilleuse, il insultait le corps épiscopal en se vantant de n'avoir pas encore été excommunié, malgré une scission manifeste. Faustin, de Lyon, et les autres évêques de la province instruisirent le pape d'un état de choses si préjudiciable aux intérêts de la foi. En même temps ils écrivirent à saint Cyprien pour le prier de hâter par son intervention la sentence du pontife romain. L'évêque de Carthage se rendit à leurs instances, et, dans une épître fortement motivée, il exhorta le pape Étienne à envoyer aux évêques de la province et au peuple d'Arles des lettres en vertu desquelles on pût déposer Marcien et élire un autre à sa place [1]. Pour déterminer l'évêque de Rome à prendre une mesure décisive, il lui rappelle l'exemple de ses glorieux prédécesseurs Corneille et Lucius, ainsi que la sentence portée par ces deux pontifes dans l'affaire des *laps*, sentence à laquelle ont adhéré tous les évêques catholiques. Il ne faut pas reculer continue Cyprien, devant un arrêt qui retranche du corps sacerdotal quelque membre indigne. C'est pour nous un devoir de soustraire le troupeau à des fureurs meurtrières, en lui offrant un asile dans un autre bercail. « Voyez, dit-il, ce qui se passe ailleurs. Un port de mer que ne protégent plus ses remparts ni ses môles, devient-il périlleux pour les na-

---

1. Ép. LXVII *au pape Étienne.* — Quapropter facere te oportet plenissimas litteras ad cœpiscopos nostros in Gallia constitutos... Dirigantur in Provinciam et ad plebem Arelate consistentem a te litteræ, *quibus abstento Marciano alius in locum ejus substituatur.*

vires ? Le pilote dirige son vaisseau vers le port voisin, où l'entrée est sûre et le mouillage sans danger. Des voleurs se sont-ils emparés d'une hôtellerie sur quelque point de la route, de telle sorte qu'il suffirait d'y entrer pour tomber dans leurs piéges ? Le voyageur, informé du péril, évite des lieux si perfides pour aller demander ailleurs une hospitalité qui le mette à l'abri de toute crainte. Agissons de même à l'égard de nos frères. Échappés aux écueils de Marcien, ils cherchent les ports salutaires de l'Église ; recevons-les avec l'empressement d'une bienveillante charité. » Cyprien termine sa lettre en priant le pape de lui marquer par qui Marcien aura été remplacé sur le siége d'Arles. Nul doute que saint Étienne n'ait acquiescé à des demandes si légitimes, car le nom de Marcien a disparu des diptyques de l'Église d'Arles [1], preuve évidente que cet évêque schismatique avait été déposé par le souverain Pontife. Or, Messieurs, ce fait et les circonstances qui l'accompagnent ont une importance telle, qu'il n'est pas inutile de s'y arrêter un instant, car nous y trouvons un éclatant témoignage rendu à la suprématie des papes.

Un évêque des Gaules adhère au schisme de Novatien ; ses collègues de la province ne se croient pas en droit de le déposer eux-mêmes ou reculent devant une mesure qui leur paraît le point extrême de la juridiction ecclésiastique. A qui vont-ils s'adresser ?... A l'évêque de Rome. Ils reconnaissent donc à ce dernier un pouvoir souverain sur des Églises situées hors de l'Italie. On me dira qu'ils écrivent également à saint Cyprien : soit, mais voyez la différence. Quand l'évêque de Carthage reçoit la communication que lui fait Faustin, de Lyon, quel parti va-t-il prendre ? Lui, le grand docteur de

---

1. Mabillon, *Annales*, tome III, p. 432.

l'époque, ira-t-il s'arroger un droit quelconque sur l'Église d'Arles ? Non, il ne se reconnaît aucune juridiction en dehors de l'Afrique ; il n'y a qu'un évêque au monde qui ait le pouvoir de déposer celui d'Arles, et c'est à cet évêque unique que Cyprien a recours. Comme ses collègues de la Gaule, il voit dans le pontife romain le gardien et le défenseur des canons pour l'Église universelle, l'évêque dont la juridiction, loin d'expirer aux confins d'une province ou d'un pays, s'étend à l'univers entier. « Usez, lui écrit-il, de la plénitude de votre autorité ; adressez aux évêques de la Gaule et au peuple d'Arles des lettres, *plenissimas litteras*, en vertu desquelles Marcien soit déposé et un autre élu à sa place. » Je demande à tout homme de bonne foi comment saint Cyprien aurait dû s'y prendre pour affirmer plus hautement la primauté du pape ; car la déposition d'un évêque est l'acte juridictionnel le plus grave que l'on puisse signaler ; aussi Néander a-t-il eu soin, dans son *Histoire ecclésiastique*, de passer sous silence un fait dont les conséquences sont si manifestes par elles-mêmes [1]. Quant à l'évêque anglican d'Oxford, Fell, qui a donné une édition fort estimable des œuvres de saint Cyprien, il croit se tirer d'embarras en prétendant que le pape Étienne n'a fait qu'exécuter les *ordres* de l'évêque africain. Pitoyable défaite ! Si saint Cyprien s'était cru en droit de donner des ordres au pape, il aurait commencé par déposer Marcien au lieu de demander cet acte de vigueur à un pouvoir qu'il eût jugé inférieur ou égal au sien. Rappeler à un supérieur les obligations de sa charge, ce n'est pas un commandement, mais une exhortation. Ici encore rien ne prouve

---

1. *Allgemeine geschichte der chrislitchen kirche*, Gotha, 1856, tome I, p. 118. C'est à cet endroit-là que le fait de la déposition de Marcien d'Arles eût trouvé sa place naturelle, puisque l'auteur y discute la primauté du pape à l'époque de saint Cyprien.

mieux la gravité d'un pareil témoignage que les subterfuges à l'aide desquels les écrivains protestants cherchent à l'éluder.

Si les adversaires de la primauté du pape aiment à glisser rapidement sur la déposition de Marcien sollicitée par saint Cyprien, en revanche, ils s'appesantissent sur un fait qui se passait vers la même époque dans l'Église d'Espagne. Mais vous allez voir, Messieurs, que ce nouvel incident, auquel l'évêque de Carthage s'est trouvé mêlé, corrobore nos conclusions bien loin de les infirmer. Basilide et Martial, évêques, l'un de Léon et d'Astorga, l'autre de Mérida, avaient accepté pendant la persécution des billets ou des certificats d'idolâtrie pour échapper à la mort; tel est du moins le crime qu'on leur reprochait, car nous ne possédons plus que les témoignages de leurs adversaires. Certes, si toutes les prévarications que Cyprien leur reproche sur la foi de leurs collègues ou de leurs successeurs sont réelles, l'un et l'autre méritaient sans contredit la peine de la déposition. Quoi qu'il en soit, le clergé et le peuple, réunis sous la présidence des évêques de la province, élurent Félix et Sabinus à la place des deux coupables. L'ordre paraissait rétabli quand Basilide, revenant sur une décision qu'il avait, dit-on, acceptée, crut devoir se rendre à Rome pour obtenir du pape Étienne sa réintégration[1]. Cette démarche est une nouvelle preuve du sentiment général de l'époque sur la suprématie du pontife romain. De même que les évêques de la Gaule narbonnaise s'adressent à lui pour demander la déposition d'un de leurs collègues, ainsi des évêques de l'Espagne ont-ils recours à son autorité suprême pour être replacés sur leurs sièges. Il eût été difficile aux uns et aux autres de rendre un hom-

---

1. Ép. LXVIII de saint Cyprien, *au peuple de Léon et de Mérida.*

mage plus éclatant à la prérogative des papes. L'absence de documents ne permet pas de préciser dans quelle mesure saint Étienne fit droit à la demande des deux évêques appelants ; mais on voit assez, par la lettre de saint Cyprien aux évêques d'Espagne, que le pape inclinait vers le pardon. Effrayés de cette condescendance, Sabinus et Félix cherchèrent un soutien dans l'évêque de Carthage. La réponse de ce dernier est une condamnation énergique de Basilide et de Martial ; mais, comme elle s'appuie exclusivement sur les données fournies par l'accusation, il nous est impossible de juger dans quelle mesure le blâme est motivé [1]. Remarquez-le bien, Messieurs, car c'est là pour nous le point essentiel, Cyprien ne refuse pas au pape le droit de replacer sur leurs sièges les évêques déposés ; il se borne à soutenir que Basilide a surpris la religion d'Étienne par une relation mensongère des faits, et ajouté par conséquent aux crimes de sa vie passée la fraude et l'imposture. Voilà pourquoi il prétend, et avec raison, qu'une faveur subreptice, arrachée au pape par une supercherie odieuse, ne doit pas profiter au coupable ; mais, je le répète, tout ému qu'il est, Cyprien ne songe pas un instant à mettre en question la juridiction suprême du pontife romain [2] ; au contraire, il invoque à l'appui de son sentiment un décret porté par le pape Corneille de concert avec le corps épiscopal, décret aux termes duquel un clerc convaincu d'un acte d'idolâtrie pouvait bien être admis à la pénitence, mais non réintégré dans ses fonctions.

---

1. Ép. LXVIII, *de Cyprien au peuple de Léon et de Mérida*.
2. Basilides Stephanum collegam nostrum longe positum et gestæ rei ac veritatis ignarum fefellit, ut exambiret reponi se injuste in episcopatum de quo fuerat jure depositus. Hoc eo pertinet ut Basilidis non tam abolita sint quam cumulata delicta, ut ad superiora peccata ejus etiam fallaciæ et circumventionis crimen accesserit.

Si l'évêque de Carthage n'avait pas reconnu dans celui de Rome le chef de l'Église et le pasteur universel, il lui eût suffi d'un mot pour trancher le débat. Étienne, aurait-il dit, n'avait pas le droit de rétablir sur son siége un évêque d'Espagne déposé par ses collègues dans l'épiscopat ; mais non, ce mot-là, il se garde bien de le prononcer. Il admet le droit du pape ; seulement il juge que, dans l'espèce, le successeur de saint Pierre, éloigné du théâtre des faits et induit en erreur par de faux rapports, s'est relâché des rigueurs de la discipline en faveur de deux hommes qui ne méritaient pas une telle indulgence. Tant de réserve, au milieu d'une émotion si vive, montre assez que le primat de l'Afrique n'entendait nullement révoquer en doute la juridiction souveraine du pontife romain.

J'insiste, Messieurs, sur ces faits, parce qu'ils répandent beaucoup de lumière sur l'histoire du IIIe siècle, en même temps qu'ils servent à caractériser le rôle de saint Cyprien au milieu des controverses de son époque. Ce rôle est celui d'un évêque universellement estimé pour ses lumières et sa sainteté, d'un docteur que l'on consulte des différents points du monde chrétien dans les occasions difficiles. Mais cette intervention si fréquente du grand évêque africain dans les affaires religieuses de son temps ne fait que mieux ressortir la suprématie du pontife romain. On s'adresse à Cyprien pour demander son avis ou pour recevoir ses éclaircissements sur des questions de dogme ou de discipline ; lui-même nous apprend dans quels termes les évêques de l'Espagne renfermaient leur requête : « Vous sollicitez de nous, leur écrit-il, le secours de notre opinion, *auxilium nostræ sententiæ*[1]. » S'agit-il au contraire, non plus d'un simple avis ou d'un con-

---

1. Ép. LXVIII, *de Cyprien au peuple de Léon et de Mérida*.

seil, mais d'une sentence, d'un acte juridictionnel, c'est à l'évêque de Rome qu'on défère la cause. A lui de déposer ou de réintégrer des évêques, soit en Espagne, soit dans les Gaules. Ce pouvoir n'est l'attribut ni du génie ni de la sainteté, il découle du siége où le prince des apôtres a laissé sa primauté ; et, comme nous l'avons vu, Cyprien est le premier à reconnaître la prééminence de ce siége unique. Or, Messieurs, s'il est vrai de dire que le zèle de l'illustre docteur franchissait les mers pour s'étendre au loin sur des églises étrangères à l'Afrique, à plus forte raison devait-il se déployer dans les limites du territoire dont Carthage était le centre. Il ne se passait guère d'année que Cyprien ne réunît en concile les évêques de sa province, pour délibérer avec eux sur les questions pendantes et résoudre en commun les difficultés qui se présentaient. En 254, un évêque africain, nommé Fidus, avait émis une opinion erronée sur le baptême des enfants, prétendant qu'on ne devait pas le conférer avant le huitième jour, ainsi que l'ordonnait la circoncision antique. Cyprien lui répond au nom des soixante-six évêques qui venaient d'assister au concile de Carthage [1]. Dans cette lettre synodale, remarquable à plus d'un titre, il enseigne que l'enfant est susceptible de recevoir la grâce du baptême, aussitôt que la main de Dieu l'a formé dans le sein de sa mère. L'âge, ainsi que la personne, disparaissent devant Dieu, qui se donne à tous également, parce qu'il est le Père de tous. « D'ailleurs, continue Cyprien, s'il y avait un obstacle à la réception de la grâce baptismale, il existerait plutôt pour les adultes et les personnes avancées en âge, dont les fautes sont plus graves. Si donc les plus grands pécheurs, lorsqu'ils embrassent la foi, reçoivent le pardon des fautes qui se sont

---

1. Ép. LIX, à *Fidus au sujet du baptême des enfants.*

accumulées dans leur vie ; si nul n'est exclu du baptême ni de la grâce, encore moins faut-il en éloigner l'enfant, qui venant de naître, n'a point commis de péché, si ce n'est qu'étant né charnellement selon Adam il a contracté par cette première naissance la contagion de la mort antique ; l'enfant, qui a d'autant plus de facilité à recevoir le pardon des péchés, qu'on lui remet une faute, non pas personnelle, mais étrangère [1]. »

Vous voyez, Messieurs, d'après cette lettre de Cyprien, combien saint Augustin avait raison de dire que « le baptême des enfants, en usage dans l'Église universelle, n'a pas été institué par les conciles, mais qu'il a toujours été conservé en vertu de la tradition apostolique [2]. » Je ne crois pas non plus qu'il soit possible de trouver dans la littérature chrétienne des premiers siècles une meilleure formule pour exprimer le dogme du péché originel. En disant que le péché de l'enfant nouvellement né consiste dans la contagion mortelle qu'il a contractée par le fait seul de sa descendance d'Adam, Cyprien distingue à merveille la nature du péché originel, qui n'est pas, en effet, chez les fils d'Adam, un crime personnel, mais un vice de naissance, une faute héréditaire. Rien n'est gracieux comme la fin de sa lettre, où il voit dans les pleurs de l'enfant une sorte de prière instinctive qui a pour objet d'implorer la miséricorde divine : *Plorantes ac flentes nihil aliud faciunt quam deprecantur.* Pourquoi faut-il que, dans sa discussion avec le pape saint Étienne, l'évêque de Carthage

---

1. *Ibid.* Infans recens natus nihil peccavit, nisi quod secundum Adam carnaliter natus contagium mortis antiquæ prima nativitate contraxit, qui ad remissam peccatorum accipiendam hoc ipso facilius accedit quod illi remittuntur, non propria, sed aliena peccata.

2. *De baptis. contra Donatistas*, l. IV, c. XXIII, XXIV.

ait perdu de vue le caractère d'universalité du baptême, jusqu'à prétendre que la foi du ministre est une condition indispensable pour la validité d'un sacrement si nécessaire aux enfants comme aux adultes ? Du moins sa doctrine sur l'Eucharistie et sur le sacrifice de la Messe témoigne-t-elle d'un attachement scrupuleux à la tradition de l'Église. Plusieurs sectaires, égarés sans doute par d'absurdes théories sur la bonté intrinsèque des éléments de la nature, ne se servaient que d'eau pour la consécration du calice. D'autre part, quelques prêtres pusillanimes suivaient les mêmes errements, dans la crainte que l'odeur du vin, venant à dénoncer les fidèles, ne les exposât aux violences des persécuteurs. Cyprien résolut de combattre cet abus sacrilège dans une lettre à Cécilius, évêque de Bilta ; mais cet écrit, à son insu peut-être, prit les proportions d'un véritable traité dogmatique sur l'Eucharistie : en tout cas, il mérite d'être rangé parmi ses meilleures productions.

L'auteur part de ce principe que, dans l'administration des sacrements, il faut observer avec soin ce que Jésus-Christ, notre Seigneur et notre Dieu, a pratiqué et enseigné. Or, dit-il, la tradition est unanime à constater que le Seigneur s'est servi de vin mêlé d'eau dans l'institution de l'Eucharistie. » On ne peut donc pas dire que le sang du Christ, ce sang qui nous a rachetés et vivifiés, soit dans le calice, quand le vin y manque, le vin par lequel le sang du Christ est montré présent [1]. » Cela posé, Cyprien énumère quelques figures de l'Ancien Testament annonçant que le vin serait l'un des éléments employés pour le sacrement du Seigneur. Je citerai entre autres le passage relatif à l'oblation typique de Melchi-

---

1. Ép. LXIII à Cécilius, *sur le sacrement du calice de Notre-Seigneur.* — Nec potest videri sanguis ejus, quo redempti et vivificati sumus, esse in calice, quando vinum desit calici, quo Christi sanguis ostenditur.

sédech. Vous allez voir, Messieurs, avec quelle force saint Cyprien appuie sur la réalité du sacrifice eucharistique. Aujourd'hui même, en présence des controverses soulevées par les protestants sur ce point de doctrine, il serait impossible à un théologien catholique de s'exprimer avec plus d'énergie et de précision :

« Nous voyons de même le sacrifice du Seigneur préfiguré dans le prêtre Melchisédech, suivant le témoignage des divines Écritures : Melchisédech, roi de Salem, offrit du pain et du vin. Car il était prêtre du Dieu tout-puissant, et il bénit Abraham. Or, que Melchisédech ait été le type du Christ, l'Esprit saint le déclare dans les Psaumes, lorsqu'il parle ainsi au Fils dans la personne du Père : Je t'ai engendré avant l'étoile du matin ; tu es prêtre pour l'éternité selon l'ordre de Melchisédech. Quel est cet ordre ? d'où provient-il ? De ce que Melchisédech a été le prêtre du Dieu tout-puissant ; de ce qu'il a offert du pain et du vin, et béni Abraham. En effet, qui peut s'appeler à meilleur titre le prêtre du Très-Haut que Notre-Seigneur Jésus-Christ, lequel a offert à Dieu son Père le même sacrifice que Melchisédech, le pain et le vin, *c'est-à-dire son corps et son sang* ?... Afin donc que, dans la Genèse, le prêtre Melchisédech pût légitimement bénir Abraham, une image du sacrifice de Jésus-Christ, devait précéder, image consistant dans le pain et dans le vin. Puis quand le Seigneur, complétant et réalisant ce symbole, offrit le pain et le calice mêlé de vin, celui qui est la plénitude de la vérité accomplit la vérité de ce qui n'était alors qu'une image [1]. »

Je ne concevrais pas, Messieurs, qu'un esprit sérieux et impartial pût élever le moindre doute sur le sentiment de

---

[1]. Ép. LXIII à Cécilius, *sur le sacrement du calice de Notre-Seigneur*.

Cyprien touchant la présence réelle et le sacrifice de la Messe. Rien n'est plus clair ni plus formel que le langage du saint docteur. Non-seulement il appelle plus de dix fois l'Eucharistie *un sacrifice* dans le cours de cette seule épître, mais le rapprochement qu'il établit entre les figures de l'Ancien Testament et les réalités du Nouveau ne permet aucune contestation sur le sens de ses paroles. Si l'évêque de Carthage n'avait vu dans l'Eucharistie qu'un emblème du corps et du sang de Jésus-Christ, son raisonnement eût été absurde. Dans cette hypothèse, le Seigneur se serait contenté d'ajouter une nouvelle figure aux anciennes. Or le but de saint Cyprien est précisément de montrer que les images et les symboles du passé sont devenus une réalité par le sacrement du Seigneur et par l'institution du sacrifice eucharistique. « Celui qui est la plénitude de la vérité, dit-il, accomplit la vérité de ce qui n'était alors qu'une image. »

Le théologien du IIIe siècle trouve un nouveau type du sacrifice de Jésus-Christ, *typum dominici sacrificii*, au livre des Proverbes, où la Sagesse dresse sa table et mêle le vin dans sa coupe. « Que signifie, s'écrie-t-il, ce vin mêlé, sinon le calice du Seigneur, où l'eau devait se mêler au vin, pour montrer que dans la passion du Seigneur s'est accompli à la lettre ce qui avait été prédit auparavant ? » Même argumentation pour cet endroit de la Genèse : « il lavera son vêtement dans le sang de la vigne. » — « Que veut dire ce sang de la vigne, reprend l'auteur, sinon le vin du calice où se trouve le sang du Seigneur *vinum calicis dominici sanguinis?* » Que Cyprien ait eu tort ou raison de voir dans ces textes autant d'images de l'Eucharistie, il importe peu ; mais ce qui paraît clairement, c'est qu'il ne cesse d'opposer au pain et au vin figuratifs de l'ancienne loi, la réalité du corps et du sang de Jésus-Christ dans le sacrifice de la nouvelle alliance. Voilà pourquoi il conclut par ces mots qui suffiraient à eux seuls pour écarter toute réplique : « Si Jésus-Christ, notre Seigneur et notre Dieu, est lui-même le grand prêtre de Dieu le Père, s'il s'est offert le premier en sacrifice à son Père ; s'il a ordonné de faire cela en mémoire de lui, le prêtre ne tient véritablement la place de Jésus-Christ qu'autant qu'il imite ce que Jésus-Christ a fait ; il n'offre dans l'Église à Dieu le Père un sacrifice véritable et complet qu'autant qu'il l'offre comme Jésus-Chist l'a offert.[1] » Vouloir contester qu'un écrivain accoutumé à tenir un tel langage, ait reconnu dans l'Eucharistie un véritable sacrifice, ce serait se couvrir de ridicule. Aussi Néander s'est-il résigné à trouver dans saint Cyprien ce qu'il appelle les *germes* de l'idée du sacrifice, tout en se gardant bien de citer aucun texte pour ne pas troubler la conscience de ses lecteurs protestants[2].

Expression fidèle du sentiment de saint Cyprien touchant l'Eucharistie, l'*Épître à Cécilius* nous fournit en outre d'utiles renseignements sur la liturgie chrétienne au IIIe siècle. Alors déjà, on célébrait le sacrifice eucharistique à l'une des heures du matin, en mémoire de la résurrection du Seigneur, bien que l'usage de reculer la Cène jusqu'au soir ne fût pas aboli en tout lieu. Nous voyons aussi d'après cette lettre avec quelle scrupuleuse attention l'Église primitive veillait à ce

---

1. Ép. LXIII, à Cécilius sur *le sacrement du calice de Notre Seigneur*. Nam, si Jesus Christus Dominus et Deus noster ipse est summus sacerdos Dei Patris, et sacrificium Patri se ipsum primus obtulit, et hoc fieri in sui commemorationem præcepit, utique ille sacerdos vice Christi vere fungitur, qui id quod Christus fecit imitatur, et sacrificium verum et plenum tunc offert in Ecclesia Deo Patri, si sic incipiat offerre secundum quod ipsum Christum videat obtulisse.

2. *Op. cit.*, p 182, 184 L'historien protestant qui cite une masse de textes plus ou moins étrangers à la question, passe complètement sous silence *le seul écrit* des trois premiers siècles où la doctrine de l'Eucharistie se trouve traitée *ex professo*. Voilà ce qu'on est convenu d'appeler de la science allemande dans une certaine école.

que les prêtres mêlassent de l'eau dans le vin avant la consécration. Une tradition si générale et si constante ne s'expliquerait pas, si elle n'avait son origine dans l'institution même de l'Eucharistie. Il est évident que le Seigneur avait dû se conformer sur ce point à une coutume communément suivie dans les repas des Orientaux ; quant aux apôtres, témoins de l'action du maître, ils s'étaient empressés de pratiquer le même rit, et d'en prescrire l'observation aux différentes églises. Mais une chose digne de remarque, c'est la raison mystique qu'en donne saint Cyprien. Le mélange du vin et de l'eau dans le calice, dit-il, signifie l'union de Jésus-Christ avec les fidèles, la multitude des croyants incorporés à l'objet de leur foi. Cette idée, qui est fort belle, a trouvé son expression dans la liturgie ; et au moment où il verse l'eau dans le vin, pendant le sacrifice de la Messe, le prêtre demande à Dieu de réaliser l'union dont cet acte est le symbole.

Si l'évêque de Carthage avait porté le même respect pour la tradition dans la controverse sur la validité du baptême conféré par les hérétiques, il aurait évité les dissensions qui allaient troubler les trois dernières années de son épiscopat. Il est temps, Messieurs, d'aborder ce grand débat, resté célèbre dans l'histoire de l'Église. Le devoir de la critique, en présence d'une pareille question, consiste à peser les témoignages et à examiner les pièces du procès sans parti-pris d'éloge ni de blâme, d'apologie ni de dénigrement. Nous n'avons plus, il est vrai, certains documents qui serviraient à éclaircir quelques points obscurs ou douteux ; mais il en reste assez pour pouvoir se prononcer en pleine connaissance de cause. Le manque de renseignements complets ne porte que sur des détails secondaires et purement historiques ; quant à l'objet même de la discussion, les lettres de saint Cyprien et les écrits des Pères qui l'ont suivi nous en donnent une idée nette et précise. Disons-le tout d'abord, il en a été de cette lutte théologique, comme de toutes celles qui s'engagent au sein de l'Église : d'heureux résultats ont compensé le trouble passager qu'elle a pu jeter dans les esprits. Si des vivacités regrettables sont venues s'y mêler ; si, en particulier, le nom de saint Cyprien n'en est pas sorti sans tache, du moins tant de chaleur et de ténacité ne sont-elles pas restées stériles pour la science ni pour la foi. Il n'est guère de controverse qui ait plus contribué à dégager de tout nuage la notion des sacrements ; et, dussé-je vous étonner, j'ajouterai qu'on en citerait peu qui aient mis davantage en relief la suprématie du pontife romain.

Lorsqu'on veut se rendre compte de la marche des idées chez un écrivain quelconque, il faut avoir soin de les prendre à leur origine, pour les suivre dans leur développement. C'est faute de remonter jusqu'à la source des erreurs de saint Cyprien, qu'on s'étonne si souvent de son attitude dans la question des rebaptisants. On se plaît à chercher une transition brusque et violente là où il ne faudrait voir que la conséquence logique d'un principe antérieurement posé. En réalité, l'évêque de Carthage avait avancé longtemps auparavant une opinion extrême qui devait le conduire plus tard à refuser toute valeur au baptême administré par les hérétiques. C'est au fort de sa lutte avec les Novatiens que cette idée avait pris racine dans son esprit ; et il est facile d'en trouver le germe lorsqu'on étudie son traité *sur l'Unité de l'Église*. Nous avons vu avec quelle énergie l'adversaire des schismatiques défendait ce dogme fondamental, en démontrant qu'il n'y a pas de salut hors de l'Église, et que rompre avec la grande société fondée sur Pierre, c'est se détacher de Jésus-Christ lui-même. Assurément rien n'est plus vrai que cette proposition ; mais n'y avait-il pas moyen d'excéder la mesure en soutenant une thèse si exacte au fonds ? De ce que les hérétiques ne participent plus à la grâce sanctifiante ni aux dons de l'Esprit-Saint doit-on en conclure qu'ils perdent toute espèce de droit ou de pouvoir dans l'ordre surnaturel ? En se séparant de la véritable Église, ces chrétiens rebelles ne peuvent-il pas emporter avec eux quelques débris de la doctrine catholique, voire même des droits ou des priviléges inhérents à un caractère resté indélébile ? C'est ici que l'opposition de saint Cyprien se produit sous une forme trop exclusive : « Il ne peut y avoir qu'un baptême, s'écrie-t-il, et ils se croient en droit de l'administrer ! Ils ont abandonné la source de la vie, et ils promettent la grâce de l'eau qui vivifie pour le salut ! Qu'ils ne s'y trompent pas ! Leurs eaux souillent au lieu de purifier ; elles mettent le comble aux péchés bien loin de les effacer. Cette naissance illégitime donne des enfants au démon, et non à Dieu [1]. » Si je ne me trompe, il y a déjà dans cette phrase, écrite en 251, toute la théorie développée quelques années plus tard au sujet du baptême des hérétiques. Nous pouvons le dire dès maintenant c'est un zèle excessif à protéger l'unité et la sainteté de l'Église, qui entraîna saint Cyprien au-delà des justes limites dans sa discussion avec le pape saint Étienne. Pour inspirer une vive horreur de l'hérésie, il s'applique à peindre sous de fortes couleurs la condition déplorable où elle jette les âmes, impuissante qu'elle est à leur ouvrir la porte du salut par le baptême. Certes, jamais erreur n'a trouvé son excuse dans des intentions plus droites ni dans des motifs plus élevés. Il n'y a que les âmes passionnées pour la vérité qui aient à se défendre d'elles-mêmes dans leur ardeur à venger la plus sainte des causes.

---

1. *De unitate ecclesiæ*, XI.

C'est dans le traité *sur l'Unité de l'Église* que nous avons vu poindre pour la première fois l'opinion de Cyprien touchant la nullité du baptême conféré par les hérétiques. Toutefois, Messieurs, il faut remonter plus haut encore, lorsqu'on veut chercher l'origine de cette théorie que la réaction contre les Novatiens avait bien contribué à répandre, mais qui déjà s'était produite quelque temps auparavant. Nul doute que, sur ce point, on ne doive faire une large part à l'influence de Tertullien. S'il vous en souvient, l'impétueux polémiste avait hautement affirmé qu'il est impossible de recevoir le baptême chez les hérétiques, puisqu'ils ne l'ont pas ; et cette maxime simplement énoncée vers la fin de son traité *du Baptême*, il l'avait développée plus au long dans un opuscule écrit en grec [1]. Le disciple n'aura été ici que l'écho trop fidèle de celui qu'il appelait son maître. Il y a plus : vers la fin du IIe siècle, un concile réuni à Carthage sous la présidence d'Aggripinus, évêque de cette ville, avait déclaré que « personne ne saurait être baptisé hors de l'Église, parce qu'il n'y a qu'un seul baptême, établi dans la sainte Église [2]. » Cyprien pouvait donc, sans crainte de recevoir un démenti, invoquer des antécédents, pour montrer que son opinion n'était pas tout à fait neuve ; et quand Vincent de Lérins rattache au nom d'Agrippinus la première tentative qu'on ait faite pour introduire dans l'Église un usage réprouvé par la tradition, il me paraît bien préciser le commencement de la querelle [3]. Eusèbe, au contraire, suit moins fidèlement l'ordre chronologique, en attribuant à saint Cyprien l'initiative d'une lutte engagée avant lui : peut-être l'historien veut-il dire par là que l'évêque de

---

1. Voir *Tertullien*, tome I, leçon XIX.
2. S. Cyprien, Ép. LXX, LXXI, LXXIII.
3. *Commonit*, IX.

Carthage avait donné à la controverse son éclat et sa véritable importance [1]. Quoi qu'il en soit, nous pouvons conclure des paroles mêmes de Cyprien que la coutume de rebaptiser les hérétiques ne remontait pas, en Afrique, à plus d'un demi-siècle [2] ; et encore était-elle loin d'y trouver faveur auprès de tous. Le métropolitain se plaint vivement de l'opposition qu'il rencontre chez quelques évêques de la province. D'autre part, l'auteur anonyme d'un traité *sur les Rebaptisants* s'élève avec force contre la nouveauté que voulaient introduire l'évêque de Carthage et ses partisans [3]. Même au troisième concile convoqué par Cyprien pour la solution du différend, plusieurs évêques africains reconnaissent dans leurs votes que la tradition ne leur est pas favorable : il suffit de citer Castus de Sicca, Libosus de Vaga, Zosimus de Tharassa, Félix de Byzacène, Honorat de Thucca [4]. Donc, en résumé, le primat de l'Afrique pouvait bien s'appuyer sur la conduite tenue par ses prédécesseurs depuis un demi-siècle ; mais, malgré tout, il se voyait obligé de convenir que la tradition antérieure contredisait son sentiment ;

---

1. Eusèbe, H. E. VII, 3.
2. Ép. LXXI : Quod quidem et Agrippinus, bonæ memoriæ vir, cum cæteris coepiscopis suis, qui illo tempore in provincia Africa et Numidia Ecclesiam Domini gubernabant, statuit et, librato consilii communis examine, firmavit. — Si l'auteur avait pu citer un témoignage plus ancien que celui du concile de Carthage, il n'aurait pas manqué de s'en prévaloir contre ses adversaires qui l'accusaient de vouloir introduire une nouveauté.
3. *De rebaptismate*, édit. Migne, tome III, p. 1185. Tillemont, Gallandi et dom Ceillier me paraissent avoir prouvé par d'excellentes raisons que l'auteur de ce traité se proposait de combattre l'évêque de Carthage.
4. *Concilia Carthag.* Édit. Migne, tome III, p. 1052 et suiv. Dans sa lettre à Jubaïen, Cyprien montre également que son opinion était récente : « Sed dicet aliquis, quid ergo fiet de iis qui *in præteritum* de hæresi ad Ecclesiam venientes sine baptismo admissi sunt ? »

et autour de lui, dans le cercle même de sa juridiction, maintes voix s'élevaient pour protester en faveur de l'*antique discipline*.

Tournons maintenant nos regards vers l'Orient ; car, ce qui ne devait pas manquer de rendre la situation plus difficile, c'est que le sentiment de saint Cyprien allait trouver de l'écho dans cette partie de l'Église. Là aussi, sous l'empire d'une vive opposition contre les sectes hérétiques, quelques évêques en étaient venus à prétendre qu'elles ne pouvaient pas *même* administrer validement le baptême. Faut-il admettre que cette opinion extrême avait passé de l'Occident en Orient, ou réciproquement? C'est, Messieurs, ce que le manque de renseignements suffisants ne permet pas de décider avec certitude. D'ailleurs, la polémique avec les hérésies a pu développer de part et d'autre les mêmes exagérations, sans qu'il soit nécessaire de conclure à une transmission ou à un emprunt quelconque. Toujours est-il que déjà au commencement du III° siècle (222 ou 230) nous voyons les conciles d'Icone et de Synnade décréter qu'on rebaptiserait les hérétiques à leur retour dans l'Église, par la raison que leur baptême est invalide [1]. Firmilien, évêque de Césarée en Cappadoce, fut le principal promoteur de cette mesure ; et l'on peut croire que son sentiment entraîna celui du concile d'Icone, dont il avait la présidence. Mais nous répéterons pour l'Orient ce que nous disions tout à l'heure de l'Église d'Afrique : la tradition y condamnait cette discipline toute nouvelle, et l'opinion de Firmilien était celle du petit nombre. Malgré le soin que met cet évêque à revendiquer pour les rebaptisants le privilége de l'antiquité, il se voit dans l'im-

---

1. Ép. de saint Denis d'Alexandrie à Philémon, prêtre de Rome, citée par Eusèbe, H. E., VII, 7.

puissance de citer aucun témoignage antérieur aux deux synodes de la Phrygie, et de plus il est forcé de convenir que, même autour de lui, on avait élevé des doutes graves sur la légitimité d'un pareil décret [1]. Du reste, comment se méprendre sur la véritable tradition des Églises de l'Orient, lorsque Eusèbe, si versé dans la connaissance des âges précédents, atteste que l'*ancienne coutume*, pour la réconciliation des hérétiques, se bornait à l'imposition des mains accompagnée de prières [2] ? Vers l'époque même où Cyprien et Firmilien cherchaient à faire prévaloir leur sentiment, Denis, patriarche d'Alexandrie, écrivait à Philémon, prêtre de Rome, qu'il suivait la règle tracée par Héraclas, lequel ne pensait nullement que les hérétiques eussent besoin d'un nouveau baptême [3]. Donc, en Orient comme en Occident, c'est contrairement à l'autorité d'une tradition constante et générale, qu'un petit nombre d'évêques soutenaient la nullité du baptême conféré par les hérétiques.

Cette conclusion acquiert un nouveau degré d'évidence, si l'on interroge l'Église de Rome. Certes, l'attitude du pape Étienne en face des rebaptisants montre assez que le baptême administré en due forme par les hérétiques avait toujours été tenu pour valide au centre de la chrétienté. Un document découvert il y a peu d'années, le livre des *Philosophumena* nous fournit à cet égard un nouveau témoignage : l'auteur de cet opuscule rapporte que, sous le pontificat de Calliste (218-222), quelques-uns essayèrent d'introduire l'usage de

1. Ép. LXXV, *de Firmilien à saint Cyprien* : Cum a quibusdam de ista re dubitaretur.
2. Eusèbe, H. E., VII, 2.
3. Ibid., VII, 7. Dans l'une de ses lettres au pape Sixte, saint Denis rapporte qu'il avait refusé de rebaptiser un hérétique, bien que ce dernier regardât comme plein de blasphème et d'impiété le baptême en usage dans la secte dont il avait fait partie. (Ibid., VII, 9).

rebaptiser les hérétiques, preuve évidente que jusqu'alors on observait la coutume contraire [1]. D'ailleurs, tous les Pères ou écrivains de l'Église d'Occident, qui ont traité de cette controverse, notamment saint Augustin et saint Vincent de Lérins s'accordent à dire que nul, avant Agrippinus, évêque de Carthage, n'avait songé à contester la validité du baptême conféré dans le schisme ou dans l'hérésie [2].

Cela posé, Messieurs, il nous est facile de résumer la question, telle qu'elle se présente au point de vue historique. Depuis Agrippinus jusqu'à Cyprien, il s'était formé en Afrique, touchant la validité du baptême administré hors de l'Église, une opinion différente de l'ancienne tradition. A partir des synodes d'Icone et de Synnade, dirigés par les évêques Firmilien et Hélénus, le même sentiment avait prévalu en Cilicie et en Cappadoce. Excepté ces deux fractions d'évêques relativement petites, le reste du monde chrétien demeurait fidèle à une pratique consacrée par l'enseignement traditionnel. Dès lors, l'issue du débat ne pouvait être douteuse; car, lorsqu'il s'agit d'une révélation fondée sur le témoignage, la tradition est la règle souveraine pour discerner le vrai du faux. C'est pourquoi, se sentant peu à l'aise sur ce terrain, l'évêque de Carthage cherche à défendre sa théorie par des raisons théologiques. Nous les discuterons la prochaine fois.

---

1. *Philosoph.*, p. 291. Édit. Miller.
2. S. Vincent de Lérins, *Commonit.*, vi; — S Augustin, *de bapt. contra Donat.*, ii. Quam consuetudinem credo ex apostolica traditione venientem (sicut multa quæ non inveniuntur in litteris eorum, neque in conciliis posteriorum, et tamen quia per universam custodiuntur Ecclesiam, non nisi ab ipsis tradita et commendata creduntur); hanc ergo saluberrimam consuetudinem per Agrippinum prædecessorem suum dicit sanctus Cyprianus quasi cœpisse corrigi. Sed sicut diligentius inquisita veritas docuit, quæ post magnos dubitationis fluctus ad plenarii concilii confirmationem perducta est, verius creditur per Agrippinum corrumpi cœpisse, non corrigi.

DIX-SEPTIÈME LEÇON

Le débat s'engage à la suite d'une consultation de dix-huit évêques de la Numidie. — Cyprien leur répond en déclarant que le baptême conféré hors de l'Église est nul et invalide. — Raisons qu'il fait valoir à l'appui de son sentiment. — Faiblesse de ces raisons. — Saint Augustin les a réfutées dans ses ouvrages contre les Donatistes. — La *Lettre synodale* aux évêques de Numidie soulève des difficultés. — Quintus, évêque de Mauritanie, en fait part à Cyprien. — L'évêque de Carthage développe à nouveau les motifs de son sentiment dans une *Lettre* adressée à Quintus. — Puis il convoque un concile à Carthage et transmet le résultat des délibérations au pape saint Étienne. — Cyprien pense que la question est du nombre de celles dont la solution doit être abandonnée au libre jugement de chaque évêque. — Dans l'intervalle qui s'écoule entre l'envoi de la lettre à saint Étienne et la réponse du pape, un évêque de l'Afrique, nommé Jubaïen, instruit Cyprien de l'opposition que rencontrent les décisions du concile. — *Lettre à Jubaïen.* — Cyprien confond la validité avec la licité de l'administration du baptême.

Messieurs,

L'an 255, dix-huit évêques de la Numidie adressèrent une lettre collective à saint Cyprien qui présidait alors un concile réuni à Carthage. Dans cette pièce ils demandaient si, comme ils avaient coutume de le faire, l'on devait rebaptiser ceux qui, après avoir reçu le baptême chez les hérétiques ou chez les schismatiques, rentreraient dans le sein de l'Église. Cette démarche seule prouve déjà ce que nous disions la dernière fois, combien peu l'on était rassuré en Afrique sur la légitimité d'un usage introduit par Agrippinus contrairement à l'ancienne discipline. Cyprien répondit au nom de ses collègues par une lettre synodale où il approuve la conduite des évêques rebaptisants, et déclare que le baptême conféré hors de l'Église est nul et invalide. Ce fut le commencement de la querelle. Voici les raisons que l'évêque de Carthage fait valoir à l'appui de son sentiment.

Nul ne peut être baptisé hors de l'Église, parce qu'il n'y a qu'un baptême institué dans l'Église. Le baptême est un, comme le Saint-Esprit est un, comme l'Église est une, l'Église que le Seigneur a fondée originairement sur Pierre pour en manifester l'unité. Donc, hors de l'Église, pas d'Esprit-Saint, pas de grâce, pas de rémission des péchés. Il faut que l'eau ait d'abord été purifiée et sanctifiée par le prêtre, pour qu'elle ait la vertu de laver les péchés de celui qui est baptisé ; or, je le demande, comment pourra-t-il purifier et sanctifier l'eau celui qui est lui-même impur, celui dans lequel n'habite pas l'Esprit-Saint ? De plus, il faut que le baptisé soit oint, afin que le chrême, c'est-à-dire l'onction qu'il reçoit, fasse de lui l'oint de Dieu et lui permette d'avoir part à la grâce du Christ. Or, la consécration de l'huile, qui a lieu pendant la célébration de l'Eucharistie, ne saurait se faire là où il n'y a ni autel ni église. D'ailleurs, qui peut donner ce qu'il n'a pas ? Comment produira-t-il un effet spirituel celui qui a lui-même perdu l'Esprit-Saint? Les ennemis du Seigneur, ceux qui ont été appelés des antechrists, peuvent-ils communiquer la grâce du Christ ? Comment leur acte pourrait-il être légitime et valide devant Dieu, quand le Seigneur les déclare ses ennemis dans l'Évangile, en disant : qui n'est pas avec moi, est contre moi : qui ne moissonne pas avec moi, dissipe ? Nous donc, qui sommes avec le Seigneur, nous qui gardons son unité, nous devons rejeter comme chose profane tout ce que pratiquent ses adversaires, tout ce que font les antechrists [1].

---

1. Ép. LXX, *à Janvier et aux autres évêques de la Numidie.*

Il faut en convenir, Messieurs, cette argumentation est spécieuse, ainsi que Vincent de Lérins l'a fait observer après saint Augustin ; et l'on comprend qu'elle ait pu faire illusion à une époque où la question n'était pas pleinement élucidée. Mais en y regardant de près, l'on n'a pas de peine à se convaincre que les raisons alléguées par saint Cyprien sont plus vraisemblables que vraies, suivant l'expression de l'évêque d'Hippone, *verisimiles potius quam veras* [1]. En laissant de côté les motifs qui ne touchent pas à l'essence du baptême, tels que l'impossibilité de trouver chez les hérétiques l'huile destinée aux onctions baptismales, etc., nous pouvons ramener les arguments de l'auteur à trois chefs principaux. Pour démontrer la nullité du baptême conféré par les hérétiques, Cyprien s'appuyait sur l'unité de l'Église, sur l'indignité du ministre et sur l'incapacité du sujet. Tout son raisonnement est basé sur ces trois principes. Saint Augustin, que nous suivrons pas à pas, va nous montrer la faiblesse des preuves qui semblaient si convaincantes à son glorieux devancier.

Il n'y a qu'une Église, disait saint Cyprien, dépositaire de la vraie doctrine et dispensatrice des trésors de la grâce, donc en dehors d'elle on ne saurait conférer un véritable baptême. Le principe est excellent, mais la conséquence ne découle pas des prémisses. De ce que les hérétiques abandonnent l'Église, s'ensuit-il qu'ils ne puissent emporter avec eux une partie de sa doctrine, de son culte ou de ses sacrements ? Ces sacrements ou cette doctrine cessent-ils d'être la doctrine et les sacrements de l'Église, parce qu'on les retrouve également chez ceux qui les ont conservés après leur défection ? Quand je vois l'Évangile entre les mains des héré

---

2. S. Augustin, *de baptismo*, l. IV, 6.

tiques, écrivait saint Augustin, je suis bien obligé de reconnaître que c'est là l'Évangile, tout en détestant leurs erreurs[1]. Le baptême qu'ils administrent, n'est donc pas le leur, mais celui de Dieu et de l'Église, quelque part qu'on le trouve ou qu'ils l'aient transporté[2]. Voilà pourquoi il est valide. Par cette simple remarque croulent tous les arguments que Cyprien fondait sur l'unité de l'Église, sur l'unité du baptême, sur l'unité du Christ, etc. Encore une fois, c'est le baptême de l'Église que les hérétiques conféraient en dehors de son corps visible ; c'est d'elle qu'ils l'avaient emprunté ; c'est à elle qu'ils donnaient de nouveaux enfants, à leur insu et malgré eux[3]. L'erreur de saint Cyprien provenait de ce qu'il renfermait dans des limites trop étroites l'action surnaturelle du Christ, au lieu d'admettre que l'Église peut compter parmi ses membres des hommes qui, à défaut de liens extérieurs, sont unis à elle par la charité. Une distinction bien précise entre l'Église visible ou la réunion des fidèles sous le gouvernement des pasteurs légitimes, et l'Église invisible, formée de tous ceux que la grâce divine a sanctifiés, une pareille distinction, nettement établie, aurait suffi pour lever toute équivoque. Saint Augustin saura développer avec plus de largeur la notion de l'Église, envisagée comme la totalité de ceux qui participent à l'effusion de la grâce sanctifiante : il dira sans hésiter que le domaine du Christ s'étend bien au delà de l'unité extérieure et visible, que le Seigneur

1. S. Augustin, *de baptismo contra Donatistas*, l. IV, 6 : Sicut etiam ipsum Evangelium, cum apud eos invenio, necesse est ut approbem, quamvis eorum detester errorem.

2. Ibid. I, 14 : Non est baptismus ille schismaticorum vel hæreticorum, sed Dei et Ecclesiæ, ubicumque fuerit inventus et quocumque translatus... III, 10 : non itaque ideo non sunt sacramenta Christi et Ecclesiæ, quia eis illicite utuntur.

3. Ibid., I, 14 : Ecclesia quippe omnes per baptismum parit, sive apud se, sive extra se.

exerce son action hors de l'Église, de même que le démon déploie ses forces dans l'Église [1]. Mais, comme nous l'avons vu, Cyprien entraîné par son ardeur à défendre l'unité catholique, en était venu à méconnaître les éléments chrétiens qui peuvent exister au sein même du schisme et de l'hérésie.

L'argument tiré de l'indignité du ministre avait encore moins de force que le précédent. Qui peut donner ce qu'il n'a pas, disait saint Cyprien, et comment celui qui a perdu l'Esprit-Saint pourrait-il le communiquer à d'autres ? Telle est la pensée que l'évêque de Carthage retourne sous toutes les formes, et sur laquelle il revient dans chacune de ses lettres. Si elle était juste, il en résulterait que, dans l'Église même, quiconque s'est rendu coupable de quelque péché grave, ne pourrait validement administrer un sacrement. Cette conséquence, les donatistes sauront la déduire du principe posé par Cyprien. Sans doute, ce dernier cherchait à la repousser d'avance en distinguant les pécheurs qui baptisent dans l'Église d'avec les hérétiques qui baptisent hors de l'Église [2]. Mais saint Augustin a fort bien démontré que cette distinction ne sauve rien tant que les rebaptisants maintiennent leur principe. Si la possession de l'Esprit-Saint ou la grâce sanctifiante est une condition nécessaire pour conférer validement le baptême, les pécheurs qui sont dans l'Église n'ont pas plus de pouvoir à cet égard que les hérétiques ; et dans ce cas, qui pourra jamais savoir s'il a reçu en réalité un sacrement quelconque, puisque la vertu de l'acte dépend des disposi-

---

1. S. Augustin, *de baptismo contra Donatistas*, IV, 9 : Sicut ergo et *intus* quod diaboli est arguendum est, sic et *foris* quod Christi est agnoscendum est. An extra unitatem Ecclesiæ non habet sua Christus, et in unitate Ecclesiæ habet sua diabolus ?

2. Ép. LXXIII, *de saint Cyprien à Jubaïen* : Aliud est eos qui intus in Ecclesia sunt, in nomine Christi loqui ; aliud eos qui foris sunt, et contra Ecclesiam faciunt, in nomine Christi baptizare.

tions intérieures ou de la sainteté du ministre [1]? Sans le vouloir, Cyprien portait atteinte à la notion même du sacrement. C'est en vertu de l'institution divine que les sacrements opèrent la sanctification de l'homme ; c'est Jésus-Christ qui baptise, s'écriait saint Jean, *hic est qui baptizat* [2] ; c'est lui qui confère la grâce, qui communique l'Esprit-Saint : le ministre du baptême est un instrument dont les qualités ne produisent ni n'empêchent un résultat qui n'en dépend aucunement. Saint Augustin employait une comparaison fort juste, pour rendre cette idée sous une forme sensible : « Un rayon de soleil tombant sur la boue ne perd ni son éclat ni sa pureté ; ainsi le baptême du Christ n'est-il pas souillé par les crimes de ceux qui l'administrent [3]. » Sans doute l'hérétique pèche en conférant, hors de l'Église, un sacrement qu'il ne devrait administrer qu'en communion avec l'Église ; mais il ne faut pas confondre la licité et la validité d'un acte. « Autre chose est ne rien avoir, dit saint Augustin, autre chose est posséder injustement et user sans droit. » Cyprien et Firmilien après lui ont raison de dire qu'il n'est pas permis à l'hérétique d'ordonner, d'imposer les mains, de baptiser, etc. [4] ; mais s'ensuit-il de là que ces actes soient frappés de nullité ? Pas le moins du monde. Le sacrement, dira saint Augustin, opère par sa vertu intrinsèque, *sacramento sua divina virtus adsistit*, pourvu que le baptême soit administré « avec

---

1. S. Augustin, *de bapt.*, VI, 17 : Si ergo propterea baptizandi sunt ad Ecclesiam venientes hæretici, ut ab amicis Dei baptizentur, numquid illi avari, raptores, homicidæ, amici Dei sunt, aut quos baptizaverint denuo baptizandi sunt ? — L'évêque d'Hippone répète cet argument jusqu'à satiété, pour réfuter l'opinion de Cyprien par les conséquences absurdes, qui en découleraient.
2. S. Jean. I, 33.
3. S. Augustin, *de bapt.*, III, 10.
4. Ép. LXXV : Hæretico enim, sicut ordinare *non licet* nec manum imponere, ita nec baptizare nec quidquam sancte nec spiritaliter gerere.

les paroles évangéliques, comme l'Église l'a reçu, » quelle que soit d'ailleurs la foi de celui qui le confère [1]. L'indignité du ministre ajoute au poids de ses fautes celui d'un nouveau sacrilège ou d'une profanation, mais ne saurait nuire à la valeur d'un acte dont la vertu est indépendante de son mérite personnel.

Restait l'incapacité du sujet, troisième raison alléguée par les rebaptisants pour justifier leur conduite. Comment, s'écriait saint Cyprien, des hommes en révolte contre Dieu, contre le Christ et son Église, pourraient-ils recevoir un sacrement qui confère la grâce divine ? Ici l'évêque de Carthage confondait, comme le fait remarquer saint Augustin, le sacrement avec son effet [2]. Il est très-vrai que le baptême, reçu par un adulte dont la foi ou les mœurs sont perverties, ne le justifie point, à cause de l'obstacle qu'il rencontre chez lui : dans ce cas, une partie des effets du sacrement reste comme suspendue, sauf à se produire du moment que l'obstacle sera levé. Mais autre chose est recevoir un sacrement, autre chose le recevoir dignement et avec fruit [3]. Celui qui a été baptisé chez les hérétiques, dans la forme déterminée par le Christ, n'en a pas moins reçu un véritable baptême ; le caractère du chrétien, dira l'évêque d'Hippone, lui est acquis pour toujours, et ce caractère ineffaçable exclut toute réité-

---

1. S. Augustin, *de bapt.*, III, 10 ; IV, 10, 15 : Ad baptismum qui *verbis evangelicis consecratur*, non pertinere cujusquam vel dantis vel accipientis errorem, sive de Patre, sive de Filio, sive de Spiritu sancto aliter sentiat quam cœlestis doctrina insinuat.

2. Ibid., VI, 1 : Non distinguebatur sacramentum ab effectu, vel usu sacramenti.

3. S. Augustin, *de bapt.* III, 14 : Nec interest cum de sacramenti integritate et sanctitate tractatur, quid credat et quali fide imbutus sit ille qui accipit sacramentum. Interest quidem plurimum *ad salutis viam*, sed ad *sacramenti quæstionem* nihil interest. Fieri enim potest ut homo integrum habeat sacramentum, et perversam fidem.

ration d'un acte valide à jamais [1]. Que cet acte ne profite point pour le salut à qui s'obstine à rester dans le schisme ou dans l'hérésie, cela n'est pas douteux ; mais il en va de même de tous les sacrements : les uns y trouvent la vie, les autres la mort, bien que tous les reçoivent réellement : *Sumunt boni, sumunt mali, sorte tamen inæquali, vitæ vel interitus.*

Ainsi, Messieurs, le sentiment de saint Cyprien, quoique défendu avec un rare talent et une incontestable éloquence, ne pouvait pas tenir contre un examen attentif des principes sur lesquels s'appuyaient les rebaptisants. Pour nous en convaincre, il nous a suffi de parcourir le traité de saint Augustin *sur le Baptême* ; car, en argumentant contre les donatistes, l'évêque d'Hippone s'attachait avant tout à leur enlever des mains l'arme qu'ils prétendaient avoir trouvée dans les écrits de Cyprien. A cet effet, il parcourt les différentes lettres que l'évêque de Carthage avait écrite sur le baptême des hérétiques; il examine une proposition après l'autre, en démêle le fort et le faible avec une sagacité merveilleuse. Le grand docteur ne s'en tient pas à ce premier travail : il passe ensuite aux actes du troisième concile de Carthage, et réfute une à une les réponses données par les quatre-vingt-cinq évêques qui faisaient partie de l'assemblée [2]. C'est dans cette critique si judicieuse et si complète qu'il faut chercher le dernier mot de la controverse dont nous parlons. Mais j'ignore si l'on ne doit pas admirer encore da-

---

1. Ibid., vi, 1 : Etiam ovem, quæ foris errabat, et *dominicum caracterem* a fallacibus deprædatoribus suis foris acceperat... *caracterem* tamen in ea dominicum agnosci potius quam improbari.

2. S. Augustin, *de bapt*, vi, vii. Le concile de Carthage dont saint Augustin discute les actes est le 3ᵉ qui ait été tenu pour l'affaire des rebapisants ; mais si l'on compte tous ceux qui se réunirent dans cette ville sous l'épiscopat de saint Cyprien, il faut l'appeler le 7ᵉ.

vantage la modération et la réserve pleine de délicatesse dont saint Augustin fait preuve dans cette discussion. Avec quel ménagement il traite la mémoire de l'illustre évêque dont il se voit obligé de combattre l'erreur ! Comme il est attentive à chercher des circonstances atténuantes dans la nouveauté d'une question non encore élucidée, dans l'absence d'une définition solennelle de l'Église, dans les sentiments de paix et de charité qui animaient le saint martyr au milieu de ce grave débat ! On n'a jamais pratiqué avec une attention plus scrupuleuse la belle maxime de Cicéron : *Refellere sine iracundia, refelli sine pertinacia*. Laissez-moi vous lire la page qui ouvre cette réfutation d'ailleurs si nerveuse et si incisive : la belle âme d'Augustin s'y révèle à chaque ligne, avec cet accent de tendresse qui donne tant de charme à sa parole :

« J'arrive maintenant au bienheureux martyr Cyprien, dont ces hommes charnels se flattent d'avoir l'autorité pour eux, tandis que sa charité leur donne le coup de mort, si l'on envisage les choses selon l'esprit. A cette époque-là, le consentement de toute l'Église n'avait pas encore confirmé par la définition d'un concile *plénier* [1] le sentiment qu'il faut tenir en pareille matière. C'est pourquoi il plut à Cyprien et à

1. On a beaucoup disserté sur la question de savoir quel est ce concile *plénier* ou universel tant de fois invoqué par saint Augustin dans son livre contre les donatistes. Parmi les critiques, les uns se sont prononcés pour le concile d'Arles tenu en 314, les autres pour celui de Nicée réuni en 325. Nous pensons avec Bellarmin et Bossuet que saint Augustin a voulu désigner ce dernier. Car le concile d'Arles n'a jamais été regardé dans l'Église comme un concile œcuménique (*plenarium totius orbis concilium*); et saint Augustin lui refuse positivement ce caractère dans l'une de ses lettres, où il dit que la cause de l'évêque Cécilius n'a pas été jugée dans un concile général, bien qu'elle l'eût été dans le concile d'Arles. En déclarant que le baptême des novatiens était valide, les Pères de Nicée ont tranché la question des rebaptisants, car c'est principalement sur le baptême des novatiens que portait le débat en Afrique

près de quatre-vingts évêques africains avec lui de décider que l'on rebaptiserait, à son retour dans l'Église, tout homme qui aurait reçu le baptême hors de la communion catholique. Comment donc se fait-il que le Seigneur n'ait pas manifesté à un si grand homme ce qu'il y avait d'erroné dans une telle pratique ? N'en doutons pas, c'est afin que la pieuse humilité et la charité de Cyprien pussent éclater dans le soin qu'il mit à conserver la paix de l'Église malgré ce différend : exemple salutaire, non-seulement pour les chrétiens de son temps, mais encore pour ceux des âges futurs. Que fit en effet cet évêque qui à l'autorité d'un siège illustre, joignait tant de mérite, tant de courage, tant d'éloquence et de vertu ? Sans doute, il professait sur le baptême un sentiment qu'un examen plus attentif de la vérité ne devait pas confirmer ; d'autre part, beaucoup de ses collègues, mieux inspirés dans une question qui avait besoin d'être éclaircie davantage, étaient restés fidèles à l'ancienne tradition de l'Église, que tout l'univers catholique allait suivre plus tard. Eh bien, loin de rompre la communion avec ceux qui ne pensaient pas comme lui, Cyprien ne cessa d'exhorter les uns et les autres à se supporter mutuellement en s'appliquant à conserver l'union spirituelle dans le lieu de la paix... S'il n'a pas pénétré plus avant dans le secret du mystère, du moins a-t-il gardé la charité avec autant de constance que d'abnégation. C'est pourquoi il mérita d'obtenir la couronne du martyre, afin que l'effusion d'un sang glorieux dissipât le nuage qui avait pu obscurcir cette belle âme, suivant les conditions de la nature humaine... Si donc ce saint personnage a soutenu touchant le baptême une opinion contraire à la vérité ainsi qu'une recherche plus exacte devait le démontrer plus tard à la suite d'une longue discussion, il n'en a pas moins persévéré dans l'unité catholique ; son erreur a été compensée par l'abondance de la charité et lavée dans le sang du martyre[1]. »

Certes, on ne saurait porter plus de retenue et d'indulgence dans la réfutation d'une erreur échappée à un grand esprit ; et nous verrons tout à l'heure qu'en prenant la charité pour guide, saint Augustin s'est maintenu dans les voies de la justice et de la vérité. Reprenons maintenant le fil de l'histoire à l'endroit où l'examen du sentiment de saint Cyprien nous l'avait fait interrompre. La lettre synodale aux évêques de la Numidie n'avait pas rencontré partout un accueil favorable. Des doutes s'élevaient de divers côtés sur la légitimité de la décision prise par le concile de Carthage ; un évêque de la Mauritanie, Quintus, s'en fit l'interprète dans une lettre adressée au primat de l'Afrique. Celui-ci répondit en développant de nouveau les raisons qu'il avait exposées précédemment. Ces raisons nous sont connues : c'est, d'une part, l'unité de l'Église, l'unité du baptême ; de l'autre, l'impossibilité de donner la vie quand on ne l'a pas soi-même[2]. Il est donc inutile de revenir sur des arguments dont nous avons discuté la valeur ; mais ce qui mérite l'attention dans la lettre *à Quintus*, c'est la réponse que fait l'auteur à ceux qui lui opposent la tradition. J'ai déjà dit que les rebaptisants ne se sentaient pas à l'aise sur un terrain où la défense leur devenait très-difficile. Pour se tirer d'embarras, Cyprien essaie de montrer que lui aussi respecte l'ancienne règle, puisqu'il se contente d'imposer les mains à ceux qui, ayant reçu le baptême dans l'Église, reviennent à l'unité catholique après s'en être détachés. Il oublie d'ajouter que là n'était pas la question, car il s'agissait uniquement du baptême conféré hors de l'Église, dans l'hérésie. Aussi, comme s'il avait compris la faiblesse de sa réponse,

1. S. Augustin, *de bapt.*, I, 18.
2. Ép., LXXI, *de saint Cyprien à Quintus*.

il se retourne contre ses adversaires non sans dépit, et il lui échappe de dire : « Ce n'est pas la coutume qui doit faire loi ; c'est par la raison qu'il faut triompher[1]. » Le mot est hardi et a besoin d'explication. Nul doute qu'il ne faille rejeter une coutume déraisonnable ; mais quand la raison a reconnu l'antiquité et l'universalité d'une coutume, elle est bien obligée de la tenir pour légitime, sous peine de nier l'infaillibilité et la sainteté de l'Église. Lorsque Cyprien, revenant sur la même idée, dit ailleurs « que la coutume sans la vérité n'est qu'une vieille erreur », sa proposition est incontestable ; mais ce qui n'est pas moins certain, c'est qu'une pareille coutume ne saurait prévaloir dans l'Église de Jésus-Christ. Préservée de toute erreur en vertu des promesses de son divin fondateur et par l'assistance de l'Esprit-Saint, l'Église ne fera jamais entrer dans sa discipline générale une pratique contraire à la foi ou à la morale. C'est ce que Cyprien admettait tout le premier, lui qui, dans son traité *sur l'Unité de l'Église* enseignait « que l'épouse de Jésus-Christ ne connaît pas l'adultère, qu'elle est incorruptible…[2]» Or, elle ne resterait pas incorruptible si elle laissait s'introduire au milieu d'elle une discipline erronée dans la partie la plus capitale de l'économie chrétienne, c'est-à-dire dans l'administration des sacrements.

Ce serait donc, à mon avis, manquer à toutes les règles de la justice et de l'équité que de se prévaloir d'une phrase isolée, qui d'ailleurs est susceptible d'un sens très-orthodoxe, pour soutenir que saint Cyprien rejetait l'autorité de la tradition. Une saine critique doit se prononcer d'après

---

[1]. *Ibid.* : Non est autem de consuetudine præscribendum, sed ratione vincendum.

De unitate Ecclesiæ, VI.

l'ensemble du débat au lieu d'abuser d'un mot échappé dans le feu de l'argumentation. Cyprien songe si peu à contester l'autorité de la tradition qu'il l'invoque à son tour contre ses adversaires, en s'appuyant sur l'exemple d'Agrippinus et de ses autres prédécesseurs. Firmilien fera de même dans sa lettre à l'évêque de Carthage : il citera les conciles tenus auparavant à Icone et à Synnade. Ce n'est donc pas sur la question de droit ou de principe que portait la controverse, mais sur la question de fait. La tradition qu'on alléguait contre les rebaptisants était-elle, oui ou non, une tradition d'origine apostolique ? Voilà quel était le point en litige. Cyprien et Firmilien après lui prétendaient que c'était une tradition purement humaine, *humana traditio* [1], parce que, suivant eux, elle contredisait l'Évangile qui enseigne un seul baptême et une seule Église. Ils refusaient à cette tradition les deux caractères d'antiquité et d'universalité nécessaires pour constituer une tradition divine ; ils la rejetaient comme n'étant admise que par le petit nombre, *quæ apud quosdam obrepserat* [2]. En cela sans doute ils se trompaient ; mais qui ne voit que cette erreur de fait n'implique nullement la négation du principe ? Le même cas s'était présenté dans la controverse entre le pape saint Victor et quelques évêques orientaux au sujet du jour où l'on devait célébrer la Pâque. Chacune des deux parties invoquait la coutume, mais tout en différant sur la question de savoir où se trouvait la véritable, l'une et l'autre s'accordaient à voir dans la tradition le moyen de trancher le débat.

En terminant sa lettre à Quintus, Cyprien avançait une nouvelle proposition, qui est très-juste, mais que l'on pou-

---

1. Ép. LXXIV, *de Cyprien à Pompée.*
2. Ibid.

vait retourner contre lui. « Nous ne devons pas, disait-il, nous attacher avec opiniâtreté à notre propre sentiment, mais embrasser avec plaisir les avis qui nous viennent de nos frères et de nos collègues, lorsqu'ils sont légitimes, et conformes à la vérité. » La maxime est fort sage ; mais celui qui l'énonçait aurait pu se l'appliquer à lui-même, car nous venons de voir que le droit et la vérité ne se trouvaient pas de son côté. A l'appui de cette sentence, l'évêque de Carthage cite l'exemple de saint Pierre qui, dans le différend au sujet de la circoncision, s'était rendu aux conseils de saint Paul. « Quand Pierre, que le Seigneur a choisi le premier et sur qui il a bâti son Église, est divisé d'opinion avec Paul touchant la circoncision, il ne revendique pas l'autorité avec insolence, il ne fait pas valoir d'un ton arrogant les droits de sa primauté en disant que c'est aux derniers venus de lui obéir [1]. » Il faudrait, Messieurs, fermer les yeux à l'évidence pour prétendre que Cyprien nie en cet endroit la prérogative de saint Pierre ; au contraire, il la reconnaît formellement, en affirmant que cet apôtre privilégié, fondement de l'Église visible, ne s'est point prévalu de sa primauté dans sa contestation avec saint Paul. On s'éloignerait encore davantage de la vérité, si l'on voulait chercher dans ces paroles une allusion au pape saint Étienne. A l'époque où Cyprien écrivait l'*Épître à Quintus,* le souverain Pontife n'était pas encore intervenu dans la discussion ; aucun échange de lettres n'avait eu lieu entre Rome et Carthage, de telle sorte qu'on commettrait un anachronisme manifeste en supposant que l'auteur eût voulu blâmer une autorité restée jusqu'alors étrangère au débat [2]. Comme le fait obser-

---

1. Ép. LXXI, *de Cyprien à Quintus.*
2. Que la lettre à Quintus soit antérieure à la lettre au pape Étienne,

ver saint Augustin [1], l'argument tiré de l'humilité de saint Pierre est à l'adresse des évêques africains qui critiquaient la conduite des rebaptisants, et conclut *à fortiori*. Si Pierre, sur qui le Seigneur a bâti son Église, n'en consent pas moins à recevoir une leçon de la part d'un homme qui avait auparavant persécuté la religion, a plus forte raison un évêque, repris par ses collègues, doit-il abandonner son avis pour en suivre un meilleur. Assurément, je le répète, la règle indiquée était bonne ; mais revenait toujours la question : Qui avait raison dans l'espèce, de Cyprien ou de ses contradicteurs ? A qui s'adresser pour apaiser les dissensions ? Au point où l'on en était venu de part et d'autre, il fallait faire un pas de plus et recourir à une autorité supérieure. Nous l'avons vu, dans toutes les circonstances difficiles de son épiscopat, Cyprien n'avait jamais manqué de se tourner vers le siège de Rome pour y chercher un appui et des lumières. Il n'hésita pas à suivre la même voie en cette occasion. Ici, Messieurs, le débat va s'agrandir et atteindre ses vraies proportions par l'intervention du chef de l'Église.

Ému de la résistance qu'il rencontrait parmi quelques évêques de l'Afrique, Cyprien venait de convoquer à Carthage un nouveau concile pour confirmer les décisions du précédent. Soixante et onze évêques prirent part à cette assemblée tenue en 256. C'est le résultat de leurs délibérations que le primat de l'Afrique envoya au pape Étienne. Voici, dans ses principaux passages, le contenu de cette lettre synodale :

« Quelques dispositions qui réclamaient une délibération commune, frère bien-aimé, nous ont forcé de réunir et de célébrer un concile auquel nous avons appelé plusieurs

c'est ce qu'on voit clairement par celle-ci où il est fait mention de celle-là.

1. S. Augustin, *de bapt.*, ii, 1, 2.

évêques. Un grand nombre de questions y ont été proposées et résolues ; mais il en est une surtout au sujet de laquelle nous croyons devoir vous écrire pour en conférer avec votre sagesse et votre autorité, car elle intéresse à un haut degré le pouvoir sacerdotal, l'unité de l'Église catholique et l'honneur qui découle pour elle de sa divine organisation. Nous avons donc décidé que tous ceux qui auront été baptisés hors de l'Église parmi les hérétiques et les schismatiques, ou, pour mieux dire, souillés par la contagion d'une eau profane, seront baptisés quand ils reviendront à nous et à l'Église qui est une. En effet, ce serait peu de leur imposer les mains pour faire descendre sur eux l'Esprit-Saint, s'ils ne recevaient en même temps le baptême de l'Église ; alors seulement ils peuvent être pleinement sanctifiés et devenir les enfants de Dieu, quand ils renaissent par l'un et par l'autre sacrement [1]. »

Suit l'explication d'un fait rapporté aux *Actes des Apôtres*, pour établir que le concile de Carthage est resté fidèle à la tradition apostolique. L'auteur oublie que les hommes baptisés dans la maison du centurion Corneille n'avaient encore reçu aucune espèce de baptême, ce qui enlève à l'argument toute sa force ; puis il reprend en ces termes :

« Que le baptême dont se servent les hérétiques n'en soit pas un, et que la grâce du Christ ne profite point à ceux qui sont les ennemis du Christ, c'est ce que nous avons eu soin de montrer il y a peu de temps dans la lettre écrite à ce sujet à Quintus, notre collègue de Mauritanie, et dans celle que nos collègues avaient adressée auparavant aux évêques de Numidie. Je vous envoie un exemplaire de l'une et de l'autre. Nous portons à votre connaissance toutes ces choses,

---

1. Ép. LXXII, *de Cyprien au pape Étienne*.

frère bien-aimé, dans l'intérêt de notre commune dignité et pour obéir à une affection sincère, bien convaincu que des ordonnances inspirées par la foi et par la piété ne manqueront pas de plaire à votre piété et à votre zèle pour la foi. Du reste, nous le savons, il en est qui ne changent pas facilement d'avis, imbus qu'ils sont d'opinions auxquelles ils ne veulent pas renoncer ; sans rompre les liens d'amitié et de paix qui les unissent à leurs collègues, ils restent attachés aux usages une fois introduits parmi eux. Aussi ne prétendons-nous pas, sur ce point, faire le procès ni imposer de lois à personne, puisque chaque évêque a dans l'administration de son Église le libre usage de sa volonté, sauf à rendre compte de ses actes au Seigneur [1]. »

Comme vous le voyez, Messieurs, cette lettre au pape Étienne est pleine de convenance et de mesure. Tout en contestant la validité du baptême conféré par les hérétiques, Cyprien cherche moins à combattre l'opinion des autres qu'à faire tolérer la sienne. Il y a bien dans la phrase qui termine sa lettre une proposition peu rigoureuse, s'il fallait la prendre dans un sens général et absolu ; mais ce serait forcer le texte que d'y introduire une erreur étrangère à la pensée de l'auteur. Nul doute que chaque évêque n'administre librement la portion du troupeau de Jésus-Christ confiée à ses soins, sous la condition néanmoins de respecter les lois universelles de l'Église ; sinon que deviendrait l'unité catholique dont Cyprien nous faisait un si brillant éloge dans le traité consacré au développement de ce beau thème? L'illustre docteur se serait mis en contradiction avec lui-même s'il avait voulu dire qu'un évêque n'est justiciable que du tribunal de Dieu, et ne doit compte de ses actes à personne

---

1. Ép. LXXII, *de Cyprien au pape Étienne.*

sur la terre. S'il en était ainsi, de quel droit Cyprien avait-il sollicité du pape la déposition de Marcien, évêque d'Arles ? De quel droit, lui, évêque africain, s'opposait-il à la réintégration de deux évêques de l'Espagne ? De quel droit écrivait-il au peuple d'Assures, dans l'Afrique proconsulaire, de ne pas permettre que Fortunatien, évêque de cette ville, continuât à y exercer ses fonctions [1] ? Comment justifier son intervention dans une multitude d'affaires étrangères à son diocèse ? Évidemment il admettait, sa vie entière l'atteste, qu'un évêque est responsable envers l'Église universelle, et par conséquent envers le successeur de celui dont la primauté inspirait de si belles pages à l'auteur du traité *sur l'Unité de l'Église*. Cela prouve, Messieurs, qu'il ne faut pas s'attacher à tel mot, à telle phrase isolée, pour bien se rendre compte de la pensée d'un écrivain, mais à l'ensemble de sa vie ou de ses ouvrages, et en particulier aux endroits où sa doctrine est mieux définie et plus développée. Maintenant, quel est le fait capital qui ressort de la lettre de saint Cyprien à saint Étienne ? C'est que l'évêque de Carthage n'envisageait nullement le point en litige comme une question dogmatique, mais comme une affaire de pure discipline où chaque évêque était libre de s'en tenir à la coutume de son diocèse. Voilà le point de vue auquel il faut se placer pour juger avec impartialité cette mémorable controverse.

Que telle ait été la pensée de saint Cyprien, c'est ce qui résulte d'une multitude de textes, tous plus précis les uns que les autres. Nous venons de voir comment il pose la question dans sa lettre au pape : il ne veut imposer son opinion ni faire de loi à personne ; il a pris une mesure de concert avec ses collègues, mesure qu'il croit légitime, conforme au

---

1. Ép. LXIV, *de Cyprien à Épictète et au peuple d'Assures*.

droit et aux véritables intérêts de l'Église, mais qu'il ne prétend pas ériger en règle générale. Là-dessus il n'a jamais varié ; et c'est avec raison que saint Augustin le loue, en plus de cent endroits, d'une réserve si délicate. Même au plus fort de la lutte, il n'a pas franchi ces limites au delà desquelles le schisme eût été difficile à éviter. Ainsi, dans sa lettre à Jubaïen, il dira : « Nous vous avons transmis ces courtes réflexions, comme nous le permettait notre faiblesse, sans vouloir rien prescrire à personne, ni rien préjuger. Que chaque évêque agisse comme il lui semblera bon, car il a la libre disposition de sa volonté [1]. » Même retenue au troisième concile de Carthage : « Que chacun de nous fasse connaître son sentiment, sans juger personne, ni retrancher de notre communion ceux qui ne pensent pas comme nous [2]. » Enfin il terminera sa lettre à Magnus par une formule presque identique : « Je vous ai exprimé mon opinion, sans l'imposer à personne, et laissant à chaque évêque la liberté de statuer à cet égard selon qu'il lui plaira [3]. » Ces paroles nous montrent clairement qu'aux yeux de saint Cyprien toute la controverse des rebaptisants se restreignait à une simple question de discipline, au sujet de laquelle chaque évêque restait libre de se former une opinion, et chaque église de conserver sa coutume particulière. S'il avait attribué à l'objet du débat un caractère dogmatique, il se serait exprimé tout différemment ; il n'aurait pas dit que chacun est libre de penser là-dessus et de faire comme bon lui semble. Rappelons-nous avec quelle énergie le défenseur de l'unité catholique repoussait le sentiment des novatiens, alors qu'il s'agissait du dogme de la pénitence et de la hiérarchie ecclé-

---

1. Ép., LXXIII, *de Cyprien à Jubaïen*, ad finem.
2. *Concilia Carthag.* Patrol. de Migne, tome III, p. 1053.
3. Ép., LXXVI, *ad Magnus*, ad finem.

siastique. Ici, au contraire, il laisse à ses adversaires la pleine liberté de leur opinion, se bornant à réclamer une égale tolérance pour la sienne : preuve évidente qu'en défendant une mesure disciplinaire, il ne croyait pas heurter un dogme. Ceci explique et atténue en grande partie la résistance qu'il opposera plus tard aux décisions du pape Étienne.

Est-ce à dire, Messieurs, que Cyprien ait eu raison de ne voir dans la controverse des rebaptisants qu'une simple affaire de discipline, où chacun est libre d'adopter tel sentiment ou telle règle de conduite qu'il lui plaît ? Assurément non. Le baptême conféré en due forme par les hérétiques est-il valide ou non ? C'est là une question qui rentre dans la discipline sans doute, mais qui n'intéresse pas moins le dogme, car il y va de l'essence même des sacrements. Cela est si vrai que, pour défendre son opinion, l'évêque de Carthage s'appuie constamment sur des raisons dogmatiques, telles que l'unité de l'Église, l'unité du baptême, l'absence de vie surnaturelle dans le schisme et dans l'hérésie. Nous remarquons ici l'une de ces contradictions auxquelles les meilleurs esprits ne sauraient échapper, du moment qu'ils s'engagent dans une fausse voie. Mais, encore une fois, pour saisir les mobiles qui ont poussé Cyprien à la résistance, il faut se placer à son point de vue et non pas au nôtre. Il regarde toute l'affaire des rebaptisants comme un point de discipline, qu'il appartient à chaque évêque de régler dans son diocèse suivant la coutume établie. Partant de là, il n'entend imposer à personne sa manière de voir et d'agir, mais il ne veut pas non plus qu'on le condamne sur une question qui lui paraît rentrer dans le domaine des opinions libres. Tel est le vrai sens de la lutte qu'il va soutenir.

Dans l'intervalle qui s'écoula entre l'envoi de la lettre à saint Étienne et la réponse du pape, un incident fâcheux ne contribua pas peu à augmenter l'émotion de Cyprien. Nous l'avons dit, ce n'est pas hors de l'Afrique seulement, mais encore dans cette partie de l'Église que les décisions du concile de Carthage trouvaient des adversaires : tant il est vrai qu'une coutume récente n'avait pu détruire partout l'attachement à l'ancienne tradition. Un évêque, nommé Jubaïen, avait fait parvenir à Cyprien une lettre où l'on appelait les rebaptisants « des prévaricateurs de la vérité, des traîtres à l'unité catholique. » Ces reproches blessèrent au vif un homme qui croyait précisément servir la cause de l'unité et les véritables intérêts de la religion. Pour s'en défendre, il répondit à Jubaïen en développant derechef les raisons qu'il avait fait valoir dans ses lettres à Quintus et aux évêques de Numidie. Ici encore, nous retrouvons la même confusion entre la validité et la licéité d'un acte, entre le sacrement et son effet [1], De ce qu'un hérétique obstiné ne saurait, malgré la réception du baptême, obtenir la rémission de ses péchés, doit-on en conclure qu'il n'a pas été réellement baptisé ? Pas le moins du monde. Il a reçu, avec le sacrement administré en due forme, le caractère du chrétien ; quant à la grâce de la justification, il en reste privé jusqu'à ce qu'il ait levé l'obstacle en renonçant à ses erreurs pour rentrer dans le sein de l'Église. Voilà pourquoi il n'est pas nécessaire de réitérer le baptême pour l'hérétique déjà baptisé, mais il suffit de lui imposer les mains en signe de réconciliation. Cyprien argumente de ce que le Seigneur n'a conféré qu'aux apôtres et à leurs successeurs le pouvoir de lier ou de délier [2] : cela est incontestable ; mais il ne faut pas oublier que le ministre d'un sacrement n'est pas nécessairement celui d'un autre. On conçoit que la fonction de remettre les péchés au tribunal de la

---

1. Ép., LXXIII, *de Cyprien à Jubaïen.*
2. Ép. LXXIII, *de Cyprien à Jubaïen.*

pénitence, devant s'exercer sous forme de jugement, soit exclusivement dévolue aux évêques et aux prêtres ; mais il n'est pas moins facile de comprendre que le Sauveur ait pu statuer une loi différente à l'égard du premier et de plus nécessaire des sacrements. Comment la connaître, cette loi, si ce n'est par l'Écriture et par la tradition ? Or, dans les *Actes des Apôtres* nous voyons des diacres qui baptisent et jamais l'Église n'a tenu pour invalide ni pour illicite le baptême conféré par des laïques en cas de nécessité. Ainsi de ce que les hérétiques n'ont pas le pouvoir de remettre les péchés, il ne s'ensuit pas que leur baptême doive être regardé comme nul. Certes, nous le répétons, l'évêque de Carthage était inspiré jusque dans ses exagérations par un vif sentiment de l'unité catholique et de l'excellence des Sacrements : on se rappelle les belles pages de son traité *sur l'Unité de l'Église,* quand il écrit à Jubaïen :

« Vous tous qui avez soif, dit le Seigneur, venez et abreuvez-vous aux sources d'eau vive qui coulent de mon sein. Où ira celui qui a soif ? à l'hérésie qui n'a ni source ni fleuve d'eau vivifiante ? ou bien à l'Église que la parole du Seigneur a établie une sur un seul qui en a reçu les clefs ? C'est cette Église une qui possède et conserve toute la puissance de son époux et de son maître. C'est dans elle que nous présidons ; c'est pour défendre son honneur et son unité que nous combattons ; c'est sa grâce et sa gloire que nous défendons avec tout le dévouement de la fidélité. Nous étanchons, avec la permission divine, la soif du peuple de Dieu, nous qui veillons à la garde des sources sacrées. Si donc nous ne faisons que maintenir nos droits de possession, si nous reconnaissons le sacrement de l'unité, pourquoi nous appeler des prévaricateurs de la vérité, des déserteurs de l'unité ? Semblable à l'Église toujours incorruptible, chaste et pudique, l'eau de l'Église, qui coule pour le salut, ne peut subir ni altération, ni mélange adultère[1]. »

Certes, Messieurs, voilà un noble langage : Cyprien se montre ici comme partout un serviteur passionné pour l'honneur et les intérêts de l'Église. Seulement, il est à regretter que cette belle protestation de dévouement et de fidélité tombe à côté de la question. Car enfin, la réponse était toute prête : le baptême qu'administrent les hérétiques est précisément le baptême de l'Église ; c'est à elle qu'ils empruntent ce sacrement dont la matière et la forme leur ont été transmises par l'enseignement traditionnel ; et le plus bel hommage qu'ils puissent lui rendre, c'est de puiser aux sources dont elle reste la gardienne vigilante. Mais ne revenons pas sur un point que nous avons déjà discuté. Dans le document que Jubaïen avait fait parvenir à l'évêque de Carthage, l'adversaire des rebaptisants soutenait la légitimité du baptême des marcionites, « par la raison qu'ils baptisaient eux aussi *au nom de Jésus-Christ*[2]. » C'est là-dessus que Cyprien l'attaque. On pourrait croire, d'après ce passage, que le docteur africain contestait la validité du baptême des hérétiques, parce qu'il leur reprochait de ne pas employer la forme par le Christ. Si tel avait été le sens de son argumentation, elle serait irréprochable, et, aucun catholique n'eût songé à la combattre.

Mais, Messieurs, il suffit de lire avec attention les pièces du procès pour se convaincre que le débat ne portait nullement sur la matière ou la forme en usage parmi les hérétiques. Ce qui le prouve sans réplique, ce sont les arguments que Cyprien fait valoir dans tout le cours de la discussion. Ces arguments ont une portée générale, et s'appliquent à n'im-

---

1. Ép. LXXIII, *de Cyprien à Jubaïen.*
2. Ép. LXXIII, *de Cyprien à Jubaïen.*

porte quel schisme ou quelle hérésie, sous prétexte que l'Église est une, que le baptême est un, et qu'il n'y a chez les hérétiques ni grâce sanctifiante, ni Esprit-Saint, ni rémission des péchés. Comme vous le voyez, il ne s'agit pas là simplement d'une omission volontaire de l'une des trois personnes divines dans la formule du baptême. Si l'auteur de la lettre à Jubaïen attaque le baptême des marcionites, ce n'est pas à cause d'une omission pareille, mais de leur foi perverse touchant la Trinité : voilà ce qui frappe de nullité, selon lui, le sacrement qu'ils prétendent conférer. « Si l'on me prouve, dit-il, que la foi des hérétiques est la nôtre, j'accorderai que nous avons le même baptême... Mais il s'en faut que la foi de Marcion et des autres hérétiques soit identique à la nôtre. Il n'y a chez eux que perfidie et blasphème, que disputes ruinant la sainteté et la vérité. Comment donc celui qui est baptisé parmi eux obtiendrait-il par sa foi la rémission des péchés et la grâce du pardon divin, lui qui n'a pas la foi véritable[1] ? » Il est impossible de s'y tromper : ce n'est pas à un changement dans la formule du sacrement, mais à l'absence de l'orthodoxie chez les hérétiques, que Cyprien attribue la nullité de leur baptême. Saint Irénée mentionne, il est vrai, quelques sectes gnostiques qui altéraient la matière ou la forme du sacrement de la régénération[2] ; mais rien n'indique que les novatiens et les marcionites, dont parle Cyprien, se soient portés à des excès de ce genre ; et saint Augustin a pu dire sans crainte de recevoir un démenti : « On trouverait plus facilement des hérétiques qui ne baptisent pas du tout, que des hérétiques qui ne se servent pas en baptisant des paroles prescrites par

---

1. Ép. LXXIII, de Cyprien à Jubaïen.
2. S Irénée, adv. hær., I, 23.

l'Évangile [1]. » Quoi qu'il en soit, la controverse que nous étudions ne portait pas sur ce point, et avait une signification bien plus large : Cyprien et le concile de Carthage niaient la validité du baptême des hérétiques, par cela seul disaient-ils, qu'on le conférait *hors de l'Église*.

On ne peut qu'applaudir aux sentiments de paix et de charité que l'auteur manifeste vers la fin de sa lettre à Jubaïen : « A Dieu ne plaise, écrit-il, que nous entrions en dispute, à cause des hérétiques, avec nos collégues dans l'épiscopat ! Du moins faisons nous ce qu'il est en notre pouvoir, pour garder avec eux la concorde et la paix du Seigneur, d'autant plus que l'apôtre a dit : Si quelqu'un aime à contester, pour nous, ce n'est point là notre coutume, ni celle de l'Église de Dieu. Nous conservons, avec douceur et patience, la charité du cœur, l'honneur de notre collége, le lien de la foi et la concorde du sacerdoce. » Admirables paroles, qui nous montrent à quel point l'évêque de Carthage était éloigné de toute pensée de schisme ou de division ! Toutefois, Messieurs, on ne saurait le nier, le ton de la lettre à Jubaïen accuse déjà une émotion très-vive : aux mots blessants contenus dans la pièce anonyme envoyée par cet évêque, Cyprien répond en adressant à ses contradicteurs des reproches non moins durs : il les accuse de « patronner l'hérésie ; » il ne craint pas de les appeler partisans et fauteurs d'hérétiques, *suffragatores et fautores hæreticorum*. De pareilles récriminations ne pouvaient qu'envenimer le débat et produire une irritation réciproque. Et maintenant que Rome va parler, que la décision du Siége apostolique, attendue à Carthage, va tomber au milieu d'esprits échauffés par

---

[1]. S. Augustin, *de bapt.*, VI, 25.

la lutte, que sera le résultat de cette intervention ? Si la sentence leur est défavorable, Cyprien et le concile de Carthage reconnaîtront-ils la validité du baptême conféré par les hérétiques ? ou bien continueront-ils à soutenir que la question est du nombre de celles dont la solution doit être abandonnée au libre jugement de chaque évêque ? La suite nous l'apprendra.

DIX-HUITIÈME LEÇON

Réponse du pape saint Étienne. — Sens propre et naturel de ce rescrit. — Cyprien croit y voir une condescendance excessive à l'égard des hérétiques. — Il se persuade qu'il a le droit de ne pas se ranger à l'avis du pape dans une question qu'il envisage comme une affaire de pure discipline. — Partant de cette idée, il s'obstine à garder son sentiment. — *Lettre* à Pompée. — Un nouveau concile, réuni à Carthage, confirme les décisions du précédent. — La question des rebaptisants dans l'Asie mineure. — *Lettre* de saint Cyprien à Firmilien, évêque de Césarée, et réponse de ce dernier. — La lettre de Firmilien est aussi faible pour le fond que violente dans la forme. — Tentatives de quelques érudits pour révoquer en doute l'authenticité de ces pièces. — Examen critique de leurs arguments. — Cette thèse, toute ingénieuse qu'elle est, ne repose sur aucun fondement solide. — Conclusion du débat. — Ni le talent ni l'éloquence n'ont pu prévaloir contre l'autorité suprême du successeur de saint Pierre. — Cyprien a péché par excès d'attachement à l'unité catholique, si l'on peut s'exprimer de la sorte. — Son erreur trouve son excuse dans les sentiments qui l'ont inspirée.

Messieurs,

La réponse du pape saint Étienne à la lettre de saint Cyprien était arrivé à Carthage pendant l'été de l'année 256. Comme on pouvait facilement le prévoir, elle condamnait l'opinion des rebaptisants. Nous ne possédons plus, il est vrai, ce célèbre document dans toute son étendue, mais le peu que Cyprien nous en a transmis suffit pour en déterminer le sens et la portée. Gardien fidèle de la tradition apostolique, le successeur de saint Pierre s'exprimait en ces terme :

Si quis ergo a quacumque hæresi venerit ad vos, nihil innovetur nisi quod traditum est, ut manus illi imponatur in pœnitentiam, cum ipsi hæretici proprie alterutrum ad se venientes non baptizent, sed communicent tantum [1].

« Si quelqu'un vient à vous, de quelque hérésie que ce soit, que l'on garde, sans rien innover, la tradition qui est de lui imposer les mains pour la pénitence, puisque les hérétiques eux-mêmes admettent, sans les rebaptiser, ceux qui, parmi eux, passent d'une secte à l'autre. »

Rien de plus clair que cettre phrase malgré sa forme elliptique. Aussi l'antiquité a-t-elle été unanime pour l'interpréter dans le sens qui s'offre tout naturellement à l'esprit. Le souverain Pontife repousse toute innovation et ordonne de s'en tenir à la coutume observée jusqu'alors, qui est d'imposer les mains aux hérétiques convertis, en signe de réconciliation. Pour mieux faire ressortir l'universalité de cette tradition, il s'appuie sur l'exemple des hérétiques eux-mêmes qui, en cela du moins, étaient restés fidèles à l'ancienne discipline de l'Église. Mais il est des esprits pour lesquels les solutions les plus simples sont les moins satisfaisantes. On a donc essayé récemment de traduire ainsi la phrase de saint Étienne : « Il ne faut renouveler, pour l'hérétique converti, que ce que la tradition ordonne de renouveler. » Le sens propre des mots suffit pour écarter cette interprétation, qui a le tort de confondre *innovare* avec *renovare*. Le docteur Dœllinger ne me paraît pas avoir été plus heureux dans sa traduction : selon lui, le pape veut parler de la rénovation spirituelle des hérétiques, qui doit s'opérer par l'imposition des mains [2]. Si je ne me trompe, vous saisissez sans peine

---

1. Ép. LXXIV, *de saint Cyprien à Pompée*. Il y a évidemment une ellipse dans ces mots *nihil innovetur nisi quod traditum est*. La proposition équivaut à celle-ci : Nihil innovetur, *sed servetur* quod traditum est.

2. Dœllinger, *Handbuch der christ. K. G.* I, 303.

tout ce qu'une telle explication a d'arbitraire et de peu naturel. Le sens du mot *innovetur*, qui forme une antithèse avec *traditum*, est indiqué par l'objet même de la lutte, où l'on s'efforçait d'un côté à faire prévaloir une nouvelle discipline sur l'ancienne. C'est de cette innovation qu'il s'agit dans le texte, et non pas du renouvellement intérieur des hérétiques. Ainsi l'ont entendu saint Cyprien, l'auteur du livre *de rebaptismate*, Eusèbe, saint Augustin et saint Vincent de Lérins, tous ceux qui se sont occupés de la controverse des rebaptisants dans les premiers siècles de l'Église ; et il serait peu raisonnable de soutenir qu'ils n'ont pas su attacher à la maxime de saint Étienne sa véritable signification [1].

Mais, Messieurs, si l'on ne peut se méprendre sur le sens général de la réponse de saint Étienne, en est-il de même pour l'une ou l'autre expression employée par le souverain Pontife ? Chose singulière tandis que toute l'antiquité chrétienne s'est plu à reconnaître dans ce pape le défenseur de la tradition apostolique et de la vérité; des écrivains plus récents ont essayé d'intervertir les rôles, en imputant à Étienne une erreur non moins grave que celles des rebaptisants. A les entendre, l'évêque de Rome en voulant combattre l'opinion de saint Cyprien, se serait jeté dans un autre

---

1. Après avoir cité les paroles de saint Étienne, Cyprien s'écrie : « Comme si c'était *innover* que de garder l'unité, que de revendiquer pour l'Église, qui est essentiellement une, l'unité du baptême... (Ép. à Pompée). — L'auteur du livre *de rebaptismate* fait une allusion manifeste aux paroles de saint Étienne, lorsqu'il dit : « Il n'y aurait pas eu de controverse possible, si chacun de nous s'était appliqué à *ne rien innover*. » (Ch. 1). — Eusèbe s'exprime dans les mêmes termes : « Étienne, dit-il, pensait qu'il ne fallait *rien innover* contre une tradition qui était en vigueur depuis l'origine. » (H. E., VII, 39.) — Item S. Augustin, *de bapt.*, V, 25 ; — Vincent de Lérins. *Common*, VI.

extrême, jusqu'à tenir pour valide toute espèce de baptême conféré *au nom du Christ*, même sans la mention expresse des trois personnes divines. Formulée d'abord par Sarpi et par Ellies Dupin, cette accusation a trouvé de l'écho chez des critiques modernes tels que Gieseler et Néander [1]. Elle dénote de la part des uns et des autres beaucoup d'inadvertance ou peu d'impartialité. Et en effet, si le pape saint Étienne avait erré sur un point tellement capital, comment se ferait-il que ni Eusèbe, ni saint Augustin, ni saint Jérôme, ni saint Vincent de Lérins, ni aucun de ceux qui ont rendu compte de ces débats n'eussent mentionné un détail de cette importance? Au contraire, tous s'accordent à dire que le souverain Pontife défendait la cause de la vérité. D'un autre côté, si l'évêque de Rome avait prêté le flanc à l'attaque par une erreur si grossière, pense-t-on que Cyprien et Firmilien eussent négligé ce moyen de défense? Avec quel empressement l'un et l'autre n'auraient-ils pas saisi cette arme pour retourner contre leur adversaire les griefs dont il les chargeait? Leur situation devenait toute différente : d'accusés ils se transformaient en accusateurs, et sur un pareil terrain la victoire leur était assurée. Eh bien, Cyprien a-t-il jamais songé à reprocher au pape d'avoir enseigné que le baptême des hérétiques est valide, n'importe dans quelle forme ils l'administrent ; ou en d'autres termes qu'il est indifférent de remplacer l'invocation des trois personnes divines par la mention unique du nom de Jésus-Christ? Pas le moins du monde. Dans ses épîtres *à Pompée* et *à Magnus*, les seules qui soient postérieures à la lettre de saint Étienne, il ne s'occupe nullement de la mutilation ni de l'intégrité du rit

---

1. Gieseler, *Kirchengeschichte*, I. 397. — Néander, *Allg. Gesch. der christ., Rel.*, p. 177.

sacramentel ; toute sa thèse se réduit à soutenir que le baptême des hérétiques est invalide, parce qu'ils confèrent en dehors de la véritable Église et que leur foi est perverse, eussent-ils même conservé la croyance aux trois personnes divines [1]. Quant à Firmilien, il reconnaît expressément que saint Étienne exigeait l'invocation des trois personnes divines pour la validité du baptême. « Ce qui est absurde, dit il, c'est que Étienne et ses adhérents ne s'inquiètent point de savoir qui a baptisé, par la raison que le baptisé a pu recevoir la grâce du moment qu'on a invoqué sur lui les trois noms du Père, du Fils et de l'Esprit-Saint [2]. » — Ces paroles prouvent clairement que le pape ne se contentait pas d'un rit quelconque pour l'administration du baptême, mais qu'il n'admettait comme valable que la forme prescrite dans l'évangile, celle qui contient la mention explicite des trois personnes divines. Un pareil aveu dans la bouche d'un adversaire ne permet pas d'équivoque et tranche toute difficulté.

Qu'est-ce donc que les critiques dont nous combattons le sentiment peuvent opposer à des témoignagnes si nets et si concluants? Le prétexte qu'ils font valoir, c'est la généralité des termes employés par saint Étienne : *Si quis a quacumque hæresi*, etc. Vous l'entendez, disent-ils, le pape n'exclut aucune hérésie, pas même celles qui changent ou altèrent la forme du sacrement. Il faut en vérité pousser la passion du dénigrement à un rare degré pour abuser ainsi d'un fragment de lettre, tandis que ceux-là mêmes contre qui la lettre était dirigée et qui l'ont lue tout entière, n'y trou-

---

1. Quod vero eumdem quem et nos Deum Patrem, eumdem Filium Christum, eumdem Spiritum sanctum nosse dicuntur, *nec hoc tales adjuvare potest*. (Ép. à *Magnus*).
2. Ép. LXXV, *de Firmilien à saint Cyprien*, IX.

vaient rien de semblable. Pour expliquer la formule générale dont se sert l'évêque de Rome, il suffit de rappeler l'état de la question. Que prétendait saint Cyprien ? Il prétendait que le baptême des hérétiques est toujours invalide précisément à cause de leur hérésie. Le pape lui répond que l'hérésie, *qu'elle quelle soit*, dans celui qui reçoit le baptême ou dans celui qui le confère, n'est point un obstacle à la validité du sacrement. La réponse est dans le sens de la demande générale comme elle et sans restriction. Vous me direz peut-être : mais afin de bannir toute équivoque, il eût fallu ajouter : pourvu que les hérétiques observent fidèlement le rit sacramentel. Et pourquoi cela ? Dans quel but introduire un élément étranger au débat ? La réserve devenait inutile, elle était sous-entendue de part et d'autre. Comme nous venons de l'apprendre de la bouche d'un adversaire non suspect, saint Étienne n'exigeait pas moins que saint Cyprien l'emploi de la formule évangélique pour la validité du baptême ; dès lors il n'avait nul besoin d'en faire mention dans sa réponse à l'évêque de Carthage, par la raison bien simple qu'il n'y avait rien à éclaircir ni à décider sur ce point : c'était chose convenue et incontestée. D'ailleurs, en ordonnant de suivre la tradition, *nisi quod traditum est*, le pape indiquait suffisamment qu'il ne voulait parler que du baptême administré dans la forme traditionnelle, c'est-à-dire au nom du Père, du Fils et du Saint-Esprit. Aussi n'est-il venu en idée ni à un contemporain, ni à aucun écrivain des premiers siècles de chercher une erreur si grossière dans les paroles de saint Étienne. Il a fallu, pour arriver à une telle méprise, toute l'ardeur que déploient certains critiques à mettre en suspicion l'orthodoxie d'un pape.

Je tenais, Messieurs, à bien déterminer le sens de la lettre de saint Étienne avant de montrer comment elle fut accueillie par l'évêque de Carthage [1]. Si nous nous rappelons dans quelles dispositions nous avions laissé ce dernier après sa lettre à Jubaïen, où il appelait ses contradicteurs « partisans et fauteurs d'hérétiques, » nous ne pouvons guère nous attendre à une grande modération de langage, en le voyant blessé au vif par la sentence péremptoire du chef de l'Église. Disons-le sans plus tarder, Cyprien ne sut pas se montrer dans cette circonstance tel que son noble caractère aurait pu le faire espérer. Obsédé par cette fatale pensée qu'on donnait gain de cause aux hérétiques en reconnaissant leur baptême comme valide, il se persuada que le pontife romain sacrifiait par une condescendance excessive les véritables intérêts de la foi : le primat de l'Afrique oubliait ce qu'il avait dit autrefois de cette *Église principale*, « que la perfidie ne saurait trouver accès auprès d'elle [2]. » Son esprit d'ordinaire si net s'embrouilla dans les difficultés d'une question qu'il n'avait saisie que par un côté, et sa résistance se colora facilement de son zèle pour l'Église. Tout en menaçant de rompre la communion avec ceux qui continueraient à rebaptiser les hérétiques, le souverain Pontife n'avait pourtant pas entendu donner une définition dogmatique : rien n'indique dans sa lettre qu'il ait eu cette intention. Interrogé par les évêques d'une province, il s'était borné à leur tracer une règle de

---

1. Par l'imposition des mains que prescrit le pape, Morin entend le sacrement de confirmation (*de Pœnit.*, IX, 9-12). Le docteur Héfelé, professeur à Tubingue, est du même avis (*Concilien-geschichte*, I, 103). L'opinion de ces deux savants me paraît erronée. Jamais on n'a conféré dans l'Église le sacrement de confirmation pour réconcilier les pécheurs, *in pœnitentiam*, comme s'exprime le pape. Ces mots seuls suffisent pour montrer qu'il s'agissait du rite usité pour la réconciliation des pénitents : l'évêque leur imposait les mains après l'accomplissement des œuvres satisfactoires. Saint Cyprien emploie souvent la même expression dans un sens analogue, *in pœnitentiam manum imponere*. (Ép. XIII et LXXI.)

1. Ép. LV, *au pape Corneille*.

conduite en les rappelant au respect de la tradition. Cyprien se crut donc en droit de ne pas se ranger à l'avis d'Étienne dans un différend qu'il envisageait comme une affaire de pure discipline, au sujet de laquelle chaque évêque avait le pouvoir de statuer des règlements pour son diocèse. Les textes que nous avons cités la dernière fois ne permettent aucun doute à cet égard ; et si l'auteur du livre intitulé : *Défense de la déclaration du clergé de France*, les avait pesés avec plus d'attention, il n'aurait pu soutenir que Cyprien rangeait l'objet de la controverse parmi les questions de foi [1]. Cela posé, il faut bien convenir que même dans les limites où il croyait pouvoir se renfermer, l'évêque de Carthage troublait l'ordre des juridictions et portait atteinte aux lois de la hiérarchie. S'il est vrai de dire, avec saint Augustin, que l'idée d'un schisme ou d'une révolte contre les décisions de la foi n'effleura pas un instant l'âme de ce grand homme, on ne peut que blâmer cette opiniâtreté à défendre une innovation dont le successeur de saint Pierre signalait le péril. Ce qu'il y a de plus regrettable encore, c'est l'irritation que Cyprien fit paraître à la réception du rescrit d'Étienne. En le communiquant à Pompée, évêque de Sabrate, il lui échappa d'écrire cette malheureuse phrase sous le coup de l'émotion qu'avait produite en lui la menace de l'excommunication : « Entre autres choses pleines d'orgueil, étrangères au sujet, ou contradictoires avec elles-mêmes qu'Étienne a écrites dans sa maladresse imprévoyante, il a ajouté ceci : *Si quis a quacumque hæresi*, etc. » Certes, ni l'énergie, ni l'éclat du discours ne manquent à cette réplique ; et si l'éloquence était capable de faire oublier le sophisme, il faudrait admirer cette véhémente tirade :

---

1. Bossuet, *édit. de Versailles*, tome XXII, p. 21 et suiv.

« Rend-il la gloire à Dieu celui qui est en communion avec le baptême de Marcion ? Rend-il gloire à Dieu celui qui juge que la rémission des péchés s'obtient parmi les blasphémateurs ? Rend-il gloire à Dieu celui qui assure que la femme impudique et adultère donne des enfants à Dieu en dehors de l'Église ? Rend-il gloire à Dieu celui qui, ne maintenant plus l'unité et la vérité issues de la loi divine, prend la défense des hérésies contre l'Église ? Rend-il gloire à Dieu celui qui ami des hérétiques et ennemi des chrétiens, menace de l'excommunication les prêtres dont le zèle protége la vérité de Jésus-Christ et l'unité de l'Église ? Si c'est là rendre gloire à Dieu, si c'est ainsi que les serviteurs et les prêtres de Dieu gardent sa crainte et sa discipline, il ne nous reste plus qu'à déposer les armes. Oui, dans ce cas, tendons nos mains aux fers de la captivité, livrons au démon l'économie de l'Évangile, les préceptes du Christ, la majesté de Dieu ; rompons les serments qui enchaînent la milice sainte ; abandonnons à nos ennemis les drapeaux du camp céleste ; que l'Église enfin succombe et se retire devant l'hérésie, la lumière devant les ténèbres, la foi devant le parjure, l'espérance devant le désespoir, la raison devant l'erreur, l'immortalité devant la mort, la charité devant la haine, la vérité devant le mensonge, le Christ devant l'Antechrist [1]... »

On conçoit, Messieurs, en lisant ces récriminations si vives et si passionnées, que le défenseur des rebaptisants soit parvenu à rallier à son opinion beaucoup de ses contemporains. Pourquoi faut-il que tant d'éloquence ait été dépensée en pure perte, et qu'une critique impartiale soit réduite à qualifier de sophismes ces éclats d'une verve indignée ? Car enfin, vous le comprenez sans peine, dans ces reproches arti-

1. Ép LXXIV, *de saint Cyprien à Pompée.*

culés avec tant de vigueur, il n'y avait absolument rien qui pût atteindre le pape. Était-ce trahir la cause de l'Église que d'attribuer à ses sacrements une vertu intrinsèque, indépendante de la foi du ministre? Était-ce ravir la gloire à Dieu que de chercher jusqu'au milieu des hérétiques l'effet tout-puissant de ses opérations? Cyprien a donc beau reproduire pour la dixième fois, dans ses épitres à Pompée et à Magnus, les arguments qu'il avait tirés précédemment de l'unité de l'Église, de l'unité du baptême, de l'indignité des hérétiques, etc.; malgré toute la souplesse de sa dialectique, il ne parvient pas à leur donner plus de force; encore moins la faiblesse du raisonnement est-elle dissimulée par les violences de langage auxquelles il se laisse entraîner.

Nous avons vu que, dans toutes les circonstances difficiles, Cyprien se faisait un devoir de convoquer les évêques de l'Afrique. Dans la situation qui lui était faite par le décret du pape, il ne pouvait manquer de recourir aux lumières et à l'autorité de ses collègues. L'assemblée se réunit aux calendes de septembre de l'année 256; sans compter les prêtres et les diacres, quatre-vingt-cinq évêques s'y trouvaient présents et une grande partie du peuple lui-même assista aux délibérations. Ici, Messieurs, nous rencontrons un fait qui n'a pas été assez remarqué. Dans cette réunion solennelle on commença par lire les principales pièces du procès, la lettre de Jubaïen, dont nous parlions la dernière fois, et la réponse de Cyprien à cet évêque. Mais ce qui mérite toute notre attention, c'est le silence absolu que l'on garda sur le rescrit du pape Étienne. Saint Augustin nous a conservé les actes du concile ainsi que les suffrages donnés par chacun des évêques: eh bien, chose étonnante, le nom du souverain Pontife n'y est pas même prononcé, et l'on n'y trouve aucune mention du document qui avait mis en émoi toute l'Église d'Afrique. Ce silence ne peut s'expliquer que par un dernier hommage rendu à l'autorité de celui dont on ne partageait pas le sentiment. Certes, Cyprien ne se faisait pas faute de critiquer la décision du pape dans des lettres particulières ; mais la soumettre à une discussion publique, en présence du peuple, c'eût été un acte trop grave pour que les évêques africains osassent se porter à cette extrémité. C'est ainsi que le respect pour la primauté du successeur de saint Pierre arrêtait les esprits sur la pente périlleuse où l'ardeur de la controverse aurait pu les entraîner. Il m'est donc impossible de voir une allusion au pape dans ces paroles par lesquelles Cyprien ouvrit le concile : « Il nous reste à exprimer chacun notre avis sur la question, toutefois sans juger ni retrancher de notre communion ceux qui ne penseraient pas comme nous ; car aucun de nous ne se constitue évêque des évêques, ni ne force par une terreur tyrannique ses collègues à lui obéir. Tout évêque agit dans la plénitude de son pouvoir et de sa liberté, et il ne peut pas plus être jugé par un autre qu'il ne peut le juger lui-même [1]. » Le primat de l'Afrique ne fait que reproduire ici une maxime déjà émise dans sa lettre à Jubaïen. Pour engager ses collègues à exprimer leur sentiment sans crainte et avec une entière liberté, il leur rappelle que tous les évêques ont un égal droit de donner leur avis sur les questions qui intéressent l'Église ; et s'il faut absolument voir une allusion dans les mots que je viens de citer elle est à l'adresse de ces évêques de l'Afrique dont Cyprien se plaignait dans sa lettre à Jubaïen, et qui, non contents de blâmer l'opinion des rebaptisants, les appelaient « des prévaricateurs de la vérité, des traîtres à l'unité catholique. » Il s'était servi naguère de la même expression,

---

1. Acta conc. Carthag., tertii, *édit. Migne*, tome III.

quand il reprochait à l'un de ses détracteurs, Pupien, « de s'établir *évêque d'un évêque* et juge d'un juge institué de Dieu[1]. » Quoi qu'il en soit, les Pères du concile de Carthage adhérèrent unanimement à l'avis de Cyprien, et leurs réponses, réfutées plus tard par saint Augustin, paraissent autant de sentences tirées des écrits de leur métropolitain. Malgré la réserve pleine de convenance qui leur avait fait taire le nom du souverain Pontife dans leurs *Actes*, une telle obstination ne pouvait qu'être jugée sévèrement à Rome ; et s'il est vrai, comme le rapporte Firmilien, que saint Étienne ait défendu aux fidèles de Rome de recevoir sous leur toit les délégués d'un concile si oublieux de son devoir, on ne doit guère s'étonner qu'une résistance opiniâtre ait fini par provoquer cette mesure de rigueur.

Un nouvel incident vint aggraver la situation. Nous avons dit que la controverse sur la validité du baptême des hérétiques agitait également l'Asie-Mineure, où, depuis les conciles d'Icone et de Synnade, des maximes erronées avaient prévalu dans plusieurs Églises. Firmilien, évêque de Césarée, était à la tête du parti qui cherchait à faire triompher en Orient l'opinion que Cyprien défendait en Afrique ; ce dernier lui avait envoyé par le diacre Rogatien une lettre où il prétendait réfuter le rescrit du pape. La réponse de Firmilien ne se fit pas attendre. Nous possédons ce document, où l'on ne sait ce qui doit surprendre davantage, du ton d'exaspération qui y règne d'un bout à l'autre, ou des propositions fausses qui s'y trouvent énoncées. Évidemment la menace de l'excommunication avait troublé le jugement du métropolitain de la Cappadoce. Il ne se borne pas à reproduire les allégations de Cyprien, mais il renchérit sur elles et ajoute de

---

1. Ép. LXIX, *à Pupien*.

nouvelles erreurs. Ce n'est pas seulement le baptême des hérétiques qui est déclaré invalide, mais l'exclusion s'étend jusqu'au baptême administré par des évêques coupables d'une faute grave [1], ce qui résume d'avance les idées des donatistes. Dans son ardeur à vouloir distinguer les hérétiques des catholiques, Firmilien ne craint pas de soutenir qu'entre les uns et les autres il ne reste absolument rien de commun, *quibus nihil est omnino commune.* On conçoit qu'une pareille exagération ne lui ait pas permis de se faire une idée nette de la question. Puis viennent les gros mots, les épithètes outrageantes. Lui, qui tranche le différend avec tant d'assurance, ne voit qu'audace et aveuglement chez ceux qui ne pensent pas comme lui ; et cependant, jusqu'au milieu des emportements de la passion, on sent que la décision du pontife romain a porté le trouble dans son âme. Il dit bien qu'Étienne se fait gloire de l'autorité de son épiscopat ; mais tout en ayant l'air de ne pas trop s'en émouvoir, il n'ose pas nier que l'évêque de Rome « n'occupe par droit de succession la chaire de Pierre, sur qui sont établis les fondements de l'Église. » A l'exemple de Cyprien, il éprouve le besoin de se tranquilliser en pensant qu'il s'agit d'une de ces règles de discipline qui peuvent varier d'une province à l'autre, méconnaissant ainsi le côté sérieux et élevé du débat [2]. Bref, le fond de la lettre est aussi faible que la forme en est violente ; et si quelque chose pouvait excuser cette étrange

---

1. Ép. LXXV, *de Firmilien à Cyprien*, XXII.
2. Ép. LXXV, *de Firmilien à Cyprien*, VII. Secundum quod in cæteris quoque plurimis provinciis multa pro locorum et nominum diversitate variantur, nec tamen propter hoc ab Ecclesiæ catholicæ pace atque unitate aliquando discessum est, quod nunc Stephanus ausus est facere. — On voit par là que ni Firmilien ni Cyprien ne tenaient le point en litige pour une question de foi, quoi qu'en ait dit l'auteur de *la défense de la déclaration du clergé de France*. (Bossuet, édit. de Vers., tome XXXII).

diatribe, c'est que, comme l'auteur nous l'apprend lui-même, elle a été écrite à la hâte [1]; il aurait pu ajouter dans le feu de la colère, ce qui rend toute explication superflue.

Il est pénible, Messieurs d'avoir à discuter de pareils documents, surtout quand ils portent en tête des noms justement vénérés. Aussi je comprends qu'il ait pu venir en idée à quelques érudits de révoquer en doute l'authenticité de ces pièces, et nous ne saurions nous dispenser d'examiner leurs raisons avec toute l'attention qu'elles méritent. En 1733, Raymond Missori, religieux franciscain de Venise, prétendit démontrer dans un long ouvrage que les lettres de Cyprien et de Firmilien, les actes du concile d'Afrique auquel présida l'évêque de Carthage et tous les documents relatifs à la controverse de rebaptisants sont autant de pièces fabriquées plus tard par quelques imposteurs donatistes. La thèse de Missori fut reprise en 1790 par Marcellin Molkenbuhr, religieux franciscain d'Allemagne, qui dirigea particulièrement ses efforts contre la lettre de Firmilien [2]. Il faut bien l'avouer, ces voix isolées ne trouvèrent aucun écho dans le monde savant. Toutefois, malgré l'insuccès de cette double tentative, un nouvel essai non moins hardi et plus sérieux que les précédents, est venu rouvrir une discussion qui paraissait close. Dans un livre publié à Rome il y a deux ans, Mgr Tizzani, archevêque de Nisibe et professeur à la Sapience, a entrepris de démontrer que la controverse entre saint Étienne et saint Cyprien n'a aucune réalité historique [3]. Analysant l'une après

1. Ibid., v: Quoniam vero legatus iste a vobis missus regredi ad vos festinabat, et hibernum tempus urgebat, quantum potuimus ad scripta vestra rescripsimus. — xiii : Decurramus breviter et cætera, festinante vel maxime ad vos Rogatiano.

2. Les deux dissertations de Molkenbuhr se trouvent dans la Patrologie latine de Migne, tom. III, p. 1357 et suiv.

3. *La celebre contesa fra S. Stefano e S. Cipriano*, in-8°, Roma, Salvincci, 1862.

l'autre toutes les pièces du procès, depuis la lettre *à Janvier* jusqu'à l'épître *à Magnus*, le savant prélat s'efforce d'établir qu'elles ne sont autre chose qu'une frauduleuse invention des donatistes. Voici le résumé de son argumentation :

S'il faut commencer par la lettre à Janvier et aux autres évêques de la Numidie, comment ne pas tenir pour apocryphe une consultation qui est sans motif, puisque les évêques consultants savent déjà ce qu'ils doivent penser du baptême des hérétiques ? Est-il possible d'attribuer à Cyprien une épître dont l'auteur exige pour la validité du baptême l'état de grâce chez le ministre, et dans laquelle on prête à des textes de l'Écriture un sens évidemment faux ? Mêmes indices de fraude dans l'épître à Quintus, qui demande à connaître un sentiment qu'il ne saurait ignorer. Est-il vraisemblable qu'il y ait eu dès lors en Afrique des évêques opposés à la doctrine de Cyprien ? Et si les mots *quidam de collegis nostris* doivent s'entendre du pape saint Étienne, comment expliquer un tel anachronisme puisqu'aucune décision du pontife romain n'était encore intervenue ? Peut-on admettre que l'évêque de Carthage se soit contredit au point de préférer ici la raison à la coutume ? — Que dire de la lettre de Cyprien au pape ? La conclusion est en désaccord avec les prémisses : on commence par rejeter le baptême des hérétiques, et l'on finit par laisser à chaque évêque la liberté d'agir à cet égard comme il l'entendra. Saint Cyprien aurait-il osé soutenir que chaque évêque ne doit compte de ses actes qu'à Dieu seul ? Et d'ailleurs pourquoi cette lettre synodale aurait-elle été adressée au pape après le second concile de Carthage, et non pas de suite après le premier ? — Dans la lettre à Jubaïen, nous trouvons encore un évêque qui consulte sans motif, puisqu'il connaît déjà le sentiment de saint Cyprien ; une conclusion opposée à toute la teneur de la pièce, car une opinion erronée ne saurait être regardée comme libre. Aussi saint Augustin s'est-il servi de cette formule dubitative : *Vel Cyprianus, vel quicumque illam scripsit epistolam* [1]. — Il n'y a pas jusqu'à la réponse attribuée au pape saint Étienne qui ne trahisse la main d'un faussaire. Ni saint Jérôme ni saint Augustin n'en font mention. Qui croira que le souverain Pontife ait pu invoquer à l'appui de son sentiment l'exemple des hérétiques ? Du reste, la décision prêtée à saint Étienne renferme une erreur manifeste, car les termes où elle est conçue ne comportent aucune exception : *Si quis a quacumque hæresi*, etc. — Les paroles violentes auxquelles l'auteur de la lettre à Pompée se laisse emporter contre le successeur de saint Pierre, empêchent également de l'attribuer à saint Cyprien. Le grand évêque de Carthage aurait-il fait l'éloge de la douceur épiscopale dans un factum qui viole toutes les lois de la charité chrétienne ? Quant au concile de Carthage dont on allègue les actes, il n'a jamais eu lieu. La doctrine bien connue de saint Cyprien est complètement opposée aux erreurs qu'on y professe ; on n'y trouve pas une syllabe sur le pape saint Étienne ni sur son décret ; mais par contre, l'inconséquence signalée dans plusieurs pièces précédentes y reparaît plus manifeste encore. A plus forte raison doit-on regarder comme apocryphe la lettre à Magnus : preuves inutiles, raisonnements que les adversaires ne pouvaient manquer de rétorquer, épithètes outrageantes, tout autorise à tirer cette conclusion. Enfin la lettre de Firmilien est le dernier anneau de cette chaîne d'impostures. Elle est passée sous silence par trois écrivains, qui auraient dû la mentionner s'ils l'avaient connue : saint Augustin, Eusèbe et

---

[1] *Ad Cresconium*, l. II, c. XXXIII.

Denis d'Alexandrie. En outre, les injures dont elle est remplie, ne permettent pas de supposer qu'un évêque si vénérable se soit laissé entraîner à de pareils excès de langage en parlant du souverain Pontife.

Le docte critique, dont j'analyse le livre, ne se montre pas plus embarrassé du témoignage des auteurs contemporains ou postérieurs au débat. Le silence du diacre Pontius, dit-il prouve que l'histoire du fameux conflit se réduit à une fable. S'il en était autrement, comment expliquer que Denis d'Alexandrie, en parlant de la contestation du pape saint Étienne avec quelques évêques d'Orient, ne mentionne pas la résistance de saint Cyprien ? Eusèbe l'atteste, il est vrai, mais dans un passage qu'on doit rejeter comme apocryphe. Saint Jérôme, à son tour, rappelle les actes du concile de Carthage, ainsi que les lettres de saint Cyprien sur le baptême des hérétiques, et en particulier les épîtres à saint Étienne et à Jubaïen ; mais on peut répondre que l'illustre docteur a été induit en erreur sur ce point. L'auteur anonyme du traité *de rebaptismate* dit bien qu'il s'est élevé une controverse touchant le baptême des hérétiques, mais il n'a pas une ligne sur le différend de saint Cyprien avec le pape. Il en est de même de saint Basile qui ne sait rien d'une prétendue opposition des évêques d'Afrique, bien qu'il cite l'opinion de Cyprien et de Firmilien. Enfin saint Augustin a fait des réserves sur l'authenticité des documents dont il s'agit. Si donc tous les écrivains postérieurs au ve siècle les ont admis comme hors de conteste, ils n'ont fait que continuer l'erreur primitive et leur autorité n'ajoute rien à celle de leurs devanciers.

J'ai résumé aussi fidèlement qu'il m'a été possible l'argumentation de Mgr Tizzani, et je me hâte de reconnaître qu'elle dénote beaucoup de savoir et d'érudition ; mais l'eussé-je tenté, il m'aurait été impossible de vous en dissimuler la faiblesse. Il n'est aucun ouvrage dont on ne parviendrait à ébranler l'authenticité avec une pareille méthode. Examinons d'abord les raisons intrinsèques. La principale se réduit à dire que saint Cyprien a mal raisonné en soutenant le nullité du baptême conféré par les hérétiques, qu'il a donné une fausse interprétation et des textes de l'Écriture, qu'il est tombé dans des contradictions manifestes, etc. Qu'est-ce que cela prouve ? Est-il étonnant qu'un homme raisonne mal en voulant défendre une erreur, qu'il s'expose à de graves méprises, etc. et qu'il se mette en désaccord avec lui-même ? C'est le contraire qui devrait surprendre. Les hommes de talent ne sont pas à l'abri de cette infirmité qui venge la vérité outragée ou méconnue. Et d'ailleurs le raisonnement de saint Cyprien est-il aussi futile qu'on veut bien le dire ? Saint Augustin n'était pas de cet avis, lui qui, après avoir vu la lettre à Jubaïen, avouait que peut-être il embrasserait le même sentiment, si l'autorité catholique ne lui en signalait le péril [1]. A la distance où nous sommes des événements, et dans l'absence de renseignement plus détaillés, il ne faut pas se hâter de voir partout des inconséquences et des contradictions. Quintus, Jubaïen et les évêques de Numidie pouvaient fort bien connaître déjà l'opinion de Cyprien sur le baptême des hérétiques, et lui demander néanmoins des éclaircissements ultérieurs, des raisons à l'appui de son sentiment : tout cela

---

1. *De bapt. contra Donatistas*, l. III, c iv : Jam legi fateor et profecto issem in eamdem sententiam, nisi me revocaret tanta auctoritas, etc. — On cite en particulier l'interprétation donnée à ces deux textes : Oleum peccatoris non impinguet caput meum..... Qui baptizatur a mortuo, quid proficit lavatio ejus ?... Le tort de saint Cyprien est d'avoir construit un argument sur des textes pris dans le sens accommodatice. Tous ceux qui ont étudié les écrits des saints Pères savent que cet exemple n'est point isolé, et qu'on ne saurait en tirer une conclusion quelconque contre l'authenticité d'un ouvrage.

se concilie sans la moindre peine. La thèse que nous examinons repose sur une double conjecture dont l'une est fausse et l'autre purement arbitraire. Elle tient pour établi qu'il n'y avait pas dès lors en Afrique des évêques opposés à la doctrine de saint Cyprien ; mais, comme nous l'avons vu, ces mots de l'épître à Quintus, *quidam de collegis nostris*, indiquent le contraire. L'autorité de saint Cyprien en Afrique était considérable sans doute, pas assez cependant pour rendre toute dissidence impossible. Rappelons-nous la vive opposition qu'il avait rencontrée parmi ses collègues de la même province, lors du schisme de Novat, dans la controverse touchant les *laps*, et en tant d'autres circonstances de sa vie. Rien ne prouve donc qu'il faille voir des allusions au pape saint Étienne dans certains passages qui s'appliquent plutôt à des évêques de l'Afrique. Quant à cette hypothèse, que saint Cyprien aurait regardé l'objet de la controverse comme un dogme de foi, elle ne saurait tenir devant les textes formels que nous avons cités. Ni le pontife romain ne voulait donner une définition dogmatique, ni le primat de l'Afrique ne prétendait obliger les autres évêques à embrasser son sentiment. Envisagée à ce point de vue, qui est le seul véritable, la résistance de Cyprien perd le caractère d'invraisemblance qu'on voudrait lui prêter.

Sans doute, Messieurs, je le répète, même dans les limites où il croyait pouvoir renfermer son opposition, Cyprien n'a pas su rester fidèle en cette occasion aux principes qui jusqu'alors avaient dirigé sa vie. Mais une vivacité de langage regrettable est-elle un motif pour révoquer en doute l'authenticité d'un document ? *Homines sumus*, disait saint Augustin en parlant de ce déplorable conflit [1] : un saint est tou-

---

1. *De bapt. contra Don.*, l. II, c. v, n° 6.

jours homme, et l'on conçoit qu'il puisse y avoir des moments d'oubli chez les personnages les plus vertueux. Que de fois la chaleur de la controverse n'a-t-elle pas entraîné les plus belles natures au delà des bornes d'une juste modération ? Ces grands Africains, à l'âme susceptible et ardente, portaient dans la lutte l'énergie et parfois l'âpreté d'un tempérament de fer. Mesurer leurs expressions aux formes convenues du style académique, c'est se tromper d'époque et méconnaître la liberté de langage qu'on observe en général chez les écrivains des premiers siècles. Qu'on relise seulement la lettre adressée naguère au pape Corneille, alors que l'attitude un peu hésitante du souverain Pontife en face des émissaires de Fortunat avait produit sur l'évêque de Carthage une impression douloureuse : « Si l'on en vient à trembler devant les méchants ; si ce qu'ils ne peuvent obtenir par l'équité et la justice, ils sont sûrs de l'arracher par l'audace et la violence, c'en est fait de la vigueur épiscopale, etc.[1]. » On voit par là que le style de Cyprien ne laissait pas de prendre une certaine rudesse de formes sous le coup d'une émotion un peu forte. Supposez maintenant, au lieu d'une simple marque de défiance ou d'un manque de fermeté, une menace d'excommunication partie de Rome, et vous comprendrez sans peine que la vivacité naturelle à l'âme de Cyprien ait pu se traduire dans un langage trop acerbe. Quant à Firmilien, il est aisé de voir qu'on l'avait induit en erreur par de faux rapports : il est persuadé, et à tort, que le pape avait traité Cyprien « de faux christ, de faux apôtre, d'artisan de mensonges » : de là l'irritation que trahit sa réponse. Il est à croire également que quelques évêques orientaux avaient gardé un souvenir pénible de l'affaire des quarto-

---

1. Ép. LV, *au pape Corneille*.

décimans, et de la menace d'excommunication du pape saint Victor : le soin que met Firmilien à rappeler le différend permet de supposer qu'un reste d'animosité continuait à fermenter dans certaines parties de l'Asie-Mineure. Toujours est-il que ces écarts de conduite, quelque fâcheux qu'ils soient, n'autorisent nullement à nier la réalité historique de la controverse sur les rebaptisants.

Mais, Messieurs, ce qui achève de ruiner la thèse que nous examinons en ce moment, c'est le témoignage de l'histoire. Ici l'embarras de nos contradicteurs est visible. Pour se créer un terrain favorable à leurs conjectures, ils sont obligés de s'appuyer sur ceux qui se taisent, et de refuser créance à ceux qui parlent ; de supprimer arbitrairement un passage d'Eusèbe, et de s'inscrire en faux contre quatre textes formels de saint Jérôme.

Voilà des extrémités auxquelles une saine critique ne saurait se porter, et qui suffisent à elles seules pour donner la valeur d'une opinion. Dire que saint Jérôme a pu être induit en erreur, ou qu'il s'est trompé quelquefois, ce n'est pas réfuter le témoignage d'un homme que ses études sur les écrivains ecclésiastiques, son long séjour à Rome, ses fonctions de secrétaire du pape Damase plaçaient dans les meilleures conditions pour être bien renseigné sur le différend entre saint Étienne et saint Cyprien [1]. Mettons que le 3ᵉ chapitre du VIIᵉ livre d'Eusèbe ne soit pas nécessaire pour le fil de la narration : est-ce une raison de supposer qu'il a été intercalé ? Tous ceux qui ont étudié l'*Histoire ecclésiastique* d'Eusèbe savent qu'elle se compose le plus souvent de morceaux que l'on peut parfaitement détacher les uns des autres, de frag-

---

[1]. Les quatre textes de saint Jérôme se trouvent dans son *Dialogue contre les lucifériens*, nᵒˢ 23, 25, 27, et dans son traité *De viris illustribus*, c. LXIX.

ments qui ne se relient pas toujours entre eux par un lien logique. Saint Vincent de Lérins, si rapproché du théâtre de la lutte, est encore un de ces écrivains qui méritent une grande confiance par leur érudition aussi vaste que sûre : or il parle au long du conflit entre le pape et l'évêque de Carthage [1]. Quand des hommes auxquels leur science et leur caractère donnent tant d'autorité rapportent un fait admis sans restriction par tous les historiens et par tous les critiques à partir du ve siècle, leurs témoignages se fortifiant l'un par l'autre forment un faisceau qu'il est impossible de rompre. Passons maintenant aux témoins qui se taisent et dont on allègue le silence.

Le diacre Pontius, dit-on, n'a point parlé de la célèbre contestation : soit, mais que d'événements importants dont le biographe de saint Cyprien n'a fait aucune mention ! A-t-il parlé des schismes de Novat et de Félicissime, qui avaient occupé une si grande place dans la vie de son maître ? Non. Est-ce un motif pour traiter de fables ces deux controverses [2] ? De pareils arguments ont rarement de la valeur, parce qu'il est toujours difficile de prouver qu'un auteur ne pouvait avoir des raisons suffisantes pour omettre un fait : en tout cas, ils n'ont aucun poids dans la balance de la critique, quand on peut leur opposer, comme dans l'espèce, des témoignages positifs. Quel moyen d'établir que Denis d'Alexandrie était tenu de s'exprimer sur l'opposition de saint Cyprien? Évêque oriental, il s'occupe dans ses lettres au pape

---

[1]. *Commonit*, l. I, c IX.

[2]. On pourrait non sans fondement voir une allusion au différend avec Étienne, dans l'épithète de *bonus ac pacificus sacerdos* que le diacre Pontius donne au successeur de ce pape, saint Xiste, qui en effet apaisa les esprits par sa modération. Du reste le pieux biographe ne s'est nullement proposé de raconter les controverses théologiques qui ont agité la vie de saint Cyprien, tout occupé qu'il est à célébrer les vertus et le martyre de son maître.

de la question agitée parmi les évêques d'Orient, et se borne à indiquer le sentiment des évêques africains [1] : cette marche est toute naturelle. On prétend qu'il n'y a pas une ligne touchant le célèbre conflit dans le traité anonyme *sur la réitération du Baptême*, composé, selon toute apparence, par un évêque africain du IIIe siècle. Il ne faudrait pourtant pas méconnaître que cet écrivain reproduit, quant à la substance, le rescrit du pape Étienne [2], et qu'il est impossible d'appliquer les paroles suivantes à un autre qu'à l'évêque de Carthage : « Toute cette controverse n'a pour résultat que de procurer à un seul homme une réputation de grande prudence et de fermeté auprès de certains esprits légers [3]. » Mais d'ailleurs, je le répète, le silence de ces auteurs serait-il absolu, qu'on ne pourrait rien conclure de là contre des textes formels et précis. Eusèbe, saint Jérôme et saint Augustin n'ont pas cité la lettre de Firmilien : est-elle apocryphe pour cela ? Ont-ils cité l'apologie d'Athénagore, les œuvres de saint Jacques de Nisibe et tant d'autres dont on ne trouve aucune trace chez les écrivains des premiers siècles, bien que l'authenticité n'en soit pas douteuse ? Quand saint Augustin parle *des lettres* de quelques orientaux que le donatiste Cresconius prétendait lui opposer, ne sommes-nous pas en droit de ranger parmi elles la lettre de Firmilien [4] ? Peut-on affirmer après cela que les donatistes n'ont pas allégué ce do-

---

1. Illud præterea didici, non ab Afris solis hunc morem nunc primum invectum fuisse... (Eusèbe, H. E., VII, 7). Remarquons bien qu'Eusèbe ne reproduit que de courts fragments des lettres de Denis d'Alexandrie.

2. In quo genere quæstionis, ut mihi videtur, nulla omnino potuisset controversia aut disceptatio emergere, si unusquisque nostrum contentus venerabili Ecclesiarum omnium auctoritate et necessaria humilitate, *nihil innovare* gestiret. (De rebapt., I, Patrol. de Migne, tome III.)

3. Ibid., I.

4. Quidquid de Cypriani venerabilis martyris et de *quorumdam orientalium litteris* inferendum putasti .. (Contra Cresconium, l. III, c. I, n° 2.)

cument ? Vous le voyez Messieurs, là même où nos contradicteurs supposent le silence, les organes de la tradition élèvent la voix assez haut pour qu'il ne soit pas difficile de les entendre.

Parmi les raisons qu'apporte Mgr Tizzani, il en est une seule qui pourrait produire quelque impression, si elle ne se détruisait par elle-même : je veux parler des réserves qu'a faites saint Augustin à deux ou à trois reprises en citant les pièces du procès. On ne saurait nier que l'évêque d'Hippone ne se soit exprimé sous une forme dubitative au sujet de la lettre à Jubaïen : « Cyprien, dit-il, ou quiconque a écrit cette épître [1]. » Ailleurs, il répond aux donatistes en parlant du concile de Carthage: « Vous produisez un concile de Cyprien, lequel ou n'a pas eu lieu, ou est inférieur en autorité au reste des membres de l'unité [2]. » Plus loin il ajoute : « Aussi longtemps que Cyprien a pensé autrement, si toutefois il est constant que les écrits, dont vous croyez pouvoir vous faire une arme contre nous, sont de lui [3]. » Enfin, dans une de ses lettres, il nous donne le motif de ces restrictions : « On n'aurait pas tort de penser d'un si grand homme qu'il a corrigé son opinion et que les preuves de ce changement ont été supprimées par ceux qui, enchantés de l'erreur primitive, n'auront pas voulu se priver d'un tel patronage : bien qu'il n'en manque pas qui prétendent que Cyprien n'a jamais professé ce sentiment, mais que le tout a été supposé et fabriqué sous son nom par des imposteurs [4]. » On voit par ces textes qu'à l'époque de saint Augustin il y avait en Afrique des chrétiens qui révoquaient en doute l'authenticité de nos

---

1. *Contra Cresconium*, l. II, c. XXXIII, n° 41.
2. Ibid., l. I, c. XXXII, n° 38.
3. *Contra Cresconium*, l. II, c. XXXI, n° 39.
4. Ép, *ad Vincentium Rogatianum*, c. x, n° 38.

documents. Alors comme aujourd'hui il s'en trouvait qui, ne pouvant comprendre que saint Cyprien fût tombé dans une erreur si grave, ni qu'il eût écrit des pièces si peu dignes de lui, aimaient mieux recourir à l'hypothèse d'une imposture pour décharger sa mémoire d'une telle faute. Le motif de cette hésitation s'explique de lui-même, d'autant plus que l'autorité de saint Cyprien, sans cesse invoquée par les donatistes, ne jetait pas leurs adversaires dans un médiocre embarras. Mais ce qui prouve précisément combien ce doute était peu fondé, c'est qu'il n'a pas trouvé d'écho dans la tradition, où le sentiment contraire a universellement prévalu, malgré l'intérêt qu'on aurait eu à donner une solution si commode de la difficulté. Certes, personne ne m'objectera qu'il était mal aisé de savoir au ve siècle s'il y avait eu, 150 ans auparavant, un conflit entre le pape saint Étienne et saint Cyprien : rien de plus facile qu'une telle recherche à une si courte distance des faits ; une erreur générale sur un point de cette importance serait sans exemple dans l'histoire ecclésiastique. Quant à saint Augustin, s'il a cru devoir mentionner le doute que soulevaient autour de lui quelques personnes, on peut affirmer sans crainte qu'il ne s'y est pas arrêté. En voici la preuve. Après avoir reproduit cette opinion, il ajoute : « Quant à nous cependant, nous ne nions pas que Cyprien n'ait pensé de la sorte » ; et il en donne deux raisons, le style du grand évêque qu'on ne saurait méconnaître dans ces lettres, et les arguments qu'on peut en tirer contre les donatistes [1]. Bien plus, il doute si peu de l'authenticité de ces documents qu'il consacre les sept livres de son traité *du Baptême contre les donatistes* à réfuter l'une après l'autre la lettre à Jubaïen, la lettre à Quintus, la lettre synodale aux

---

1. Ép , *ad Vincentium Rogat.*, c. x, n° 39.

évêques de Numidie, la lettre à Pompée, et enfin les quatre-vingt-quatre réponses données par les évêques du troisième concile de Carthage. Il revient sur le même sujet et discute les mêmes documents dans les quatre livres de son traité *contre le donatiste Cresconius*, et dans le deuxième livre de son traité *contre le donatiste Gaudentius*[1]. Et qu'on ne dise pas que l'évêque d'Hippone a pu changer d'avis dans la suite : au deuxième livre de ses *Rétractations*, dans cette révision générale et dernière de ses œuvres, il parle encore des lettres de Cyprien sur le baptême des hérétiques, rappelle la réfutation qu'il en avait faite, sans formuler la moindre réserve. Ce n'est pas ainsi que l'on procède à l'égard d'ouvrages dont l'authenticité inspire un doute sérieux ; et vous m'accorderez sans peine que, loin d'affaiblir nos conclusions, le témoignage de saint Augustin ne fait qu'ajouter un nouveau poids à ceux d'Eusèbe, de saint Jérôme, de saint Vincent de Lérins et de la tradition tout entière.

Il m'est donc impossible, Messieurs, de souscrire à une thèse qui, tout ingénieuse qu'elle est, ne repose sur aucun fondement solide. Les pièces que nous avons discutées restent acquises au procès, et vous avez dû voir qu'elles ne nous embarrassent nullement. Dans l'incertitude où nous laissent les renseignements de l'histoire, nous ignorons si saint Cyprien a réformé son opinion avant sa mort : « Peut-être en a-t-il été ainsi, dit saint Augustin, mais nous ne le savons pas : *Et fortasse factum est, sed nescimus* ; car, reprend l'illustre docteur, ni l'écriture ni la tradition orale ne nous ont transmis le souvenir de tout ce qui s'est passé entre les évêques dans ce temps-là[2]. » Ce que saint Augustin

---

1. Opera sancti Augustini, *edit. cong. S. Mauri*, tomus VIII.
2. *De bapt. contra Donat.* l. II, c. IV. n° 5.

n'ose pas certifier au sujet de Cyprien, saint Jérôme l'affirme quant aux évêques africains qui avaient partagé le sentiment de leur chef : « Revenus à l'ancienne coutume, ils firent un nouveau décret [1]. » Les orientaux agirent de même s'il faut en croire l'évêque d'Hippone [2]. Enfin le concile d'Arles, en 314, et celui de Nicée, en 325, renouvelèrent le décret du pape saint Étienne, en reconnaissant comme valide le baptême conféré par les hérétiques suivant la formule de l'Église. Le souverain pontificat était sorti triomphant d'une lutte où il avait combattu pour les droits de la vérité : en se rangeant tout entière à la voix de son chef, l'Église montrait une fois de plus que ni le talent ni l'éloquence ne peuvent prévaloir contre l'autorité suprême du successeur de saint Pierre.

Telle est en effet la conclusion qui ressort de cette mémorable controverse. Aussi je ne comprends pas que les adversaires de la papauté aient voulu y chercher un argument contre elle. Un débat s'engage dans l'Asie Mineure et en Afrique sur un point de discipline au sujet duquel les deux parties invoquent également la coutume. La question est neuve, et touche d'un côté à la notion de l'Église, de l'autre, à la théorie générale des sacrements. Deux grands évêques la résolvent dans un sens erroné : autour d'eux l'on adhère à leur sentiment; ils ont pour eux le prestige de la science et de la sainteté. De plus, il faut bien le dire, leur solution a de quoi éblouir les esprits : de prime abord elle semble sauvegarder davantage l'unité catholique parce qu'elle trace une ligne de démarcation plus profonde entre les hérésies et

---

1. Denique illi ipsi episcopi, qui rebaptizandos hæreticos cum eo statuerant, ad antiquam consuetudinem revoluti, novum emisere decretum. (*Dial. cont. Lucif.*, c. XXIII).

2. *Contra Cresconium*, l. III, c. III, n° 3 : Cur non potius etiam ipsos paucos Orientales suum judicium correxisse dicamus, non, ut tu loqueris, rescidisse.

l'Église. Eh bien ! il suffira de quelques lignes tombées de la plume du pape pour renverser tout cet échafaudage de textes et de syllogismes. Les partisans de l'innovation auront beau résister, écrire lettre sur lettre, réunir des conciles, les cinq lignes du souverain Pontife deviendront la règle de conduite pour l'Église universelle. Évêques orientaux et africains, tous ceux qui d'abord s'étaient ralliés à l'opinion contraire, reviendront sur leurs pas, et le monde catholique tout entier suivra la décision de l'évêque de Rome. Si c'est là un argument contre la primauté du Pape, nous ne pouvons désirer qu'une chose, c'est que nos adversaires en découvrent beaucoup de pareils dans l'histoire.

Mais, me direz-vous, l'attitude de Cyprien et de Firmilien en face de saint Étienne ne prouve-t-elle pas du moins que ces deux illustres évêques n'admettaient pas la juridiction suprême du pontife romain ? Non, Messieurs. Pour écarter une pareille conclusion, nous n'avons pas même besoin de rappeler quel éclatant hommage Cyprien avait rendu précédemment à cette *Église principale*, qu'il nommait « la racine et la mère de l'Église catholique. » Comme nous l'avons démontré, il y a peu de temps, aucun écrivain des premiers siècles n'a mieux fait ressortir l'importance et la nécessité d'un centre d'unité et de gouvernement dans l'Église [1]. Si donc, dans le feu de la discussion, il lui était échappé quelques paroles qui pourraient sembler la négation de ce principe, il serait contraire à toute justice d'y voir la véritable expression de sa pensée, et nous aurions le droit d'en appeler de Cyprien trop ému à Cyprien rendu au calme et à la pleine possession de lui-même. Mais, je le répète, nous n'en sommes pas réduits à opter entre deux sentiments con-

1. Voir Leçon XII, page 276 et suiv.

tradictoires. Même au plus fort de l'irritation, Cyprien n'a jamais contesté au pape le pouvoir de définir une question de foi, ni celui de statuer une règle de discipline sous peine d'excommunication. Ce qu'il conteste, et avec trop d'opiniâtreté, c'est que, dans l'espèce, la question soit du nombre de celles où il faille se porter à une telle extrémité, au lieu de laisser à chaque évêque la liberté de s'en tenir à la coutume locale. Tel est le sens et la portée de son opposition. Aussi, quand le pape menace de rompre la communion avec lui, il s'en plaint amèrement, cela est vrai ; mais l'idée de répondre à cette menace par une menace analogue, de rompre à son tour la communion avec celui qui manifeste l'intention de le frapper, cette idée, dis-je, traversera-t elle une seule fois son esprit ? Non, pas plus qu'elle ne se présente à l'esprit de Firmilien, malgré l'animosité qui éclate dans leurs invectives. Eh bien, Messieurs, ce seul fait prouve que l'un et l'autre se sentaient en présence d'une autorité supérieure à la leur. Ah ! si un évêque autre que le successeur de saint Pierre, si un évêque n'ayant aucune juridiction sur l'Afrique ni sur l'Asie Mineure, avait osé menacer de l'excommunication les métropolitains de Césarée et de Carthage, s'imagine-t-on qu'ils n'auraient pas répondu à tant d'audace en usant envers lui de réciprocité ? Nous l'avons vu dans le cours de ces études, Cyprien avait un sentiment trop vif de la dignité épiscopale pour qu'il eût hésité un instant devant une mesure qui, dans ce cas, n'aurait pas excédé son droit. Pourquoi donc une telle pensée n'a-t-elle pas même effleuré son âme si profondément blessée ? C'est parce qu'il se rappelle, comme il le disait naguère, que « rester en communion avec le pape, c'est demeurer dans l'unité de l'Église [1]. » Et puis, voyez

---

1. Communicationem tuam, id est catholicæ Ecclesiæ unitatem tenerent. (Ép. XLIV, *au pape Corneille.*)

l'attitude que prennent les autres évêques dans ce conflit. Loin de nier le droit du pape, Denis, patriarche d'Alexandrie, intervient auprès de lui pour le supplier de ne pas donner suite à sa menace d'excommunication [1]. C'est par une prière respectueuse qu'il cherche à détourner le coup de la tête de Firmilien et de ses adhérents. Tant il est vrai que la juridiction suprême du pontife romain était universellement reconnue.

Je finis, Messieurs, par où j'avais commencé en abordant cet épisode de la vie de saint Cyprien. C'est dans le zèle du grand évêque pour l'unité de l'Église et dans sa haine vigoureuse contre l'erreur, qu'il faut chercher la source de son opinion sur la validité du baptême conféré par les hérétiques. Certes, on ne saurait se tromper pour des motifs plus spécieux ni avec des intentions plus louables. Il ne faut pas perdre de vue ces nobles sentiments qui remplissaient l'âme de Cyprien, lorsqu'on veut se rendre compte de sa résistance. Il a mis d'autant plus de vivacité à défendre son système que le sort des hérétiques lui paraissait plus déplorable et leur révolte plus criminelle. Il a péché par excès d'attachement à la cause catholique, si l'on peut s'exprimer de la sorte. Or, il n'y a que les âmes remplies d'une sainte ardeur pour le triomphe de la vérité, qui éprouvent la tentation d'en exagérer les droits, croyant mieux la servir. Ne nous arrêtons pas davantage à une faute si excusable ; une mort héroïque en effacera d'ailleurs jusqu'au moindre vestige. Là-dessus, le jugement de saint Augustin est devenu celui de l'histoire : « L'effusion d'un sang glorieux a dissipé le nuage qui avait pu obscurcir cette belle âme ; son erreur a été compensée par l'abondance de la charité, et lavée dans le sang du martyre [2]. »

---

1. Eusèbe, H. E. VII, 5. *De his omnibus ego ad illum epistolam misi, rogans atque obtestans.*
2. S. Augustin, *de bapt.*, 1, 18.

DIX-NEUVIÈME LEÇON

Dernières œuvres morales de saint Cyprien. — Comment l'évêque de Carthage avait su conserver sa sérénité d'âme au milieu des luttes provoquées par la question du baptême des hérétiques. — Instructions pastorales qui remontent à cette époque. — Le traité *sur les Avantages de la patience.* — Comparaison de cet écrit avec l'ouvrage analogue de Tertullien. — Cyprien supplée à l'énergique concision de Tertullien par la finesse de l'analyse et par l'abondance des développements. — Instruction *sur l'Envie et la Jalousie.* — Science du cœur humain et étude profonde de la passion chez le moraliste africain.

Messieurs,

Si quelque chose témoigne de la sincérité et de la bonne foi que Cyprien portait dans les âpres controverses où nous l'avons vu engagé, c'est le caractère des écrits qu'il composait vers le même temps. A la fin de sa lettre à Jubaïen, écrite au plus fort de la lutte, il s'exprimait en ces termes : « Pour ce qui est de nous, à Dieu ne plaise que nous entrions en litige, à cause des hérétiques, avec nos collègues dans l'épiscopat, du moins autant qu'il est en notre pouvoir ! Nous gardons avec eux la concorde et la paix du Seigneur, nous rappelant que l'apôtre a dit : Si quelqu'un aime à contester, quant à nous, ce n'est point là notre coutume, ni celle de l'Église de Dieu. Nous conservons avec douceur et patience la charité du cœur, l'honneur de notre collège, le lien de la foi et la concorde du sacerdoce. C'est pour atteindre ce but qu'avec la permission du Seigneur, et d'après ses inspirations, nous avons composé dernièrement, dans la mesure de notre médiocrité, un petit écrit *sur les Avantages de la patience*. Nous vous l'envoyons comme un témoignage de notre mutuelle affection ¹. »

Nous possédons cet ouvrage qui montre à quel degré l'évêque de Carthage avait su conserver sa sérénité d'âme au milieu des luttes provoquées par la question du baptême des hérétiques. Les difficultés d'une thèse peu élucidée jusqu'alors pouvaient bien entraîner Cyprien dans un conflit regrettable; mais ces dissentiments en matière de discipline ne parvenaient point à affaiblir le sens évangélique que nous avons admiré tant de fois chez ce grand homme. Voilà pourquoi une erreur, d'ailleurs si excusable, n'a rien ôté au mérite de sa sainteté; et l'Église a pu offrir ses vertus à l'admiration des siècles, tout en professant, sur un point particulier, une doctrine différente de la sienne. Comme la paraphrase *de l'Oraison dominicale*, l'opuscule que nous avons dessein d'étudier est une imitation du traité de Tertullien sur le même sujet. Le plan est identique de part et d'autre : avantages et nécessité de la patience; suites funestes du vice contraire, tels sont les deux points que Cyprien développe successivement à l'exemple de son maître. Mais la ressemblance ne s'arrête pas au plan ni à la marche générale du discours; elle s'étend jusqu'aux détails, de telle sorte que nulle œuvre ne me paraît plus propre à nous faire apprécier l'influence de Tertullien sur son disciple. C'est à cette étude comparative de formes et de style que nous allons nous livrer aujourd'hui, en donnant une moindre attention au fond des idées que nous avons déjà eu occasion d'examiner dans une autre circonstance ².

---

1. Ép. LXXIII, *de Cyprien à Jubaïen*.
2. Voyez nos *Études sur Tertullien*, tome I, leçon XVII.

Avant de commencer son instruction *sur la Patience*, l'impétueux prêtre de Carthage avait cru devoir s'excuser de la témérité qu'il pouvait y avoir de sa part à recommander aux autres ce qu'il se reprochait de ne point faire lui-même. Eu égard au caractère bien connu de Tertullien, cet exorde par insinuation était sinon indispensable, du moins fort utile. Cyprien emploie un autre tour pour disposer favorablement son auditoire ou ses lecteurs. Il leur annonce que la patience leur sera nécessaire pour l'écouter jusqu'au bout, et les engage à pratiquer cette vertu en lui prêtant une attention bienveillante: Cette entrée en matière est aussi adroite que délicate. A partir du début, qui diffère de part et d'autre, les deux écrivains suivent une marche parallèle. Comme son devancier, l'évêque de Carthage rappelle que les philosophes païens eux-mêmes exhortaient leurs disciples à la patience, bien qu'ils donnassent ce nom à une vaine affectation d'insensibilité, affichant ainsi une arrogance superbe, en place de la douceur et de l'humilité, qui sont les compagnes de la patience évangélique. Le chrétien, répète-t-il après Minucius Félix, à qui il emprunte ce beau mot, le chrétien ne fait pas consister la grandeur dans des maximes pompeuses, mais dans la sainteté de la vie, *non magna loquimur, sed vivimus* [1]. Et pourquoi le disciple de l'Évangile sait-il pratiquer la vraie patience, celle qui est unie à la véritable sagesse ? Parce qu'il place en Dieu l'idéal de la vertu. Tertullien avait déjà exprimé cette pensée si haute et si féconde :

« La discipline évangélique, disait-il, nous représente Dieu comme le modèle de la patience. D'abord il répand également la rosée de sa lumière sur les justes et sur les méchants ; il

---

[1]. *De bono patientiæ*, I-III ; — Minucius Félix, *Octavius*, XXXVIII ; — Tertull., *de patientia*, I, II.

distribue. à ceux qui ne les méritent pas comme à ceux qui en sont dignes les bienfaits des saisons, les dons des éléments, les tributs de toute la création ; il supporte l'ingratitude des nations qui adorent avec les caprices de l'art l'ouvrage de leurs propres mains, qui blasphèment son nom et persécutent ses serviteurs. Enfin, le libertinage, l'avarice, l'iniquité, la méchanceté qui devient plus insolente de jour en jour, il les souffre avec une patience qui semble nuire à sa cause ; car plusieurs refusent de croire au Seigneur, le voyant si lent à punir le monde. Telle est l'image de la patience divine qui nous est montrée de loin pour nous apprendre sans doute que cette vertu vient du ciel [1]. »

Ce tableau, esquissé en quelque coups de pinceau vifs et rapides, Cyprien va le reprendre pour y ajouter de nouveaux traits et en relever les couleurs. Il s'empare de la pensée de Tertullien, et voici comment il paraphrase :

« Admirez la patience du Dieu que nous servons. Il supporte patiemment l'outrage que reçoivent sa majesté et sa gloire de la part de ces hommes qui érigent des temples profanes et rendent des hommages sacrilèges à de vains simulacres. Il fait lever son soleil et briller les feux du jour sur les méchants comme sur les bons. Envoie-t-il à la terre des pluies fécondes ? Nul n'est exclu d'un bienfait auquel tous ont leur part. Dans l'égalité de sa patience il ne sépare point les coupables des innocents, les impies des hommes religieux, les âmes reconnaissantes des ingrats : au signe de sa volonté, les saisons accomplissent leur cours, et les éléments leur service pour les uns comme pour les autres ; les vents soufflent, les fleuves coulent, d'abondantes moissons grandissent dans les plaines, le raisin mûrit sur la vigne, les

---

[1]. Tertull., *de patientia*, ii, iii.

arbres se couronnent de leurs fruits, les bois de leur feuillage, les prairies de leurs fleurs. De fréquentes offenses, disons mieux, des offenses continuelles irritent sa justice ; et cependant il tempère son indignation, il attend patiemment le jour fixé pour la rétribution. La vengeance est dans son pouvoir ; n'importe, il aime mieux y mettre un long délai, et supporter l'outrage : peut-être, après avoir poussé la malice jusqu'à l'extrême, après s'être roulé si longtemps dans la fange de l'erreur et du crime, l'homme en viendra-t-il enfin à changer de vie et à se convertir [1]. »

Il suffit de lire attentivement les deux morceaux pour voir que l'un est une amplification de l'autre. Ce que Tertullien n'avait fait qu'indiquer en peu de mots, Cyprien l'étend et le développe. Le premier s'était contenté de dire, dans son style sobre et ferme, que la patience de Dieu éclate en ce qu'il distribue aux méchants comme aux bons « les bienfaits des saisons, les dons des éléments, les tributs de toute la création. » Ces tributs, ces dons, ces bienfaits, le second les énumère les uns après les autres pour faire mieux ressortir la patience divine : de là ce brillant tableau où rien n'est oublié depuis la moisson et la vendange jusqu'au feuillage des bois et aux fleurs de la prairie. C'est, Messieurs, dans ces détails de style qu'il faut suivre les écrivains, pour étudier leur manière et surprendre les secrets de leur art. Évidemment, Cyprien n'a pas l'énergie ni la profondeur de trait qui distinguent Tertullien ; mais il y supplée par la finesse de l'analyse et par l'abondance des développements. S'il fallait choisir dans la littérature moderne un exemple pour bien rendre ma pensée, j'établirais entre les deux Africains la même différence qu'entre Bossuet et Massillon. Comme Ter-

---

[1]. Cyprien, *de bono patientiæ*, IV.

tullien, avec qui il a tant d'affinité, Bossuet se plaît à peindre d'un seul trait qui abrége l'expression en concentrant les détails : il laisse là l'idée qu'il vient d'émettre, sans vouloir en tirer tout ce qu'elle renferme, et se bornant à ce jet vigoureux de l'esprit. La richesse des développements est, au contraire, le caractère distinctif du talent de Massillon : l'évêque de Clermont excelle à retourner une pensée sous toutes ses formes, de manière à en augmenter l'effet ; c'est, selon le mot fort heureux de La Harpe, la lumière d'un diamant dont le mouvement multiplie les rayons. Par là il se rapproche beaucoup de saint Cyprien qui, lui aussi, aime à revenir sur la même idée, pour la reproduire sous tous ses aspects. Assurément, si l'on devait se prononcer entre ces deux genres de mérites, le choix ne serait pas douteux. Quelque brillante qu'elle soit, une amplification ne vaudra jamais ces éclairs de génie qui transportent l'âme hors d'elle-même ou qui la remuent jusque dans ses dernières profondeurs. Il y a plus de difficulté à ramasser toute une doctrine en quelques phrases courtes et vives, qu'à la développer longuement dans un style plein d'élégance et de finesse. Les écrivains de la trempe de Tertullien et de Bossuet tiendront toujours le premier rang dans la littérature ; mais il y aurait de l'injustice à méconnaître les qualités d'un style qui, pour n'avoir pas autant de nerf ni d'originalité, n'en réunit pas moins à l'émotion du sentiment les grâces de l'esprit et l'éclat de l'imagination. C'est là un mérite qu'on ne saurait refuser aux écrits de saint Cyprien ; et nous n'aurons pas de peine à nous en convaincre, si nous poursuivons le rapprochement que nous avons commencé à établir entre son instruction pastorale *sur la Patience* et l'œuvre parallèle de Tertullien.

Après avoir cherché en Dieu l'idéal de la patience, Cyprien

le découvre également, mais sous une forme sensible, dans l'Homme-Dieu ou dans le Verbe fait chair. Ce portrait de l'inaltérable douceur de Jésus-Christ, Tertullien l'avait tracé de main de maître, en suivant le Sauveur depuis sa naissance jusqu'à sa passion. Cyprien reproduit trait pour trait ce magnifique tableau, mais à sa manière, en conservant sa touche propre jusque dans l'imitation. Il appuie davantage sur certains faits, comme la trahison de Judas par exemple, que le prêtre de Carthage s'était contenté de rappeler. Ce grand artiste avait exprimé en deux mots la conduite du Sauveur à l'égard des Juifs : *ingratos curavit, insidiatoribus cessit.* Un pareil thème semblait exiger plus de développements : aussi va-t-il s'étendre sous la plume de Cyprien, accoutumé à rendre sa pensée dans une forme moins concise : « Envers les Juifs, s'écrie-t-il, quelle tolérance et quelle égalité d'âme ! Incrédules, il cherche à les attirer vers la foi par la persuasion ; ingrats, il les poursuit de ses services ; à leurs contradictions il oppose des réponses pleines de douceur, à leurs dédains la clémence, à leurs persécutions une humilité qui ne résiste pas. Ces assassins de prophètes, sans cesse en révolte contre Dieu, il veut les rassembler jusqu'à l'heure de la croix et de la passion [1]. » Vous le voyez, Messieurs, il y a toujours la même différence dans les procédés du style : un mot chez Tertullien, c'est une phrase chez saint Cyprien. Ainsi, pour dépeindre la constance du Sauveur au milieu de sa passion, le premier dira dans ce langage audacieux qui n'est qu'à lui : « Avant de nous quitter, il voulait s'engraisser des voluptés de la patience. Il est couvert de crachats, battu de verges, accablé d'outrages, revêtu d'une robe d'ignominie, couronné d'épines encore plus ignominieuses [2]. »

1. Cyprien, *de bono patientiæ*, vi.
2. Tertull., *de patientia*, iii.

Admirable progression, dont la rapidité égale l'énergie. Mais cette simplicité nerveuse n'est pas dans les habitudes de Cyprien : aussi va-t-il reprendre un à un les membres de la phrase pour faire de chacun une phrase entière :

« Que d'affronts, s'écrie-t-il, supportés avec patience ! Que d'opprobres soufferts sans plainte ! Ici, une multitude insolente couvre d'ignobles crachats celui dont la salive féconde avait réformé, peu de jours auparavant, l'œil d'un aveugle ; là le Dieu au nom duquel nous flagellons aujourd'hui le diable et ses anges, est déchiré par une honteuse flagellation. A celui qui couronne de fleurs immortelles le front des martyrs, une couronne d'épines ! A celui qui distribue des palmes aux vainqueurs, d'injurieux soufflets ! A celui qui couvre les autres d'un vêtement d'immortalité, plus de vêtements terrestres ! A celui qui donne le pain du ciel, qui nous tend la coupe du salut, le fiel pour nourriture, le vinaigre pour breuvage !.....[1] »

Assurément, Messieurs, ces antithèses sont belles ; mais valent-elles cette gradation émouvante de Tertullien : *Despuitur, verberatur, deridetur, fœdis vestitur, fœdioribus coronatur* ? Je n'oserais le dire. Dans le reste du discours, Cyprien continue de suivre pas à pas le moraliste qu'il a choisi pour modèle et pour guide. A son tour, il élargit outre mesure le concept de la vertu morale dont il fait un si bel éloge : il comprend sous le nom de patience divers actes qui appartiennent plus directement à la charité, comme l'amour des ennemis et la prière pour les persécuteurs. Même remarque au sujet du vice contraire. Ainsi l'on ne voit pas trop comment la chute du premier homme serait le résultat de l'impatience ; du moins n'est-ce point là le caractère distinc-

---

1. Cyprien, *de bono patientiæ*, vii.

tif du péché d'Adam. A plus forte raison peut-on en dire autant des hérésies dont Cyprien attribue l'origine à l'impatience. Ces peintures trop chargées s'expliquent par les habitudes de la rhétorique africaine. Tertullien avait donné l'exemple de ces accumulations de traits et de couleurs, lorsqu'il résumait ainsi les avantages de la patience à la fin de son opuscule :

« Il est donc bien vrai que la patience est un dépôt assuré dans les mains de Dieu. Es-tu offensé ? confie-lui ton outrage, il te vengera ; dépouillé ? il se chargera de la restitution ; dans la douleur ? il sera ton médecin ; menacé de la mort ? il te ressuscitera. Admirable privilège de la patience, que d'avoir Dieu pour débiteur. Et certes avec raison ! Car c'est elle qui protége tous ses décrets, elle qui intervient dans tous ses commandements. La patience fortifie la foi, règle la paix, soutient la charité, forme l'humilité, dispose à la pénitence, met le sceau à la confession, gouverne la chair, maintient l'esprit, refrène la langue, arrête la main, foule aux pieds les tentations, repousse les scandales, consomme le martyre. La patience console le pauvre et inspire la modération au riche ; elle n'accable pas celui qui est faible et n'épuise point celui qui est fort ; elle réjouit le fidèle, attire le gentil, concilie au serviteur la bienveillance du maître, et au maître celle de Dieu. La patience est l'ornement de la femme, comme elle sert d'épreuve à l'homme ; on l'aime dans l'enfant, on l'estime dans le jeune homme, on l'honore dans le vieillard : elle est belle dans chaque sexe et à tout âge [1]. »

Si vous doutiez encore de l'influence que Tertullien a exercée sur saint Cyprien, je n'aurais besoin que de vous lire la page où ce dernier résume également les avantages et les effets de la patience :

1. Tertull., *de patientia*, xv.

« Abondante, multiple, la patience n'est point renfermée dans d'étroites limites ; sa vertu s'étend au loin. Son inépuisable fécondité, partie d'une source unique, se répand par une multitude de veines à travers les mille chemins de la gloire, si bien que sans elle tout est défectueux, et qu'il manque toujours quelque chose à l'œuvre de notre salut, si elle ne l'achève en la consolidant. C'est la patience qui nous recommande à Dieu et nous retient dans son service. C'est elle qui calme la colère, refrène la langue, gouverne l'esprit, garde la paix, règle la discipline, brise l'impétuosité des passions, comprime les emportements de l'orgueil, éteint l'incendie de la haine, contient la puissance des grands, soulage l'indigence des pauvres, protége l'heureuse intégrité de la vierge, la chasteté laborieuse de la veuve, la tendresse indivisible des époux. Elle inspire l'humilité dans le bonheur, le courage dans l'adversité, la douceur au milieu des injures et des affronts. Elle apprend à pardonner sans délai, et à implorer le pardon par des prières longues et réitérées. Les tentations, elle les surmonte ; les persécutions, elle les endure ; la passion et le martyre, elle les consomme. C'est elle qui bâtit notre foi sur des fondements inébranlables ; elle qui, par de sublimes accroissements, élève jusqu'aux cieux l'édifice de notre espérance ; elle qui dirige nos pas dans les sentiers du Christ, pour nous faire marcher sur ses traces glorieuses ; c'est elle enfin qui nous conserve le titre d'enfants de Dieu, en nous portant à imiter la patience du Père [1]. »

Je suis certain, Messieurs, que vous avez été frappés comme moi de la ressemblance de ces deux tableaux. On ne mesurerait pas assez les termes en appelant le second une copie du premier ; mais, à coup sûr, le mot imitation n'est

---

1. Cyprien *de bono patientiæ*, xx.

pas excessif pour désigner ces rapports de similitude Nous assistons ici au travail du disciple luttant avec l'œuvre du maître, et s'efforçant de l'égaler, sinon de la surpasser ; or, je vous demande la permission d'entrer à ce propos dans quelques détails qui, je l'espère, ne vous paraîtront pas trop minutieux. Tertullien avait décrit les effets de la patience dans une vingtaine de petites propositions, composant une seule période, et échelonnées les unes à la suite des autres avec plus de symétrie que de variété. Cette période, trop longue et trop monotone, Cyprien la coupe ; il en disperse les membres qu'il distribue de manière à former quelques phrases plus courtes et moins uniformes. L'un commence son énumération par où l'autre finira la sienne : *fidem munit*, — *fidei nostræ fundamenta firmiter munit*. Mais, tout en intervertissant l'ordre des idées, Cyprien suit son modèle de très-près. Ici, il ne craindra pas de reproduire les mêmes expressions : *linguam frœnat, martyria consummat*. Là, il se contentera de changer un mot, et de mettre *mentem gubernat* pour *pacem gubernat*, ou bien, *disciplinam regit* à la place de *carnem regit ;* soit enfin, *tentationes expugnat* au lieu de *tentationes inculcat*. Ces formules si brièves, si concises de Tertullien, *pauperem consolatur, divitem temperat*, s'allongent chez son disciple, et se deploient dans des propositions mieux arrondies : *coercet potentiam divitum, inopiam pauperum refovet*. Il serait facile d'étendre le rapprochement ; mais ce que nous venons de dire suffit pour justifier la conclusion que nous voulions tirer de cette comparaison de textes. L'originalité et la force créatrice sont du côté de Tertullien, tandis que le talent de Cyprien brille dans l'arrangement et dans le fini du détail. En passant par les mains de l'évêque de Carthage, la langue de son devancier, trop souvent rude et informe, devient plus moelleuse, plus souple. C'est le travail de l'art succédant aux productions du génie et s'exerçant sur l'œuvre d'un grand maître pour la reproduire sous d'autres formes et avec un nouvel éclat.

Toutefois, Messieurs, n'exagérons pas cette infériorité relative, quant au mérite de l'invention. Si l'opuscule *sur les Avantages de la patience* doit être envisagé comme une imitation très-sensible du traité parallèle de Tertullien, il est d'autres écrits analogues où Cyprien ne relève que de lui-même, où l'absence de tout modèle nous permet d'apprécier ses propres ressources et sa fécondité. Nous pouvons ranger dans ce nombre son instruction pastorale *sur l'Envie et la Jalousie* composée vers le temps où paraissait l'écrit dont nous venons de parler [1]. Il appartenait à l'évêque, contre lequel une tourbe d'envieux s'étaient acharnés avec tant de fureur depuis son élévation sur le siége de Carthage, il lui appartenait, dis-je, de flétrir un vice qui est la marque des âmes viles et basses. Aussi n'a-t-il rien négligé pour faire ressortir le caractère odieux et les suites funestes d'un péché auquel beaucoup de chrétiens attachaient peu de gravité. Le discours s'ouvre par un tableau plein de vie et d'éclat, où l'orateur passe en revue les différentes formes de la tentation : « Le Seigneur nous a ordonné d'être prudents, et de veiller sans cesse, de peur qu'un ennemi, toujours sur pied, toujours en embuscade, ne vienne à se glisser dans notre cœur, et à faire d'une étincelle un incendie, d'une brèche imperceptible une ruine immense ; de peur qu'en nous berçant, pleins de sécurité, au souffle d'une brise caressante, il ne déchaîne tout à coup les tempêtes contre nous, et qu'il n'engloutisse notre foi, notre espérance et notre vie dans un naufrage irrémédiable. Donc, debout, frères bien-aimés, debout ! Travail-

---

1. Dans sa vie de saint Cyprien, le diacre Pontius cite cet écrit à la suite du traité *de la Patience* (VII).

lons de toutes nos forces à repousser, par une vigilance active, les traits qu'un ennemi cruel lance contre toutes les parties vulnérables de notre être. Suivons le conseil que l'apôtre Pierre nous donne dans son Épître : Soyez sobres et veillez ; car le démon, votre ennemi, tourne autour de vous semblable à un lion rugissant qui cherche une proie à dévorer. Oui, il circule à nos côtés comme un combattant qui, ayant mis le siège devant une place forte, explore les remparts pour y trouver un point faible qui puisse lui livrer passage. Il a des séductions pour chaque partie de nous-mêmes. Aux yeux il présente des formes attrayantes et de faciles voluptés pour détruire la chasteté. Les oreilles, il les captive par une musique harmonieuse, afin que des sons amollissants énervent en nous la vigueur chrétienne. Notre langue, il la provoque par l'injure ; notre main, il la pousse à l'homicide par d'irritantes insultes. Veut-il nous exciter à la fraude ? Il étale devant nous des gains illicites. Veut-il séduire notre âme par l'appât de l'or ? il lui indique des voies courtes, mais pernicieuses, pour arriver à la fortune. Il promet les honneurs de la terre dans le but de ravir les honneurs du ciel ; il fait ostentation de ses faux biens pour nous dérober les véritables. S'aperçoit-il qu'il ne peut plus tromper sous le masque ? il dresse la tête, il menace insolemment, il sème l'épouvante, il soulève les tempêtes de la persécution, toujours en mouvement pour combattre les serviteurs de Dieu, toujours acharné contre leur repos, cauteleux dans la paix, violent et cruel dans la persécution [1]. »

Cette page est une des meilleures qui soient sorties de la plume de Cyprien. Il serait difficile de mieux décrire la stra-

---

1. *De zelo et livore* I, II.

tégie de l'esprit infernal, ce réseau subtil et varié où l'ennemi de tout bien voudrait envelopper l'âme chrétienne. A cette description des formes multiples de la tentation, on reconnaît un observateur profond du cœur humain. Cela posé, il s'agissait de déterminer la place que tient l'envie dans cette série d'agressions dirigées contre la vertu. A cet effet, le moraliste chrétien commence par constater l'origine du vice qu'il veut combattre, en attribuant la chute des anges rebelles à la jalousie que leur avait causée la création de l'homme fait à l'image de Dieu. Ici, sans doute, il ne prend pas les choses d'assez haut ; car, suivant une opinion bien autrement probable, la défection d'une partie des anges est antérieure à la création de l'homme : elle a pris sa source dans l'orgueil méconnaissant la dépendance absolue où se trouve la créature relativement au créateur. Tel est du moins, je le répète, le sentiment le plus général et le plus plausible. Que les anges rebelles, une fois déchus, n'aient pu contempler sans jalousie les dons de Dieu dans l'homme, et qu'ils se soient efforcés d'entraîner à la révolte cette créature fraîchement sortie des mains divines, cela n'est pas douteux ; mais ce mouvement d'envie a été la conséquence de leur chute, et non pas le principe. Cyprien est plus heureux dans le choix de ses exemples, lorsqu'il range parmi les effets de ce vice le meurtre d'Abel, l'animosité d'Ésaü contre Jacob, de Saül contre David, ainsi que la haine dont les Juifs poursuivirent le Sauveur[1]. Mais ce qui mérite davantage notre attention, c'est l'analyse des rapports de l'envie avec les autres passions, qu'elle enfante et qu'elle nourrit. Par ces peintures si vraies, si saisissantes, l'évêque de Carthage a marqué sa place parmi les moralistes qui ont le mieux

De zelo et livore, v.

fouillé le cœur humain pour en sonder les plis et les replis :

« Que cette contagion soit facilement contenue dans des limites étroites, ou qu'elle apparaisse sous une seule forme, ne vous l'imaginez pas : elle se multiplie et se répand au loin. L'envie est la racine de tous les maux : elle est une source de désastres, une pépinière de péchés, une matière à fautes. De là découle la haine, de là procède l'animosité. C'est l'envie qui enflamme la cupidité : cet homme ne sait plus se contenter de ce qu'il possède, parce qu'il en voit un autre plus riche que lui. C'est l'envie qui allume l'ambition à l'aspect d'un rival plus élevé en honneurs. C'est l'envie qui, aveuglant notre intelligence et tenant notre âme sous le joug, nous fait mépriser la crainte de Dieu, négliger les enseignements du Christ, et oublier le jour du jugement. Par elle l'orgueil s'enfle, la cruauté s'emporte, la perfidie prévarique, l'impatience s'agite, la discorde sévit, la colère bouillonne. Une fois asservi à cette domination étrangère, l'homme n'est plus capable de se contenir ni de se gouverner. On brise dès lors le lien de la paix du Seigneur ; on viole tous les devoirs de la charité fraternelle ; on corrompt la vérité par un mélange adultère ; on déchire l'unité ; on se précipite dans l'hérésie et dans le schisme, en décriant les prêtres, en jalousant les évêques, en se plaignant de n'avoir pas été ordonné de préférence à eux, ou bien en refusant d'obéir à un chef. De là les oppositions, les révoltes : l'envie va se transformer en orgueil ; elle fait d'un rival un pervers ; et ce que l'on poursuit dans les autres, c'est moins la personne que la dignité [1]. »

Nul doute, Messieurs, que ces paroles ne renferment une

---

1. *De zelo et livore*, vi.

allusion au parti de Novat et de Félicissime, qui, jaloux de l'élévation de Cyprien à l'épiscopat, avaient excité contre lui tant de mauvaises passions. J'ai prononcé tout à l'heure le nom de Massillon : c'est en effet à ses sermons de morale que ressemble le mieux cette instruction *sur l'Envie*. Ce qui distingue l'évêque de Clermont, c'est la pénétration et la sûreté de coup d'œil qu'il sait porter dans l'analyse des passions. Il est peu d'orateurs sacrés qui aient observé le cœur humain avec autant de soin et d'exactitude. Aucune menace ne lui échappe : s'agit-il de suivre le vice dans ses tours et ses détours, d'en retracer les formes ou le caractère, il démêle tout, il saisit tout, les mouvements les plus fugitifs, les traits les plus déliés. Comme peintre du sentiment, Massillon est un maître dont personne n'a surpassé la touche fine et délicate. On reste émerveillé du tact et de la perspicacité que supposent ces études psychologiques où l'œil du moraliste atteint l'âme humaine jusque dans ses dernières profondeurs. Le portrait de l'envieux est un de ceux que le brillant artiste a refait plusieurs fois ; et bien que, dans son *Petit Carême*, il ait restreint ses censures si vives et si spirituelles à la condition des grands, vous retrouverez sans peine, dans le tableau que je vais placer devant vous, les couleurs sous lesquelles Cyprien dépeignait l'envie :

« De toutes les passions que les hommes opposent à la vérité, la jalousie est la plus dangereuse, parce qu'elle est la plus incurable ; c'est un vice qui mène à tout, parce qu'on se le déguise toujours à soi-même ; c'est l'ennemi éternel du mérite et de la vertu ; tout ce que les hommes admirent l'enflamme et l'irrite ; il ne pardonne qu'au vice et à l'obscurité ; et il faut être indigne des regards publics pour mériter ses égards et son indulgence..... Tous les traits les plus odieux semblent se réunir dans un cœur où domine cette passion injuste. Cependant c'est le vice et comme la contagion universelle des cours, et souvent la première source de la décadence des empires : il n'est point de bassesse que cette passion ou ne consacre ou ne justifie ; elle éteint même les sentiments les plus nobles de l'éducation et de la naissance ; et dès que ce poison a gagné le cœur, on trouve des âmes de boue où la nature avait d'abord placé des âmes grandes et bien nées... Tout s'empoisonne entre les mains de cette funeste passion : la piété la plus avérée n'est plus qu'une hypocrisie mieux conduite ; la valeur la plus éclatante, une pure ostentation, ou un bonheur qui tient lieu de mérite ; la réputation la mieux établie, une erreur publique où il entre plus de prévention que de vérité ; les talents les plus utiles à l'État, une ambition démesurée qui ne cache qu'un grand fonds de médiocrité et d'insuffisance ; le zèle pour la patrie, un art de se faire valoir et de se rendre nécessaire ; les succès même les plus glorieux, un assemblage de circonstances heureuses qu'on doit à la bizarrerie du hasard plus qu'à la sagesse des mesures ; la naissance la plus illustre, un grand nom sur lequel on est enté et qu'on ne tient pas de ses ancêtres [1]. »

Une des considérations que Massillon aime le plus à faire valoir dans ses sermons de morale, c'est le bonheur attaché à la vertu et l'infortune qui suit le vice. Il excelle à peindre les tourments d'une âme devenue le jouet des passions. Son discours *sur le malheur des grands qui abandonnent Dieu*, est à cet égard un modèle de description et d'analyse. C'est aussi par des tableaux de ce genre que Cyprien cherchait à frapper l'imagination de ses auditeurs, pour les détacher d'un vice, source de tant de troubles et d'agitations. Rien ne rappelle mieux la manière de l'orateur français que cette

---

1. Petit Carême, *sermon pour le Vendredi-saint*, 1re partie.

peinture de la situation d'une âme dominée par l'envie :

« Quelle teigne de l'âme, quelle corruption de la pensée, quelle rouille dévorante du cœur que d'envier aux autres leur vertu ou leur prospérité, c'est-à-dire de haïr en eux leurs mérites personnels ou les bienfaits de Dieu ; de convertir leurs biens en son propre mal ; d'être torturé par le bonheur des grands et de chercher son supplice dans leur gloire ; de se créer mille bourreaux intérieurs qui tourmentent l'âme, et atteignent sous leurs ongles de fer jusqu'aux dernières fibres du cœur ! Pour de tels malades les aliments et la boisson n'ont plus ni attrait ni saveur : ils soupirent, ils gémissent, ils se lamentent. Incapables de rejeter le venin de la jalousie, ils sentent nuit et jour le fouet qui les déchire sans relâche. Les autres passions ont du moins un terme ; les fautes ne survivent pas à leur consommation. Ainsi dans l'adultère le crime s'arrête après l'ivresse des sens ; dans l'homicide, la férocité une fois assouvie se repose ; la possession du butin convoité suffit à la rapacité du brigand ; la fourberie heureuse trace une limite au faussaire. Mais l'envie ne connaît pas de bornes : c'est un mal permanent, un péché sans fin. Plus un rival grandit en biens et en succès, plus l'incendie s'allume et gagne dans le cœur du jaloux. De là ce visage menaçant, ce regard farouche, ce front couvert de pâleur, ces lèvres tremblantes, ces dents qui grincent, ces paroles pleines de rage, ces invectives sans frein, cette main impatiente de verser le sang, et qui, si elle dépose le glaive par intervalle, n'en reste pas moins toujours armée des fureurs d'un esprit qui ne se gouverne plus [1]. »

C'est ainsi que, pour me servir des paroles de Massillon, « l'envieux trouve le secret de n'être jamais heureux, soit

---

[1]. *De zelo et livore*, VII, VIII.

par ses propres maux, soit par les biens qui arrivent aux autres [1] ! » Il y a dans le tableau des effets physiques de l'envie quelques traits empruntés à la description de la colère par Sénèque. Suivant son habitude, Cyprien reproduit à la lettre certaines expressions de l'écrivain qu'il imite, et fait subir à d'autres une légère modification. Il conserve le *vultus minax* de Sénèque, et remplace *torva facies* par *torvus aspectus*. Ici nous lisons : *stridor in dentibus* ; là, *dentes comprimuntur* : d'un côté, *in labiis tremor* ; de l'autre, *labia quatiuntur* [2]. On pourrait également trouver une analogie assez sensible entre cette critique de l'envie et la première satire d'Horace, laquelle porte sur le même sujet. Mais l'évêque de Carthage laisse loin derrière lui les moralistes de l'antiquité païenne, parce que, non content de décrire le mal, il indique le remède. On est rongé d'envie, faute de pratiquer les deux vertus fondamentales du christianisme, l'humilité et la charité. Celui qui se regarde comme inférieur à ses frères, sera heureux de leur élévation, bien loin de porter envie à leurs succès ; et plus on aime le prochain, moins l'on est accessible aux sentiments d'une basse jalousie [3]. C'est donc en se détachant de lui-même, pour ouvrir son cœur à l'amour de ses semblables, que le chrétien rejettera le poison de la discorde et des rivalités. L'exemple et les préceptes de Jésus-Christ joints à l'espoir d'une récompense éternelle, l'armeront de force et de courage, en soutenant l'âme contre elle-même. Si la persécution fait des martyrs, les temps de paix ont aussi leurs luttes ; et, pour être concentrés dans l'intérieur de l'âme, ces combats de la

---

1. Petit Carême, sermon *sur le malheur des grands qui abandonnent Dieu*, 1ʳᵉ réflexion.
2. Sénèque, *de irâ* I, 1
3 *De zelo et livore*, x-xv.

vertu n'en sont pas moins glorieux. Cyprien s'élève à une haute éloquence, lorsqu'il compare, en terminant, le témoignage rendu à Dieu par une vie vraiment chrétienne, avec l'effusion d'un sang versé pour la cause de la foi :

« Il existe pour un chrétien d'autres couronnes que celles de la persécution. La paix, elle aussi, a ses ennemis, ses combats, ses victoires. En dominant la volupté, on remporte la palme de la continence. C'est mériter la couronne de la patience que d'avoir dompté la colère et le ressentiment. Celui qui méprise l'argent triomphe de l'avarice. Comment refuser l'éloge à la foi qui, appuyée sur les promesses de l'avenir, supporte courageusement les tribulations de ce monde? N'y a-t-il pas de la gloire à conserver un cœur humble au milieu de la prospérité ? L'homme toujours prêt à exercer la miséricorde envers les pauvres n'a-t-il pas le droit de recevoir pour récompense les trésors du ciel ? Enfin, le chrétien qui ne connaît pas la jalousie, qui aime ses frères, et reste uni avec eux par les liens de la concorde et de la paix, n'est-il pas honoré du salaire promis à la charité et à la douceur ? « Voilà donc la carrière de vertus dans laquelle nous courons tous les jours ; telles sont les palmes et les couronnes de justice que nous avons à conquérir sans relâche [1]. »

L'instruction pastorale *sur l'Envie* achève de prouver avec quel zèle Cyprien remplissait les devoirs de l'évêque, guide et médecin des âmes ; à chaque pas que nous avons fait dans l'étude de ses écrits, la nature et le caractère de son éloquence se sont dessinés devant nous avec une netteté toujours croissante. Si l'on ne trouve pas chez lui l'audace ni la véhémence de Tertullien, ses traités et ses sermons de

---

1. *De zelo et livore*, XVI.

morale se recommandent par d'autres qualités. Son style a un éclat plus doux, une chaleur plus tempérée. Moins original, moins hardi que son maître dans la conception du sujet, Cyprien l'emporte sur lui par le fini du détail et par la richesse des développements. Son discours ne ressemble pas à un torrent impétueux qui se précipite et qui gronde, mais à un beau fleuve qui coule à pleins bords d'un cours majestueux et tranquille. De temps en temps, il est vrai, l'évêque de Carthage s'anime et s'échauffe ; il devient vigoureux, il s'élève même jusqu'au sublime ; mais le plus ordinaire effet de son éloquence est de charmer l'esprit, de pénétrer le cœur, de toucher et d'attendrir par les effusions d'une belle âme. Peu d'orateurs chrétiens ont possédé à un aussi haut degré ce qu'on appelle l'onction évangélique ; et c'est par là que Cyprien est véritablement orateur. S'il n'était qu'ingénieux et brillant, nous verrions en lui un artisan de paroles, un rhéteur. Il pourrait plaire, séduire ; il ne serait pas éloquent. Ce pathétique attendrissant, qui est un des traits distinctifs de son éloquence, se remarque surtout dans ses péroraisons : là son âme déborde, et s'abandonne aux plus doux épanchements. Bref, l'on rencontre presque toujours dans ses écrits ce que l'on regrette de ne pas sentir plus souvent chez son rival de gloire, le cœur du prêtre, du pasteur des âmes, de l'homme qui cherche moins à gourmander le vice qu'à triompher de la faiblesse humaine par l'arme de la persuasion. Unis entre eux par des relations si étroites, ces deux grands Africains diffèrent par leurs défauts comme par leurs qualités. Poussée jusqu'à l'excès, la concision de Tertullien dégénère en obscurité ; et il n'est pas rare que l'abondance de Cyprien tourne à la diffusion. L'un affecte de ramasser son style et sa pensée, là où l'autre se répand avec trop de complaisance. Ici, des longueurs et des répétitions ; là, des ellipses qui nuisent à la clarté du discours, sous prétexte d'en abréger la forme. Tant il est difficile qu'un orateur ou un écrivain arrive à ce parfait équilibre des facultés qui sait contrebalancer une force par l'autre, et empêcher une qualité de devenir un défaut.

VINGTIÈME LEÇON

A l'époque de Cyprien, le monde avait encore plus besoin d'exemples que d'enseignement. — Influence féconde d'une mort héroïque venant couronner la carrière de l'évêque, de l'écrivain et de l'orateur. — Persécution de Valérien. — Cyprien commence par tracer des règles de conduite aux chrétiens de l'Afrique dans son *Traité de l'exhortation au martyre*. — Premier interrogatoire de l'évêque de Carthage. — Exil à Curube. — *Lettre* aux martyrs enfermés dans les mines. — Cyprien retourne à Carthage. — Sa dernière instruction au clergé et aux fidèles de cette ville. — Deuxième interrogatoire de l'évêque de Carthage. — Son martyre et sa mort. — Mission providentielle de saint Cyprien : son rôle dans l'histoire de l'Église et sa place parmi les écrivains catholiques.

Messieurs,

L'éloquence n'est vraiment puissante qu'autant que les actions répondent à l'éclat de la parole. C'eût été peu pour Cyprien, que d'avoir marqué son rang parmi les écrivains et les orateurs du IIIe siècle, si la sainteté de la vie n'était venue s'ajouter au mérite littéraire de ses œuvres. On se trouvait à une époque où le monde avait encore plus besoin d'exemples que d'enseignement : et il était facile de prévoir que l'avenir appartiendrait à ceux qui sauraient mettre l'énergie du caractère au service de leurs convictions. L'arme du sophisme, toujours facile à manier contre les preuves d'une doctrine, tombe des mains devant l'héroïsme de la vertu ; et l'aspect du sacrifice exerce sur les âmes un empire qui dépasse de loin la force du raisonnement. Aussi je ne crains pas d'affirmer que le martyre a triomphé des résistances païennes, plus encore que la controverse : rebelles à la discussion du principe, les esprits devaient finir par s'incliner devant l'évidence des faits. Il y avait dans ce grand témoignage rendu à la cause de l'Évangile une vertu démonstrative qui ne pouvait manquer d'agir à la longue sur la société romaine. On peut opposer de mauvaises raisons à un argument quelconque ; il est difficile de nier un fait affirmé par des témoins qui se laissent égorger pour en soutenir la certitude. Il résulte de là qu'en parcourant la carrière d'un homme dont le martyre a couronné l'apostolat, on ne sait ce qui a le plus profité à la vérité, de sa vie ou de sa mort. Certes, les travaux de Cyprien ont été féconds pour l'Afrique chrétienne ; mais peut-être la fin héroïque de ce grand homme y laissera-t-elle une impression encore plus profonde. Pour nous, cette dernière page d'une vie si bien remplie répandra une nouvelle lumière sur les ouvrages que nous avons étudiés : la force et la constance du martyr achèveront de nous montrer combien pur était le zèle de l'évêque, combien vive la foi de l'écrivain et de l'orateur.

Les derniers échos de la querelle des rebaptisants étaient allés se perdre au milieu du bruit renaissant de la persécution. Un instant agitée par ces luttes intestines, l'Église allait se retrouver devant l'ennemi, qui, après deux siècles de cruautés stériles, n'avait pas encore renoncé à l'espoir d'anéantir la religion chrétienne. On eût dit, par intervalle, que le césarisme païen, convaincu de son impuissance, inclinait à tolérer ce qu'il ne se sentait pas capable de détruire ; mais ces colères fatiguées de se produire sans résultat, ressemblaient à un feu mal éteint qui se rallume au moindre souffle. L'avènement de Valérien au trône impérial, en 254, avait été le signal d'une de ces intermittences dont l'Église profitait pour réparer ses pertes et se disposer à de nouveaux combats. Une lettre de Denis d'Alexandrie· nous apprend que l'empereur, dans les premières années de son règne, aimait à s'entourer de chrétiens, tellement « qu'on aurait pris son palais pour une église [1]. » Ce langage me paraît tant soit peu hyperbolique ; mais le fait lui-même ne saurait être révoqué en doute. Comment donc des dispositions si bienveillantes firent-elles place, au bout de trois ans, à une hostilité furieuse ? Le coup partit du sacerdoce païen, toujours prêt à exploiter contre l'Église les haines de la multitude et l'orgueil des princes. Un mage de l'Égypte, Macrien, s'empara de l'esprit de Valérien qu'il entraîna dans la pratique des sciences occultes. Rompu à la cruauté par ces superstitions sanglantes, le faible prince se laissa persuader sans peine qu'il fallait sévir contre les chrétiens, pour en arrêter le nombre toujours croissant. Un édit de persécution suivit de près les manœuvres de Macrien. Comme d'habitude, l'évêque de Rome dut à la prééminence de sa chaire l'honneur de tomber sous les premiers coups de l'ennemi. Dès que la nouvelle du martyre de saint Étienne parvint en Afrique, on s'y apprêta de toutes parts à faire face aux événements. Le clergé ne négligea rien pour prémunir les fidèles contre les dangers qui menaçaient l'Église. L'autorité de son siége, non moins qu'une renommée justement acquise, désignaient Cyprien comme le centre de la résistance. Aussi est-ce vers lui qu'on se tourna d'un commun accord pour chercher un conseil au milieu des difficultés de la situation. Un évêque, Fortunat, se fit l'organe de ses collègues, en demandant au primat de l'Afrique un plan de conduite pour les luttes qui s'annonçaient. Quelle méthode devait-on suivre pour préparer les soldats du Christ aux combats de la foi ? Telle est la question que Fortunat adressait

---

[1]. Eusèbe, *Hist. Eccl.*, VII, 10.

au métropolitain de Carthage. Celui-ci lui répondit en lui envoyant un écrit intitulé : *de l'Exhortation au martyre*.

Cet ouvrage est moins un traité en forme qu'une indication sommaire des points sur lesquels on devait insister dans l'instruction des fidèles. Cyprien ne se propose pas de mettre entre les mains de son collègue une exhortation toute faite et achevée ; il se contente d'esquisser le sujet à grands traits, et de rassembler des matériaux pour ceux qui voudraient entreprendre une œuvre plus complète. C'est l'idée qu'il exprime avec autant de grâce que de justesse.

« Si je vous donnais une robe entièrement terminée, ce serait mon vêtement qu'un autre porterait ; il est même probable que n'ayant pas été fait pour lui, ce vêtement répondrait assez mal à sa stature et aux proportions de son corps. Au lieu de cela, je vous envoie la laine elle-même et la pourpre de l'Agneau qui nous a rachetés et vivifiés. A vous, quand vous les aurez reçues, de vous en faire une tunique à votre fantaisie. Il y a mieux : approprié à votre taille, et devenu le vôtre, ce vêtement ne vous en sera que plus cher. Vous communiquerez également cet envoi à nos frères, afin que de leur côté ils puissent accomplir le même travail, et qu'ainsi couvrant leur antique nudité, ils portent tous la robe du Christ, le vêtement de la grâce sanctifiante [1]. »

C'est donc un programme d'enseignement que Cyprien trace à Fortunat, pour lui apprendre de quelle manière il faut préparer les chrétiens au martyre. Vous voyez par là, Messieurs, combien les évêques s'appliquaient à instruire les fidèles pendant la persécution, afin que le plus grand des sacrifices, celui de la vie, prît sa source non pas dans un enthousiasme passager et irréfléchi, mais dans de fortes

---

[1]. *De exhort. mart. ad Fortunatum*, III.

convictions. Comme c'est à un acte d'idolâtrie que les tyrans voulaient contraindre leurs victimes, les instructions des pasteurs devaient porter principalement sur l'énormité et les conséquences funestes de ce crime. Cyprien résume toute la matière en douze propositions qu'il appuie sur des textes de l'Ancien et du Nouveau Testament. Vanité des idoles, adoration due à Dieu seul, menace de Dieu contre les idolâtres et châtiment qu'il leur inflige ; motifs qu'a le chrétien, racheté par Jésus-Christ, de préférer la mort à l'ingratitude ; danger de retourner au milieu d'un monde auquel on a renoncé par le baptême ; nécessité de la persévérance pour le salut ; utilité des persécutions dans les conseils de la Providence ; assistance que prête le Seigneur à ceux qui confessent son nom, encouragements que puise le chrétien dans le souvenir des tribulations qui ont été le partage des justes depuis l'origine du monde ; et enfin, récompenses réservées aux martyrs dans la vie future, tels sont les divers points que Fortunat et ses collègues devront traiter devant le peuple, pour l'exhorter à souffrir courageusement tous les maux, plutôt que de renier la foi. Comme dans le *Livre des témoignages,* qu'il adressait autrefois à Quirinus, l'évêque de Carthage ne fait guère qu'enfiler des textes de l'Écriture sainte, sans entrer là-dessus dans de plus longs développements. C'est un plan d'instruction qu'il dessine, et non un discours qu'il compose d'après les règles de l'art. Mais vous avez dû être frappés comme moi de l'esprit de méthode qu'il porte dans cet enchaînement de propositions qui se fortifient l'une par l'autre. Il y a là une suite et une liaison d'idées qu'on retrouve trop rarement dans les productions de l'époque. Cyprien n'omet aucun motif pour stimuler l'ardeur des fidèles ; et cette comparaison entre le baptême d'eau et le baptême de sang était éminemment propre à leur faire comprendre l'excellence du martyre :

« Pour nous qui, avec la permission du Seigneur, avons donné aux croyants le premier baptême, préparons chacun d'eux à recevoir le second, mais en lui apprenant que ce second baptême est supérieur en grâce, plus élevé en puissance, plus précieux en honneur : baptême où baptisent les anges ; baptême où triomphent Dieu et son Christ ; baptême après lequel il n'y a plus de pécheur ; baptême qui consomme les accroissements de notre foi ; baptême qui ne nous enlève du monde que pour nous réunir aussitôt à Dieu. Dans le baptême d'eau, l'homme reçoit la rémission de ses péchés ; dans le baptême de sang, la couronne de ses vertus. Embrassons, désirons, appelons par nos vœux et nos prières une faveur qui de serviteurs de Dieu, nous rendra ses amis [1]. »

Il ne suffisait pas d'exhorter les chrétiens par la parole et par les écrits ; il fallait de plus leur donner l'exemple du courage et de la fidélité. Suivant un système de persécution déjà employé par ses prédécesseurs, Valérien s'attaquait de préférence aux évêques, dans l'espoir d'atteindre plus sûrement le corps de l'Église en frappant la tête. Un mois ne s'était pas écoulé depuis le martyre du pape saint Étienne, que déjà le primat de l'Afrique comparaissait devant le proconsul Aspasius Paternus. Ici, Messieurs, tout commentaire devient superflu : pour conserver à ces scènes du IIIe siècle leur grandeur et leur simplicité, il faut les reproduire telles qu'elles se trouvent décrites dans les Actes proconsulaires. Voici le premier interrogatoire de saint Cyprien :

« Sous le quatrième consulat de l'empereur Valérien et le troisième de Gallien, le trois des calendes de septembre (30 août), dans la chambre d'audience à Carthage, le pro-

---

[1]. *De exhort. mart. ad Fortunatum*, préface, IV.

consul Paternus a dit à l'évêque Cyprien : Les très-saints empereurs Valérien et Gallien ont daigné m'adresser des lettres où ils ordonnent à quiconque ne professe pas la religion des Romains d'en observer sans délai toutes les cérémonies. Je vous ai donc fait citer pour connaître vos intentions ; qu'avez-vous à répondre ? L'évêque Cyprien a dit : Je suis chrétien et évêque ; je ne connais d'autre Dieu que le Dieu unique et véritable qui a fait le ciel et la terre, la mer et tout ce qu'ils renferment. C'est ce Dieu que nous servons, nous chrétiens ; c'est lui que nous prions nuit et jour, pour nous-mêmes et pour tous les hommes, en particulier pour le salut des empereurs. Le proconsul Paternus a dit : Persistez-vous dans cette résolution ? L'évêque Cyprien a répondu : La bonne volonté, qui a une fois connu Dieu, ne change pas. Le proconsul Paternus a dit : Vous pouvez donc vous disposer à partir en exil pour la ville de Curube ; ainsi l'ordonnent Valérien et Gallien. L'évêque Cyprien a dit : Je suis tout prêt à partir. Le proconsul Paternus a dit : Les ordres que j'ai reçus ne concernent pas seulement les évêques, mais encore les prêtres. Je veux donc savoir de vous le nom des prêtres établis en cette ville. L'évêque Cyprien a répondu : Vos lois ont sagement et utilement proscrit la délation : je ne puis donc vous faire connaître ni vous déférer ceux dont vous me parlez ; vous les trouverez dans les villes où ils demeurent. Le proconsul Paternus a dit : Je veux qu'ils se présentent aujourd'hui même dans ce lieu. Cyprien a dit : La discipline leur défend de se livrer eux-mêmes, et en cela vous ne sauriez improuver leur conduite. Mais faites-les chercher, vous les trouverez. Le proconsul Paternus a dit : N'ayez pas peur, je saurai les trouver. Puis il a ajouté : Les empereurs interdisent également les réunions dans n'importe quel lieu et l'entrée des cimetières. Quiconque violera cette sage défense sera puni de mort. L'évêque Cyprien a répondu : Faites ce qui vous est ordonné [1]. »

Arrêtons-nous un instant à cet interrogatoire. D'abord, vous aurez reconnu sans peine dans ce procès-verbal le style sobre et ferme qui distingue les actes judiciaires de l'ancienne Rome. Aussi l'authenticité de cette pièce est-elle à l'abri de toute contestation. Si je ne me trompe, il y a même dans le ton et les formes du proconsul une sorte de modération relative : cent ans auparavant, un magistrat de l'empire n'eût pas interpellé en ces termes un évêque chrétien. Évidemment, les progrès du christianisme, en Afrique surtout, avaient fini par mettre quelque frein à ces brutalités sauvages, que l'on ne se donnait pas même la peine de dissimuler sous un semblant de légalité. Est-ce la haute personnalité de Cyprien et son mérite universellement reconnu qui empêchaient le proconsul de se porter contre lui aux dernières extrémités ? Se souvenait-on, à Carthage, du zèle qu'avait déployé le chef des chrétiens pendant la peste qui ravageait cette ville ? Dès lors ne fallait-il pas ménager tant soit peu les sentiments du peuple toujours accessible à de pareilles impressions ? Quoi qu'il en soit, la sentence du proconsul de l'Afrique peut paraître douce, si on la compare au jugement rendu un mois auparavant contre l'évêque de Rome. Cyprien partit donc pour l'exil, après cet interrogatoire où la calme intrépidité de son caractère avait brillé d'un si vif éclat. Le lieu où Aspasius Paternus l'avait relégué, la petite ville de Curube, n'était pas un séjour dépourvu d'agréments ni de ressources matérielles. Toujours par déférence pour un homme dont les païens eux-mêmes vénéraient la vertu, on n'avait pas défendu aux familiers de l'évêque de le suivre dans sa retraite, ni aux fidèles

---

1. Actes proconsulaires du martyre de saint Cyprien, *Patrologie de Migne*, tome III.

d'approcher de leur pasteur. A Curube, comme à Carthage, Cyprien resta l'âme de tout ce peuple qui l'honorait d'une confiance filiale ; et ce fut à qui obtiendrait la faveur de pourvoir à ses besoins. Pour lui, il n'eut plus d'autre souci que de consoler et de fortifier les martyrs au milieu de leurs épreuves. L'édit de persécution avait eu son effet sur plusieurs points de l'Afrique. Des évêques, surpris avec leur troupeau dans les assemblées du culte interdites par Valérien, s'étaient vu traîner au fond des cachots et dans les mines, où l'on accablait de tourments ces généreux confesseurs de la foi. A cette nouvelle, le pontife exilé ne put contenir les sentiments d'admiration qui remplissaient son âme : il adressa aux martyrs enfermés dans les mines une lettre où nous retrouvons ce noble enthousiasme qu'il avait fait éclater à d'autres époques de sa vie. Je ne m'étonne pas, leur dit-il avec cette vive émotion qui, chez lui, n'exclut jamais les grâces de l'esprit, je ne m'étonne pas que des vases d'or et d'argent aient été envoyés aux lieux où l'argent et l'or ont leur domicile, si ce n'est que peut-être les mines, changeant de nature et de fonctions, reçoivent de nous l'or et l'argent qu'elles étaient habituées à nous fournir.

« On a chargé vos pieds d'entraves, continue l'éloquent évêque ; des liens honteux enchaînent votre corps, membre fortuné et temple de Dieu ; mais vos ennemis ont-ils garrotté votre âme? Le contact du fer a-t-il souillé votre or ? Pour des hommes consacrés à Dieu, et qui lui témoignent leur foi par un courage religieux, ces chaînes sont des ornements. Loin du chrétien les chaînes qui déshonorent ! les vôtres sont la matière précieuse dont se formera votre couronne. O pieds glorieusement liés ! ce n'est pas un artisan, mais le Seigneur qui vous déliera. O pieds heureusement comprimés, qui ne laissez pas de vous diriger vers le paradis sur le chemin du salut ! O pieds enchaînés pour le temps, afin de rester libres pendant l'éternité ! O pieds retardés un moment par de jaloux obstacles, mais qui vous élancerez bientôt d'une course glorieuse vers le Christ ! Qu'une cruauté envieuse ou méchante vous mette à la gêne ici bas ; qu'elle vous charge de fers autant qu'elle voudra, elle ne vous empêchera point de passer sous peu de ce lieu de douleurs aux célestes royaumes. Je le sais, dans ces obscurs souterrains, votre corps ne repose ni sur un lit, ni sur un duvet ; mais vous avez les rafraîchissements et les consolations du Christ. Une terre nue reçoit vos membres harassés par le travail ; mais ce n'est pas un supplice d'être couché à terre avec le Christ. Là, pas de bain pour laver votre corps couvert d'une poussière épaisse ; mais votre âme se purifie dans ces souillures extérieures. Le pain n'y est pas abondant ; mais l'homme ne vit pas seulement de pain, il vit encore de la parole de Dieu. Point de vêtement à opposer au froid qui vous glace ; mais on est suffisamment couvert, on est richement paré, quand on a revêtu le Christ. Ils ont placé l'ignominie sur votre tête à demi-rasée ; mais, puisque le Christ est le chef de l'homme, quel que soit cet outrage, tout sied bien à une tête ennoblie par la confession du nom chrétien. Quelles splendeurs immortelles vont compenser toutes ces difformités qui, pour les infidèles, sont un objet d'horreur ! Comme ces souffrances d'un moment vont se convertir en éternels honneurs le jour où, selon la parole de l'apôtre, le Seigneur transfigurera ce corps de notre bassesse, pour le rendre conforme au corps de sa splendeur [1] ! »

Une des privations les plus dures, pour les prêtres enfermés dans les mines, « c'est qu'on leur refusait la liberté

---

1. Ép., LXXVII, *aux Martyrs enfermés dans les mines.*

ou les moyens d'offrir et de célébrer le saint sacrifice[1]. »
Le pieux évêque les console par la pensée qu'ils sont eux-mêmes une hostie vivante, prête à être immolée au Seigneur. Je vous prie, Messieurs, de remarquer en passant ce texte, d'où il résulte si clairement qu'au IIIe siècle les prêtres catholiques avaient coutume de célébrer le saint sacrifice de la Messe tout comme aujourd'hui ; et l'on conçoit, en présence de pareils témoignages, que Luther ait eu tant de peine à étouffer le cri de sa conscience qui protestait contre la suppression du grand acte dans lequel se résume toute la liturgie chrétienne. La lettre de Cyprien combla de joie les athlètes du Christ. Ils lui écrivirent pour le remercier de ses touchantes exhortations, ainsi que des offrandes dont il avait accompagné son épître. On peut juger par là combien l'exemple du premier pasteur avait excité l'ardeur du troupeau tout entier. Les confesseurs de la foi ne craignent pas d'attribuer à Cyprien l'honneur d'avoir ouvert la carrière du martyre.

« Supérieur à tous dans la discussion, lui écrivent-ils, éloquent dans le discours, prudent au conseil, simple dans la patience, généreux dans les œuvres, modèle d'abstinence, d'humilité et de soumission, chaste et innocent dans vos mœurs, partout vous avez la palme. Vous le savez, notre vœu le plus cher est de voir un docteur qui nous affectionne si tendrement parvenir à la couronne après une éclatante confession. N'étiez-vous pas, dans toute la vérité de l'expression, notre docteur, quand vous prononciez au tribunal du proconsul ces courageuses paroles que nous, vos disciples, nous devions répéter devant lui ! Votre voix était

---

1. *Ibid.* Quod illic nunc sacerdotibus Dei facultas non datur offerendi et celebrandi sacrificia divina.

alors comme une trompette retentissante qui appelait sur le champ de bataille les soldats de Dieu, munis des armes célestes. En combattant vous-même à la tête de vos troupes, vous avez tué le démon avec le glaive de l'esprit ; au son de vos paroles, des bataillons de frères se sont formés çà et là pour tendre des embûches à l'ennemi public, le harceler de toutes parts, et fouler aux pieds son cadavre mutilé [1]. »

Ce n'est donc pas exagérer le mérite de Cyprien, que de lui attribuer l'initiative dans les luttes héroïques dont l'Afrique chrétienne était alors le théâtre. Bien que sa courageuse confession ne lui eût valu que la peine de l'exil, elle avait donné le branle aux esprits, et il ne restait plus à la milice de la foi qu'à suivre l'impulsion du chef. Mais les efforts de l'ennemi ne devaient pas se borner à ce premier assaut : de nouvelles épreuves étaient réservées à celui dont l'exemple avait enflammé tous les cœurs. Cyprien désirait ardemment verser son sang pour Jésus-Christ ; à la fin de sa lettre *aux Martyrs enfermés dans les mines*, il leur écrivait : « Demandez à la divine miséricorde qu'elle m'enlève moi aussi, fidèle et glorieux, aux ténèbres et aux piéges de ce monde, afin que des cœurs unis ici-bas par les liens de la charité et de la paix, après avoir lutté de concert contre les injures des hérétiques et l'oppression des gentils, se réjouissent ensemble dans le royaume des cieux [2]. » Une révélation particulière, que le diacre Pontius rapporte au long, avertit Cyprien de sa fin prochaine : en mainte autre circonstance de sa vie, l'évêque de Carthage s'était appuyé sur des communications de ce genre ; et pour ma part, je n'en éprouve pas la moindre surprise. Un écrivain protestant, Néander, a pris texte de là pour reprocher à Cyprien un excès de crédulité, une tendance à prendre

---

1. Ép. LXXVIII, *des martyrs à Cyprien* ; item ép. LXXIX et LXXX.
2. Ép. LXXVII.

les illusions de l'esprit pour la voix de Dieu [1]. Sans vouloir discuter à fond ces faits contenus dans la relation de Pontius, je demanderai à tout homme qui a foi au surnaturel, s'il ne trouve pas que les circonstances leur prêtent un haut caractère de vraisemblance. Est-ce une époque ordinaire, Messieurs, que ces trois premiers siècles de l'Église, où l'intervention divine se manifeste à chaque pas ? Faut-il s'étonner que Dieu ait honoré de faveurs toutes spéciales ces hommes héroïques qui versaient leur sang pour le Christ ? N'est-il pas rationnel que l'âme, en se détachant d'elle-même, des intérêts matériels, pour se donner à Dieu, devienne d'autant plus apte à recevoir les communications divines ? Pourquoi n'y aurait-il point, par intervalle, une sorte d'anticipation des dons célestes, pour ceux qui mènent une vie angélique sur la terre ? C'est se placer à un point de vue bien étroit, que de vouloir réduire à une simple illusion ce commerce familier de Dieu avec les âmes vraiment saintes et pures. L'homme se rapproche de Dieu, à mesure qu'il s'élève au-dessus de lui-même ; et quand sa conversation est déjà dans les cieux, selon l'expression de l'Apôtre, il est tout naturel que la lumière d'en haut réfléchisse plus facilement sur son âme. La critique ne doit pas perdre de vue cette loi de l'ordre spirituel, lorsqu'elle veut se rendre compte des révélations particulières dont il est fait mention dans la vie des saints.

Pendant que Cyprien était en exil à Curube, Galérius Maximus avait succédé à Aspasius Paternus dans le proconsulat de l'Afrique. Un des actes du nouveau magistrat fut de rappeler l'évêque à Carthage, pour lui permettre de résider aux portes de la ville, dans une propriété que le saint avait vendue au commencement de sa conversion, mais qui lui

[1]. *Allgemeine Geschichte*, 1er Band, 2te Abtheilung, p. 129, Gotha, 1856.

était revenue par suite de quelque pieuse largesse. Ces mesures contradictoires et ces tergiversations à l'égard des chrétiens firent circuler diverses rumeurs dans le peuple. On se demandait quelle était en réalité la teneur de l'édit impérial, et si les proconsuls ne l'interprétaient pas au gré de leur caprice. Dans cette incertitude, Cyprien résolut d'envoyer à Rome quelques chrétiens pour s'informer du véritable état des choses. Les communications entre Carthage et la capitale de l'empire étaient faciles ; et la réponse ne pouvait tarder d'arriver. Elle arriva en effet, plus mauvaise encore qu'on ne l'avait supposé. Valérien venait d'adresser au sénat un rescrit dont Cyprien se hâta de transmettre le contenu à un évêque, Successus, en le priant de communiquer la pièce au reste de leurs collègues. Le rescrit était ainsi conçu :

« On frappera de mort sans délai les évêques, les prêtres et les diacres. Quant aux sénateurs, aux chevaliers romains et autres personnages de distinction, ils seront dépouillés de leurs biens et de leurs dignités. Si, après cette confiscation, ils persévèrent dans la religion chrétienne, ils seront condamnés à la peine capitale. Les femmes de condition, après avoir perdu leurs biens, devront être envoyées en exil. Seront marqués au front, après confiscation de leurs biens, et conduits, pieds et poings liés, dans les domaines de l'empereur, tous les officiers de sa maison qui auront confessé la foi par le passé ou qui la confesseront à l'avenir [1]. »

Devant un pareil édit, toute illusion disparaissait ; et les ménagements dont on avait usé envers quelques évêques, comme Cyprien et Denis d'Alexandrie, allaient faire place aux mesures les plus violentes. Le proconsul se trouvait alors à

1. Ép. LXXXII, à *Successus*.

Utique ; de là il envoya des miliciens avec ordre d'arrêter Cyprien et de le conduire dans cette ville. Averti de leur approche, l'évêque de Carthage résolut de gagner une autre retraite, jugeant avec raison que le pasteur devait confesser la foi au milieu de son troupeau, et non dans une ville étrangère. C'est de ce lieu, où il se tint caché pour quelque temps, qu'il écrivit sa dernière lettre *au clergé et au peuple de Carthage*, admirable mélange de foi, de tendresse, de fermeté et de prudence pastorales. Permettez-moi, Messieurs, de vous lire en entier ce testament de l'évêque adressant ses instructions suprêmes à un peuple qu'il avait tant aimé, et dont le glaive des persécuteurs allait le séparer dans peu de jours :

« Très-chers frères, à la nouvelle que des licteurs avaient été expédiés pour me conduire à Utique, quelques-uns de mes amis les plus intimes m'ont conseillé de quitter mes jardins pour un temps. J'ai dû céder à de justes représentations. Il convient qu'un évêque confesse le Seigneur dans la ville où il est préposé à l'Église de Dieu, afin que l'honneur de sa confession rejaillisse sur le peuple entier. Toutes les paroles que dit l'évêque-confesseur dans ce moment solennel, et sous l'inspiration de Dieu, l'universalité des fidèles les prononce avec lui. D'ailleurs je frustrerais une Église aussi illustre que la nôtre du légitime honneur qui lui revient, si, évêque de Carthage, je recevais la sentence de mort à Utique, et si, martyr, je partais d'une ville étrangère pour aller rejoindre le Seigneur. Il n'en sera point ainsi. Mon vœu le plus cher, l'objet constant de mes prières, c'est de pouvoir confesser la foi pour vous comme pour moi, et au milieu de vous ; de souffrir à vos côtés, et de m'en aller vers le Seigneur, entouré des miens. Ainsi donc nous attendons dans l'asile que nous avons choisi le retour du proconsul à Carthage, afin d'apprendre de sa bouche ce que les empereurs ont décidé touchant les chrétiens, laïques ou évêques, et de lui répondre alors ce que le Seigneur mettra sur nos lèvres. Pour vous, mes très-chers frères, fidèles à la discipline évangélique, aux préceptes du Seigneur, et aux instructions réitérées de votre évêque, demeurez en paix ; ne troublez pas la tranquillité publique ; abstenez-vous de tout mouvement tumultueux ; surtout que personne ne se livre volontairement aux gentils. Il sera temps de parler, lorsque vous aurez été saisis et arrêtés ; car dans ces moments-là, c'est le Seigneur qui parle en nous, le Seigneur qui veut une confession généreuse et non une manifestation imprudente. S'il reste quelques mesures à concerter, j'espère, avec la grâce divine, que nous pourrons les prendre en commun, avant que le proconsul ait prononcé la sentence pour frapper le confesseur de Jésus-Christ. Daigne Notre-Seigneur, frères bien-aimés, vous faire persévérer en vous conservant sains et saufs dans son Église [1]. »

Voilà bien le prêtre de Jésus-Christ, l'évêque chrétien dans le sens le plus élevé du mot. Il est difficile de lire sans émotion ces pages écrites entre deux confessions, dont la dernière sera suivie du martyre. Ce qui préoccupe Cyprien, c'est l'attitude des fidèles en face de ces barbares exécutions. L'homme que la plus inique des sentences va envoyer au supplice, songe avant tout à empêcher que sa mort ne devienne une occasion de troubles. Il recommande aux siens le calme, la patience, l'éloignement de tout esprit de sédition. Pas de zèle intempestif, leur dit-il ; ne courez pas au devant du danger ; attendez qu'on vous questionne sur votre foi. Ce n'est certes pas dans cette ligne de conduite si sage, si réfléchie, qu'on trouvera une ombre de fanatisme. Puis, quelle

---

1. Ép. LXXXIII, *au clergé et au peuple de Carthage.*

délicatesse de sentiments et quelle générosité dans ce désir du pasteur demandant pour toute grâce de pouvoir souffrir la mort au milieu de son troupeau, afin que l'Église de Carthage ne soit pas privée d'un honneur qui doit lui revenir ! Admirable époque que celle où le christianisme formait de tels caractères, et où la nature humaine, élevée par la grâce, atteignait à un si haut degré de force et de grandeur morale !

On touchait au 14 septembre de l'année 258, jour anniversaire du premier interrogatoire de Cyprien. Aussitôt que le proconsul fut de retour à Carthage, l'évêque sortit du lieu où il s'était tenu renfermé, et reparut dans ses jardins. En vain des personnages d'un rang distingué, d'anciens amis qu'il avait conservés parmi les païens, vinrent-ils le trouver pour l'exhorter à fuir, en lui offrant une retraite sûre, l'heure du sacrifice était arrivée, et celui dont la sagesse avait modéré tant de fois chez les autres un zèle trop impatient, allait montrer que la fermeté égalait en lui la prudence évangélique. Ici, Messieurs, je ne saurais mieux faire que de laisser la parole au diacre Pontius, le témoin et l'historien de ces scènes si touchantes et si dramatiques :

« D'après l'ordre du proconsul, un officier vint à l'improviste avec une troupe de soldats surprendre l'évêque dans sa maison de campagne; disons mieux, il crut l'avoir surpris. Quelle attaque pouvait être inattendue pour un athlète toujours prêt au combat ? Bien sûr que le moment de payer une dette longtemps différée était venu, il se présenta le visage gai et serein, avec une contenance intrépide qui marquait la fermeté de son âme. L'interrogatoire fut remis au lendemain, et l'évêque transféré du prétoire à la maison de l'officier qui l'avait arrêté. Tout à coup le bruit se répandit dans Carthage qu'on avait fait comparaître ce Thascius si célèbre dans toute la ville par l'éclat de ses talents et de ses œuvres. La cité entière se leva et courut à un spectacle que le dévouement de la foi rendait glorieux pour nous, et qui arrachait des larmes aux gentils eux-mêmes. Arrivé au lieu de sa nouvelle captivité, on l'enferma ; mais l'officier qui le gardait pendant la nuit le traita avec beaucoup d'égards et de prévenance : ses amis eurent la permission de rester avec lui, et nous partageâmes sa table comme de coutume. Cependant la multitude, craignant qu'à son insu il ne se passât quelque événement avant le jour, restait en observation devant la maison de l'officier. La divine Providence accorda au martyr une faveur qui lui était bien due, c'est que le troupeau fidèle veillât aussi de son côté pendant la passion de son pasteur [1]. »

Cette vive sensation, produite dans toute la ville par l'arrestation de Cyprien, montre de quelle haute vénération chrétiens et païens entouraient l'évêque de Carthage. Une si grande popularité obligeait malgré eux les magistrats de garder quelques ménagements. On peut même induire de ce récit qu'il s'était opéré un certain changement dans l'opinion publique vers le milieu du IIIe siècle. Ces scènes de brutalité qui, cent ans auparavant, avaient fait les délices du peuple païen, ne lui inspiraient plus aujourd'hui le même enthousiasme frénétique. Certes, ni le pouvoir ni la magistrature n'avaient désarmé ; mais les masses devenaient de plus en plus indifférentes à ces tueries d'hommes auxquels on ne pouvait reprocher que leurs vertus. Les chrétiens formaient à tout le moins un tiers de l'empire ; on les trouvait partout, à l'armée comme dans les fonctions civiles. Des circonstances critiques, telles que la peste de Carthage par exemple, avaient fait éclater le dévouement de leurs évêques et de

---

1. *Vie de saint Cyprien par le diacre Pontius*, XV.

leurs prêtres. Dans cet état de choses, il était impossible que la haine des païens ne se ralentît point quelque peu. Pour se convaincre de ces modifications assez sensibles dans l'esprit de la multitude, il suffit de lire la relation du martyre de saint Cyprien. Quand l'évêque quitte la maison du chef des gardes pour aller au prétoire, un peuple de fidèles l'environne comme pour lui faire un rempart : « On eût dit, écrit son biographe, une armée marchant à l'assaut pour triompher de la mort. » Les honneurs de l'épiscopat le suivent jusqu'au tribunal, où Pontius remarque qu'il prit place sur un siège recouvert de toile comme la chaire des évêques. Un des soldats, voulant recueillir les sueurs sanglantes du martyr, lui propose un échange de vêtements ; à quoi le héros chrétien répond : « Inutile remède pour des maux qui finiront aujourd'hui ! » Sans doute, la magistrature romaine restait étrangère à ces démonstrations de respect : elle continuait à témoigner cette froide cruauté dont les *Actes* des martyrs nous offrent tant de preuves. Sauf l'hommage rendu au nom et à la haute influence de l'accusé, l'interrogatoire de Cyprien ressemble à toutes les pièces du même genre :

« Le proconsul Galerius Maximus a dit à Cyprien : Vous êtes Thascius Cyprien ? L'évêque Cyprien a répondu : Je le suis. Le proconsul Galérius Maximus a dit : Vous êtes le pape de ces hommes sacrilèges ? L'évêque Cyprien a répondu : Je le suis. Le proconsul Galerius Maximus a dit : Les très-saints empereurs vous ordonnent de sacrifier aux dieux. L'évêque Cyprien a dit : Je ne le ferai point. Galerius Maximus a dit : Consultez-vous. L'évêque Cyprien a répondu : Faites ce qui vous est ordonné ; dans une chose si juste, il n'y a pas à délibérer. Galerius Maximus, après avoir pris l'avis de son conseil, s'est exprimé en ces termes : Depuis longtemps vous vivez dans des sentiments sacrilèges ; vous avez fait entrer beaucoup d'hommes dans cette conspiration impie, vous mettant ainsi en hostilité avec les dieux de Rome et les lois religieuses, sans que les pieux et très-saints princes Valérien et Gallien Auguste, et le très-illustre Valérien César, aient pu vous ramener à la pratique de leurs cérémonies. Voilà pourquoi, étant l'auteur des forfaits les plus noirs, et le porte-étendard de la secte, vous servirez d'exemple à ceux que vous vous êtes agrégés par vos manœuvres criminelles ; votre sang sera la sanction de la loi. Cela dit, il a pris des tablettes pour écrire cette sentence qu'il a lue à haute voix : Nous condamnons Thascius Cyprien à être décapité. L'évêque Cyprien a dit : Dieu soit loué [1] ! »

Dieu soit loué ! Voilà le cri de l'héroïsme chrétien en face de la barbarie païenne. Ce seul mot en dit plus long que tous les discours, parce qu'il résume les sentiments de foi et de résignation qui remplissaient ces nobles cœurs. Quand la multitude des fidèles qui entourait le prétoire eut entendu la sentence, elle s'écria comme d'une voix : Et nous aussi, nous voulons être décapités avec lui. Au milieu d'une foule d'hommes, animés d'un autre esprit, il eût suffi d'une étincelle pour allumer le feu de la sédition ; et certes, pareille opposition aurait pu se colorer d'un prétexte bien spécieux. Mais non, c'est par la résistance passive que les martyrs devaient conquérir le monde à la foi chrétienne. L'évêque n'avait-il pas dit dans sa dernière instruction pastorale, peu de jours avant sa mort : « Restez en paix, ne troublez pas la tranquillité publique, abstenez-vous de tout mouvement tumultueux. » Malgré la force que le nombre aurait pu lui assurer, la communauté chrétienne resta fidèle aux recommandations suprêmes de son pasteur. Elle se contenta de le suivre en

---

1. *Actes proconsulaires du martyre de saint Cyprien*, III, IV.

silence jusqu'au lieu du supplice, pour s'unir de cœur à ses souffrances et en recueillir le fruit. Arrivé à cette dernière station de sa vie terrestre, Cyprien ôta son manteau, mit les genoux en terre, et pria quelque temps. Puis il se dépouilla de sa dalmatique, qu'il donna aux diacres, ne gardant sur lui qu'une simple tunique de lin. Après quoi il se banda les yeux de sa propre main, et ordonna aux siens de remettre vingt-cinq pièces d'or au bourreau. Cependant les frères jetaient des linges autour du martyr pour recueillir son sang, tandis qu'un prêtre et un sous-diacre lui liaient les mains. Le respect des païens pour ce grand homme était tel que le centurion, chargé de l'exécuter, laissait tomber le glaive de ses mains tremblantes et mal assurées. Enfin, il parvint à ramasser sa vigueur dans un effort suprême, et l'évêque reçut le coup mortel... Mort glorieuse et féconde pour le christianisme ! Un an après, Gallien, révoquant l'édit de son père, accordait aux chrétiens le libre exercice de leur religion, et inaugurait une période de près d'un demi-siècle, pendant laquelle l'Église allait jouir d'une paix qu'elle n'avait jamais connue jusqu'alors.

C'est beaucoup de mettre au service de la vérité un grand talent et un noble caractère ; c'est plus encore d'ajouter à ces qualités de l'esprit et du cœur le sacrifice de la vie. Cyprien apparaît dans l'histoire avec cette auréole du martyre qui environne d'un éclat si pur la physionomie de l'écrivain et de l'orateur. La Providence, qui se plaît à marquer à chaque homme son rôle et sa destinée, n'avait pas départi au disciple de Tertullien cette énergie créatrice ni cette originalité de conception qui distinguent le maître. Esprit peu porté vers les spéculations métaphysiques, le brillant rhéteur de Carthage, converti au christianisme, ne devait pas attacher son nom à l'une de ces luttes dogmatiques où brillera le génie des Basile et des Augustin. Les rêveries transcendantes de la gnose, qui avaient tant exercé la verve satirique de Tertullien et l'esprit sagace d'Irénée, ne paraissent pas avoir attiré son attention ; aussi bien la situation était-elle devenue toute différente. Une autre mission lui était échue, mission ni moins haute ni moins féconde. A lui de faire ressortir l'importance de la discipline, et d'inculquer aux âmes le respect pour la hiérarchie. Cyprien est là tout entier, dans ce travail d'organisation qui a été la grande affaire de sa vie. Homme d'action avant tout, il a laissé à d'autres le soin d'approfondir le dogme, pour saisir de préférence le christianisme par son côté social et pratique : lettres et traités, tout témoigne chez lui de cette direction d'idées. Défendre le principe et appliquer les règles du gouvernement spirituel, en face du schisme et de l'hérésie, au milieu de la divergence des opinions et du relâchement des mœurs, voilà sa constante préoccupation. Son traité *sur l'Unité de l'Église* est une de ces œuvres magistrales qui dominent une époque ; et sa vie en a été le commentaire. Dans un siècle où, par suite de l'action dissolvante des sectes, les liens de la foi et de la charité tendaient à s'affaiblir, il fallait affirmer avec force le principe de l'autorité, tout en tempérant les rigueurs de la discipline par la bonté et la miséricorde. Cyprien n'a point failli à cette tâche : rien n'égale chez lui le sentiment de son droit, si ce n'est la conscience de ses devoirs. C'est par là qu'il a réalisé à un haut degré l'idéal de l'évêque, le type de l'activité pastorale, se déployant avec autant de douceur que de fermeté. Soit qu'il développe la notion du pouvoir spirituel, à l'occasion des schismes de Novat et de Félicissime ; soit qu'il règle les conditions de la pénitence pour ceux qui ont failli pendant la persécution, on ne se lasse pas d'admirer cet esprit judicieux et délié, ce sens éminemment pratique, ce mélange d'énergie et de bonté qui le rendaient si apte à gouverner les âmes. Jusque dans la controverse sur le baptême des hérétiques, où un excès de rigueur l'a entraîné au delà des limites du vrai, nous retrouvons ce zèle ardent pour l'unité de l'Église, pour le maintien de la discipline : et certes, jamais erreur n'a pris sa source dans un sentiment plus élevé, ni trouvé son excuse dans des intentions plus droites. Et maintenant, Messieurs, si vous vous rappelez que dans cette belle figure d'évêque, qui apparaît au milieu du IIIe siècle, nous avons vu se rencontrer à la fois l'interprète éloquent des Écritures, le défenseur intrépide de la religion chrétienne, le moraliste vif et insinuant, le chantre enthousiaste de la virginité et du martyre, vous reconnaîtrez avec moi que la tradition catholique ne s'est pas trompée dans le jugement qu'elle a porté sur Cyprien. Admirable conduite de Dieu à l'égard de son Église ! Aux erreurs qui menacent le dogme, la Providence oppose les grands docteurs, dont le génie lumineux dissipe les nuages amassés par l'hérésie ; au milieu des désordres qui mettent en péril l'intégrité de la discipline et l'union des cœurs, elle suscite les grands évêques dont la vigilante fermeté arrête les progrès de la corruption et du schisme. En respectant la mémoire de tels hommes, l'humanité s'honore elle-même ; et quand l'Église les propose à la vénération des fidèles, elle rappelle au monde par d'éclatants exemples que l'élévation de l'esprit et la force du caractère trouvent leur apogée et leur couronnement dans la sainteté.

FIN

TABLE ANALYTIQUE.

PREMIÈRE LEÇON

L'École de Tertullien. — Dans quel sens on doit prendre ce mot. — Situation des esprits dans la première moitié du III° siècle. — Le droit romain et la conscience chrétienne. — Conquêtes de la foi dans les rangs des jurisconsultes. — L'*Octave* de Minucius Félix. — Idée du dialogue. — Caractère des interlocuteurs. — Date de la composition. — Comment Minucius Félix pouvait remplir à Rome l'office d'avocat ou de jurisconsulte sous Alexandre Sévère. — La mise en scène du dialogue. — Controverse religieuse dans la vie privée. — Deux amis, dont l'un chrétien, et l'autre païen. — Forme toute cicéronienne du dialogue. — Modifications survenues dans la littérature chrétienne au III° siècle, sous l'influence de l'art classique. — L'*Octave* ressemble à une action judiciaire, qui se compose d'un réquisitoire, d'une plaidoirie et d'un jugement. 1

DEUXIÈME LEÇON

Le point cardinal de la controverse avec les païens reste au III° siècle ce qu'il était au II° et au I°°. — C'est autour de l'idée d'un Dieu créateur et modérateur de toutes choses que se meut la discussion entre Cécilius et Octave. — Raison de ce fait. — Cécilius plaide d'abord la cause du scepticisme en matière religieuse. — Réponse d'Octave. — Les païens reprochaient à la religion chrétienne l'un de ses plus beaux titres de gloire, celui d'avoir mis à la portée des ignorants les problèmes les plus difficiles de la destinée — Cécilius reproduit contre le dogme de la Providence les objections ordinaires du matérialisme. — Rapports de l'*Octave* de Minucius Félix avec le traité de Cicéron sur la *Nature des dieux*. — L'argument des causes finales ; son histoire et sa valeur. — Les théories du matérialisme moderne ne diffèrent pas au fond du système d'Épicure. — La foi en la Providence est la base de l'ordre moral. 21

TROISIÈME LEÇON

Suite de la discussion entre Cécilius et Octave. — Minucius Félix a réuni dans le style du païen Cécilius, le sceptique, l'épicurien, et l'adorateur fervent des divinités nationales. — Contradictions dans la vie et les sentiments des libres penseurs païens. — Deux maximes de Cécilius : chacun doit suivre la religion de son pays ; de sa famille. — Réponse d'Octave. — Sa critique du polythéisme. — Ressemblance de l'*Octave* de Minucius Félix avec l'*Apologétique* de Tertullien. — L'habileté de la mise en œuvre, chez Minucius Félix, supplée à l'absence d'originalité et de force créatrice. — Qualités et défauts de son style. — Beau dénoûment du dialogue. 47

QUATRIÈME LEÇON

Commencements de saint Cyprien. — Motifs de sa conversion au christianisme. — Il en rend compte dans l'*Épître à Donat*. — Ton et forme de ce premier écrit. — Tableau du monde païen au IIIe siècle — Le cirque. — Le théâtre. — L'intérieur des familles. — Le prétoire. — Vices de la société romaine. — Imitation de l'*Épître à Donat* dans le sermon de Bossuet *sur la loi de Dieu*. — Cyprien cherche à désabuser son ami des richesses et des dignités du monde, dont il démontre le néant. — Exhortation finale. — L'*Épître à Donat* est un des plus beaux morceaux de la littérature chrétienne. — Cyprien s'annonce dans son premier écrit avec cette noblesse de caractère et cette élévation du sens moral qu'on retrouve dans tout le cours de sa vie. 75

CINQUIÈME LEÇON

Après avoir constaté le résultat moral du polythéisme dans l'*Épître à Donat*, Cyprien en combat les croyances dans le traité *sur la Vanité des idoles*. — Cet écrit n'est à peu de chose près qu'une reproduction des œuvres analogues de Tertullien et de Minucius Félix. — Points saillants du traité. — On ne saurait sans déraison vouloir retourner contre le culte de vénération que l'Église rend à la mémoire des saints et à leurs reliques, les arguments des Pères contre l'idolâtrie. — Cyprien est admis dans les rangs du sacerdoce. — Le livre *des Témoignages* adressé à Quirinus. — Plan et but de l'ouvrage. — Études bibliques de Cyprien. — Le traité *des Témoignages* est une véritable concordance des livres saints, où l'auteur groupe autour de chaque point de doctrine les textes qui s'y rattachent. — Importance de ce travail d'érudition. . . . 99

SIXIÈME LEÇON

Élévation de Cyprien sur le siége épiscopal de Carthage — Rang que tenait dans l'organisation sociale de l'Église au iiie siècle la métropole de l'Afrique chrétienne. Comment l'Église avait enveloppé le monde romain dans le réseau de sa hiérarchie. — Circonscription des diocèses et des provinces ecclésiastiques d'après les divisions territoriales de l'empire. — Le rang de l'évêque de Carthage était, dans le sens propre du mot, celui d'un primat dont la juridiction s'étendait à quatre provinces. — Cyprien succède à l'évêque Donat. — Circonstances de son élection. — Forme des élections épiscopales au iiie siècle. — La jalousie contre le nouvel élu devient le germe d'une opposition qui se développera plus tard. — Origines de la faction de Novat — Caractère de Cyprien d'après le témoignage d'un contemporain 123

SEPTIÈME LEÇON

Première période de l'épiscopat de Cyprien, depuis son élection jusqu'à la persécution de Décius. — L'évêque de Carthage profite de la paix dont jouissait l'Église pour veiller au maintien de la discipline. — Sa *Lettre au clergé de Furnes*. — Il ne veut pas que les clercs soient distraits de leur ministère par les embarras et les affaires du siècle. — Ses soins pour maintenir dans le clergé le respect de la hiérarchie — *Lettre à l'évêque Rogatien*. — Du clergé, Cyprien se tourne vers les vierges consacrées à Dieu. — Son traité des *Règles de conduite pour les vierges*. - Origine de la discipline monastique dans ces prescriptions de l'Église primitive. — Le vœu de virginité dans les trois premiers siècles. — Le ministère de la charité et de la piété au sein des communautés religieuses 145

HUITIÈME LEÇON

Persécution de Décius. — Causes morales que Cyprien lui assigne. — Une paix de trente années avait introduit quelque relâchement parmi les chrétiens. — Caractère de la persécution de Décius. — Cyprien se dérobe à une mort certaine par la fuite. — *Lettre* du clergé romain au clergé de Carthage pendant la vacance du Siége apostolique. — Réponse de Cyprien. — L'évêque de Carthage gouverne son église du fond de sa retraite. — *Lettres pastorales* qui appartiennent à cette époque. — *Éloge de Mappalique* et de ses compagnons tombés sous le glaive des persécuteurs. — La foi et la poésie religieuses dans le panégyrique des martyrs. — *Lettre* aux confesseurs de Rome 167

NEUVIÈME LEÇON

Défections qui se produisent dans les rangs des fidèles pendant la persécution de Décius. — Controverse sur la réhabilitation des apostats ou des *Laps*. — Deux écueils à éviter : une indulgence extrême et une excessive sévérité. — Sages tempéraments dont usait l'Église romaine à l'égard de ceux qui avaient faibli pendant la persécution. — Cyprien adopte ce moyen terme qui concilie la justice avec la miséricorde. — La question des indulgences au IIIe siècle. — Application des satisfactions surabondantes des martyrs aux apostats ou aux *Laps*. — Les lettres de recommandation des martyrs ou les *libelli pacis*. — Dans quelle mesure Cyprien admet cette relaxation des peines canoniques. — Une cabale de prêtres dirigée par Novat s'élève contre l'évêque. — Lettres de Cyprien au clergé et au peuple de Carthage. — Intervention malencontreuse de quelques martyrs dans la question des *Laps*. — Situation difficile de l'Église d'Afrique 189

DIXIÈME LEÇON

Pour terminer la controverse sur la réconciliation des apostats, Cyprien en appelle à l'Église de Rome. — Le clergé romain lui répond pendant la vacance du Siége apostolique ; et l'Église d'Afrique se range à un avis si bien motivé. — Fin de la persécution de Décius. — Avant de rentrer à Carthage, Cyprien ordonne une visite épiscopale — L'opposition contre l'évêque, latente depuis longtemps, éclate à l'occasion de cette mesure. — Un diacre de Carthage, Félicissime, lève l'étendard de la rébellion. — Cinq prêtres, et à leur tête Novat, se joignent au diacre schismatique. — Cyprien prononce contre eux la sentence d'excommunication. — Ses *Lettres* au clergé et au peuple de Carthage. — Cyprien retourne dans sa ville épiscopale. — Son mandement de retour ou son traité *de Lapsis*. — Importance dogmatique et mérite littéraire de cette pièce. — Doctrine sur la Pénitence et sur l'Eucharistie. — L'éloquence pastorale dans les écrits de saint Cyprien. 213

ONZIÈME LEÇON

Schisme qui menace d'éclater dans l'Église de Rome après l'élection du pape Corneille. — Novatien : ses antécédents, son caractère, ses doctrines. — Malgré les dissidences dogmatiques qui les séparent, Novat, prêtre de Carthage, donne la main à Novatien. — Intervention salutaire de saint Cyprien dans les troubles occasionnés par le schisme qui affligeait l'Église de Rome. — Hommage rendu à la primauté du Pape. — Cyprien combat le rigorisme de Novatien, comme il avait repoussé les maximes relâchées de Novat. — Sa correspondance épistolaire à l'occasion du schisme de Novatien. 243

DOUZIÈME LEÇON

Les schismes de Novat et de Novatien appellent l'attention de Cyprien sur les principes constitutifs de la société chrétienne. — Traité de l'*Unité de l'Église.* — Sous quelle forme les Pères et les docteurs des trois premiers siècles ont-ils conçu la société religieuse ? — Premier élément essentiel de la constitution de l'Église : les évêques gouvernant de droit divin le troupeau de Jésus-Christ. — Tous les pouvoirs spirituels émanent de l'évêque et retournent à lui. — Idée de l'Église universelle. — D'après Cyprien, la chaire de saint Pierre ou le siége de Rome est la plus haute représentation de l'unité dans l'Église. — On cesse d'appartenir à l'Église du moment qu'on se détache de la chaire de saint Pierre sur qui l'Église est bâtie. — Le traité *sur l'Unité de l'Église* est une expression fidèle de l'idée qu'on se formait de la société chrétienne au iiie siècle. — Sa ressemblance avec le sermon de Bossuet *sur l'Unité de l'Église.* 267

TREIZIÈME LEÇON

Au schisme de Novatien à Rome succède celui de Fortunat à Carthage. — *Attitude un peu hésitante du pape Corneille* en face des émissaires de Fortunat. — *Lettre* de saint Cyprien au pape Corneille. — L'évêque de Carthage a-t-il blâmé *en principe* l'appel à Rome comme préjudiciable à la discipline ecclésiastique ? — Preuve du contraire. — La persécution succède au schisme. — Vie active et militante des évêques au iiie siècle. — *Lettre* de saint Cyprien au peuple de Thibaris pour l'exhorter à la constance au milieu des épreuves qui se préparent. — Éloge des premières victimes de la persécution. — Terrible incident qui va faire diversion à ces luttes sanglantes.

QUATORZIÈME LEÇON

Cyprien pendant la peste de Carthage. — Son traité *de la Mortalité*. — Impuissance du polythéisme à produire le dévouement dans les âmes. — Contraste éclatant que présente la religion chrétienne. — Les fidèles de Carthage recueillent les malades abandonnés par les païens. — Un magistrat, Démétrien, n'en profite pas moins des malheurs publics pour rendre les chrétiens responsables du fléau. — Cyprien le réfute dans son traité *contre Démétrien*. — Charité du saint évêque à l'égard de ses adversaires. — Il exhorte son peuple à se résigner à la volonté de Dieu qui châtie les méchants et éprouve les bons. — Il cherche dans l'ordre moral les raisons qui expliquent la souffrance et les consolations qui l'adoucissent. — L'instruction pastorale de saint Cyprien *sur la Mortalité* est restée un modèle pour l'éloquence sacrée . . . 315

QUINZIÈME LEÇON

Saint Cyprien envisagé comme moraliste. — Traité *de l'Oraison dominicale*. — Cet écrit est une imitation de l'ouvrage analogue de Tertullien. — La prière du Seigneur est la formule la plus universelle de l'idée et du sentiment religieux. — Doctrine du *Pater*. — Une objection du rationalisme moderne réfutée d'avance par l'évêque de Carthage. — Les œuvres de la justice et de la charité doivent accompagner la prière. — Traité *de l'Aumône et des bonnes œuvres*. — L'idée chrétienne de l'aumône. — Trois formules possibles pour résumer la moralité humaine. — La vérité trouve son expression complète dans la synthèse de la foi et des œuvres, du sentiment religieux et de l'activité morale 379

SEIZIÈME LEÇON

Dernière période de l'épiscopat de saint Cyprien — Controverse sur le baptême des hérétiques. — Lettres de saint Cyprien qui la précèdent. — Ses rapports avec le pape Lucius. — Étienne monte sur la chaire de saint Pierre. — Affaire de Marcien, évêque d'Arles. — Saint Cyprien prie le souverain Pontife de déposer cet évêque. — Nouvelle preuve de la primauté du pape. — Cette juridiction souveraine se manifeste également dans la cause de deux évêques de l'Espagne réintégrés par le pape contre l'avis de saint Cyprien. — *Lettre* de l'évêque de Carthage à Fidus, au sujet du baptême des enfants. — *Épître* à Cécilius sur le sacrement du calice de Notre-Seigneur. — Sentiment de saint Cyprien touchant la présence réelle et le sacrifice de la Messe. — Haute importance de ce document — Commencement de la controverse sur le baptême des hérétiques. — Germe de l'erreur de saint Cyprien dans le traité *sur l'Unité de l'Église* — Opinion qui s'était formée en Afrique, depuis Agrippinus jusqu'à Cyprien, touchant la validité du baptême administré hors de l'Église 363

DIX-SEPTIÈME LEÇON

Le débat s'engage à la suite d'une consultation de dix-huit évêques de la Numidie. — Cyprien leur répond en déclarant que le baptême conféré hors de l'Église est nul et invalide. — Raisons qu'il fait valoir à l'appui de son sentiment. — Faiblesse de ces raisons. — Saint Augustin les a réfutées dans ses ouvrages contre les Donatistes. — La *lettre synodale* aux évêques de Numidie soulève des difficultés. — Quintus, évêque de Mauritanie, en fait part à Cyprien. — L'évêque de Carthage développe à nouveau les motifs de son sentiment dans une *Lettre* adressée à Quintus. — Puis il convoque un concile à Carthage et transmet le résultat des délibérations au pape saint Étienne. — Cyprien pense que la question est du nombre de celles dont la solution doit être abandonnée au libre jugement de chaque évêque. — Dans l'intervalle qui s'écoule entre l'envoi de la lettre à saint Étienne et la réponse du pape, un évêque de l'Afrique, nommé Jubaïen, instruit Cyprien de l'opposition que rencontrent les décisions du concile. — *Lettre* à Jubaïen. — Cyprien confond la validité avec la licité de l'administration du baptême. 387

DIX-HUITIÈME LEÇON

Réponse du pape saint Étienne. — Sens propre et naturel de ce rescrit. — Cyprien croit y voir une condescendance excessive à l'égard des hérétiques. — Il se persuade qu'il a le droit de ne pas se ranger à l'avis du pape dans une question qu'il envisage comme une affaire de pure discipline. — Partant de cette idée, il s'obstine à garder son sentiment. — *Lettre* à Pompée. — Un nouveau concile, réuni à Carthage, confirme les décisions du précédent. — La question des rebaptisants dans l'Asie mineure. — *Lettre* de saint Cyprien à Firmilien, évêque de Césarée, et réponse de ce dernier — La lettre de Firmilien est aussi faible pour le fond que violente dans la forme. — Tentatives de quelques érudits pour révoquer en doute l'authenticité de ces pièces. — Examen critique de leurs arguments. — Cette thèse, toute ingénieuse qu'elle est, ne repose sur aucun fondement solide. — Conclusion du débat. — Ni le talent ni l'éloquence n'ont pu prévaloir contre l'autorité suprême du successeur de saint Pierre. — Cyprien a péché par excès d'attachement à l'unité catholique, si l'on peut s'exprimer de la sorte. — Son erreur trouve son excuse dans les sentiments qui l'ont inspirée. 41

DIX-NEUVIÈME LEÇON

Dernières œuvres morales de saint Cyprien. — Comment l'évêque de Carthage avait su conserver sa sérénité d'âme au milieu des luttes provoquées par la question du baptême des hérétiques. — Instructions pastorales qui remontent à cette époque. — Le traité *sur les Avantages de la patience.* — Comparaison de cet écrit avec l'ouvrage analogue de Tertullien. — Cyprien supplée à l'énergique concision de Tertullien par la finesse de l'analyse et par l'abondance des développements. — — Instruction *sur l'Envie et la Jalousie.* — Science du cœur humain et étude profonde de la passion chez le moraliste africain. 447

VINGTIÈME LEÇON

A l'époque de Cyprien, le monde avait encore plus besoin d'exemples que d'enseignement. — Influence féconde d'une mort héroïque venant couronner la carrière de l'évêque, de l'écrivain et de l'orateur. — Persécution de Valérien. — Cyprien commence par tracer des règles de conduite aux chrétiens de l'Afrique dans son *Traité de l'exhortation au martyre*. — Premier interrogatoire de l'évêque de Carthage. — Exil à Curube. — *Lettre* aux martyrs enfermés dans les mines. — Cyprien retourne à Carthage. — Sa dernière instruction au clergé et aux fidèles de cette ville. — Deuxième interrogatoire de l'évêque de Carthage. — Son martyre et sa mort. — Mission providentielle de saint Cyprien : son rôle dans l'histoire de l'Église et sa place parmi les écrivains catholiques 471

FIN DE LA TABLE.

1689. — ABBEVILLE. IMPRIMERIE BRIEZ, C. PAILLART ET RETAUX.

www.ingramcontent.com/pod-product-compliance
Lightning Source LLC
Chambersburg PA
CBHW070208240426
43671CB00007B/586